KARL LANGOSCH

MITTELLATEIN UND EUROPA

W0174929

KARL LANGOSCH

MITTELLATEIN UND EUROPA

FÜHRUNG IN DIE HAUPTLITERATUR
DES MITTELALTERS

WISSENSCHAFTLICHE BUCHGESELLSCHAFT
DARMSTADT

Einbandgestaltung: Neil McBeath, Kornwestheim.

Die Deutsche Bibliothek – CIP-Einheitsaufnahme

Langosch, Karl:
Mittellatein und Europa: Führung in die
Hauptliteratur des Mittelalters / Karl Langosch. –
2., unveränd. Aufl. – Darmstadt: Wiss. Buchges.,
1997
ISBN 3-534-13912-7

Bestellnummer 13912-7

2., unveränderte Auflage 1997
© 1990 by Wissenschaftliche Buchgesellschaft, Darmstadt
Gedruckt auf säurefreiem und alterungsbeständigem Offsetpapier
Printed in Germany

ISBN 3-534-13912-7

INHALT

III. Die Vollendung

Herger, Der von Kürenberg, Dietmar von Aist ...; Friedrich von
Hausen, ... Heinrich von Morungen, Reinmar der Alte, Walther von
der Vogelweide
Heinrich von Veldeke, Hartmann von Aue; Wolfram von Eschenbach, Gottfried von Straßburg

VORWORT

Für die mittellateinische Literaturgeschichte, die hier im Rahmen der europäischen Literaturen bis c. 1200 skizziert wird, dürfte es noch immer nicht überflüssig sein, Grundsätzliches über Wesen und Bedeutung des Mittellateins vorauszuschicken – ausführlich informiert darüber ›Europas Lateinliteratur im Mittelalter‹ in der Reihe ›Einführungen‹ der Wissenschaftlichen Buchgesellschaft. Solche Überlegungen, aus denen ja die nötigen Folgerungen bis heute noch keineswegs gebührend gezogen worden sind, liefern das Fundament für jenen Aufriß.

Die Kräfte des Mittellateins mußten in die gewaltige Aufgabe eingespannt werden, Antike und Christentum mit der heimischen Kulturtradition zu vereinen und aus diesen drei Grundelementen die europäische Kultur zu begründen und zu erbauen. Als literarisches Arbeitsmittel, als Buchsprache stand zunächst nur das Latein zur Verfügung. Abgesehen davon, daß in ihm zuvor römische Antike und Christentum literarischen Niederschlag gefunden hatten, mußte das Latein über das ganze Mittelalter hin als Literatursprache dienen, weil seine Muttersprachen lange Zeit brauchten, um buchfähig zu werden. Sie begannen damit – die aufs vierte Jahrhundert beschränkt gebliebene gotische ausgenommen – relativ spät, die irische und angelsächsische im 7. Jahrhundert, aber die kontinentalen erheblich später, die altdeutsche und altfranzösische im 9., die altspanische und altitalienische im 12., die nord- und osteuropäischen im 12.–14. Und sie vermochten nicht, das Latein zu verdrängen, das gelang in der Buchproduktion Deutschlands sogar erst Ende des 17. Jahrhunderts.

Den besten Beweis dafür, daß das Mittellatein keine Fremdsprache war, lieferte sein kraftvolles Leben, mit dem es das antike Latein mannigfach übertraf, so mit seiner Dauer über ein Jahrtausend um etwa ein Drittel und mit seiner räumlichen Ausbreitung um c. 100 %. Man lernte bereits auf der Schule bis ins 13./14. Jahrhundert im Latein lesen, schreiben und dichten, wurde also früh zweisprachig. So war es selbstverständlich, daß sich Autoren beider Sprachen bedienten, so in Deutschland zwei während des 13. Jahrhunderts, der Marner und Hugo von Trimberg, oder die Mystiker Meister Eckhardt (1320†) und Heinrich Seuse (1366†); es wurden sogar noch Ende des Mittelalters muttersprachliche Werke ins Latein übersetzt, so im deutschen Raum verschiedene Fassungen des Epos von Herzog Ernst in Hexameter und Prosa während des 13. Jahrhunderts oder der ›Gregorius‹ des Hartmann von Aue nach 1210 im Auftrag des Herzogs

Wilhelm von Braunschweig-Lüneburg in Hexameter. Wie sich aus den damaligen Verhältnissen heraus versteht, wurde Latein über die eigentliche
Literatur hinaus gebraucht, so z. B. für juristische und urkundliche Aufzeichnungen (der Übergang zur deutschsprachigen Privaturkunde z. B.
schlug erst in der ersten Hälfte des 14. Jahrhunderts durch) oder für die
Notizen der Kaufleute, die erst im 14. Jahrhundert zur deutschen Sprache
überwechselten.

Das antike Latein mußte in mehrfacher Beziehung den Anforderungen
des Mittelalters unterworfen und zum Ausdruck dessen, was das äußere
und innere Leben verlangte, geschmeidigt werden. So ist es erstaunlich,
welchen Umfang im lexikalischen Bereich die neuen Bedeutungen der antiken Wörter sowie die halben und ganzen Neubildungen (nicht zuletzt
von den Muttersprachen her) annahmen – davon legt jetzt die keineswegs
vollständige Reihe vater-/muttersprachlicher Wörterbücher beredtestes
Zeugnis ab.

Daß man dem Mittellatein Originalität nicht abstreiten kann, dafür sei
nur einiges Augenfällige angeführt. Was die Metrik betrifft, so drang Mit-
telalterliches selbst in die Epenmaße des Hexameters und Pentameters und
selbst bei den Autoren, die sich um möglichst antiken Usus bemühten – das
waren nicht viele; vor allem aber schmückten die Hälfte von ihnen diese
Verse mit Reim; es wurden selbst reimlose später in gereimte umgemodelt;
man scheute auch nicht die Künstelei, daß man Hexameter mit drei, ja vier
Binnenreimen überlud. In der Lyrik führte man die quantitätsmetrischen
Strophenformen weiter, an denen die Antike ihr Genüge gefunden hatte
und finden konnte, brachte daneben jedoch einen prinzipiell anderen
Vers- und Strophenbau, der sich nach der Betontheit der Silben richtete
und nach einer festen Silbenzahl in der Zeile trachtete, zur Blüte und erhielt damit die dann allerdings in der Praxis nicht ausgeschöpfte Möglichkeit, für jedes Gedicht ein eigenes Maß in Vers und Strophe zu erfinden.
Diese Akzentrhythmik bekam nach der Karolingischen Renaissance
neuen Auftrieb durch die Sequenz mit ihren in sich gleichen, aber voneinander verschiedenen Strophenpaaren, die in Zahl und Silben der Kola
jeweils übereinstimmten (*sequentia!*) – sie wurde so beliebt, daß sie den
viel älteren, beliebten Hymnus an Verbreitung durchaus erreichte. Auch
sie wurde gern mit Reim ausgestattet.

Ganz unabhängig von der Antike wuchs das Drama des Mittelalters in
imponierender Zahl und Gestaltung empor, das religiöse, neben dem zwei
andere Arten nur nebensächliche Rollen spielten und sich in der Wirkung
mit jenem Drama überhaupt nicht vergleichen konnten – es bestand auch
kein Bedarf, sie wie jenes in die volkssprachlichen Literaturen hineinzutra-
gen.

Hrotsvit von Gandersheim (c. 975†) wollte mit sechs Stücken in dialo-

gisierter Erzählung den Terenz überwinden, indem sie seinen Hetären-
stücken durch christliche Legendenstoffe Widerpart bot, und zwar in
Reimprosa, mit der sie sein metrisches Maß verkannte; ihr gelang es, im
›Abraham‹ mit ihrer dramatischen Kunst wirklich einen Durchbruch zu erzielen. Dieser erste Versuch mittelalterlicher Dramengestaltung blieb ohne
Wirkung. – Elegische Komödien mit verschieden starken Erzählpartien
durchsetzt, stammten hauptsächlich aus dem 12./13. Jahrhundert. Sie besitzen besonders im Anfang stärkere Verbindung mit der Antike, unterscheiden sich jedoch von ihr durch das andere, das elegische Versmaß oder
dadurch, daß sie nicht zu eigentlichen Dramen ausgestaltet sind. Von
Fortführung des antiken Dramas kann erst im Humanismus gesprochen
werden.

Das wirkliche Schauspiel des Mittelalters steht durch seine Menge und
seine völlige Einstellung auf das Christliche und Kirchliche, durch die feste Verbindung mit der Musik und das Ziel der Aufführung für sich. Die
ältere seiner zwei Formen, die sich neben der späteren, mächtigeren, dem
Spiel, durch das Mittelalter hin hielt, die Feier, setzte mit der österlichen
ein, von der über 400 Texte überliefert sind, und war mit ihren drei Ent-
wicklungsstufen in die Liturgie eingebunden. Von ihrer letzten, der fünf-
teiligen Form aus entfaltete sich die liturgische Feier zum religiösen Spiel
vom 11. Jahrhundert an; das Osterspiel führte Kern und Ziel des geistlichen Anliegens in Ernst und Würde vor, die Erlösung der Christenheit
durch die Auferstehung den Zuschauern eindringlich vor Augen zu stellen.
Weihnachtsfeier und -spiel wuchsen in ähnlicher Weise. Aus der Bibel
lockten weitere Stoffe zur Dramen-Aufführung, Joseph und seine Brüder
oder die Auferweckung des Lazarus. Zu erwähnen sind eschatologische
Spiele, besonders der ›Ludus de Antichristo‹ aus der Barbarossazeit. Der
hier vollzogene Übergang zur Volkssprache war zwangsläufig und
erfolgte erst teilweise, dann ganz. Das Drama strahlte solche Kraft auf das
Publikum aus wie keine andere Literaturgattung.

Die zweite schwere Hauptaufgabe des Mittellateins bestand darin, die
Volkssprachen vom mündlichen Status in den buchliterarischen zu heben.
Man konnte die Schreibmaterialien und Schriftzeichen aus dem Latein übernehmen, hatte jedoch beim Alphabet mit Schwierigkeiten zu kämpfen, weil
die lateinischen Zeichen nicht ausreichten, so daß neue hinzuerfunden
werden mußten, und die Eindeutigkeit in der Wiedergabe der Lautung
schwer zu erreichen war. Die durch Christentum und Kirche eingebrachten
vielen Wörter und Sachen in die Muttersprachen aufzunehmen, erforderte
vieles, langes Mühen; das wird schon in der frühesten Glossierung deutlich,
bei der man das muttersprachliche Wort über das lateinische (*inter lineas*)
schrieb, und wird noch im 12. Jahrhundert angesprochen, wo der Dichter des
›Pilatus‹ im Prolog die deutsche Zunge *unbetwungen, ze vogene herte* nennt.

In der deutschen Versgeschichte führte das Mittellatein den stärksten Umbruch herbei, einen das Ganze umfassenden Wechsel; die stabende Langzeile verdrängte das endreimende Verspaar. Als Vorbild bot sich die ambrosianische Strophe an, die älteste und verbreitetste Hauptform der Hymnik und damit die Viertaktigkeit mit Alternation. Die Höfik holte den nach Otfrid verschütteten viertaktigen Reimpaarvers wieder hervor und vervollkommnete ihn. Ja, man übernahm dann sogar umgekehrt mittelhochdeutsche Eigenheit wie den Silbenzusatz am Anfang und Ende des Verses ins Mittellatein und verging sich dabei im letzten Fall am Grundgesetz des Lateinverses, indem man ihm einen Takt hinzufügte.

Den Stoff nahm man lange Zeit direkt oder indirekt zumeist aus dem Latein; man übersetzte zuerst Texte, die man für die Christianisierung benötigte, und zog zunächst vorwiegend lateinische Quellen für die Dichtung heran, das noch im 12. Jahrhundert. Um dessen Mitte brach der Strom des Altfranzösischen herein und führte Neues wie Alexander- oder Rolandslied zu, vor allem die Artusepik. Deren Fundament war mittellateinisch: Geoffrey von Monmouth hatte in seiner ›Historia regum Britanniae‹ (1136 vollendet) die sich über 18 Jahrhunderte erstreckende Königsreihe auf Arthur, der bald Artus genannt wurde, zugeschnitten, ihn als den heldenhaftesten Streiter herausgehoben und von seiner Friedenszeit und dem Treiben an seinem Hof erzählt. Mit solcher bunten und poetischen Schilderung einer vorbildlichen Heldenwelt hatte er die Basis gelegt, von der aus die neue, die höfische Ritterkultur episch ausgeformt werden konnte.

Die mittellateinische Sprache war die europäische Vatersprache und die mittellateinische Literatur die erste, das Mittelalter beherrschende Buchliteratur Europas. Seine Volkssprachen erzog das Mittellatein zur Buchfähigkeit.

EINLEITUNG

In der Geschichte der europäischen Kultur leistete das Mittellatein zwei gewaltige Aufgaben; es baute die Buchliteratur des Mittelalters als dessen erste und hauptsächliche auf und aus, zum andern erzog es die eigentlich nur für mündlichen Gebrauch geeigneten Muttersprachen zur Buchfähigkeit. Das trifft auch für die Romania zu; ihre Schriftliteratur brauchte zwar nur über das Ende der Antike weitergetragen zu werden und wurde dabei wie im übrigen Europa mittelalterlich fortentwickelt; daneben aber gingen dort aus dem gesprochenen Latein neue Buchsprachen hervor, die altfranzösische, altspanische, altitalienische ..., und aus ihnen neue Buchliteraturen.

Die mittellateinische Sprache war überall keine Muttersprache, sondern Vatersprache – mit solcher Bezeichnung wird der Unterschied zu dem am deutlichsten, was man unter Fremdsprache versteht. Die muttersprachlichen Buchliteraturen wuchsen erst spät auf, die irische und angelsächsische immerhin bereits im 7. Jahrhundert, aber die kontinentalen erst beträchtlich später, die altdeutsche und altfranzösische im 9., die altspanische und -italienische im 12., die nord- und osteuropäischen im 13.–14. Aufgeblüht, wetteiferte jede mit der mittellateinischen; doch selbst dann, als im 12./13. Jahrhundert die altfranzösische und die mittelhochdeutsche ihre klassische Höhe erklommen und die beiden das damals wichtigste Kulturelement, die Höfik, gestalteten, vermochten sie nicht, das Latein in den Schatten zu drängen; dies wartete vielmehr wieder mit Höchstleistungen auf, freilich der allgemeinen Literaturentwicklung entsprechend einige Jahre früher. – Angemerkt sei, was Franz Brunhölzl im ›Neuen Handbuch der Literaturwissenschaft‹ VIII (1978), S. 519 dem Mittellatein im 'Spätmittelalter' attestiert, nämlich im 13. Jahrhundert „ein geradezu sprunghaftes Ansteigen der Produktion", und im 15. erreiche es seinen „wohl absoluten Höhepunkt" und damit „ein Mehrfaches" von dem in den Volkssprachen Geschriebenen.

Eine gleichzeitige Blüte der vater- und der muttersprachlichen Literatur gab es bereits im Frühmittelalter, freilich nicht wie jene spätere im festländischen Kern, sondern auf den Inseln Irland und England (S. 25 ff.) um das 8. Jahrhundert herum. Ferner wurde von den beiden Inseln damals christliche und kulturelle Mission betrieben, zuerst von Irland auf England, dann von den beiden nach- und miteinander auf den Kontinent; man rühmt deren Träger zu Recht als „Wegbereiter des Mittelalters"; zu ihnen gehörte

als letzte markante Persönlichkeit Bonifatius (754†). Die in England geschriebene Literatur, vornehmlich die lateinische, wirkte auf die festländi-
sche. Bester Zeuge dafür ist Beda (735†), der „ruhmwürdigste Magister";
in dessen erstaunlich reicher Produktion (S. 31 f.) überwogen die Lehrbücher, zumal die exegetischen; sein berühmtes Hauptwerk, die ›Historia
ecclesiastica gentis Anglorum‹, gehört zu den verbreitetsten Opera des
Mittelalters; stärkste Wirkung erreichte er mit den zwei Schriften über die
Zeitrechnung, seit denen man nach der Geburt Christi datierte, und zwar
durch die angehängten Abrisse der Weltgeschichte. Seit Ende des 8. Jahrhunderts verlagerte sich die lateinische Produktion mit der Übersiedlung
der Autoren auf den Kontinent, wofür nur die Angelsachsen, speziell Alkuin (S. 32 f., 51), und die Iren am Hof Karls des Großen (S. 52 f.) zitiert
zu werden brauchen, und schwächte sich seit Ende des 9. Jahrhunderts
spürbar ab, weil die Däneninvasion (S. 28, 93) zwang, um die Existenz zu
kämpfen. Im muttersprachlichen Bereich zeugt die Übersetzung altsächsischer Genesisverse ins Angelsächsische von Literaturbeziehungen über
den Kanal im 9. Jahrhundert. Damals drängte sich das Angelsächsische
vor, und zwar in der Prosa; sie wurde recht eigentlich erst durch Alfred
den Großen (899†) geschaffen und erstreckte sich auf Übersetzung, Bearbeitung und Erweiterung geistlich-lateinischer Quellen, während die angelsächsische Dichtung fast ganz zum Erliegen kam (S. 95); auch die be-
nediktinisch geprägte Prosa des 10./11. Jahrhunderts ließ kaum Weltliches
durch. Infolge der normannischen Eroberung (1066 ff.) wurde die ganze
Literatur eng an die kontinentale angeschlossen, und zwar so, daß die angelsächsische fast ganz verstummte und dafür die altfranzösische gepflegt
wurde (S. 187).

So groß und lang der weite und förderliche Anteil der Angelsachsen und
Iren an der europäischen Literatur auch gewesen ist, so kommt er für
deren Einteilung in Perioden, die ja die Darbietung hier fordert, nur insofern in Betracht, als das Ende jener Hoch-Zeit der beiden Inseln mit dem
der ersten Periode übereinstimmt. Im Mittellatein, nach dem in erster Linie die Periodisierung vorgenommen werden muß, weil für sie die volkssprachlichen Literaturen zu wenig hergeben, heben sich, wenn die Zeit
von c. 1200 bis c. 1500 nicht mehr berücksichtigt wird (das geschieht hier
aus mehreren Gründen), drei Hauptteile nach ihren Grundzügen ab und
lassen sich mit 'Grundlegung', 'Aufbau' und 'Vollendung' überschreiben.
Zwei Zäsuren, die zwischen ihnen liegen, sind zu bestimmen. Die erste fiel
in die letzten Jahrzehnte des 9. Jahrhunderts, als die Karolingische Renaissance im Kreis um Karl den Kahlen (877†) ausgeklungen war. Bezeichnenderweise eiferte dieser Herrscher dem Großen Karl, seinem Großvater, nach; durch das Kulturzentrum seines Hofes wurden im großen ganzen die bisherigen Bahnen nicht verlassen, auch nicht in den beschwingten

Versen des Sedulius Scottus – das herausragende Hauptopus des Johannes
Scottus gehört der Philosophie zu, in deren Geschichte es freilich keine
epochale Wirkung erzielte (S. 74).

Dieser Karl, der nicht einmal mehr wie der Große Karl über alle Franken gebot, war der erste Herrscher des Westfrankenreichs, dessen Umfang
durch vier Teilungsverträge von 843–880 schließlich festgelegt wurde;
durch sie hatte sich auch das andere Nachfolgereich von Karls des Großen
Universalreich konsolidiert, nämlich das Ostfrankenreich. Die beiden
Staaten, deren bis heute reichende Konsistenz auf der in ihnen vorherrschenden Scheidung nach Romanen und Germanen ruht, setzten sich damals auch in der Literatur, der mittellateinischen, voneinander ab. In ihr
hob sich jene Zäsur deutlich heraus: Im Westfrankenreich endete, wie gesagt, das an sich achtenswerte Schaffen, ohne zukunftsträchtig zu sein;
Ostfranken zeichnete sich dagegen durch einen überragenden Aufschwung aus, durch oft ungewöhnliche Qualität und weit mehr noch
durch exzeptionelle literarhistorische Leistung und Wirkung. Notker Balbulus (S. 124 ff.) wurde mit dem ›Liber ymnorum‹, den er c. 884 vollendete, der erste Meister der Sequenz und damit einer ganz neuartigen, un-
endlich variablen lyrischen Bauform, der mit beidem nachhaltigen Wandel
in der Poesie Europas herbeiführte; sein Mitbruder Tutilo (912†) machte
sich um eine ähnliche Lyrikart, den Tropus, verdient, für die er auch die
Melodien komponierte (S. 125). Die literarische Führung, die damit
St. Gallen gewonnen hatte, setzte sich in Notkers Sequenzenschule fort,
kräftiger vor 930 im ›Waltharius‹ Ekkehards I., später im sächsischen Gandersheim durch die Dichtungen der Hrotsvitha (c. 935–c. 975), d. h. in
einem Heldenepos, mit dem der erste Gipfel dieser Gattung im Mittelalter
erstiegen wurde, und mit Dramen, mit denen eine andere Gattung im Mittelalter erstmals auftauchte (S. 133).

Dem Ansatz dieser Zäsur nach dem Mittellatein (gegen Ende des
9. Jahrhunderts) entsprechen die muttersprachlichen Verhältnisse, d. h. die
altdeutschen – sonst findet sich nur im Altfranzösischen eine kurze Dichtung, die Eulaliasequenz. Zwischen 830 und 850 sowie zwischen 862 und
871 entstanden zwei mächtige Bibelepen, der altsächsische ›Heliand‹
(c. 6000 Stabreim-Langzeilen) und Otfrids Evangelienbuch (c. 7000 Reimpaare) und blieben in ihrer Höhe allein – wie groß die Dichtung war, zu
der die Fragmente der wohl bald nach dem ›Heliand‹ gedichteten altsächsischen ›Genesis‹ gehören, läßt sich kaum erschließen; auf Otfrids Werk
folgten nur ein paar kleine Dichtungen (S. 85). Bald nach 900 begann die
Lücke in der deutschsprachigen Literatur für anderthalb Jahrhunderte.

Die zweite Zäsur fällt etwa zwei Jahrhunderte später ins letzte Drittel
des 11. Jahrhunderts. Es spielte sich, was schon im letzten Jahrhundert der
ersten Periode offenbar geworden war, das politisch und kulturell Ent-

scheidende für Europa in dessen Mitte ab, und das vor allem im Deutschen
Reich, mit dem das obere Italien verbunden war. Um Otto I. mit seinem
Bruder Bruno und um Heinrich III. läßt sich jeweils ein Kreis Autoren zusammenstellen, von denen mehrere sich um die Literatur besonders verdient machten und sie charakteristisch prägten. Das trifft am stärksten auf
das wohl um 1050 oder wenig später von einem Tegernseer Mönch gedichtete ›Ruodlieb‹-Epos zu. Der Verfasser schuf mit überragender poetischer Potenz den „ersten frei erfundenen mittelalterlichen Roman". Im
Grundentwurf von Ausfahrt und Laufbahn eines Ritters, in dessen bei-
spielhaftem Benehmen in verschiedensten Situationen, in der bestimmenden Stellung der Frau u. a. eilte er zwar dem höfischen Roman um ein
Jahrhundert voraus, blieb aber ohne Wirkung, also auch ohne Einfluß auf
die Höfik. Er gab eben mit der Ethik moralchristlicher Prägung nur Maximen von Heinrichs III. Hof wieder, dem er ja auch so manche äußere
Einzelheit nachzeichnete (S. 141). Andere Werke jenes Salierkreises wie
Lyrik in den ›Carmina Cantabrigiensia‹, die eigenartige ›Ecbasis cuiusdam
captivi‹ oder Wipos Hauptwerk über die Regierungszeit von Heinrichs III.
Vater, das mit Reim, Versen, vorzüglicher Sprache u. a. m. literarisch an-
spruchsvolle Gestalt bekam, reichen zwar nicht an den ›Ruodlieb‹ heran,
zeugen aber vom hohen Niveau des Mittellateins, zu dem hin eine so ge-
bildete, von Liebe zu den Künsten erfüllte Persönlichkeit wie der Kaiser
anspornen mußte, der sich für christliche Ideale und entsprechende Re-
formprogramme einsetzte. Der plötzliche, relativ frühe Tod des zum
Herrschen geborenen Heinrich war eine Katastrophe für die deutsche Geschichte; der Literatur brachte er immerhin den Abbruch jenes Aufstiegs.
Bis das Andere, das Neue der dritten Periode auch durch die Breite des
Niederschlags spürbar heraustrat, dauerte es nur wenige Jahrzehnte, in
denen die Spanne der zweiten Zäsur liegt. Damals, zumal nach 1075/76,
nahmen die ›Libelli de lite‹ (S. 147 f.) an Zahl und Schärfe gehörig zu und
wuchsen sich zu der für jene Zeit bezeichnendsten Gattung aus. Wenn
auch sehr viele nicht nur durch ihren geringen Umfang dem Charakter der
Flugschrift entsprechen, also zur Publizistik zu rechnen sind, so sind deren
doch nicht wenige, die durchaus zur Literatur im engeren Sinn zu stellen
sind und das nicht nur, weil sie in Versen abgefaßt sind, sogar in polymetrischen Odenformen; diese Gattung hatte sich ja durch ein Jahrhundert
lebendig gehalten: Noch 1162/3 schrieb Rahewin in anspruchsvoller
Sprache, mit kunstvoll gestaltetem Inhalt und verhaltener persönlicher
Einstellung seinen ›Dialogus‹ über das Papstschisma.

    So offensichtlich wie diese Gattung – Manegold von Lautenbach hatte
sich zu unerträglichem Schmutz und Haß gegen Heinrich IV. und seinen
Klerus hinreißen lassen, ja bis zur Forderung nach Totschlagen – war
keine andere von der Erregtheit bestimmt, die seit dem zweiten Drittel des

11. Jahrhunderts das ganze Leben durchzog; sie führte im geistigen Bereich die durchgreifende Veränderung herbei, die man „Kulturwandel" zu nennen pflegt (S. 167 ff.). Der brach zwar erst nach der Mitte des 12. Jahrhunderts voll durch, kündigte sich aber schon vorher an, so bei der mittellateinischen Lyrik Ende des 11. Jahrhunderts im Loire-Kreis. In dessen Mitte standen Marbod von Rennes, Baudri von Bourgueil und Hildebert von Lavardin, die sich trotz eines Altersunterschieds von 21 Jahren zusammenfanden, ohne gesellschaftlich enger zusammenzurücken (S. 201). Sosehr sie der Antike nacheiferten und sich ihr verwandt fühlten, sowenig ließen sie sich dadurch von ihrem Selbstgefühl und ihrer Selbständigkeit nehmen; damit daß sie nach Menschlichkeit und Maß strebten, Sittlichkeit und Schönheit zusammensahen, der Frau eine beherrschende Stellung zuerkannten, dem Subjektiven weiten Raum gaben oder sich zu hoher, heiterer Geselligkeit erhoben, tendierten sie zur Höfik hin.

Aus den muttersprachlichen Literaturen läßt sich folgendes zum Zäsuransatz beitragen. Während zuvor im Altfranzösischen nur vier Dichtungen zu verzeichnen sind, d. h. zwischen c. 880 und c. 1050, erfolgte danach ein Aufschwung in dichter Folge und zu klassischem Glanz. Als erste Epen können für Anfang des 11. Jahrhunderts die älteste ›Chanson de Roland‹ erschlossen werden, ein Meisterwerk, das die rasch sich mehrende Gattung der Chansons de geste eröffnete, und das früheste Alexanderepos, das des Alberic von Pisançon, angesetzt werden, an das sich die andere Epengattung, die der antiken Sagen und Mythen, anschloß; damals begann ferner die höfische Lyrik, mit den Troubadourliedern des Grafen Wilhelm IX. von Poitiers (1071–1127). – Ein ähnliches Bild zeigt sich im Frühmittelhochdeutschen, das die große Lücke nach 1060 schloß; in den vier Jahrzehnten des 11. Jahrhunderts entstanden sechs Dichtungen; zu wirklichem Fluß kam es erst danach und zu klassischen Leistungen erst Ende des 12. Jahrhunderts.

Zur Unterteilung der drei Perioden lassen sich Gruppen nach Zeit, Raum oder anderen Kriterien abgreifen; dabei wird nicht der äußere Umfang berücksichtigt, wohl aber werden die zeitgemäßen Gegebenheiten beachtet. So sind z. B. im Hochmittelalter England und Frankreich zusammenzunehmen, weil die beiden 1066–1214 nicht nur politisch zusammengehörten (S. 187 f.), sondern das geistige Leben in England von dem ausschlaggebenden Frankreichs beherrscht wurde. Auch in der ersten Periode fordert regionale Großräumigkeit ähnlichen Ansatz, so das Zusammen von Irland – England (S. 25 ff.) und das von Gallien – Germanien / Austrasien (S. 39 ff.). Ferner sondern sich mehr nach innerer Bedeutung als chronologisch die Karolingische Renaissance (S. 48 ff.) und anschließend die Phase danach (S. 89 ff.) heraus. Wenn schließlich in der I. Periode (1) Italien (S. 11 ff.) und (2) die Iberische Halbinsel (S. 19 ff.) vor

(3) Irland / England und (4) Gallien / Germanien ... gestellt wurden, so geschah das deshalb, weil in der Romania (1/2) die Beziehung zur Antike am stärksten war und weil Irland / England mit Gallien / Germanien kulturell verbunden waren.

In diese Unterteilung sind auch die muttersprachlichen Literaturen in entsprechenden Gruppen eingeordnet. Von deren drei größeren gehört die älteste nach Irland / England (I,3c) und die zwei übrigen viel später auf den Kontinent (III,3c und 4d); in den beiden letzten erscheint Neues, fürs Hochmittelalter Charakteristisches in Troubadourlyrik / Minnesang und in Artus- / Tristanepik, und zwar in klassischer Ausgestaltung. Daneben glänzt das Mittellatein keineswegs weniger in Vagantenlyrik, Schauspiel sowie Weltanschauungsepik. Wenn gleiche Stoffe wie Alexander der Große und Troja behandelt werden, gelingt den mittellateinischen Dichtern, die hier etwas später schrieben, die klassische Formung: Walther von Châtillon (›Alexandreis‹ um 1180) gegen den Pfaffen Lamprecht (c. 1150) und Joseph Iscanus (›Ylias‹ c. 1189) gegen Heinrich von Veldeke (1173 bzw. 1184).

Aus der Literatur über das vielsprachige Schrifttum des mittelalterlichen Europa seien die beiden dreibändigen Werke herausgehoben, als erstes Adolf Ebert, ›Allgemeine Geschichte der Literatur des Mittelalters im Abendlande bis zum Beginne des elften Jahrhunderts‹ (I 1874 und ²1889, II 1880, III 1887). Dem Verfasser war die Literatur des Mittelalters eine Weltliteratur im Sinne Goethes, d. h. „ein gemeinsamer, ein einheitlicher Organismus", dessen Glieder von denselben Ideen belebt sind und „in gleichen oder ähnlichen Formen" erscheinen. Er wehrte sich gegen Angriffe namentlich der klassischen Philologen und erklärte, er nähme die mittellateinische Literatur „nicht allein und etwa als Ausläufer der klassischen des Alterthums ..., sondern als Vorläufer der Nationalliteraturen des Abendlandes ... in ihrer geschichtlichen Entwicklung". Selbstverständlich läßt sich an diesem kühnen Unternehmen, das über ein Jahrhundert zurückliegt, heute viel Kritik üben, im einzelnen (nützlich aber sind noch immer die Inhaltsanalysen, auf die er „den größten Fleiß verwandt" und „den höchsten Werth" gelegt hat) wie im ganzen; so betrachtete er die „christlich-lateinische Literatur", mit der er den größten Teil des ersten Bandes füllte, als zum Mittelalter gehörig, weil sie „die für das Mittelalter und namentlich seine Nationalliteraturen bestimmenden Elemente der Kultur" in sich schließe.

Die drei Bände VI–VIII ›Neues Handbuch der Literaturwissenschaft‹ erfassen die europäische Literatur des Mittelalters von c. 750–c. 1500 mit den Zäsuren c. 1050 und c. 1250.

Im großen fällt zweierlei auf, zunächst, daß der Beginn des Mittelalters in die Mitte des 8. Jahrhunderts gesetzt wird. Nach Ludwig Traube aber ist

„der Anfangstermin von selbst gegeben mit dem 6. Jahrhundert. Cassiodor bedeutet das Brechen mit der unmittelbaren Tradition der klassischen Literatur." Franz Brunhölzl gab dem ersten Band seiner Literaturgeschichte den Titel: ›Von Cassiodor bis zum Ausklang der karolingischen Erneuerung‹ und begründete das damit, daß „für ihre Zeit repräsentative oder charakteristische Autoren auf irgendeine Weise zu erkennen geben, daß sie die Antike und die patristische Zeit als eine vergangene Epoche ansehen und sich selbst als einer neuen Zeit zugehörig betrachten".

Zum andern ist folgendes auffällig. Für die 59 Aufsätze dieser drei Bände VI–VIII wünschte der Herausgeber des Ganzen wie speziell auch des ersten Bandes, Klaus von See, mehr jeweilige Zeitbezogenheit, d. h. Epochenquerschnitte, als Längsschnitte mit der „jeweiligen nationalen Kontinuität"; darin sollten „die über Sprachgrenzen hinweg wirkenden Stil-, Stoff- und Motivmoden besser zur Geltung kommen" und sollte eine Zusammenschau der europäischen Literaturen ermöglicht werden. Wie ist für dieses Ziel, dessen Setzung sehr begrüßenswert, nützlich und nötig ist, das Mittellatein herangezogen worden? In Band VII ›Hochmittelalter‹, in dessen Zeitraum sowohl die vatersprachliche wie die muttersprachlichen Literaturen – von denen kommen nur die altfranzösische und die mittelhochdeutsche in Betracht – die Höhe des Klassischen erreichten, fällt schon und am stärksten die Zahl der Beiträge über jene drei auf: von den 18 Aufsätzen sind neun der Romania (der Herausgeber des Bandes ist Romanist) im ganzen und ihren Teilen gewidmet, drei dem Mittelhochdeutschen und zwei dem Mittellatein. Des letzten ›Historiographische Literatur‹ erstreckt sich auf 37 Seiten, der geraffte Essay über das 'Übrige' (›Die mittellateinische Literatur‹) nur auf 26, d. h., beide zusammen machen nicht mehr als ein Neuntel des ganzen Bandes aus. In dem Essay werden die klassischen Epen des Walther von Châtillon und Joseph Iscanus, Nivardus von Gent und Nigellus von Longchamps zusammen mit sechs Zeilen abgetan; für die exzellente ›Frigii Daretis Ylias‹ war nicht einmal ein Epitheton ornans übrig.

Erst als ich das Manuskript dieses Buches und des zugehörigen zweiten (›Europas Lateinliteratur im Mittelalter – Wesen und Bedeutung‹) fertiggestellt hatte, zog ich Band VI und VII des ›Neuen Handbuchs‹ heran, um zu prüfen, was ich zu korrigieren hätte. Dabei wurde mir bewußt, daß ›Mittellatein und Europa‹ zu der im Untertitel angegebenen Intention eine neue, vielleicht wichtigere erhalten hat.

I. DIE GRUNDLEGUNG

1. ITALIEN

Von Anfang des 5. Jahrhunderts an wurde Italien durch Einfälle verschiedener Germanenstämme heimgesucht; schon durch die Westgoten unter Alarich, die Rom plünderten, wurde – 401–410 – die antike Welt heftig erschüttert. Zwar bewog der Papst die Hunnen unter Attila 452 zur Umkehr, doch die unter Geiserich 455 herangesegelten Wandalen brandschatzten Rom zwei Wochen lang. Schließlich setzte 476 Odoaker, germanischer Heerführer in oströmischem Sold, den letzten weströmischen Kaiser, den jungen Romulus Augustulus, ab und beseitigte damit das weströmische Kaisertum endgültig, wurde jedoch nach guter Regierung vom 488 in Oberitalien einmarschierten Ostgotenkönig Theoderich mehrmals besiegt und 493 hingerichtet.

Theoderich bemühte sich sehr um die Erhaltung der antiken Kultur und um friedliches Zusammenleben von Goten und Römern; den Beinamen 'der Große' brachte ihm seine lange Friedensherrschaft (493–526) ein. In seine Dienste traten zwei bedeutende Römer vornehmer Herkunft, Boethius (c. 476–525) und Cassiodorus Senator (c. 485–nach 580). Beide wurden Konsul (510 und 514), der zweite wurde Nachfolger des ersten als Magister officiorum.

Boethius erreichte zwar nur eine Teillösung seines großen Planes, sämtliche Werke des Aristoteles und Plato ins Latein zu übersetzen und zu kommentieren, wirkte jedoch schon mit ihr weit, zumal vom ersten bis ins 12. Jahrhundert nicht mehr bekannt wurde (S. 165). Er schrieb auch eigene Arbeiten zur formalen Logik und Lehrbücher zum Quadrivium. Schon damit reichte er der Scholastik viel Material zur Dialektik und Methodik, wirkte aber besonders auf sie durch seine theologischen Schriften, in denen er mit Hilfe der aristotelischen Philosophie die christlichen Glaubensinhalte dem Verstand nahezubringen suchte (man nannte ihn, den letzten Römer, den ersten Scholastiker). In seinem letzten, überragenden Werk, ›De consolatione philosophiae‹, das er des Hochverrats angeklagt im Gefängnis verfaßte, tröstet ihn die Philosophie, eine überirdische Frau, im Zwiegespräch: Das höchste Gut ist der Schöpfergott, die Liebe; die Probleme des Schlechten, des Zufalls und der Willensfreiheit werden diskutiert. Wenn auch eine auf die Antike gründende Philosophie vorherrscht, Christus und Christentum nicht direkt erwähnt werden, so spricht doch aus dem Ganzen eine christliche Haltung; die ›Tröstung‹ fehlte in kaum einer Bibliothek des Mittelalters und wurde in viele Muttersprachen übersetzt. Zum Lesen lockten auch die Eleganz der Sprache und die in den Dialog eingestreuten Gedichte, deren Vielfalt der Formen man nacheiferte. – Boethius gehört bereits durch die ungewöhnlich starke und lange Wirkung auf das Geistesleben eines Jahrtausends zur Weltliteratur, doch wohl noch mehr durch sein philosophisches Vermächtnis, in dem er das Fachliche weitet und ein breiteres Publikum anspricht, auch heute noch.

Während Boethius noch ganz in Antike und Römertum verhaftet erscheint und nicht wissen konnte, daß er wertvollstes Geistesgut der Antike dem nächsten Jahrtausend durch eine Sprache verfügbar machte, die zur internationalen Europas wurde, stellte sich Cassiodor schon bewußt auf die neue Zeit ein; überzeugt davon, daß die antike Kultur nur durch Aussöhnung mit der gotischen Militärmacht fortleben konnte, wurde er dem König zum Mithelfer in der Politik des Ausgleichs zwischen Siegern und Besiegten, zur Seele dieser Politik; davon zeugen Prunkreden auf Theoderich, so eine am Schluß der dürftigen Chronik, mehr die (nicht erhaltene) Gotengeschichte. In der Sammlung ›Variae‹, in der er von ihm nach antiker Stilkunst geformte Briefe, Aktenstücke, Erlasse des Königs und seiner Nachfolger in 12 Büchern geordnet wohl 538 herausgab, sind die formularartig hergerichteten Urkunden des 6. und 7. Buchs als Muster für die Amtsnachfolger gedacht.

Als Cassiodor den Untergang des Ostgotenreiches nahen sah, zog er sich (wohl nach 540) aus dem Staatsdienst zuerst nach Ravenna zurück, machte einen tiefen inneren Wandel durch und gründete nach kürzerem Aufenthalt in Konstantinopel auf seinem Familienbesitz in Kalabrien das Kloster Vivarium; hier verbrachte er noch etwa dreißig Jahre studierend und schreibend. Von jener Umkehr zeugen die kleine, wenig selbständige, aber ungemein verbreitete Schrift ›De anima‹ auch in ihrem Stil und noch mehr sein Kommentar zu allen Psalmen, in dem er nicht etwa, wie er vorgab, Augustins ›Enarrationes in psalmos‹ nur kürzte; er ist wohl seine beste Arbeit, jedenfalls seine verbreitetste. Die berühmteste wurden die ›Institutiones divinarum et saecularium litterarum‹ (zwischen 551 und 562); im ersten Buch gab er verschiedenartige praktische Hilfen zum Bibelstudium an, literarische, aber auch allgemeinere und methodische; mehr gesucht wurde später das zweite, ein Lehrbuch der Septem Artes. In I,30 stellte er das Abschreiben unter den Arbeiten der Mönche am höchsten, sagte, wie sie dabei auch verbessernd verfahren sollten, und schrieb noch mit 92 Jahren ›De orthographia‹, es aus Exzerpten zusammensetzend. Dadurch, daß er das Kopieren und das Studieren der geistlichen Wissenschaften wie auch der weltlichen, denen er Eigenwert zugestand, den Mönchen zur Pflicht machte, vereinte er beides dauerhaft und innerlich mit dem Mönchtum.

Noch im hohen Alter verfaßte er theologische Schriften und sorgte für nicht wenige Übersetzungen aus dem Griechischen. Am meisten gelesen wurden die ›Antiquitates Judaicae‹ des Flavius Josephus und die ›Historia ecclesiastica tripartita‹, in der nur die Auswahl der Exzerpte, die Einteilung und Vorrede von Cassiodor herrühren – das vom ganzen Mittelalter sehr häufig benutzte Handbuch der Kirchengeschichte.

Mit solchem fleißigen Schaffen wurde Cassiodor, der sich damit natürlich auch um die Überlieferung der römischen Literatur sehr verdient machte, den Mönchen zum großen Vorbild, organisierte er die geistige Arbeit und wurde er zum „ersten Vertreter der spezifisch mittelalterlichen Mönchsgesellschaft".

Weil deren Konsolidierung durch BENEDIKT VON NURSIA (? 547†) erreicht wurde, muß er hier erwähnt werden: Dieser Zeitgenosse Cassiodors gründete 529 in Monte Cassino das erste selbständige Kloster, das zum Musterkloster wurde, und mit der ›Regula (monachorum)‹ eine ausgewogene, auf Praxis beruhende Norm, die allein für die abendländischen Mönchsorden bis ins 12. Jahrhundert maßgebend war – in der ›Regel‹ stand nichts über die Pflege des Geistigen, doch trugen vor allem die Benediktiner das geistige Leben in den nächsten Jahrhunderten.

Gegen das Ostgotenreich ließ der oströmische Kaiser Justinian I. 535–553 einen Vernichtungskrieg führen. Von diesem langen Ringen, das Handel und Gewerbe wieder welken ließ, konnte sich Italien unter dem byzantinischen Regime nicht erholen, das ihm nicht die notwendige Fürsorge zuwandte, sondern es mit Steuern erpreßte (die Kunst geriet z. T. in Abhängigkeit von Byzanz). Die Langobarden, die 568 als Feinde des Oströmischen Reiches einfielen, gründeten ein (ober)italienisches Königreich und die Herzogtümer Spoleto und Benevent, mußten jedoch Ostrom den Süden und mehrere Küstenstreifen sonst überlassen. Vor innerer Zersplitterung, die nach Ermordung zweier Könige und durch zehn Jahre Königslosigkeit einsetzte, bewahrten Authari (seit 584) und sein Nachfolger Agilulf (590–616) das Langobardenreich. Die Päpste, besonders Gregor der Große (590–604), halfen zum wirtschaftlichen Aufschwung; ihr Kampf gegen die dogmatischen Wirren Ostroms, dazu der Übertritt der Langobarden zum römischen Glauben unter König Perctarit (672–698) führten zur religiösen Einheit. Doch mußte dann der Papst die Franken gegen den Langobardenkönig Aistulf zu Hilfe rufen und erhielt 754 durch die Pippinsche Schenkung die Grundlage des Kirchenstaates gesichert. Karl der Große, ebenfalls vom Papst herbeigerufen, zwang die Dynastie zum Abtreten (774), erhielt aber das Reich durch Personalunion. Infolge dieser Kämpfe war es mit der Einheit Italiens auf lange Zeit vorbei.

Diese Langobarden, die in der germanischen Völkerwanderung zuletzt in die römische Welt eingedrungen waren, damals noch Arianer und teilweise Heiden, zerstörten sehr viele Klöster; doch bald begann die Annäherung an die römische Kirche, namentlich seitdem die katholische Teudelinde, eine bayrische Königstochter, mit König Authari verheiratet war und nach dessen Tod (590) mit Agilulf. Der Ire Columban durfte das Kloster Bobbio (südlich Piacenza) 612 gründen; es stieg durch Scriptorium und Bibliothek zu den wichtigsten Kulturstätten Italiens, Monte Cassino und Vivarium, empor. Das Königshaus stiftete nach seinem Übertritt nicht wenige Klöster. Da durch die Wirren die Tradition antiker Bildung und grammatischer Schulung nicht abgerissen war, konnte sich z. B. in der langobardischen Hofschule von Pavia die weltliche und geistliche Strömung vereinen, dort sich Arbeo von Freising (S. 46 f.) und Paulus Diaconus (S. 16) schulen.

Am Anfang der Langobardenzeit fällt GREGOR DER GROSSE (Papst 590–604) nicht nur durch den Umfang seiner Schriften auf, sondern auch durch ihren ganz christlichen, mittelalterlichen Charakter, ihn sogar dahin steigernd, daß er eine seiner reichen, senatorischen Herkunft entsprechende Bildung erfahren hatte und Latein voll beherrschte, jedoch bewußt nicht klassisch schrieb, sondern schlicht, predigthaft; für ihn hatte antike, weltliche Schulung nur Sinn und Wert, soweit sie geistlicher Zielsetzung diente.

Daß er mit seiner Feder der geistlichen Praxis nützen wollte, zeigen zunächst der ›Liber regulae pastoralis‹, ein Lehrbuch der Seelsorge, das fast kanonischen Rang bekam, dann die erbaulichen Schriftauslegungen wie die ›Moralia in Job‹, im ganzen „ein umfassendes Repertorium der Moral" in 35 Büchern und moralisierend auch die ›Homiliae in Ezechielem‹ (schon dem Ende des ersten der zwei Bücher teilten sich die Verheerung durch den Langobardeneinfall und die Erregung des Verfassers mit) und die ›Homiliae in evangelia‹ – diese vierzig Predigten über Sonntagsperikopen machten Gregor als Exegeten am berühmtesten.

Am erfolgreichsten war er mit dem Werk, das man wohl zur Weltliteratur rechnen darf, mit den vier Büchern ›Dialogi‹; in ihnen ist eine Fülle hagiographischer Erzählungen in Dialogform gekleidet; das zweite Buch füllt nur die Vita Benedikts von Nursia, das vierte regte mit seinen Totenerscheinungen und Visionen über das Leben nach dem Tod diese Art Literatur bis hin zu Dantes ›Commedia‹ nachhaltig an. Dadurch, daß Gregor das Belehrende an den Schluß stellte, die Geschichten in schlichter, gepflegter, mit Rhetorik sparsam umgehender Sprache meisterhaft erzählte, wußte er viele Generationen zu fesseln und befruchtete über diese Gattung hinaus die erzählende Literatur.

Nimmt man hinzu, daß er die Messe durch liturgische Änderungen und das Redigieren von Sacramentarium und Antiphonarium verbesserte, daß vor allem er hinter der Christianisierung der Angelsachsen stand, so ist damit noch nicht das Wichtigste seiner Leistung genannt: In einer Zeit, in der sich das Langobardenreich noch um innere Festigung mühen mußte, ebnete er den Weg zum Kirchenstaat, bereitete die Lösung von Byzanz vor, baute die Zentralisierung der Kirche aus und stärkte sie als Gipfel moralischer Autorität – so bereitete er weit und tief den Boden fürs Mittelalter.

Während jener zwei Jahrhunderte fiel Süditalien in der Literatur aus, wurden in Rom Inschriften und Epitaphien in Distichen oder Hexametern weiter gepflegt. Im Norden entstanden einige kleine, unbedeutende Geschichtswerke. Von ihnen ist die ›Origo gentis Langobardorum‹ (um 670) erwähnenswert, weil darin gotische Heldenlieder ohne Entstellung wiedergegeben sind. Hier wurden Inschriften, besonders Epitaphien mehr rhythmisch als metrisch abgefaßt; zwei umfänglichere Rhythmen verdienen Erwähnung, der ›Rhythmus de synodo Ticinensi‹, den Stefanus monachus, vom Langobardenkönig Cunincpert beauftragt, 698(?) dichtete, drei Könige wegen ihrer Verdienste um die Kirche preisend, und ein anonymer Rhythmus auf Mailand, die Königin der Städte – das soweit bekannt älteste Gedicht dieser Art.

Im 7. Jahrhundert entstand aber auch die Columban-Vita des Mittelalters; ihrem Verfasser wird man wohl am besten gerecht, wenn man ihn hier einreiht, auch wenn er die zweite Hälfte seines Lebens, nicht ohne Unterbrechung, in Gallien zugebracht zu haben scheint und dort seine drei hagiographischen Schriften verfaßte, zur ersten gehören zwei Gedichte, zwei Columbanus-Hymnen. JONAS wurde vor 618 in Susa (Piemont) geboren, seit jungen Jahren im Kloster Bobbio gut geschult und diente dessen Äbten Athala (626†) und Bertulf (639†) als Helfer besonders in der Schreibschule. Vom letzten Abt aufgefordert, schrieb er die ›Vita s. Columbani abbatis‹; sie steht schon wegen ihres Wertes als Geschichtsquelle auf hoher Stufe, verdient das aber nicht weniger wegen ihres anspruchsvollen, teilweise epischen Stils, auch ihrer Anlage, durch welche die Wunderschilderungen in die eigentliche Vita aufgenommen sind. Für die Mönche von Bobbio dichtete er 58 Verse zu je zwei Siebensilbern (oft gereimt), die am Fest des Heiligen zu Tisch gesungen werden sollen, und einen Hymnus (9 rhythmische ambrosianische Strophen) für dessen Todestag. Die beiden Lieder gehören zum Schluß des ersten Buches jener Vita.

Da er es mit 20 rhythmischen Hexametern eröffnete, in denen er Columbans Heimat besang, hatte er dieses Buch, das allein er Columban widmete, mit besonderem Schmuck ausgestattet und zugleich bewiesen, daß er auch poetische Begabung besaß. Später (642?) setzte er ein zweites hinzu mit den Viten von Columbans Nachfolgern, von den Äbten Athala und Bertulf von Bobbio, von seinem Schüler, dem Abt Eustasius von Luxueil, und der Äbtissin Burgundofara von Faremoutiers, deren Weihung er vollzogen hatte – es sind an Umfang und Gehalt recht kleine Stücke. Ähnliches gilt von den für gallische Klöster bestimmten Viten des Bischofs von St. Vaast in Arras und des Abtes Johannes von Reomé. Den aus Aquitanien stammenden Amandus, schließlich Bischof von Maastricht, der als Missionar und Klostergründer in Nordgallien wirkte, hatte Jonas jahrelang als Helfer begleitet und sich dabei zu den Gallierviten anregen lassen. Nach der Johannesvita (659) ist er verschollen.

Am Ende der langobardischen Periode äußert sich bei drei Schriftstellern aus Norditalien die Bedeutsamkeit schon darin, daß sie Karl der Große an seinen Hof holte, zuerst den hochbetagten Petrus von Pisa (vor 799†), den er sich zum Lateinlehrer nahm – der widmete ihm eine meist exzerpierte Grammatik; in einem seiner wenigen Gedichte suchte er in Karls Auftrag Paulus Diaconus zu überreden, auch an den Hof zu übersiedeln. Der zweite, Paulinus (802†), durch königliche Gunst 787 zum Patriarchen von Aquileia erhoben, setzte seine theologische Gelehrsamkeit auf Karls Wunsch in den Kampf gegen den Adoptianismus durch zwei Schriften ein, von denen er die zweite, die umfangreichste (›Libri tres adversus Felicem‹), dem König dedizierte, und verfaßte im ›Liber adhortationis‹ den ersten Fürstenspiegel des Mittelalters; die Zahl seiner Gedichte ist umstritten.

Der größte, der dritte, war Paulus Diaconus (c. 797†), der aus einer in Friaul begüterten Langobardenfamilie, dem neuen Dienstadel, stammte; er erhielt entsprechende Ausbildung am Hof von Pavia und erzog im Auftrag des letzten Langobardenkönigs dessen Tochter Adelperga. Für sie dichtete er einen Rhythmus über die Weltalter, an dessen Schluß er den Frieden unter ihrem Vater schilderte, und schrieb die ›Historia Romana‹, in der er zum Geschichtsabriß des Eutrop sechs Bücher bis in die Zeit Justinians fügte; diese Kompilation wurde besonders in Italien beliebt. Nach dem Zusammenbruch des Langobardenreichs ging er ins Kloster Monte Cassino, von dort nur in der Zeit von 782–787 an den karolingischen Hof.

Wie sehr er sich um Karls Reformbestrebungen bemühte, zeigen mehrere Lehrbücher, eine Grammatik, d. h. ein Kommentar zu Donat, in dem er auch auf die Bibel und Kirchenväter hinwies, ein geschickt bearbeiteter Auszug aus dem Wörterbuch des (Flaccus-)Festus, den er Karl zueignete; und der veranlaßte ihn, eine Mustersammlung von Predigten fürs Mitternachtsoffizium zusammenzustellen und zu redigieren; sein bestes Lehrbuch wurde der Kommentar zur Benediktinerregel, in dem er sich zur Kritik auch am Text fähig zeigte.

Außer drei religiösen und zwei lehrhaften Gedichten ist eine Reihe Gelegenheitsgedichte überliefert; das längste Epitaph, das auf Herzog Arichis, der sein Langobardenreich in Unteritalien kurz vor seinem Tod Karl dem Großen unterwerfen mußte, zeigt den Dichter noch nach seiner Rückkehr vom Hof als Langobarden und die Bitte um Freilassung seines Bruders, mit der er sich an den großen Herrscher wandte, ohne ihm persönlich bekannt zu sein, als eindringlich, aber schwulstlos und würdig Bittenden. Aus den Versen, die äußere Pflege, klarer Stil und persönliche Tönung auszeichnen, spricht eine sympathische Persönlichkeit, deren Wert der König schon durch die ersten Verse erkannt haben muß; der brachte ihm Achtung und Freundschaft mehr als anderen entgegen.

Über den zwei anderen Geschichtswerken, die nur erwähnt zu werden brauchen, den ›Gesta episcoporum Mettensium‹, worin Paulus die Thronbesteigung der Karolinger rechtfertigen und ihr Haus durch die trojanische Herkunft der Franken erhöhen wollte, und der hagiographisch eingestellten Vita Gregors des Großen, wie über den sonstigen Werken steht die zuletzt geschriebene, wohl unvollendet gebliebene ›Historia Langobardorum‹. Von der skandinavischen Urheimat und der Völkerwanderung der (Winniler oder) Langobarden an bis zu König Liutprand (744†), unter dem dieses Reich die Höhe seiner Macht erreicht hat, ist diese ›Historia‹ als Volksgeschichte angelegt und will auch die Eigenheit des Langobardentums nicht zuletzt durch seine Sagen beleuchten. Offenbar trieb ihn die Liebe zu seinem Volk dazu, ihm ein literarisches Denkmal zu setzen, nachdem es seine Selbständigkeit vor etwa zwei Jahrzehnten eingebüßt hatte; er schrieb, ohne parteiisch oder ruhmredig zu werden, in einem meisterlichen Stil, dessen Schlichtheit, Deutlichkeit und Anziehungskraft schon im Mittelalter vollen Anklang gefunden hatten.

In seinem Schrifttum bot Paulus Diaconus die weltliche und geistliche Tradition seiner Zeit neu an und stand fest in seiner Gegenwart, in einer, für die das Imperium Romanum längst vergangen war, in der Karolingischen Renaissance, selbst damit, daß er sich zum Volkstum und zu seiner angestammten Art bekannte.

Wie sich in der damaligen Historiographie allgemeiner zeigt, knüpfte sie gern an die ›Historia‹ des Paulus Diaconus an, bevorzugte die chronikalische Darstellung, war an Nachrichten dürftig, im Blick beschränkt und sprachlich unter dem Niveau der Karolingischen Renaissance. Das trifft z. B. auf die ›Historia‹ des Presbyters ANDREAS VON BERGAMO (2. Hälfte des 9. Jahrhunderts) zu, weniger auf die ›Historia Langobardorum Beneventanorum‹ des auch in der Sprache besseren ERCHEMPERT, der von Monte Cassino nach Capua vor den Arabern floh und dort sein Werk verfaßte, es mit 889 beendete.

Wie also im Fürstentum Benevent, in dem Monte Cassino weiter ein starkes Kulturzentrum bildete, die langobardische Tradition weitergetragen wurde, so war Ravenna, wenn es auch im Kirchenstaate lag, zum

Regnum Italiae zu rechnen. Hier gelang dem Priester AGNELLUS mit seinem ›Liber pontificalis ecclesiae Ravennatis‹ ein Schritt höher vor allem
dadurch, daß er sich um möglichst viele Quellen (er nahm zahlreiche Inschriften und Epitaphien auf, beschrieb Kunstdenkmäler) bemühte – dadurch brauchte er eine Reihe Jahre (c. 830–nach 846) zur Niederschrift;
mit seiner Methode hätte er breite Wirkung verdient, freilich nicht mit seiner schlechten Sprache.

2. DIE IBERISCHE HALBINSEL

Nach dem 2. Punischen Krieg (218–201), in dem die Römer die Karthager von der Iberischen Halbinsel verdrängten, richteten sie dort zwei römische Provinzen ein, konnten aber deren Bestand erst voll sichern, als sie die Aufstände 154–133 niedergeschlagen und die letzten unabhängigen Stämme unter Augustus 9 v. Chr. unterworfen hatten. Die Romanisierung setzte sich durch, die Halbinsel wurde ins Imperium eingegliedert; ja, von dort kamen drei römische Kaiser, Trajan (98–117), Hadrian (117–138) und Theodosius I. (379–395). Bereits im 1. Jahrhundert n. Chr. führten vier Schriftsteller aus den zwei Provinzen die römische Literatur an und im 4. zwei die frühchristliche Dichtung.

Fast zur gleichen Zeit wie in Italien wurde auch hier die römische Herrschaft durch einfallende Germanenstämme beseitigt; 409 drangen Alanen, Sueben und Wandalen ein, 410 Westgoten. Diese vernichteten im Auftrage Roms 416–418 die Alanen und einen Teil der Wandalen, deren Hauptmasse 428 nach Afrika weiterzog. König Eurich (466–484) machte sich zum Herrn fast über die ganze Halbinsel und ließ das westgotische Recht im Codex Euricianus lateinisch aufzeichnen – die Sueben im Nordwesten wurden erst 585 bezwungen. Nachdem der Frankenkönig Chlodwig und seine Söhne die Westgoten (bis auf den Küstenstrich an der südwestfranzösischen Küste) über die Pyrenäen zurückgeworfen hatte, festigte sich das Gotenreich (Hauptstadt Toledo) besonders nach dem Übertritt König Rekkareds I. zum katholischen Glauben (587); auf dem 3. Konzil von Toledo (589) wurde die römisch-westgotische Kirche und damit das bis heute dauernde katholisch-romanische Spanien gegründet. Die Westgoten verschmolzen mit der einheimischen Bevölkerung.

Die religiöse Einheit förderte die Kultur; das Reformkonzil von 633 betonte die wissenschaftliche Ausbildung der Priester; neben den vielen Klosterschulen entstanden bereits in der 1. Hälfte des 6. Jahrhunderts Domschulen, von denen die von Sevilla durch Isidor berühmt wurde (S. 20). Noch im 7. Jahrhundert beherrschten starke Könige den Episkopat, dann aber kehrte sich das Verhältnis um. In diesen fast anderthalb Jahrhunderten gelangte dieses Land zu reichem inneren Leben und erhielt eine so starke Substanz, daß sich dessen Kern jahrhundertelang unter der Oberherrschaft der in mehr als einer Hinsicht grundverschiedenen Araber lebenskräftig durchrettete.

In der Westgotenzeit gedieh die mittellateinische Literatur, die zumeist von Bischöfen geschrieben wurde, zu einer eigenen Blüte. MARTIN VON BRACARA (580†), in Pannonien geboren, wurde Mönch in Palästina und ging als Missionar ins halb heidnische, halb arianische Suevenreich; dort gründete er Klöster, wurde Abt von Dumio und Bischof im nahen Bracara (Braga in Nord-Portugal), dort dann Metropolit von Gallicien. Von Missions- und Glaubenseifer zeugt auch sein Schrifttum. In der Musterpredigt an Bauern ›De correctione rusticorum‹ instruierte er, wie es um den Heidenglauben bestellt ist und wie man neubekehrtem Christenvolk zu predigen hätte, und das so belebt und eigenständig wie sonst nicht. Bei der ›Formula vitae honestae‹ ist es nicht nur charakteristisch, daß er sie dem Suebenkönig Miro widmete, der ihn mehrmals um Belehrung gebeten hatte, sondern auch, daß er die Lebensregeln nicht nach biblischen Geboten aufstellte, sondern nach vier Haupttugenden; solcher natürlichen Moral legte er eine (verlorene) Schrift Senecas zugrunde. In einer anderen Schrift bearbeitete er Senecas ›De ira‹ sehr geschickt. Drei Traktate moralischen Inhalts (›Pro repellenda iactantia‹, ›Item de superbia‹, ›Exhortatio humilitatis‹) tragen weiter Lebenswahrheiten in schlichtem, predigthaftem Tone vor, der dritte wandte sich an die höhere Schicht. Während er in den erwähnten Schriften lateinische Quellen benutzte, unter deren Autoren Seneca auffällt, holte er außerdem Griechisches für seine Zwecke heran. Nachdem auf seine Veranlassung der Mönch Paschasius von Dumio ›Apophthegmata patrum‹ übersetzt hatte, bearbeitete er sie kürzend neu zu ›Sententiae patrum Aegyptiorum‹, um darin Erbauliches über Zucht und Lebensweisheit aus dem ägyptischen Klosterleben darzubieten. In den ›Capitula Martini‹ schöpfte er eine kleine Sammlung von 84 Canones hauptsächlich aus griechischen Konzilsbestimmungen, die er selber übersetzte.

Wie sich schon Martin – typisch für jene Übergangzeit auch auf der Halbinsel – um die Vermittlung antiken Schrifttums nicht geringe Verdienste erwarb (seine ›Formula‹ wirkte sehr lange und kräftig nach, wurde sogar Schulbuch), so viel höhere ISIDOR VON SEVILLA (636†), der aus einer angesehenen romanischen Familie stammte und um 600 Bischof von Sevilla wurde – man sah ihn damals als den größten Gelehrten an. Den nachhaltigsten Ruhm erwarb er durch sein letztes Werk, die 20 Bücher ›Etymologiae‹, in denen er in viel weiterem Ausmaß als Boethius und Cassiodor das damalige Wissen zusammengetragen hatte, zumeist aus Schriftquellen ausgehoben, nach Sachgruppen im ganzen sinnvoll geordnet und gleichmäßig behandelt. Es wurde schnell zu dem enzyklopädischen Lexikon des Mittelalters, besonders für die antiken und biblischen Realien. Viel benutzt wurden auch seine früheren, in Stoff und Art ähnlichen Werke, das naturkundliche Handbuch ›De natura rerum‹, um das ihn König Sisebut gebeten hatte, die ›Differentiae‹, deren 2. Buch (›D. rerum‹) viel mehr

gebraucht wurde als das 1. (›D. verborum‹), die ›Synonyma‹, deren spätere
Titel den Inhalt besser andeuten (›Lamentatio animae peccatricis‹, ›Solilo-
quia‹). Durch mehrere exegetische Schriften, namentlich durch die ›Quae-
stiones in vetus testamentum‹, wurde er so berühmt, daß man ihm später
ähnliche Traktate anderer zuschrieb. Mit den dreibändigen ›Sententiae‹
stellte er ein theologisches Handbuch her und mit ›De ecclesiasticis officiis‹ das erste liturgische. In die Darstellung der Weltchronik (von der
Schöpfung bis 615) führte er beispielgebend die augustinische Gliederung
in sechs Weltalter ein und zeigte schon hier seine nationale Einstellung dadurch, daß er sich am Schluß für Spanien interessierte, weit mehr jedoch in
der ›Historia Gothorum‹ (624), von der er ein Exemplar mit seiner ›Historia Wandalorum‹ und ›Historia Sueborum‹ König Sisenand (631–638) zudachte – man kann darin außer der Liebe zum westgotischen Vaterland
wohl noch etwas vom romanischen Stolz des römischen Provinzialismus
finden. Wenn auch in seinem Schrifttum die Kompilation vorherrscht, so
imponiert es durch Fülle, Mannigfaltigkeit und enorme Wirksamkeit, die
nur daraus richtig zu verstehen ist, daß seine Zeit und die folgende nach
solcher Vermittlung dürsteten; er muß als ein Hauptlehrmeister fast des
ganzen Mittelalters gewürdigt werden.

Auffallend ist das Verhältnis Isidors zu dem Gotenkönig SISEBUT
(612–622); es legt am klarsten offen, wie stark sich germanische Herrscher
auch auf dieser Halbinsel für das christlich-lateinische Geistesleben inter-
essierten, d. h. auch für Literatur, die nicht in ihrer Muttersprache abgefaßt war (vgl. vorher Martin und Isidor, nachher Eugen und mehr noch
Julian); sie waren ja auch gewillt und fähig, sich daran aktiv zu beteiligen,
und schon so früh also wurde das Laientum literarisch tätig. Auf das naturkundliche Buch Isidors, das der König angeregt hatte, antwortete dieser
mit 61 bedacht aufgebauten Hexametern über die Ursachen der Mondfin-
sternis. Vor der Herrschaftsübernahme hatte er eine hagiographisch angelegte Vita des zeitgenössischen Bischofs Desiserius von Vienne in Prosa
geschrieben.

Mit Isidor freundschaftlich verbunden war BRAULIO, Bischof von Saragossa (631–651); er hatte ihn zu den ›Etymologiae‹ gedrängt und dann zu
deren Vollendung; er nahm sich des nicht fertig gewordenen Werkes an
und würdigte ihn im ›Elogium‹ mit der Aufstellung seiner Werke. Durch
die ›Vita s. Aemiliani‹ suchte er Spanien einen Nationalheiligen zu ver-
schaffen, sprach aber in dem allgemeiner gehaltenen Hymnus nur wenig
von ihm. Unter seinen Briefen sind einige an die Könige Chindaswinth
und Rekkeswinth erhalten.

Daß Isidor auch auf das spätere 7. Jahrhundert wirkte, bezeugen drei
Erzbischöfe von Toledo, zunächst EUGEN (646–657), der unter Braulio in
Saragossa Archidiakon wurde und dem Alternden in der Bischofsverwal-

tung beistand. Auf Wunsch des Königs Chindaswinth (640–649) gab er
zwei Dichtungen des Dracontius (4. Jahrhundert) leicht bearbeitet heraus.
Ein Buch Prosaschriften, auch ›De s. trinitate‹ sind nicht erhalten. Das
Buch Gedichte, meist Gelegenheitsdichtung, hat Ansprechendes und Be-
achtenswertes zu bieten, dies nicht nur in eigengearteter Verstechnik, sondern noch mehr durch Akzentrhythmik, gegen deren Verwendung Julian
opponierte. Im ›Epitaphion Chindasuintho regi conscriptum‹ warnte er
den König im Gedenken an den Tod vor den Lastern. Übrigens brachte er
auch Stücke aus Isidors ›Etymologiae‹ in Verse.

Von Eugens Nachfolger ILDEFONS (657–667) ging das meiste Schrifttum
verloren. Drei erhaltene Prosaschriften zeigen ihn mahnend und um Ver-
innerlichung bemüht, auch als leidenschaftlichen Verteidiger der Lehre
von Marias Jungfräulichkeit. Bezeichnend für seine Fortsetzung von Isidors Schriftstellerkatalog ist die tendenziöse Stellungnahme für die Bischöfe von Toledo (von den sieben haben sich vier gar nicht literarisch betätigt). Angefügt hat sein zweiter Nachfolger Julian dessen Biographie.

Dieser JULIAN, noch jung zum Erzbischof erhoben (680–690), machte in
dem Jahrzehnt Toledo zum kirchlichen Zentrum Spaniens; im literarischen Schaffen zeigte er sich theologisch und antik geschult, dazu hervor-
ragend talentiert, und das besonders in seinem Jugendwerk, der ›Historia
Wambae regis‹; in der feierte er den König nach dem Niederwerfen des
Aufstands in Septimanien (673) als Helden recht lebendig – damit klang
die Historiographie des Gotenreiches aus. Wahrscheinlich gehört ihm
auch eine ausführliche Grammatik zu, in die er Belege aus der Vulgata einfügte und viele heute nicht mehr feststellbare. Die anderen Schriften, die
theologischen Inhalt haben, seien nur in Auswahl genannt. Mit dem ›Pro-
gnosticon futuri saeculi‹, Lehre der Bibel und der Kirchenväter über die
ganze Eschatologie, mit deren umfassender Darstellung er lange allein-
stand, erlangte er die größte Verbreitung und Wirkung, sicherlich bis zur
Scholastik. Als deren Vorläufer kann er wegen der methodischen Anlage
seine exegetischen Hauptwerkes ›Anticemenon‹ gelten. Den König Erwig,
den er 680 gesalbt hatte, bedachte er mit der dreibändigen Apologie ›De
comprobatione aetatis sextae‹ gegen die Irrlehre der Juden, der wahre
Messias werde erst im 6. Weltalter erscheinen. Andere Schriften zeugen
von seiner Liebe zu Augustin und seiner Bemühung um eine bessere Liturgie. Mit ihm stand am Ende der Westgotenzeit eine so markante Persönlichkeit, daß sie den Vergleich mit Isidor nahelegt; wenn er es auch keineswegs mit ihm an Zahl der Schriften und ihrer Wirkung aufnehmen kann,
übertroffen hat er ihn an persönlichem und tieferem Gehalt.

In der Literatur der Gotenzeit überwog demnach die Prosa, was sich bei
den Autoren geringerer Bedeutung bestätigen ließe. Epische Dichtung
fehlte völlig; es blühte aber eine Hymnik mit nationaler Prägung, die der

sogenannten m o z a r a b i s c h e n Liturgie, die sich von der römischen entfernt hatte – die Benennung führt irre, weil 'Mozaraber' die unter den
Arabern wohnenden Christen bezeichnet, also eigentlich nur auf eine viel
spätere Zeit zutrifft. Die in den ›Analecta Hymnica XXVII‹ zusammengetragenen über 200 Hymnen sind vorwiegend anonym und nicht zuletzt
deswegen schwer zu datieren, weisen aber in ihrem Äußeren darauf hin,
daß sie in verschiedenen Jahrhunderten entstanden sind, die ältesten in
ihren antiken Metra, die jüngsten in akzentuierenden; Verwilderung hier
paßt am ehesten ins 10. Jahrhundert; es begegnet auch ein eigentümliches
Prinzip, das vollbetonte Wörter zählt. Kennzeichnend sind die Fülle litur-
gischer Hymnen oder ihre besonderen Bestimmungen und deren Vielfalt
wie Geburtstage von König und Bischof, Ausmarsch des Heeres und
Kriegsläufte, Hochzeit, Ernte oder allerhand Not. Wenn sie auch im allgemeinen sich an das Gegebene halten und etwas herb sind, so fehlt es doch
nicht gänzlich an poetischem Glanz.

711 aber wurden die Westgoten vernichtend geschlagen, die Araber eroberten die Halbinsel in kurzer Zeit; nur in den Gebirgsschluchten des
Nordens sammelten sich die dorthin geflüchteten christlichen Scharen, die
unter dem Goten Pelayo um 720 sogar die Araber besiegten, freilich ohne
durchschlagenden Erfolg. Durch Fehden arabischer Stämme untereinander kehrte vorerst noch keine Beruhigung ein; erst Abd-ar-Rahman I. griff
energisch durch und schuf 756 ein selbständiges Reich, aus dem dann das
Kalifat Córdoba hervorging. Dieser Omaijade sorgte für Sicherheit, Wirtschaft und Handel, suchte die Bevölkerung einander näherzubringen und
tolerierte das Christentum. Damit schuf er zwar die Voraussetzungen für
materielles und geistiges Wachstum; doch war die vorher schon entkräf-
tete Lateinkultur trotzdem sehr gefährdet, vor allem dadurch, daß die
Araber sich mehrten und festigten sowie ihre Religion und Kultur mit
ihren starken Lebenskräften ausbreiteten, daß sie so manchen Einheimischen für sich gewannen. So wurde z. B. die neue Hauptstadt Córdoba
zum Mittelpunkt von Wissenschaft und Künsten; davon zeugt etwa die
780–787 erbaute Moschee, die im 9. und 10. Jahrhundert wiederholt neue
Säulenreihen dazu erhielt und schließlich mit 180 x 130 m Grundfläche zur
größten Europas wurde. Hier erhob sich dann auch der Hauptwiderstand
der Christen gegen den Islam, aber erst gegen Mitte des 9. Jahrhunderts.
Noch im 8. Jahrhundert errang in der an Zahl und Wert geringen Lateinliteratur ein Werk eine erstaunliche Bedeutung, das Hauptwerk des
Beatus von Liébana (798†), der aus dem nicht besetzten Asturien
stammte, sein 12 Bücher umfassender, klar aufgebauter Kommentar zur
Johannes-Apokalypse (in 3., letzter Fassung 786). Obwohl er nur kompiliert ist (auch aus seltener Väterliteratur), fand er ungewöhnlichen An-

klang und wurde bereits früh mit vielen, ganzseitigen Bildern geschmückt;
das erklärt sich leicht aus der damaligen Lage und Stimmung: Man
glaubte die Endzeit nahe und sah in dem Werk die Gegenwart gedeutet.

Hier kann nicht Theodulf (821 †) eingeordnet werden. Er stammte zwar
aus einer gotischen Familie Spaniens, mußte aber in jungen Jahren aus seiner Heimat fliehen, in die er nie zurückkehrte, und fand am Hofe Karls
des Großen Aufnahme. Von seinem Schrifttum gehört nichts nach Spanien, dorthin nur seine vorzügliche Schulung (S. 53).

3. IRLAND UND ENGLAND

a) *Irland*

Die Kelten, die England seit dem 8. Jahrhundert und Irland etwa seit 400 v. Chr. besiedelt hatten, blieben auf Irland von den römischen Legionären verschont, später von den Germanen der Völkerwanderung. Seit 795 wurde Irland von den Wikingern bedrängt und verheert, konnte sie jedoch zurückschlagen, endgültig freilich erst 1014. Es blieb Keltenland, bis König Heinrich II., zu Hilfe gerufen, 1171 mit großer Heeresmacht von England aus übersetzte.

Politisch gelangte es infolge des lange vorherrschenden Partikularismus erst sehr spät zur Einheit (der erste König von ganz Irland wurde 1002 Brian Borus aus dem Geschlecht der Dál Cais), erreichte sie aber religiös und kulturell sehr früh und in einzigartiger Stärke. Dieses kleine Land an der Peripherie Europas, vom Festland beträchtlich entfernt, strömte solche geistigen Kräfte aus, daß es für den mächtigen christlich-lateinischen Kulturbereich des Kontinents zum „Wegbereiter des Mittelalters" wurde, das man „ohne die Iren nicht verstehen" kann. Die Fähigkeit dazu gewannen sie erst, als sie christianisiert waren (seit dem 4. Jahrhundert) und sich an der Antike geschult hatten. Patrick, Sohn eines christlichen Stadtrates (*decurio*) im römischen Britannien (461†), der sich zur Bekehrung der Iren berufen fühlte und sie etwa dreißig Jahre lang betrieb, wurde ihnen zu ihrem Apostel und Nationalheiligen. Das alte vorbenediktinische Mönchtum, das wohl erst er einführte und zu dem sich die Iren hingezogen fühlten, breitete sich mächtig aus und schuf so die Grundlage für die „irische Mission", unter der man die verschiedenartige Wirksamkeit ihrer Mönche und Gelehrten im Ausland versteht; sie dehnte sich über das nördliche, dann südliche England weiter zum abendländischen Festland aus, vom Ende des 6. Jahrhunderts bis zum 9. sich steigernd, um im 10. und 11. abzufallen, auf dem Festland von den etwa fünfzig Klöstern aus, welche die Iren unter ihren Einfluß brachten oder erst gründeten. Sie durchpulsten das religiöse Leben, desgleichen Wissenschaft, Literatur und Kunst.

Da hier die Lateinkultur erst mit dem Christentum in ein Land jenseits des Limes einzog, konnten sie aus sich selber keinen Vermittler des antiken Wissens wie Italien und Spanien hervorbringen und sich um die Weitergabe antiker Überlieferung erst später und auf dem Kontinent verdient machen. So ist es auch verständlich, daß ihr Latein besonders von dem Latein der Bibel und Liturgie geprägt war.

Die mittellateinische Literatur begann mit Hymnen; zu den ältesten gehört der Hymnus auf St. Patrick (461†), der vielleicht zu Recht dem hl. SECHNALL (Secundinus) zugeschrieben wurde. Eine größere Zahl dichtete der hl. COLUMCILLE (Columba von Hy, 594†), der auf der Insel Hy das Kloster Jona gründete – es wurde wichtiger Ausgangs- und Mittelpunkt für die Christianisierung und das Kulturleben Nordenglands. Von den unter seinem Namen überlieferten Hymnen, die sich der Sprache nach ins 6. Jahrhundert datieren lassen, ist der größte ein 'Abcdarius', der ein christliches Bild der Welt von der Schöpfung bis zum Ende in kräftigen Strichen zeichnet. Die über 40 Hymnen, die aus dem ›Antiphonar von Bangor‹ (in einer Handschrift vom Ende des 7. Jahrhunderts) und aus dem ›Liber hymnorum‹ (in zwei Handschriften des 11.) in Analecta Hymnica LI zusammengestellt wurden, sind etwa drei Viertel anonym. In der stärksten Gruppe ›De sanctis‹ wird eine Reihe irischer Heiliger genannt, zwei Lieder beziehen sich auf das Kloster Bangor. Was in ihnen als (für diese Zeit) irisch anzusprechen ist, betrifft namentlich die Versform. Die Verse sind akzentrhythmisch gebaut und mit dem Reim ausgestattet, der sich im 6. Jahrhundert durchgesetzt und immer mehr zur vollen Reinheit und Zweisilbigkeit verfeinert hat und auch im Innern begegnet; außerdem sind sie nachdrücklich mit Alliteration versehen. Ein treffliches Beispiel für irische Verskunst bildet das Marienlied ›Cantemus in omni die‹ des CUCHUIMNE von Jona (747†), zugleich Beispiel für poetische Schönheit in dieser Gattung. Irisch ist auch die ›Lorica‹, eine besondere Art Hymnik, das Reimgebet an Gott für aufgezählte Körperteile, worin einiges vom heidnischen Zauberlied fortlebt.

Ebenso steckt Irisches in der Hagiographie, deren Pflege die vielen Klostergründungen forderten. COGITOSUS schrieb um 650 eine Brigida-Vita, in der auffällt, wie Heidnisches auf die Heilige übertragen ist – die Mönche von Kildare hatten ihn gebeten, damit ihr Doppelkloster zu preisen, das die von ihnen besonders gefeierte Heilige gegründet haben soll und in dem sie bestattet war. Eine zweite Brigida-Vita hat besonders durch Mehrung des Inhalts an Umfang zugenommen; aus ihr ist bemerkenswert, daß mehrmals von Druiden die Rede ist. Seit dem 7. Jahrhundert wurden, auch in irischer Sprache, Patrick-Leben verfaßt, das erste wohl von Bischof ULTAN um 650, von dem nur Notizen durch einen anderen Bischof erhalten sind; MUIRCHÚ suchte (Ende des 7. Jahrhunderts) die vielen Wunder in die Vita einzuordnen, ohne ihnen das Übergewicht zu geben.

Das beste Heiligenleben gelang ADAMNAN VON HY (704†) in der ›Vita Columbae‹ (gemeint ist Columban von Hy, 597†); in deren drei Büchern (Prophezeiungen, Wunder, Visionen) erreichte er eine gewisse Geschlossenheit und schilderte in einer anspruchsvolleren Sprache anregend und gut charakterisierend. Irisches kam in der Betonung des Prophetischen, des Naturwunders oder der Liebe zu den Tieren zum Ausdruck. Seine Belesenheit bekunden Wendungen, die er von Sulpicius Severus oder Gregor dem Großen übernahm, auch Phrasen aus Vergil oder Juvencus; dazu würde ein Kommentar zu Vergils ›Bucolica‹ und ›Georgica‹ passen, den ihm zwei Handschriften zuzuschreiben scheinen. Schon früher (c. 670) hatte er eine christliche Reisebeschreibung (›De locis sanctis‹) verfaßt und sie König Aldfrid von Northumbrien zugesandt.

Von der irischen Mission auf dem Kontinent zeugen COLUMBANUS (oder der jüngere Columba, 615†), der mit ihr begann und sie geistig führte, und sein breites Schrifttum. Nachdem er sich dreißig Jahre in Bangor (Nordost-Irland) als Lehrer betätigt hatte, zog er 591 mit zwölf Begleitern ins Frankenreich und gründete drei Klöster (Annegrey, Luxeuil und Fontaine), wanderte 610, des Landes verwiesen, den Rhein hinauf und 612 weiter nach Italien; er starb in dem von ihm begründeten Bobbio, das sich bald durch Pflege des christlichen Geisteslebens, aber auch durch Sorge um die antiken Texte verdient machte. Sein erhaltenes Schrifttum, dessen Umfang umstritten ist, entstand vorwiegend auf dem Festland, so die zwei Mönchsregeln für sein Kloster Luxeuil; von den zwei Bußbüchern ist das zweite zumeist auf Laien eingestellt und damit auf Verhältnisse des Kontinents. In ›De mundi transitu‹ wandte er eine typisch irische Strophenform an, je vier rhythmische Siebensilbler mit Reim, dagegen in drei Briefgedichten, in denen er auf die ewigen Werte wies, zweimal Hexameter und einmal stichische Adonier; mit quantitierenden Metra, deren Gebrauch ihm sicherlich erst auf dem Kontinent nahegelegt wurde, ging er seinen Landsleuten beträchtlich voran. Ferner verband er im Lehrgedicht ›Monastica‹ christliche Lehren mit solchen, die er aus profanantiker Dichtung übernahm, und holte mythologische Beispiele aus der Antike herbei; auch sonst zeigte er, wie sehr er sich in Antikes vertieft hatte und es als dem Christlichen dienlich ansah. Im ganzen erscheint er auch in Frankreich und Italien als Ire, der seine Art bewahrt und mitteilt, der in ernster und missionseifriger Haltung und durch vorzügliche Bildung sein Volk kulturell bestens vertritt.

Wie sich von selber versteht, beteiligten sich die Iren auch an der Sachliteratur, so an der Grammatik im 7. und 8. Jahrhundert stärker als das übrige Europa, und fußten darin auf den beiden Lehrbüchern des Donat; das tat z. B. MALSACHANUS etwas vor 700 in seiner ›Ars‹. In der Kanonistik, zu der auch die erwähnten Bußbücher zählen, ist am wichtigsten die ›Collectio canonum Hibernensis‹, die um 700 Dair-Inis und Cuchuimne von Jona verfaßten, nicht zuletzt durch ihre starke Wirkung auf das Festland. Am kräftigsten wurde die Exegese entwickelt, in der sich auch spezifisch

Irisches offenbart, so im Kommentar zum Markus-Evangelium des Cum-
meanus die Liebe zur Zahl in Zusammenstellung und Symbolik. Kompiliert aus den früheren Einzelkommentaren ist ein Gesamtkommentar zur
Bibel mit dem sprechenden Titel ›Pauca problesmata de enigmatibus ex to-
mis canonicis‹; als irisch darf man in ihm u. a. eine enzyklopädische Tendenz ansprechen, die so weit geht, daß sogar eingefügt wird, was gar nicht
zum Thema gehört (Ende des 8. Jahrhunderts).

Die Iren trugen, obwohl sie etwa in der Wende des 7. zum 8. Jahrhundert
von den Angelsachsen überflügelt wurden, des weiteren nicht wenig zur
Förderung der abendländischen Kultur bei; sie fühlten sich noch immer zu
ihr hingezogen und blieben begehrt. Davon zeugen Virgil, der sich in seinem 40jährigen Wirken als Bischof von Salzburg am Kulturleben Austrasiens beteiligte (S. 46), und die vier Iren, die sich für Karl den Großen und
seine geistigen Bestrebungen am fränkischen Hof, z. T. noch unter Ludwig
dem Frommen, einsetzten als Lehrer, Gelehrte und Dichter (S. 52 f.).

b) England

In England siedelten Kelten (Briten, der Name eines ihrer Stämme,
wurde dann Sammelname) seit dem 8. Jahrhundert v. Chr. Sie widersetzten
sich den Feldzügen Cäsars 55 und 54, fanden sich aber im Süden und in
der Mitte mit der Besetzung durch die römischen Legionen von 43 n. Chr.
bis 407 ab. Christen gab es seit etwa 200; ihre Kirche wurde im 4. Jahrhundert organisiert und schlug von Rom unabhängige Wege ein, auch in der
Liturgie und Osterberechnung; das Latein wurde von ihr weitergetragen.
Diese Kelten wurden von den zu Hilfe gerufenen Germanenstämmen der
Angeln und Sachsen (seit 449) in den Südwesten, nach Wales und in den
Nordwesten gedrängt oder setzten in die Bretagne über, wuchsen z. T.
aber auch mit den Eroberern zum Volk der Angelsachsen zusammen. Sie
schufen sich sieben Königreiche; Herrscher über sie wurde recht eigentlich erst Egbert von Wessex (802–838), der endlich die politische Einheit
herstellte. Doch seit 793 machten ihnen die heidnischen Dänen raubend
und plündernd immer mehr zu schaffen; seit der Mitte des 9. Jahrhunderts
ließen sie sich im Osten kräftig nieder.

Jener politischen Einigung war die religiöse, kirchliche lange vorausgegangen. Die germanischen Eroberer waren anderthalb Jahrhunderte Heiden geblieben. Deren Christianisierung erfolgte durch Propst Augustin,
den Gregor der Große mit vierzig römischen Mönchen 596 entsandt hatte,
aber auch durch die Iren (mit Zentrum Jona), und zwar so, daß fast ganz
England für dreißig Jahre der irischen Mönchskirche angehörte; den Sieg
der römischen Kirche brachten die Synode von Whitby (664) und die erste

gesamtenglische Synode von Hertford (672 f.). Die seitdem aufblühende angelsächsische Kirche, darauf bedacht, römische Episkopalkirche und irische Mönchskirche zum Ausgleich zu bringen, erfuhr eigene Ausgestaltung, so daß sie wie eine Staatskirche aussah, aber eine Machtstellung für sich innehatte. Damit entstand eine kirchliche Einheit über alle angelsächsischen Reiche hin, „das Vorbild für die Einheit des Staates".

Die Lateinliteratur Englands begann, was sich leicht verstehen läßt, etwas eher als die Irlands, war aber gleich merkwürdig mit ihr verbunden, so beim Mönch Pelagius immerhin schon dadurch, daß die Überlieferung seines Kommentars zu den Paulusbriefen überwiegend irisch ist. PATRICK, der in jungen Jahren als Sklave nach Irland verkauft worden war und sich nach sechs Jahren befreit hatte, wurde 432 zum Nachfolger des Palladius bestellt, den der Papst kurz vorher als ersten Bischof Irlands entsandt hatte und dem anscheinend kein Erfolg beschieden war; ihm gelang die Missionierung (S. 25). Gegen Angriffe, daß er sie sich angemaßt und sich dabei bereichert hätte, wehrte er sich in zwei Schriften, schon mehr nebenbei in der ›Epistola ad milites Corotici‹, vor allem aber in der kurz vor seinem Tod geschriebenen ›Confessio‹, in der er zwar wenig über sein Leben und Denken mitteilte, aber doch beeindruckend deutlich machte, wie tief er sich berufen und auserwählt fühlte. Seine Sprache, ganz von der biblischen gesättigt, ist gewiß eindringlich, jedoch schwierig; es mangelt ihr an Schulung und Kunst.

An den Beginn der britischen Literatur im engeren Sinn gesetzt zu werden, verdient erst GILDAS (570†), der in Schottland geboren die meiste Zeit seines Lebens in Wales verbrachte, auch Irland besuchte. Außer Fragmenten kirchenrechtlicher Briefe, einem kleinen Bußbuch und einem Reisesegen von 40 rhythmischen Elfsilblern besitzen wir von ihm eine zweiteilige Prosaschrift (›De excidio et conquestu Britanniae‹); wenn er von der Römerzeit bis zur Gegenwart wichtige Tatsachen und ein im wesentlichen zutreffendes Bild seines Volkes zu seiner Zeit bietet, so überwiegen doch die Klage über den Niedergang und die Strafpredigt gegen König und Adel, Priester und Richter; das politische Elend durch die Sachsen sei verdient. Nur hier ist seine Sprache mit seltenen Wörtern gespickt, schwülstig und schwerfällig.

Da es wenig über die ältere britische Geschichte zu lesen gab, wurde Gildas Mahnschrift viel benutzt; auf ihr fußt die anonyme ›Historia Britonum‹ (um 700), die freilich mehr Sage als Geschichte enthält; von ihren Überarbeitern verdient der Waliser Nynniaw (Nennius, um 826) genannt zu werden.

Die Führung im Geistesleben war in der 2. Hälfte des 7. Jahrhunderts von Irland auf England übergegangen; Beda nannte es „die glücklichste

Zeit, seit die Angeln nach Britannien gelangten". Das ging nicht zuletzt auf die kirchliche Einigung zurück, durch welche der irische Einfluß zurückgeschlagen wurde. Die beiden hochgelehrten, vom Papst entsandten Geistlichen, der Grieche Theodor und der Afrikaner Hadrian – der erste wurde Erzbischof von Canterbury (669–690), der zweite dessen Helfer als Abt von St. Peter und Paul dort –, ordneten und verbesserten das ganze Kirchenwesen und förderten nachhaltig Ausbildung und Studium. Durch beide kam die Schule von Canterbury hoch und in Wessex das Kloster Malmesbury durch Aldhelm.

Durch den Iren Maildulb, der dieses Kloster gegründet hatte, und durch den angeführten Abt Hadrian hatte ALDHELM, der sich infolge seiner königlichen Abstammung vorzüglich ausbilden lassen konnte, die besten Kenntnisse erworben, um Malmesbury zu leiten (675–709, auch als er der erste Bischof von Shereborne 705 geworden war). Von seinen Schriften sind zwei die wichtigsten, die Metrik ›Epistola ad Acircium‹, d.h. an den ihm befreundeten König Aldfrith von Northumbrien (685–705), mit einer Sammlung von 100 Rätseln inmitten, die bald gesondert überliefert wurde – ein in Inhalt und Form vorzügliches Lehrbuch. In der Sammlung von Heiligenlegenden ›De virginitate‹, einer umfänglichen Prosa, wollte er die Äbtissin Hildelitha und die Nonnen von Berking in ihren Idealen bestärken; er setzte dann das Ganze in 2445 Hexameter um, fügte aber den Kampf der Tugenden gegen die Laster in 459 Versen breiter hinzu – dieses Stück ›De octo principalibus vitiis‹ wurde später oft als selbständiges Werk abgetrennt. In einem der 13 erhaltenen Briefe empfahl er dem Adressaten, die in Irland erworbenen Kenntnisse hier den Briten weiterzugeben, die jetzt in Canterbury besser studieren könnten. Er selber bezeugte in seinen Schriften das Zusammenfließen der Kulturströme schon im Inhalt (heimische Rätsel, antike Metrik, christliche Virginitas) und in seiner Sprache eingehendes Studium der Antike und den schwulstig-gekünstelten Stil der Iren, was die Prosa betrifft.

Dieser Stilart folgte sein Schüler ÆTHILWALD, wohl der spätere König von Mercia (716–757), wie aus den zwei überlieferten Gedichten hervorgeht (gereimte, alliterationsreiche Achtsilbler); das eine feiert Aldhelm, das andere schildert eine Reise dreier Briten nach Rom.

Ende des 7. Jahrhunderts wuchs im Norden ein weiteres Kulturzentrum im Kloster Wearmouth empor, das sich mit Jarrow eng verband; Benedict Biscop, der das erste gegründet und bis 689/690 geleitet hatte, ein Adliger, der im Auftrag des Papstes Theodor und Hadrian von Rom nach Canterbury gebracht hatte und dort zwei Jahre Abt gewesen war, schaffte Bücher und Kunstschätze aus dem Süden herbei. Sein Nachfolger Ceolfrith (690–716) eiferte ihm nach. Auf solchem Boden gediehen historische Schriften, besonders Heiligenleben: EDDIUS STEPHANUS schrieb die Vita des Bischofs Wilfrith von Northumberland (664–674, 709†), ein Anonymus aus Wearmouth Ceolfrids Leben und ein Anonymus aus Lindisfarne die Vita des Cutbercht, des dortigen Abtes.

Vom siebenten Lebensjahr an in Wearmouth, dann in Jarrow verbrachte der nicht weit vom ersten Kloster geborene BEDA (Venerabilis) sein Leben (672/3–735), das Leben eines bescheidenen Mönchs, der von dieser vorzüglichen Bildungsstätte geschult zu dem Ort und Zeit weit überragenden Gelehrten und Schriftsteller wuchs. Er zog tüchtige Schüler heran, so Nothelm, den späteren Erzbischof von Canterbury, der ihm bei seinem Hauptwerk half, Papstbriefe aus Rom herbeischaffte und ihn zu einer exegetischen Schrift anregte.

Sein enormes Werk, für das er bis zum letzten Atemzug tätig war, ist fast ganz erhalten und besteht großenteils aus Schulbüchern. Der Rhythmik, die er in sein Handbuch ›De arte metrica‹ aufgenommen hatte, verschaffte er dadurch allgemeinen Eingang in die Verslehre; er bevorzugte darin Belege aus christlicher Poesie. Das tat er auch in ›De schematibus et tropis‹; die beiden zusammengehörigen Schriften entsprachen den damaligen Bedürfnissen, wie ihre vielen Handschriften und Bezeugungen lehren. Mit dem Wörterbuch ›De orthographia‹, bei dem er das damalige Latein im Auge hatte, fand er dagegen wenig Beifall. Drei Werke hängen zusammen, die Weltbeschreibung ›De natura rerum‹, die kurze Chronologie ›De temporibus‹ mit sechs Kapiteln einer sehr knappen Weltgeschichte (›Chronica minora‹) und die erhebliche Erweiterung der letzten Schrift (auch um Zugehöriges aus der ersten) zu ›De temporum ratione‹, zu einem größeren Lehrbuch der Zeit- und Festrechnung, mit der oft selbständig tradierten ›Chronica maiora‹, in der er relativ ausführlich die englische Geschichte mitbehandelte. Damit beendete er den Streit um den Ostertermin, setzte die Datierung nach Christi Geburt durch und schuf für Jahrhunderte das maßgebliche Handbuch.

Auch mit theologischen Büchern erreichte er eine ungewöhnliche Wirkung und wurde mit diesen Traktaten, Predigten, großen Kommentaren (der Mehrheit seines Schrifttums) der größte Exeget seit der Zeit der Kirchenväter. Sechs Bücher Lukas-Kommentar und vier Markus-Kommentar zählen zu seinen verbreitetsten Werken. Er erhob sich über die reine Kompilation etwa eines Isidor, ging überall mit Kritik auch an den Text heran und durchdachte das Ganze. Noch freier in Formulierungen und Gedanken sind die zwei Bücher ›Homiliae evangelii‹ (730–735).

In der Hagiographie betätigte er sich zunächst darin, daß er zwei ältere Werke stilistisch bearbeitete. Dann verfaßte er (noch vor 705) die ›Vita Cuthberti metrica‹ in 976 Hexametern (nach der erwähnten Prosa von etwa 700) und setzte sie (vor 721) in eine ausführlichere Prosa um, in der er mehr ein Lebensbild zu zeichnen suchte, freilich auf hagiographischem Grund; dazu zog er zwei Mönche aus Lindisfarne heran, wo der Heilige ja erst 687 gestorben war.

Aber in der nach 716 geschriebenen ›Historia abbatum‹, in der er die Geschichte von Wearmouth–Jarrow in der Tätigkeit seiner Äbte schilderte, speziell in der des Benedict Biscop, fehlt die hagiographische Einstellung, so daß man hier von einer Vorstufe zu seiner berühmten ›Historia ecclesiastica gentis Anglorum‹ sprechen kann. In ihr, die er 731 abschloß, und zwar mit der Liste seiner Schriften und mit biographischen Notizen, schrieb er die erste Gesamtdarstellung der Geschichte der englischen Kirche, mußte natürlich die bedeutenden politischen Geschehnisse mitberücksichtigen, was bei der Zerrissenheit in viele Reiche nicht leicht war, und teilte hauptsächlich in den letzten zwei Büchern Wertvolles aus dem Geistesleben mit, so über Theodor und Hadrian, Cædmon und Aldhelm. Damit stellte er in der Kirchengeschichte auch Landes- und Volksgeschichte dar. Er gab sich außerdem alle Mühe, sich viele, gute Unterlagen schriftlich und mündlich zu beschaffen, aus Klöstern, Stiftsarchiven, selbst aus Rom, zitierte wörtlich aus Urkunden, Briefen etc. und setzt durch seine relative Objektivität in Erstaunen. Gewiß war er im Wunderglauben seiner Zeit befangen und bekannte, daß Geschichte moralisch belehren sollte, und doch war sein Blick dafür offen, im Geschehen das Reale und das Wichtige zu erkennen. Seine Sprache ist ungekünstelt und klar, die Darstellung fließt ruhig dahin.

Poesie tritt zurück, schon quantitativ, auch wenn zwei Bücher verloren sind (›Liber hymnorum diverso metro sive rhythmo‹, ›Liber epigrammatum heroico metro sive elegiaco‹). Die erhaltenen 14 Hymnen, die Psalmengedichte, ›Oratio ad Deum‹ u. a. zeigen gute Schulung, Freiheit von Schwulst, ansprechende Darbietung, aber wenig Poesie. Wenn er in den letzten Tagen das Johannesevangelium in seine Muttersprache übertrug, so wollte er nun auch direkt an die christliche Wahrheit heranführen.

Ihm waren, wie er am Lebensende gestand, Lernen und Lehren und Schreiben eine Lust. So wurde er *decus et gloria* des englischen Volks, wie ihn eine Chronik pries, und wurde zu einem „Hauptträger der europäischen Bildung", dies namentlich durch die Vermittlung Alkuins. Bedas Schüler Egbert, an den der Lehrer kurz vor seinem Tod in einer Epistola besonders durch Ratschläge für sein Amt so etwas wie sein geistiges Testament gerichtet hatte, sorgte als Erzbischof von York (734–766) dafür, daß hier die Wissenschaft vorbildlich gepflegt wurde (was von seinem Schrifttum überliefert ist, bedarf der Klärung) und York die Führung im Geistesleben gewann – so sorgte er für das Weiterleben Bedas. Ihm half sein Verwandter, Magister Ælberht, der sein Nachfolger als Erzbischof (766–778) wurde. Bei beiden lernte ALKUIN, der über sie in ›De sanctis Euboricensis ecclesiae‹ (vor 782) berichtete; er übernahm von Ælberht 778 die Schule;

er folgte dann aber einer Einladung Karls des Großen und übersiedelte an dessen Hof (782). Sein Schrifttum ist überwiegend auf die Tätigkeit dort eingestellt, auf die Bildungsreformen des Königs, und gehört damit in die Karolingische Renaissance, zumal er zu deren Hauptstütze durch die Leitung der Hofschule wurde (S. 51).

Eine notwendige Voraussetzung für diese Renaissance wurde durch Winfrith-Bonifatius (etwa 672/3–754) aus Wessex geschaffen, freilich nicht durch das, was er geschrieben hat. Zum Lehrer im Benediktinerkloster Nursling (nahe der Bischofsstadt Winchester) hatte er in Abt Winbert einen Freund Aldhelms, in dessen Geist jener lehrte; selber dort Lehrer, verfaßte er eine Schulgrammatik und eine Metrik; in den dann auf deutschem Boden geschriebenen ›Aenigmata‹ (388 Hexameter mit je zehn Rätseln über die Tugenden und Laster) zeigt er sich von Aldhelm (S. 30) angeregt, den er aber nicht erreichte. Seine Briefe, die nach seinem Tod gesammelt und mit den Briefen an ihn sowie denen seines Nachfolgers Lul in einem Corpus vereint wurden, geben zwar von Person und Werk bestes Zeugnis, waren aber von ihm wohl nicht für die Öffentlichkeit bestimmt und wollten nicht literarischen Ansprüchen genügen – zwei ausgenommen: Im Brief an den jungen Nithard eiferte Bonifatius dem Stil Aldhelms nach und schloß ihn mit gereimten Achtsilblern, an den Schluß des Briefes an Papst Zacharias setzte er Hexameter – der Grammatik hatte er ein Figurengedicht vorausgeschickt. Wie aus diesem wenn auch geringen Schrifttum hervorgeht (schriftlich gab es gewiß auch Predigten von ihm), brachte er eine literarische Kultiviertheit mit, die auf seine Umgebung nicht ohne Wirkung geblieben sein kann (die Äbtissin Lioba z. B. schloß einen Brief an ihn mit Hexametern).

Die irische Mission auf dem Festland wurde seit der 2. Hälfte des 7. Jahrhunderts durch die angelsächsische verstärkt. Nachdem Bischof Wilfrid von York auf seiner Romfahrt einige Monate 678/79 in Friesland gepredigt hatte, plante der Northumbrier Ekbert die neue Aufgabe mit weitem Blick; sie suchte sein Gefährte Wikbert bei den Friesen zwei Jahre lang vergeblich zu erfüllen. Zeitweise Erfolg aber hatte Willibrord, der in dem langen Aufenthalt in Irland von den Idealen der irischen Mission ergriffen war; er zog 690 mit zwölf Gefährten nach Friesland und baute eine neue Kirchenprovinz in zwei Jahrzehnten auf. Sie brach jedoch 714 zusammen, als ihr der Tod Pippins des Mittleren die staatliche Stütze nahm.

Bonifatius, der sich erst mit einigen vierzig Jahren entschlossen hatte, bei den Festlandgermanen zu missionieren, sicherlich nicht zuletzt durch den irischen Zug im angelsächsischen Mönchtum dazu angeregt, mußte seinen ersten Versuch in Friesland 716 bald abbrechen und sich 718/19 die Vollmacht vom Papst geben lassen, erzielte dann aber erst durch staatliche Unterstützung in Friesland gute Erfolge und 721–741, in der hohen Zeit seiner Mission, in Hessen, Thüringen und Bayern (er gründete viele Klöster, 744 Fulda, dem er besondere Liebe zuwandte). Während er hierbei erhebliche Lücken in der Christianisierung füllte, ging er nun zum Wichtigsten in seinem Werk vor, zur Neuformung der zerschlissenen Kirche Neustriens und Austrasiens, nachdem er für den organisatorischen Aufbau gesorgt hatte: Er drang auf kanonische Ordnung und Umwandlung in eine romverbundene Landeskirche. Er hatte auch die Voraussetzungen geschaffen, daß der Papst zum einen der karolingischen Königserhebung zustimmte (750), zum andern 753/54 den Frankenherrscher wegen eines Schutzbündnisses aufzusuchen vermochte. In diesen letzten Jahren von Bonifatius' Leben (754†) war die Entwicklung zwar über ihn hinausgegangen, seine Periode mit dem Anspruch der Angelsachsen auf Führung abgelaufen; doch „sein Werk findet die geschichtliche Erfüllung im romverbundenen fränkischen Landeskirchentum Karls des Großen".

c) Die beiden muttersprachlichen Literaturen

Was auf dem ganzen literarischen Gebiet Europas (zu Irland S. 25 f.) herausfällt, sind die Britischen Inseln, dadurch, daß nur hier bereits in dieser Epoche muttersprachliche Literaturen bis zur Blüte aufgewachsen sind, d. h. die eine in (archaisch- und) altirischer Sprache, die andere in angelsächsischer. Daß es auch die beiden erst nach vieler Mühe bis zur Buchfähigkeit brachten, braucht nicht belegt zu werden: Dem S. 81 angedeuteten Weg von der Glosse bis zum großen Werk kommt exemplarische Geltung zu.

Im Irischen festzustellen, was dieser Zeit angehört, ist aus mehreren Gründen problematisch, nicht zuletzt deswegen, weil aus ihr zu wenig direkt erhalten ist – vieles ist in der im 11. Jahrhundert einsetzenden Überlieferung S. 91 f. ins Mittelirische, nicht nur sprachlich, umgesetzt und christlich bearbeitet, so manches liegt erst in Abschriften des 17. Jahrhunderts und später vor. Was so früh datiert werden kann, ist sehr häufig umstritten. Erschwerend kommt hinzu, daß bei Weltlichem die Anonymität überwiegt.

Damals existierten Klosterwelt und heidnische Umwelt im ganzen noch friedlich nebeneinander. Die stärksten Träger der vorchristlichen Literatur waren die 'filid', die in zwölfjährigem Lehrgang mit dem sich stetig vererbenden Schatz in Stoff und Form vertraut gemacht wurden, mit der historisch-sagenhaften, panegyrischen oder elegischen Dichtung der Familien und Stämme; sie lernten, auch Eigenes zu dichten, Preis der Gebietenden, Totenklagen u. a., Dichtung, die aus der Beziehung zum Patron hervorging. Bis ins 11. Jahrhundert behaupteten sie sich gegenüber den Geistlichen. Diese für mündlichen Vortrag geschaffene und von ihm durch die Jahrhunderte weitergetragene Poesie hier nicht mitzuzählen, verbieten ihr Gehalt und Wert, ganz abgesehen davon, daß sie im äußeren Umfang oftmals kaum der übrigen nachgestanden haben dürfte.

Aus den ältesten Dichtungen lassen sich zwei um 600 oder kurz danach erweisen. Später, etwa um 800, entstanden der Heiligenkalender des Oengus Célé Dé und gereimte Mönchsregeln. Metra der lateinischen Hymnik mit Silbenzählung und Reim verwandte Blathmac im 8. Jahrhundert. Typisch für diese Lyrik ist, daß die Natur stark zur Darstellung gebracht und gern der Einsiedler, sein Leben und seine Gefühle besungen werden; so vergleicht etwa ein Gedicht aus dem Anfang des 9. Jahrhunderts launig, wie der Mönch und der weiße Kater Pangur jagen, der eine Mäuse, der andere Kenntnisse.

Daß demgegenüber die alte weltliche Literatur wenig aufgezeichnet wurde, versteht sich von selber: Sie wurde, um nur an Wichtiges zu erinnern, in ausreichendem Maße von den 'filid' mündlich gepflegt und zu Gehör gebracht (ein Oberpoet mußte 300 Hauptstücke auswendig lernen, ein geringerer immerhin 100); und derjenige, der damals hauptsächlich das Schreiben übte, der Geistliche, verspürte meistens keinen Anreiz, dergleichen aufzuzeichnen.

Lehrhafte Dichtung ist aus dem 8. Jahrhundert erhalten (›Morands Vermächtnis‹, ›Cormaics Unterweisungen‹), historisch-sagenhafte aus dem 8./9. Jahrhundert vorwiegend erst in Sammelhandschriften des 11./12. – sie zeigt sich z. B. im ›Buch der Besitzergreifung‹ (›Lebor Gabála‹) des 11. Jahrhunderts in die christliche Tradition des Eusebius–Hieronymus eingepaßt, während dessen Urgestalt vermutlich schon in der ›Historia Britonum‹ (um 700) benutzt wurde (S. 92).

Vielleicht darf man im ganzen als typisch für die altirische Literatur folgendes ansehen. Die weltliche wurde, sofern man 'mündlich' nicht eng interpretiert, so stark gepflegt und gemehrt, daß man von einem Gleichgewicht mit der christlichen gesprochen hat. Schon früh hat sich die Prosa kräftig geregt. Aus der Tönung der Poesie darf man wohl eine gewisse Frische und Ursprünglichkeit, Freude an der Natur und am Leben hier anreihen.

Nimmt man das zweisprachige Literaturleben zusammen, so gipfelte es im 8./9. Jahrhundert. Ähnlich steht es damit in der bildenden Kunst, die sich damals in Buchmalerei, Metallarbeiten und einer eigentümlichen Bildhauerei äußerte (auf Sandstein wurde die Muster der Gold- und Bronzewerke übertragen, s. z. B. die Hochkreuze); man könnte in ihnen etwas von Nationalcharakter ausgeprägt finden und an das Evangeliar von Durrow (Dublin, Trinity College 57, um 700?) denken, dessen Schmuck voll entwickelt und bis ins Detail überlegt ist. Dazu passen die Verse, die Bischof Donatus von Fiesole im 9. Jahrhundert auf dieses, ein für die Iren goldenes Zeitalter dichtete, Verse, die das Gefühl für die eigenen Werte und das Vertrauen auf sie aufklingen lassen:

Ruhmvoll in Frieden und Krieg, auch in dem Glauben sehr stark,
Wahrlich, die Iren sind wert, in solchem Lande zu wohnen.

Literatur in angelsächsischer Sprache wurde bald nach der Christianisierung Englands (S. 28) geschrieben. Wenn man auf die andern germanischen Lande blickt, ist man überrascht, daß die Prosa hier so früh einsetzte. Gesetze, die erst in Handschriften des 9.–12. Jahrhunderts vorliegen, wurden von etwa 600 an aufgeschrieben, die des Königs Æthelberht von Kent (616 †) oder die des Königs Ine von Westsachsen (c. 690 †); in Urkunden überwog die Muttersprache von der Mitte des 8. Jahrhunderts an; geistliche Prosatexte wurden gewiß viel mehr aufgezeichnet als überliefert (drei Gebetsaufforderungen, eine Interlinearübersetzung des Psalters). Diese Prosa gelangte zu keinem richtigen Leben, das weckte erst Alfred der Große Ende des 9. Jahrhunderts mit ausgedehnter Übersetzungsliteratur.

Die angelsächsische Poesie wuchs dagegen schnell zu immer größerer Regsamkeit. Deren Träger, die Geistlichen, standen der alten, heimischen Dichtung aufgeschlossener als die des Frankenreiches gegenüber, verstanden sich aber nur sehr selten zu deren unveränderter Wiedergabe auf dem Pergament; sie übernahmen freilich mancherlei an Stofflichem und Stilistischem, vor allem aber die Metrik, d. h. die stabende Langzeile (S. 82). Im Anfang stehen die niederen Gattungen, Segen, die erst in veränderten Fassungen des 10. Jahrhunderts auf uns gekommen sind, Sprüche (der erste Teil des Exeterspruchs ist der älteste, aus dem Anfang des 8. Jahrhunderts), Rätsel, die in erweiterter Ausdichtung des 9./10. Jahrhunderts z. T. über 70 Langzeilen und mehr umfassen. In der Merkdichtung ›Widsith‹ ist die dritte Merkreihe (der Heldenkatalog mit gotischen und langobardischen Namen) vermutlich dem 7. Jahrhundert zuzurechnen, noch älterer Zeit die erste Reihe (der Königskatalog).

Vom heidnisch-weltlichen Preislied ist keins erhalten, doch seine Form wurde in den christlichen Hymnus übernommen. Den ersten dichtete Cædmon (um 680 †), Laienbruder, dann Mönch in der nach irischer Art geleiteten Klostergemeinschaft Streoneshealh (Whitby); von seinen Liedern, die er diktierte, ist nur eins fragmentarisch überliefert, der Hymnus auf den Weltenschöpfer und seine Schöpfung. In der darauf folgenden religiösen Lyrik nimmt das christliche Element zu, stellt sich auch epischer Einschlag ein.

Zu dieser Gruppe gehören die fürs Angelsächsische charakteristischen

Elegien; sechs erhaltene (wohl aus dem 9. Jahrhundert) mögen aus ihrer späteren Zeit stammen. Ihre tiefe Emotionalität dürfte auf die christliche Bildung der Poeten zurückzuführen sein. Hier (›Deor‹) klagt ein Skop darüber, daß ihn ein anderer Skop verdrängt hat, dort (›Wanderer‹) ein zweiter darüber, daß er durch den Tod seines Herrn heimatlos wurde; in zwei Liebesgedichten sprechen zwei Frauen eindringlich von Herzenspein und Elend, in einem dritten erhält die vom Mann Verlassene zuversichtlichen Zuspruch. Zwei von drei späteren Elegien (vielleicht erst aus dem 10. Jahrhundert) verkünden eine weltentsagende Einstellung.

Wenn Cædmon nach Beda (›Historia‹ IV,24) auch die religiöse Epik geschaffen haben soll, von der jener neun Themen von der Schöpfung bis zur Lehre der Apostel nennt, so darf man, was an biblischen Epen erhalten ist, schwerlich ihm, wohl aber seiner Schule zuschreiben. Diese Dichtung, die sich an die römisch-christliche Tradition anschloß (Vergil – Juvencus), nahm von der Antike mehr das Formale, das Äußere, und suchte, das Eigene, Volkhafte, besonders das Heldische, und das Christliche des Stoffes sowie der Einstellung miteinander in Einklang zu bringen. Die vom germanischen Lied überkommene Metrik änderte sie durch Auftakt, Schwellvers oder Bogenstil für ihre epischen Zwecke um.

Die ›Ältere Genesis‹ gibt die ersten 22 Kapitel des 1. Buch Mose zur Hauptsache getreu wieder; der ›Daniel‹ stellt mit seiner Erweiterung vom Germanischen aus, andrerseits zum Christlichen hin ein recht geschlossen wirkendes kleines Epos (764 Zeilen) dar; der nur fragmentarisch (590 Zeilen) erhaltene ›Exodus‹ weist die stärkste poetische Umgestaltung auf (der Bibeltext ist fast aufs Zwanzigfache gesteigert); der sehr belesene Dichter, der namentlich Avitus und Sedulius heranzog, setzte germanische Züge des Heldenliedes ein und ins Epische um und hüllte das Reale in reichliche Metaphorik.

Die epische Verslegende begründete CYNEWULF nach der Mitte des 8. Jahrhunderts; er bewies sich in den vier Gedichten als Theologe, indem er z. B. im ›Christ II‹ das Heilswerk theologisch betrachtete und vor dem Jüngsten Gericht sowie seinen Schrecknissen warnte, und gab in ›Fata Apostolorum‹ seiner Frömmigkeit zusätzlich Ausdruck. – In den vier Legenden der Cynewulf-Schule macht sich noch Germanisches bemerkbar; heroische Töne sind in das orientalisch-christliche Thema eingefügt, die freilich nicht mehr das alte Heldentum in seinem Kern erklingen lassen; neue, nämlich asketische, mönchische sind im ›Guthlac‹ angeschlagen, in dem auch heroische zu vernehmen sind. ›Das Traumgesicht vom hl. Kreuz‹ (Ende des 8. Jahrhunderts) steht als Visionsdichtung in der angelsächsischen Dichtung allein. Mit dem mystischen Erleben sind heidnische Ideale verknüpft, indem z. B. Christus als junger Held auftritt, der von sich aus zum Tod hinstrebt. Das ›Traumgesicht‹ zählt zum Besten der altenglischen Poesie.

Von der auch in England großen Gattung des germanischen Helden-
und Götterliedes ist im ›Finnsburglied‹, das ein Skop wohl im 8. Jahrhundert dichtete, nur ein Bruchstück von 48 und zwei halben Langzeilen erhalten, aus dem hervorgeht, daß das Ganze kein Epos war; der Dichter
arbeitete den Konflikt meisterhaft im sprunghaften Liedstil heraus, der
auch durch den herrschenden Zeilenstil gekennzeichnet wird und durch
das Fehlen der epischen Variation.

Nachdem Cædmon und seine Schule das (nichtgermanische) Epos gegründet hatten, und zwar mit geistlichen Themen, wandte man die so er-
probte Kunst auf weltlich-heroische an; das tat zuerst ein Geistlicher um
730 im ›Beowulf‹ (3184 Langzeilen), in dem er auch Heldenlieder verwertete (Nachbildungen von solchen sind noch in Annalen des 10. Jahrhunderts eingeschoben). Er hatte ein Heldenepos für die Fürstenhalle im
Auge, wählte dazu nicht fürs Heldenlied charakteristische Menschenkon-
flikte aus, sondern zwei Abenteuer aus den Trollgeschichten, in denen
Heldentum dadurch bestätigt wird, daß sein Träger zwei Untiere bezwingt und so die Königshalle rein und sicher macht; er fügte die Besiegung eines Drachen hinzu, wodurch ein König den vor allem ihm zuste-
henden Ruhm der Tapferkeit gewinnt. In solchem Abenteuerhelden ließ
sich leicht das Muster eines christlichen Fürsten vorführen. Dem ›Beowulf‹
gegenüber macht das Nibelungenlied einen viel christlicheren Eindruck
nach außen, weil von Christus und Kreuz, Kirchgang und Seelenmesse geredet wird und ausgesprochen christliche Nebenfiguren auftreten; trotzdem ist der fast 500 Jahre jüngere ‹Beowulf‹ innerlich christlicher: Gewiß
ist von germanischen Tugenden des Gefolgschaftswesens, von Schicksal
oder Vorzeichen die Rede; doch das alte heldische Dichten und Trachten
kommt nicht mehr zu rechtem Ausdruck, weil es offenbar dem Kleriker
fremd war; er gab einer seelischen Haltung Ausdruck, die sehr oft der sen-
timentalen, schwermütigen Tönung in den Elegien nahekommt, und ging
nachdrücklich auf die Beweggründe des Handelns ein – beides war dem
alten Lied fremd bzw. nur zu erschließen. Nimmt man hinzu, wie der
Dichter Sprache und Metrik ausformt, die Langzeilen mit metaphorischen
Umschreibungen (Kenningar), Synonymen und vor allem Variationen
füllt und diese auf Sätze ausdehnt, wie er den Wortschatz um ein Drittel
mit oft kühnen Neubildungen bereichert, so ist schon damit die poetische
Potenz des Epikers angedeutet; ihm gelang ein imponierendes Werk mit
eigentümlicher Mischung von Germanisch, Christlich und Antik, die richtig nur aus seiner Zeit verstanden werden kann.

4. GALLIEN UND AUSTRASIEN

a) Gallien

Auch in der Mitte und im Westen Europas kam es zu ethnischen Neubildungen und zum Zusammenwachsen neuer Staatsvölker, was jeweils neues Volks- und Staatsgefühl hervorrief, und damit zu den entscheidenden Vorformen der großen Völker des Abendlands. Solche Umgestaltung erfuhr auch Germanien durch die Völkerwanderung, die doch nur von germanischen Stämmen betrieben wurde; hier wuchsen die kleineren Stämme zu Großstämmen zusammen, so die Franken, die sich zunächst nach Süden zu neues Siedlungsland am Mittelrhein und Main erkämpften, die Alemannen, die vom Schwarzwald aus sich ins Elsaß und in die Alpen ausbreiteten, die Bayern, die sich aus Markomannen, Quaden und anderen Stämmen bildeten, und die Thüringer, die sich von ihrem (heutigen) Gebiet aus bis an den oberen Main vorschoben und Anfang des 6. Jahrhunderts bis zur Donau hin herrschten. Diese Stämme vereinte Chlodwig (481 –511) im Frankenreich – viel später wurden dem daraus entstandenen Reich Karls des Großen die Sachsen (772–804) und Friesen (785) einverleibt.

In Gallien vermischten sich, seit Chlodwig es in sein Reich eingefügt hatte, Germanen mit Romanen in verschiedenem Maß; im Südosten und Südwesten wurden Burgunden und Westgoten assimiliert, der Südteil dazwischen behielt sein romanisches Gepräge und damit mehr von der spätantiken Kontinuität als die übrigen Teile. Dagegen setzte sich in der Mitte und im Norden Galliens, wohin der fränkische Zuzug in starkem Umfang erfolgte und durch lange Zeit hin anhielt, das Germanische erheblich durch.

Die Franken nämlich, die sich das Gebiet zwischen Nordsee und Mittelrhein vom 3.–5. Jahrhundert erkämpft hatten und von dort aus seit dem Anfang des 5. Jahrhunderts nach Gallien und damit ins Imperium Romanum eingedrungen waren, beseitigten unter Chlodwig durch den Sieg über den letzten Statthalter Roms (486) den letzten Halt des Imperiums. Chlodwig unterwarf fast das ganze Gallien, machte sich zum Alleinherrscher über die Franken und gründete das Merowingerreich, dem seine Söhne die endgültige Gestalt gaben. Die zwei Merowinger-Jahrhunderte litten zwar an blutigen Bürgerkriegen, Teilungen und moralischem Verfall, doch schwand ihre politische Stärke nie so sehr, daß sich mit diesem Staat ein anderer im Abendland an Macht und Bedeutung messen konnte.

Am Ende wurde der karolingische Maiordomus Karl Martell (714–741)
Alleinregent und sicherte sogar durch entscheidenden Sieg in siebentägi-
ger Schlacht 732 das Abendland vor den eingefallenen Arabern; sein Sohn
Pippin (751–768) gewann die Königskrone, und Karl der Große regierte
seit 771 allein und erneuerte das weströmische Kaisertum, das damit
Gegenpol zum Oströmisch-Byzantinischen Imperium wurde.

Daß sich das Frankenreich so konsolidierte, daß es durch Jahrhunderte
Bestand hatte (und mannigfach gewandelt bis heute lebt), hatte namentlich zwei Gründe; die Franken, die in Nordgallien gesiedelt, viele Ort-
schaften gegründet und benannt hatten, blieben mit ihren Stammsitzen
verbunden, und ihr Reich trug auch in Gallien, wohin nicht nur Bauern
zogen, sondern auch Männer der Führungsschicht, bis ins 9. Jahrhundert
hinein fränkisches Gepräge; zum andern konnten durch Chlodwigs Übertritt zum römisch-katholischen Glauben Sieger und Besiegte in wenigen
Generationen innerlich miteinander verschmelzen. So hielten sich Tradition und Einheit auch in der Lateinkultur; das zeigte sich schon an den
beiden fränkischen Königshöfen, an denen sich Venantius Fortunatus aufhielt (S. 41).

Nicht nur politisch darf man diese Zeit nicht als eine ansehen, die überwiegend von Verwilderung und Verfall gezeichnet gewesen sei; sie setzte
ja nicht ohne Erfolg erhebliche Kräfte ein, um die ihr auferlegte große
Umwälzung von alten zu neuen Ordnungen zu vollziehen, und zwar in
allen Lebensbereichen – man darf dabei nicht außer acht lassen, daß schon
für die Spätantike der Abstieg ein Hauptcharakteristikum darstellte, auch
in der Stadtkultur, Geldwirtschaft u. a. m. Wenn sich auch die fränkische
Kirche in den staatlichen Niedergang hatte hineinreißen lassen, so gelang
doch Bonifatius der Aufbau der Rom verbundenen Landeskirche; wenn
auch im allgemeinen die christliche Lehre nicht weit und tief genug eingewurzelt und die von den Britischen Inseln kommende Missionierung notwendig war, so waren doch noch so viele Keime und solche Aufnahme-
bereitschaft vorhanden, daß die Arbeit der Missionare fruchtbar aufging –
Poitiers mit Radegunde und Agnes strahlte besonder hell empor (S. 41).

Im Gallien des Frankenreiches ist es für die literarischen Anfänge bezeichnend, daß die hervorragenden Autoren beide Romanen waren, die
sich befreundeten.

VENANTIUS FORTUNATUS (vor 540–nach 600) brachte aus Italien, wo er
nördlich von Venedig geboren war und in Ravenna studiert hatte, breite
literarische Bildung und rhetorische Schulung ins Frankenreich mit. Hier
wurde in den zwei Jahren am neustrischen Hof seine poetische Begabung
zu reger Produktivität geweckt (wohl nicht nur durch freundliche Aufnahme und Aufträge des Königs Sigibert, sondern auch durch eine gewisse

Gesellschaftskultur an seinem Hof); doch erst in Poitiers, wo er über ein
Menschenalter lebte, kam seine Kunst zur Reife. Dort fesselten ihn die
einzigartige Atmosphäre des Klosters, in dessen Dienste er trat, und
dessen Gründerin, die thüringische Prinzessin Radegunde, Witwe Chlo-
thars I., der noch das Frankenreich für drei Jahre vereinigt hatte (558–561),
mit deren Pflegetochter Agnes, die auf Radegundes Wunsch dort Äbtissin
wurde: Radegunde, die der Askese beängstigend frönte, baute das Kloster, das sehr stark besetzt war, auch aus adligen Kreisen, zu einer geistigen Hochburg aus, wozu sie den Dichter nur zu gut gebrauchen konnte –
sie schrieb selber Verse. Die in 11 Büchern gesammelten Carmina sind Gelegenheitsdichtung, auch der traditionell-üblichen Art, aber vorwiegend
ganz anderer, persönlicher in Thema und Darstellung, darunter viele Bil-
letts und Briefe; umfänglicher die Elegien (meisterlich die eine über das
Unglück der westgotischen Prinzessin Gelesuintha und die andere, in
deren erstem Teil Radegunde Verlust und Untergang ihres Thüringen beklagt). Damals berühmt wurde er durch seine religiöse Lyrik, durch zwei
Lieder auf das Kreuz, die früh in die Liturgie aufgenommen wurden. Dagegen deutet sich in den sieben Heiligenleben in Prosa die geringe Gewichtigkeit schon im schmalen Umfang an; er gab selbst der Vita Radegundes nichts Persönliches mit. Mit der Martinsvita in 2243 Hexametern
wollte er die Vorgänger durch die Versformung übertreffen, aber auch in
Ravenna auf sich aufmerksam machen und damit in Byzanz – Ravenna
war damals der Hauptsitz der byzantinischen Herrschaft über Italien.
   Die poetische Begabung, mit der Venantius Fortunatus aus seiner Zeit
und weit darüber hinaus hervorleuchtet, besaß GREGOR VON TOURS
(538/9–594) nicht, mit dem er befreundet war, seit er, 573 Bischof dort
geworden, die Funktion der geistlichen Oberhoheit über das Kloster Poitiers ausübte, und an den er zwei Dutzend Gedichte richtete. Er stammte,
in Clermont-Ferrand geboren, aus dem neuen galloromanischen Senato-
renadel, bei dem schon in der Spätantike weithin die politische und kirchliche Führung gelegen hatte; durch solche Abkunft schien seine Laufbahn
vorherbestimmt. Gewiß erhielt er die relativ beste Ausbildung, die besonders sprachlich aber auf niedrigerem Niveau stand als die italienische des
Venantius Fortunatus. Mit dem Bistum von Tours, dessen Leitung ihm 573
anvertraut wurde, erhielt er das damals gewichtigste Bistum Galliens, das
allein ihm bereits besondere Achtung und Macht verschaffte. Bald wurde
er in die blutigen Händel der Merowingersippe hineingezogen und zuletzt
von Childebert II. von Austrasien mannigfach engagiert. Dadurch war er
aufs beste über die fränkische Geschichte seiner Zeit informiert, die er in
den Bischofsjahren 574–594 verfaßte, und zwar die letzten sechs mit 575
einsetzenden Bücher jeweils 3–5 Jahre nach den Geschehnissen. Wie aus
den zehn Büchern ›Historiae‹ hervorgeht, fühlte er sich, für den es kaum

noch einen Unterschied zwischen Romanen und Franken gab, ganz als
Angehöriger des Fränkischen Reiches. So stark auch sein Gefühl für seine
gallische Heimat war und sein Bewußtsein für diesen Staat, so sah er
dessen Geschichte zwischen Schöpfung und Jüngstem Gericht eingespannt, und sie begann für ihn erst mit den gallischen Märtyrern: Nach
seiner kirchlichen Weltanschauung war Geschichte bestimmt vom Kampf
der Kirche gegen Heiden und Ketzer sowie sündige Christen und waren
die Franken berufen, den Glauben zu schützen. So bietet er keine Stam-
mesgeschichte im eigentlichen Sinn; sein Blick ist zudem auf das mittlere
und südliche Gallien eingeschränkt und auf die führende Schicht gerichtet. Außerdem ist sein Werk keine Geschichtsdarstellung, sondern ist zur
Hauptsache memoirenhaft angelegt; über kurz berichtende Kapitel überwiegen breit und detailliert ausgeführte Szenen. Trotzdem geben die von
ihm selber mit Recht so benannten ›Geschichten‹ für diese entscheidende
Periode der europäischen Geschichte die besten Unterlagen und von ihr
eine ausreichende Vorstellung; er bemühte sich ja um zuverlässige Quellen, Wahrheits- und Tatsachennähe. Dieser Wert wurde durch seine sehr
lebendige, innerlich beteiligte Darstellungsart beträchtlich gesteigert.

Das übrige Schrifttum, das insgesamt an Umfang jenen zehn Büchern
kaum nachsteht und das im Mittelalter mehr beachtet wurde als jene, steht
im Dienst der Seelsorge, zwei kleine Sachbücher (Psalmenkommentar und
Bestimmungsbuch für die Zeit der nächtlichen Offizien) sowie seine
Sammlung von sechs hagiographischen Schriften und zwei Büchern mit
Heiligenviten, zu denen noch zwei weitere Texte gehören, die Wunder des
Apostels Andreas und die Übersetzung der Siebenschläferlegende. Auch
hier tritt Gregors Eigentümliches zutage, indem er schlicht und mit
Wärme erzählt, hier novellenartig ausformt, dort predigtmäßig.

In seinem Latein unterscheidet er sich sichtlich von dem des Venantius
Fortunatus, das sich noch fast ganz der antiken Norm verpflichtet zeigt.
Gregor schreibt sogenanntes Merowingerlatein, ein Latein mit Formenva-
riation, in dem jene Norm größtenteils beachtet wird, daneben jedoch
Vulgärformen mannigfacher Art in nicht geringer Zahl begegnen, aber ein
Schriftlatein, nicht das zuchtlos-entartete, das 'bäurische' der mündlichen
Sprache. Er bekundet ein gutes Sprachgefühl, erstrebt mit Absicht den ein-
fachen Stil, der zum Memoirenhaften und Hagiographischen paßt, weiß
jedoch an Höhepunkten die Kunstmittel der Rhetorik zu handhaben.

Außer Romanen beteiligte sich am literarischen Schaffen sogar ein Ger-
mane, der Frankenkönig CHILPERICH I. (561–584), der „Nero und Hero-
des" dieser Zeit, der sich mit drei, später zwei Brüdern die Herrschaft teilen mußte; er schrieb nach Aussage des Gregor von Tours (V, 44 und
VI, 46) eine kleine Schrift über die Trinität, von der er auf Einspruch von
Bischöfen dann doch Abstand nahm, zwei Bücher Sedulius nacheifernder

Verse, andere Werke, geistliche Lieder und Messen. Erhalten ist nur der Hymnus auf Medardus (13 Strophen zu je 2 Langzeilen, die nicht nur im Versbau lahmen). Auch daß er vier Buchstaben dem Alphabet hinzufügen wollte, mit denen er offenbar Bedürfnisse der Muttersprache zu befriedigen trachtete, spricht für seine geistigen Interessen.

Aus der Literatur des 7. und 8. Jahrhunderts braucht nur wenig herangeholt zu werden; sie übertrifft zwar an Zahl die Italiens, weist aber nichts Größeres oder Höheres auf, was Umfang und Thema, Stil und Sprache betrifft; das fällt in der Historiographie am meisten in die Augen. Das einzige Geschichtswerk des 7. Jahrhunderts sind die vier Bücher Weltchronik des sogenannten FREDEGAR – überwiegend kompiliert, im ganzen so wenig einheitlich und durchkomponiert, daß man mit Mühe zwei burgundische Autoren (von 613 und 642) und einen austrasischen (um 658) unterscheidet, der nicht einmal eine Fortsetzung über 642 hinaus zustande brachte – und das Geschichtswerk des 8. Jahrhunderts, die ›Gesta regum Francorum‹, wohl 726/7 von einem Neustrier verfaßt, der nach einem knappen Auszug aus den ›Historiae‹ I–VI des Gregor von Tours über die anschließende Zeit so dürftig berichtet, daß Fredegar für die betreffende Spanne mehr hergibt. Die Verwilderung des Lateins zeugt noch mehr beim ersten als beim zweiten Werk von Mangel an Kenntnissen. Ihr historiographischer Wert ist nur deswegen groß, weil sonst keine Quelle über jenen Zeitraum so viel Auskunft gibt. Dadurch kamen beide schon im Mittelalter zu erstaunlicher Wirkung.

Das stärkste Kontingent stellt die Hagiographie, deren gegen 50 erhaltene Stücke hier nicht berücksichtigt zu werden brauchen, weil sie kaum mehr als historischen Quellenwert besitzen. Hierzu darf wohl nicht JONAS VON SUSA gestellt werden, wenn er auch seine drei Viten in Gallien schrieb.

Aus der übrigen Prosa ist auf folgende Schriften hinzuweisen, weil ihr Inhalt von besonderer Art ist, so schon auf die ›Visio Baronti‹, in der dieser Mönch des Klosters Saint Cyran (bei Borges) 678/9 seine merkwürdige Vision lebhaft erzählte, noch mehr auf die ›Revelationes‹ des Pseudo-Methodius (wohl 7. Jahrhundert), worin eine das Historische verzerrende Weltchronik die eschatologische Prophezeiung vom römischen Endkaiser und Antichrist beweisen sollte – die zweite Schrift fand viel weitere Verbreitung als die erste. Etwas Eigenartiges, das verschiedene Deutungen erfahren hat, sind die zwei grammatischen Schriften des VIRGILIUS MARO (gewiß ein süffisanter Deckname, 7. Jahrhundert, Südfrankreich), ›Epitomae‹ (15, *de littera, syllaba ... catalogo grammaticorum*) und ›Epistolae‹ (8 über die Redeteile); sie enthalten so viel Übertriebenes, Karikiertes, Parodistisches, daß dahinter wahrscheinlich beißende Kritik am zeitgenössischen Grammatiktreiben steckt; das Mittelalter freilich hat ihn trotzdem genutzt.

Die Kunst in Versen hat Beachtliches aufzuweisen. Die Hymnentradition wurde auch in Gallien kräftig weitergepflegt, so bereits durch die Bischöfe von Arles CAESARIUS (502–542) und AURELIUS (546–550), die in drei Jungfrauen- und Mönchsregeln Hymnen für das Officium vorschrieben; die meisten (wenige stammen von Ambrosius) sind anonym und in ambrosianischen Strophen verfaßt, die z. T. quantitätsmetrisch und vereinzelt gereimt sind, z. T. silbenzählend mit akzentrhythmischem Schluß. Bereits Chilperich I. (S. 43) belegt als erster die eigentlich mittelalterliche Hymnik, die das vorher Eingeleitete weitergeführt zeigt (und keine ambrosianische Strophe), mit seinem Medardushymnus, dann Bischof Flavius von Chalon-sur-Saône (591 †) und vor allem der bedeutendste merowingische Hymniker Venantius Fortunatus (S. 41), der das Muster für den Kreuz- und den Prozessionshymnus schuf.

Was sich von den zumeist anonymen Hymnen diesem Gebiet und dieser Zeit zuordnen läßt, wie diese zu interpretieren und zu beurteilen sind, bedarf näherer Untersuchung und ist oft nicht mehr festzustellen. Es dürfte sich um mehrere Dutzend handeln, in deren Bau rhythmische, einfache und meist unregelmäßige Formen überwiegen, oft um Abcdare, deren einen (wohl der Abt) THEOFRID (von Corbie, ab 657) über die sechs Weltalter dichtete (25 Strophen zu je 5 Zwölfsilblern). In Südfrankreich entstand nach 636 die Weltbeschreibung ›De Asia et de universi mundi rota‹ (48 Strophen zu je 3 Fünfzehnsilblern). Daß man eine Reihe eschatologischer Gedichte verfaßte, vielleicht die ältesten, läßt sich verstehen – gehört dazu der berühmte Abcdar *Apparebit repentina?*

Es fehlen nicht heiter-parodistische Töne, s. die fünf Strophen zu je 4 Elfsilblern mit dem zweizeiligen Bacchus-Refrain auf den unersättlichen Weintrinker, Abt Adam von Angers. Der fingierte Briefwechsel zwischen den Bischöfen Frodebert von Tours und Importunus von Paris (um 665), die sich derb verspotten, bildet die erste mittelalterliche Invektive und zugleich „das wahrste Denkmal der ganzen Merowingerzeit".

b) Austrasien

Besondere Beachtung verlangt Austrasien, weil sich dort allmählich ein eigenes Kraftfeld politisch und kulturell abzuschließen und aufzuladen begann. Chlodwigs Sohn Theuderich I. (511–534) hatte bei der ersten Teilung des Frankenreichs den Osten (mit der Champagne und Ost-Aquitanien) erhalten; unter ihm und dann nach der zweiten Teilung unter Sigibert I. (561–575) sowie unter ihren Dynastien gewann dieser Osten immer mehr politische Stärke; sein Schwerpunkt verschob sich schon vor 613 ostwärts, von der Champagne ins Maas-Mosel-Gebiet, von Reims nach

Metz. Die Adelsführung stritt für Autonomie und eigenen König, so daß im 7. Jahrhundert aus einem ererbten Herrschaftsteil ein Teilreich wurde. Die Stämme waren aber damals noch weit davon entfernt, daß sie sich etwa bereits als Einheit im Deutschtum empfunden hätten; dazu schauten die nördlichen mehr übers Meer, die südlichen mehr über die Alpen als zur fränkischen Mitte. Wie wenig Alemannen und Bayern ins Frankenreich eingefügt waren, lehren etwa die gegen den ersten Stamm unternommenen vier Feldzüge von 709–712, die überdies nicht zu vollem Erfolg führten, oder die Kämpfe mit Bayern; durch sie wurde zwar 725 und 728 Annäherung ans Reich erzielt, aber gegen Herzog Odilo mußten Karlmann und Pippin 743 erneut zu Felde ziehn. Und Sachsen wie auch Friesen, die größtenteils weiter in ihren heidnisch-germanischen Traditionen verhaftet blieben, konnten trotz gelegentlichen Eindringens der Franken erst durch Karl den Großen bezwungen werden.

Aber nicht nur durch die mannigfach beschränkte Struktur wurde die Festigung des Teilreiches zum Reich lange gehemmt, sondern noch mehr dadurch, daß das vorwiegend romanische Neustrien wieder mitregiert werden mußte – und das für anderthalb Jahrhunderte: Durch den Sieg des austrasischen Maiordomus Pippin über den neustrischen Maiordomus bei Tertry 687 und nach dem Tod des letzten 689 übernahm Austrasien die Führung des ganzen Frankenreichs. Die mußte noch einmal verteidigt werden, von Karl Martell 716, 717, 719. Erst durch den Vertrag von Verdun 843 wurde jenes Reich endgültig (bis auf wenige Jahre unter Karl dem Dicken) geteilt.

Der politische Zusammenschluß Austrasiens wurde durch die Christianisierung wesentlich unterstützt und gefördert, die ihrerseits zum Erfolg die Hilfe der Herrschenden brauchte, wie z. B. Bonifatius in den Anfängen seiner Missionsarbeit erfahren mußte. Iren sowie deren galloromanische und fränkische Schüler missionierten bei den rechtsrheinischen Stämmen. Von Burgund aus, wo das von Columban um 590 gegründete Kloster Luxueil besonders rührig war, ging dies Wirken nicht nur nach Nordgallien und in das Mosel-Rhein-Gebiet. Bei den oberdeutschen Stämmen war die Bekehrung gegen 700 im großen ganzen vollzogen. Zur Vollendung aber und vor allem zur kirchlichen Organisation bedurfte es neuer Kräfte, die nicht zum geringsten die Angelsachsen stellten. In Bayern, wo Emmeram, Korbinian, Rupert den Grund für die Bistümer Regensburg, Freising, Salzburg etwa um 700 legten, und in Alemannien, wo der wohl aus dem westgotischen Südgallien stammende Wanderbischof Pirmin zum 'Apostel' dort wurde und das Kloster Reichenau 724, Niederaltaich 741 u. a. gründete, wurde im 2. Viertel des 8. Jahrhunderts das Kirchenwesen organisiert.

Da auch hier die religiöse Grundlegung Voraussetzung für das Hervorsprießen der Lateinkultur war, versteht es sich, daß diese später als im übrigen Abendland aufging. Für ihre Anfänge ist zweierlei kennzeichnend. Zum frühesten gehören Bearbeitungen, und zwar der beiden neustrischen Geschichtswerke: 'Ergänzungen zu Fredegar' fügte ein Austrasier um 658 hinzu, setzte ihn aber nicht fort; ihn ließ dann Graf Childebrand, der Oheim König Pippins (751–768), stark bearbeiten, mit Zusätzen (auch aus den ›Gesta regum Francorum‹) erweitern und bis 751 fortführen, und sein Sohn Nibelung berichtete des weiteren über Pippins Königsjahre – so kam eine karolingische Familienchronik zustande, die namentlich an weltlichen, zumal kriegerischen Geschehnissen interessiert war; und der neustrische ›Liber historiae Francorum‹ wurde bald nach 727 von einem Austrasier überarbeitet und von einem anderen Austrasier 736 fortgesetzt.

Es ist zum andern ein Zeichen dieser Zeit, daß über Iren, die in Austrasien missionierten, wiederum Iren im selben Lande Viten schrieben, so WILLIBALD, damals wohl Priester in Mainz, über Bonifatius etwa ein Jahrzehnt nach dessen Tod – er berichtete im Stile Aldhelms, gut informiert, zuverlässig, fast ohne hagiographische Ausdeutung, doch ohne fähig zu sein, eine solche Persönlichkeit gebührend zu erfassen. Die Nonne HUGEBURG im Kloster Heidenheim (an der Brenz) verfaßte nach 778 die Viten des mit ihr verwandten Brüderpaares Willibald und Wynnebald, die Bonifatius herangeholt und gefördert hatte, ebenfalls sachlich, auch anschaulich, in Aldhelms Stil und in ungeschultem Latein.

Von den in Austrasien wirkenden Iren hebt sich einer heraus, VIRGIL (irisch Feirgil, 784†), erst (Abt) in Südirland, 743 in Neustrien und 745 von Pippin dem Jüngeren an Herzog Odilo von Bayern empfohlen; er verwaltete 747–767 das Bistum Salzburg nach irischer Art, erhielt dann die Weihe und machte sich um die Christianisierung Kärntens verdient. Schon in der Heimat erhielt er den Beinamen 'Geometer' und wurde wegen seiner Lehre von der Kugelgestalt der Erde und von den Antipoden angeklagt; das setzt voraus, daß er die antike Literatur mehr als üblich studiert und Entsprechendes geschrieben hatte, was jedoch nicht erhalten ist. Ihn mit dem Aethicus Isther zu identifizieren, dessen ›Cosmografia‹ mit der parodistischen Welt- bzw. Reisebeschreibung eine „geniale Mystifikation" genannt wurde, ist problematisch; wenn das zutrifft, müßte sein Bild nicht in Grundzügen revidiert, wohl aber nachdrücklicher ausgemalt werden. Vielleicht darf man einen Kreis irischer Gelehrter um Virgil vermuten und sie mit anonymen exegetischen Schriften in Verbindung bringen. Eines aber, das für seine literarische Interessiertheit spricht, steht fest: Er hat Bischof Arbeo von Freising veranlaßt, die ›Vita Corbiniani‹ zu schreiben.

Und mit ARBEO, dem dritten Freisinger Bischof (765–783), hat sich das eigentlich literarische Schaffen in Austrasien eingewurzelt. Der erste mit Namen bekannte Schriftsteller aus einem deutschen Stamm, ein bayrischer

Adliger, verfaßte zwei Bücher von jeweils nicht ganz fünfzig Kapiteln (um 770 und bald danach) über die beiden bayrischen Klosterbischöfe Corbinian und Emmeram, aus mündlichen Quellen schöpfend (die beiden waren ja erst um 715 und um 725 gestorben); er erzählte schlicht, frisch und kraftvoll, offenbarte aber auch an gewissen Stellen antik-rhetorische Schulung; sein Latein weist noch die zeitgemäße Entnormung merowingischer Art auf.

Schließlich kam damals sogar eine neue historiographische Gattung auf, die Annalen, „die eigenwüchsigste Form mittelalterlicher Geschichtsschreibung" – da man zuerst (im 7. Jahrhundert) in England den Rand der Ostertafeln benutzte, um zur Jahreszahl kurze Nachrichten einzutragen, so kommt Vermittlung durch die Mission in Frage. Die ersten, die ›Annales S. Amandi‹ (aus der 1. Hälfte des 8. Jahrhunderts) sind karolingischreichsgeschichtlich eingestellt und haben die Vermerke chronologisch geordnet, auch so kurz gehalten, daß sie aus sich heraus kaum zu verstehen sind. So dürftig dieser Anfang, so kunstvoll die spätere Form.

5. DIE KAROLINGISCHE RENAISSANCE

Nachdem durch den Tod Karlmanns (771) die Gefahr eines Krieges mit seinem Bruder Karl (dem Großen) ausgeschaltet und an den zweiten das Frankenreich in dem Gesamtumfang überkommen war, den es vor dem Tod ihres Vaters Pippin besessen hatte, begann dieser sofort dessen Sicherung gegen die Sachsen, deren Expansionsdrang und Aufsässigkeit ihn zu vielen Feldzügen (772–804) zwangen, zur größten militärischen und politischen Anstrengung seiner Regierung; namentlich durch Christianisierung und kirchliche Organisation wuchs Sachsen schließlich mit dem fränkischen Germanien zusammen. Als er mit der Absetzung Tassilos von Bayern (787/8) das letzte Stammesherzogtum aufgehoben hatte, waren die rechtsrheinischen Germanenstämme fest ins Frankenreich eingefügt. Damit verhinderte er deren Spaltung in zwei Völker oder Nationen und in zwei Sprachen (hoch- und niederdeutsch) und legte so das Fundament für die Entstehung des deutschen Volkes und die Etablierung des Deutschen Reiches, die später gerade von den Sachsen veranlaßt und durchgeführt wurde. Doch stellte dieses Germanengebiet unter Karl politisch noch keine feste Einheit dar; in der Reichsteilung von 806 wurden sogar Alemannien und Bayern durch die Grenze an der Donau mitten durchgeschnitten.

Als er gleich nach dem ersten Sachsenkrieg mit seinem Heer über die Alpen ziehen mußte, folgte er dem Hilferuf des Papstes gegen das Langobardenreich, dessen herrschende Schicht Germanen waren – die berührten sich mit den Bayern nicht nur in der Grenze, sondern auch sprachlich (Langobardisch war Hochdeutsch und stand dem Bayrischen am nächsten) sowie kulturell. Er beseitigte dieses Reich (773/4) und schlug den Aufstand des Herzogs Hrodgaud von Friaul (776) schnell nieder; nach und nach gelangten die wichtigen politischen Stellen in die Hände der fränkischen Reichsaristokratie. Das langobardische Herzogtum Benevent freilich vermochte er nur zeitweise von sich abhängig zu machen; Byzanz nahm er nur Istrien und einen schmalen Küstenstreifen Venetiens. Wenn er 780 seinen Sohn Pippin zum Unterkönig von Italien erhob, so beschränkte sich dessen Herrschaft auf den größten und wichtigsten Teil, Ober- und Mittelitalien. Im ganzen wurde die von Karls Vater mit den Feldzügen 754 und 756 begonnene Italienpolitik so gefestigt, daß sie später von den deutschen Kaisern fortgetragen werden konnte.

Was den Südwesten betrifft, so vermochte Karl gegen die Araber, gegen die ihn arabische Gegner des Omajaden-Emirs von Córdoba herbeigerufen hatten, trotz der Niederlage bei Roncesvalles (778) und trotz des Arabereinfalls nach Septimanien (793) allmählich bis nach Barcelona und an den oberen Ebro vorzustoßen und hier die Spanische Mark einzurichten; von ihr aus (und vom christlichen Asturien, das unabhängig blieb,) ließ sich das Christentum auf der Iberischen Halbinsel stärken.

Im Südosten vernichtete er das Reich der Awaren (791–803), eines asiatischen Nomadenvolks, das die Slaven in Niederösterreich und Ungarn beherrschte und bis nach Bayern und Thüringen sowie in Italien eingefallen war, und richtete zwischen Enns und Leitha die Awarische Mark ein, das Kernland des späteren Österreich. Nördlich davon traf er an der Slavengrenze nur Sicherungsmaßnahmen und machte die Wilzen (an der Ostsee) 789–812, die Sorben 806 und die Tschechen 805/6 tributpflichtig.

Karl hatte also die Einheit des Abendlandes politisch so vollendet, wie sie damals in dessen Bereich möglich war. Wenn sein Titel nach 774 lautete: *rex Francorum et Langobardorum atque patricius Romanorum*, so bekannte er sich mit dem letzten als Schirmherr des Kirchenstaates, dessen Gebiet er 781 in gewissen Begrenzungen anerkannte. Die immer mehr erlangte Weltgeltung drückte sich z. B. in diplomatischen Beziehungen zu Harun-al-Raschid aus, dem Herrscher des Kalifenweltreichs zu Bagdad (der jenem untertänige Patriarch von Jerusalem schickte Schlüssel der Stadt und des Heiligen Grabes an Karl), und namentlich darin, daß er auf der Synode in Rom am 23.12.800 den Titel Imperator annahm und zwei Tage danach vor der Messe vom Papst gekrönt wurde. Schließlich wurde die Kaiserwürde dadurch für erblich erklärt, daß Karl seinen Sohn Ludwig 813 zum Mitkaiser erhob und ihm die Krone aufsetzen hieß. Von dem anderen römischen Kaiser, dem oströmischen, neben dem er gleichberechtigt Kaiser sein wollte, erreichte er im Friedensschluß von 812, daß der ihn als Imperator und Basileus anerkannte.

Zu dieser Weltgeltung, noch mehr zur Verklammerung des gewaltigen Reiches und dessen verschiedener Völkerschaften brauchte Karl, was sich ihm im Christentum, dem er sich innerlich zugehörig wußte, in mehr als einer Hinsicht anbot. Staat und Kirche waren schon in der Mission nur durch Zusammenarbeit zu festen Erfolgen gekommen (S. 33) und fanden sich jetzt noch mehr zusammen. Die Kirche war an den Staatsgeschäften durch die Hofkapelle (Hofgeistlichkeit) und Hofkanzlei beteiligt, der Staat an der Leitung der Kirche, da der Herrscher die kirchliche Gesetzgebung, die Administrationsgewalt über die Kirche und die Strafgewalt in kirchlichen Dingen auszuüben trachtete. Er griff sogar in Lehrgewalt und -entscheidungen der Kirche ein und mühte sich um die Einheit des Dogmas, indem er sich im Kampf gegen den spanischen Adoptianismus eines Felix von Urgel, im Streit um die Bilderverehrung und um das *filioque* per sönlich beteiligte – die von ihm geleitete Frankfurter Synode 794 verdammte die Bilderverehrung, für die sich die oströmische Synode von Nicäa 787 und der Papst eingesetzt hatten; wegen jener Dogmenformel, die von der oströmischen Kirche gestrichen worden war, hatte ihn der Papst um Entscheidung gebeten, und Karl ließ sie auf der Aachener Synode 809 billigen. Damit profilierte er sich als Leiter der gesamtkirchlichen Belange und Führer zur rechten Glaubenserkenntnis.

Noch weiter wirkte er mit seinem fundamentalen Eingreifen in das geistige Leben; er führte herbei, was man nicht ganz glücklich als 'Karolingische Renaissance' zu bezeichnen pflegt, d. h. eine durchgreifende geistige 'Erneuerung', mit der erst die europäische Kultur wirklich begründet und in ihrem Wesen fest bestimmt wurde. Wohl durch seine Begegnung mit der Antike in Italien noch besonders aufmerksam geworden, sah er sehr früh, wie schlecht die geistigen Felder in seinem Reich bestellt waren, wie viel zu wenig vom Reformprogramm des Bonifatius trotz Unterstützung durch die Könige verwirklicht war. Seine Anweisungen für die Schule, die zunächst bessere Lateinkenntnisse forderten, hatten solchen Erfolg, daß das Latein zur internationalen Schriftsprache Europas und zu dessen Vatersprache wurde; die dabei nötige Hinwendung zur römischen Antike, die nicht eigentlich wiederbelebt, sondern in den Dienst des Christlichen gestellt werden und dessen Studium verbessern sollte, half die Literatur im allgemeinen auf ein höheres Niveau zu heben.

Die Mitte dieser 'Renaissance' bildeten Karl und sein Hof. Die aus dem Abendland herangerufenen Gelehrten dienten ihm mit ihrem Wissen in der Theologie wie in der Bildung insgemein; sie berieten ihn namentlich als Lehrer, durch die er die Hofschule mit neuem Leben erfüllte und sie zur Musterschule seines Reiches machte; sie schulten dort den Nachwuchs für die geistliche Laufbahn wie für die weltliche Reichsverwaltung, sorgten auch für die Laienbildung. Daß hier seine Reformideen bestens verwirklicht wurden, dafür setzte er sich immer wieder persönlich ein.

Außerdem hielt er die Gelehrten zu literarischer Betätigung an; er stellte ihnen bestimmte Aufgaben (z. B. Sammlung von Musterpredigten, die er durch Approbation stützte) oder regte sie auch indirekt zu gelehrten Schriften und zu Versen an. Er rief ferner den Hofkreis zu einer Art Akademie (Alkuin sprach von *Achademici*) zusammen, zu freiem Gedankenaustausch wie natürlich auch zu geselligem Beisammensein; dort wurden die Standesunterschiede durch gelehrte Pseudonyme verwischt, um den Freundschaftskult besser pflegen zu können.

Diese Elite, deren Glieder meistens nur einige Jahre am Hofe blieben, betrieb die Ausbildung noch mehr daheim, brachte ihre eigene Schule hoch (die Bischöfe die Schulen ihrer Diözese) und strahlte geistige Energien auch auf das literarische Schaffen aus. An solch einem erlauchten

Kreis, der auf einsamer Höhe stand, wird offensichtlich, wie sehr diesem genialen Herrscher, der sich selber am Dichten beteiligte, bewußtgeworden sein muß, welch ungewöhnliche Aufgabe ihm auch in der Kultur zugefallen war. Er förderte den Ausbau des Schulwesens, indem er an allen Kathedralkirchen und Klöstern Schulen einzurichten befahl. Nach seinem Willen sollten die Geistlichen vor Antritt ihres Amtes und später bei den Visiten auf ihre Bildung hin geprüft werden, auch auf ihre literarische; sie sollten die Predigt in der Landessprache verständlich halten und sie als sehr wichtiges Mittel behandeln, um das, was das Evangelium an Sittlichkeit grundsätzlich forderte, dem Volk recht klar zu bieten. Und an das dachte er bereits in seiner ›Admonitio generalis‹ von 789 in allgemeinen Richtlinien für die religiöse und moralische Erziehung.

Relativ früh fand er 781 für seine Bildungsbemühungen den richtigen Leiter in dem aus Northumberland stammenden ALKUIN, der ein umfassendes Wissen aus York (S. 32) mitbrachte, dazu literarische Fähigkeiten und pädagogische Begabung besaß. Der 47jährige widmete die letzten 22 Lebensjahre ganz dem Dienst für Karl und seine Reformen, erst am Hof, wo er die Hofschule leitete und außer Karl und seine Kinder Männer wie Einhart und Hraban zu Schülern hatte, dann in der ihm vom König verliehenen Abtei St. Martin in Tours, wo er u. a. eine berühmte Schreibschule gründete. Die meisten Werke schrieb er erst im Frankenreich. Mehrere Schulbücher hielt er in der Dialogform, mit der er zugleich Hinweise für die Unterrichtsgestaltung gab – in der Grammatik fragen sich zwei Knaben aus der Schule des Albinus (Alkuin) die Regeln ab; in der Rhetorik und Dialektik fragt Karl, und Magister Albinus antwortet; die Lehrschrift über die Orthographie, ein alphabetisches Hilfsbüchlein, ist dem König gewidmet. Der Theologie, wozu auch die Emendation der Bibel und des Sacramentarium Gregorianum (und das Sacramentarium Gelasianum?) zu rechnen sind, hat er sich in den meisten Schriften zugewandt. Von den vielen Bibelkommentaren, die meistens nicht fortlaufend gehalten sind und auf patristischer Tradition ruhen, war der umfänglichste, die ›Expositio super Johannem‹ (neben dem ›Enchiridion‹, einer ›Expositio‹ über einige Psalmen) am verbreitetsten. Von der in den Kommentaren geübten, zeitgemäßen Kompilationsmethode löste er sich zu mehr freier, individueller Behandlung in den dogmatischen Büchern, so in den zwei gegen den spanischen Adoptianismus, mit denen ihn Karl beauftragt hatte. Das etwa 802 verfaßte Hauptwerk, die drei Bücher ›De fide sanctae et individuae trinitatis‹, wurde die Dogmatik der Karolingerzeit, die lange nachwirkte. Unter den hagiographischen Werken – in drei bearbeitete er nur ältere Viten stilistisch – nimmt die ›Vita s. Willibrordi‹ schon durch ihre Selbständigkeit eine besondere Stellung ein, dann auch durch ihre doppelte Fassung – die Prosa zur liturgischen Lesung in der Kirche, deren Versifikation (361 He-

xameter) zum Genießen in der Klause; zutreffende Fakten werden hagiographisch dargeboten; damit sind die 42 Distichen der Vita Wilgils äußerlich verbunden.

In Alkuins geistlicher Dichtung stammt die älteste noch aus seiner Lehr-
zeit in York, ›De sanctis Euboricensis ecclesiae‹ (1657 Hexameter); darin
schilderte er zur Hauptsache die Könige von Northumbrien und die Bischöfe von York, besonders den letzten Ælbert, auf Grund von drei Werken Bedas, und zwar betont hagiographisch, d. h. hier mit vielen Wundergeschichten und mit einer Vision am Schluß. Schon damals bewies er, daß
er Sprache und Stil beherrschte, die Verse flüssig und den Inhalt leichtver-
ständlich und beschwingt zu erzählen verstand. – Von den mehreren Hundert kleiner Gedichte, vorwiegend in Hexametern und Distichen, sind die
meisten Tituli; er verfaßte auch Rätselgedichte und setzte gern in Briefe
oder an ihren Schluß ein paar Verse persönlicher Färbung. Die brachte er
noch mehr in Gedichten an, die mehr für sich stehen und die er an ihm na-
hestehende Personen richtete, auch in den nicht wenigen an den König
und stattete sie mit Geist, Humor und Wärme aus.

Im ganzen fällt er durch die Zahl und die Mannigfaltigkeit seines poetischen Œuvres auf und steht darin auf beachtlicher Höhe. Zu seiner wahren Größe gelangte er erst, als er, von Karl zum kulturellen und religiösen
Berater gewonnen, zu dessen aktivstem Mitarbeiter wurde; darin konnte
er seine wie dafür geschaffene Persönlichkeit entfalten und das Außergewöhnliche seines Wissens und seiner Schaffenskraft einsetzen, um allen
voran eine weltgeschichtliche Erneuerung zu steuern.

Unter Alkuins vielen Schülern befanden sich nicht nur Angelsachsen
und Iren, doch seien sie zuerst genannt. Aus England folgten ihm Sigvulf,
Wizo (Candidus) und Fridugisus an den fränkischen Hof. Wizo, seit 802
dort bezeugt, beteiligte sich an Alkuins Kampf gegen den Adoptianismus;
ob er die ›Dicta Candidi presbyteri‹ verfaßte, von deren zwölf kleinen
Stücken eines den ersten mittelalterlichen Gottesbeweis enthält, ist problematisch. Er übernahm die Vermittlung zwischen Karls Hof und seinem
Lehrer besonders von Tours aus, Fridugisus aber 804 die Nachfolge Alkuins als Abt von Tours und war dann 819–832 Kanzler Ludwigs des
Frommen. Er verdient durch die einzige seiner erhaltenen Schriften, die er
noch unter Karl verfaßte, deswegen Beachtung, weil er in ›De nihilo et te-
nebris‹ ein philosophisches Problem, über das man am Hof gestritten
hatte, nicht mit Väterzitaten, sondern logischen Argumenten zu lösen
suchte.

Iren lassen sich vier an Karls Hof namentlich nachweisen. JOSEPH SCOT-
TUS (vor 804†) begleitete Alkuin, der ihn in York ausgebildet hatte, an den
Frankenhof und gab auf dessen Wunsch den Jesaja-Kommentar des Hie-
ronymus verkürzt heraus, den Bibeltext darin verbessert. In einem von vier

Figurengedichten rühmte er Karl, in den anderen erörterte er theologische Themen und widmete zwei davon dem König.

CLEMENS SCOTTUS (nach 826†), berühmter Lehrer an der Hofschule unter Karl dem Großen und dessen Sohn, wurde Erzieher von Ludwigs Sohn Lothar und widmete diesem eine ›Ars grammatica‹ – in ihr benutzte er viel mehr Quellen als Alkuin, fügte Belege und Bemerkungen hinzu; die ›Ars‹ wurde in den Schulen nicht selten benutzt und mehrmals deutsch glossiert.

Von mehreren damals bezeugten DUNGAL scheint hier der in Betracht zu kommen, der nach St. Denis auswanderte und sich durch Gelehrsamkeit auszeichnete. Der König zog ihn mehrmals zu Rate, so über die eben genannte Schrift des Fridugisus und darüber, wie die Sonnenfinsternisse von 810 zu erklären seien (nur das zweite Antwortschreiben ist erhalten). Auf Bitten Ludwigs des Frommen und seines Sohnes Lothar schrieb er 827 ›Responsa‹ auf das ›Apologeticum‹ des Claudius von Turin zur Bilderverehrung – sie fielen kenntnisreich und bedacht aus. Was ihm an Gedichten eignet, bleibt zu sichern.

DICUIL (nach 825†) war wohl zunächst Mönch in Hy, dann Lehrer an der Hofschule unter beiden Kaisern. Mit der letzten Tätigkeit hängen ein bis jetzt nicht gefundener Brief über zehn grammatische Fragen zusammen, 27 Hexameter zu einer Schrift Priscians und eine kurze Abhandlung zur Prosodie. Die zwei größeren Werke, zu denen er erst unter Ludwig dem Frommen kam, bekunden die Weite seiner Interessen, vier Bücher astronomisch-komputistischen Inhalts (814–816), die er Karls Sohn widmete, sowie der ›Liber de mensura orbis terrae‹ (825), das älteste geographische Handbuch des Frankenreiches. Im ersten verfuhr er inhaltlich und formal seltsam ungeordnet, spielte mit Permutationen und gab in eingeschobenen Versen unter anderem eine Verteidigung der (besonders von Iren gepflegten) Rhythmik und im zweiten ein Weltbild hauptsächlich nach antiken Quellen (dadurch die einzige Überlieferung einer spätantiken ›Mensuratio orbis terrae‹ rettend); er steuerte hin und wieder auch Eigenes bei und Kritisches.

Von der Iberischen Halbinsel wanderten Agobard von Lyon schon 782 und Claudius von Turin gegen 800 ins Frankenreich ein (S. 66), wurden jedoch nicht an Karls Hof geholt. Das letzte geschah aber mit THEODULF (821†), einem Westgoten wohl aus Spanien, der infolge unglücklicher Umstände (*immensis cladibus exul*) seine Heimat hatte verlassen müssen, wohl bereits vor 780; er gehörte zum Hofkreis, scheint aber kein Amt versehen und kein Pseudonym erhalten zu haben, obwohl er sich hohe Achtung erwarb und die vor allem beim Herrscher selber. Der belohnte ihn für mannigfache Dienste mit mehreren Abteien und machte ihn wohl schon vor 798 zum Bischof von Orléans; hier setzte er die karlischen Reformen beispielhaft durch und bemühte sich um die Liturgie sowie die Erziehung und Lehrtätigkeit des Klerus. 800 erhielt er vom Papst das Pallium; 818 aber verbannte ihn Ludwig der Fromme nach Angers, als er des Hochverrats beschuldigt wurde. Dort starb er 821.

Von seiner theologischen Gelehrsamkeit zeugen zwei Prosawerke, die er direkt oder indirekt im Auftrag des Kaisers verfaßte: ›De spiritu sancto‹ (809), worin er sich für den seit dem 5. Jahrhundert ins Credo eingefügten Zusatz *filioque* einsetzte, und ›De ordine baptismo‹ (wohl 812), wo er, nur die Bibel heranziehend, zu verschiedenen Fragen über die Taufe Stellung nahm. Vermutlich arbeitete er auch an den ›Libri Carolini‹ mit, in denen im Namen des Königs um 790 die offizielle Haltung der Kirche in dem nach der siebenten Synode von Nicäa (787) entstandenen Bilderstreit dargelegt wurde (gegen Bilderverehrung, aber auch gegen Bilderfeindlichkeit).

In vielen seiner über 80 erhaltenen Gedichte ging es ihm um Geistliches und Moralisches. Zwei größere sind nur fragmentarisch erhalten und scheinen zusammenzugehören, das eine mit 280 Versen über den Glauben, eingangs als 4. Buch bezeichnet, und das zweite mit 314 Versen über die sieben Hauptsünden, wohl 2. Teil des 3. Buchs.

In dem nächstumfänglichsten Gedicht, den 476 Distichen der ›Paraenesis ad iudices‹, die Theodulf schon durch immer wieder eingelegte direkte Reden belebte, ließ er es nicht damit bewenden, was er 797 auf einer südfranzösischen Inspektionsreise erlebte und womit man ihn zu bestechen suchte, zu schildern, sondern ging bald zu Grundsätzlichem mit viel Moraltheologie über, zu allgemeineren Mahnungen an die Richter und Kritik an der Rechtspflege, dabei an irdische Vergänglichkeit und christliche Verantwortung erinnernd. Sonst herrscht kleinerer Umfang vor, so namentlich dort, wo er Bibelworte in Verse brachte und erläuterte, oder in den Tituli. Das in der Verbannung gedichtete Prozessionslied zum Palmsonntag, ›Gloria, laus et honor‹, dessen 39 Distichen meistens in starker Kürzung überliefert sind, fand weiten Anklang und sogar Aufnahme in die Liturgie, in die allerdings die V. 36 ff. dargestellte Prozession in Angers nicht paßt.

In seiner Stellung zur Antike war er seiner Zeit voraus, die sie im allgemeinen nur für das Formale als Vorbild anerkannte. In 32 Distichen nannte er unter den Autoren, die er zu lesen liebte, nach Kirchenvätern und frühchristlichen Poeten auch römische wie Vergil und Ovid; er forderte, bei den heidnischen Werken durch die mythologische und andere Umhüllung zum wahren Kern vorzudringen.

An Charakteristischem fällt besonders auf, wie stark er Theologisches, oft Bibelverse, mit dem Leben verband oder wie er weltliche Themen frei von geistlichen Ingredienzen hielt, daß er zwischenmenschliche Beziehungen in ihrem Gehalt wie ein Nichtchrist behandelte. Mehrmals bekundete er seine Aufgeschlossenheit für die Natur, so gab er z. B. in 112 Distichen drei Naturwunder wie selbsterlebt wieder. In zwei kleineren Gedichten gelangen ihm köstliche Geschichten vom diebischen Fuchs und vom gestohlenen Pferd.

Hervorragt in mehrfacher Beziehung sein Glückwunsch an den König zum Awarensieg 796 (122 Distichen). Auf den Preis des Herrschers läßt er bald das Hauptthema folgen, ein Festtag am Hof, in zwei zusammenhängenden Szenen in der Königspfalz (nach dem Gottesdienst das Festmahl und die Tagung der 'Akademie'). Die Fiktion, daß er das aus der Ferne erlebte, gestattete ihm vor allem, die wichtigen Personen am Hof mit ihren kennzeichnenden Eigenschaften in bunter und doch geschlossener Folge deutlich zu präsentieren, dazu Geist und Humor, Ironie und Raffinesse gekonnt zu verwenden. Mit seiner Schärfe der Beobachtung und des Intellekts, seiner Stärke der Individualität und poetischen Kraft übertraf er seine Zeit erheblich.

Er, der Dichter des karlischen Kreises, offenbarte seine künstlerische Vollnatur auch als Auftraggeber in der bildenden Kunst. Bei den Bibeln, die er wohl in Orléans schreiben ließ und um deren Textgestalt er sich ständig mühte, sah er auf einbändiges, handliches Format zum besseren Nachschlagen, auf gute Ausstattung, und zwar so, daß die kostbarsten zu den schönsten ihrer Zeit zählen – dabei duldete er in Initial und Bild keine Figuren. Seiner Persönlichkeit und seinem Stil entsprechend baute er seine Palastkapelle c. 800–806 in St-Germain-des-Prés auf dem Landgut seines Klosters (er war Abt von Fleury), einen Zentralbau wie das Aachener Münster, jedoch ein privates Oratorium, klein, doch gut ausgeschmückt. Es gehörte schließlich zu seinem Lebensstil, daß er sich mit Kunstwerken umgab – so ließ er sich, wie er in einem Gedicht erzählte, einen Tisch mit einem kunstvollen Aufsatz anfertigen, auf dem die Erde mit Weltmeer und Winden, mit Tieren und Gewächsen figürlich geformt war.

Was Italien betrifft, so sind die drei aus dem Langobardenreich stammenden Gelehrten und Autoren bereits erwähnt (S. 16) – sie starben zwölf und mehr Jahre vor Karl und sind der älteren Generation seines Kreises zuzurechnen. Wenn sie auch mit ihrem Wissen und Schreiben Karls 'Erneuerung' zu fördern trachteten und ihre Verse großenteils namentlich durch die 'Renaissance' und ihre Vertreter hervorgerufen waren, so ist es doch bezeichnend, daß in dem überragenden Werk der drei ein Langobarde die Geschichte seines durch Karl der Selbständigkeit beraubten Germanenvolkes schrieb.

Schließlich fehlten Franken germanischer Herkunft nicht in dem Karls-

kreis. Der aus fränkischem Adel stammende Angilbert (bald nach Karl
814†), seit frühen Jahren am Hof erzogen, wurde Hofkaplan und Ge-
heimsekretär des Herrschers, der ihn mit der Abtei St. Riquier (in Centula
bei Abbéville) gegen 790 belohnte. Er legte dort eine Hauptkirche so weit-
läufig an, daß jeder der drei Chöre zu je 133 Sängern einen eigenen Chor-
raum erhielt, und verband sie mit zwei kleineren Kirchen durch einen über
800 m langen Kreuzgang; die große Säulenbasilika war eins der vier bedeutendsten karolingischen Bauwerke. Über die drei Kirchenbauten verfaßte er einen Rechenschaftsbericht und stellte dazu die ›Institutio‹ der liturgischen Pflichten auf. Die kleine Zahl der erhaltenen Gedichte läßt
nicht erkennen oder ahnen, weshalb er den Beinamen 'Homerus' erhielt.
Im Üblichen bleiben der Preis Karls und seiner Umgebung (108 Hexameter, 796) und die Begrüßung Pippins (34 Distichen, 796) nach dem Sieg
über die Awaren, auch das kurze Briefgedicht an Petrus von Pisa, mehr
noch die späteren, kleinen Gedichte, Kircheninschriften, Gebete, Epitaphien, in denen sich die Wendung des Autors von der weltfreudigen Haltung zur asketischen, jenseitigen spiegelt.

Zwei andere Franken verdienen nur kurze Erwähnung. Karls des
Großen Vetter Adalhard (826†) wurde von jenem im diplomatischen
Dienst verwandt und zum Abt des damals schon kulturell bedeutenden
Klosters Corbie / Somme ernannt; von Ludwig dem Frommen sieben
Jahre lang an die Loiremündung verbannt, gründete er nach der Rückkehr
mit seinem Bruder Wala Corvey / Weser. Und Amalar (c. 775–c. 850), in
der Gegend von Metz geboren, 809 zum Erzbischof von Trier erhoben,
hatte 813 im Auftrag Karls eine Mission beim Kaiser von Byzanz zu erfüllen – in 80 Hexametern schilderte er die Reise frisch und humorig, aber in
mangelhafter Sprche und Metrik. Er zeichnete sich als Liturgiker aus, besonders durch sein Hauptwerk, die vier Bücher ›De ecclesiasticis officiis‹,
ein volles Handbuch der Liturgik, das er um 823 Ludwig dem Frommen
widmete.

Einhard (c. 770–840) ragt aus der vierten Gruppe des Karlskreises am
weitesten heraus. Inwieweit er den Vergleich mit den Spitzen der drei andern Gruppen auszuhalten vermag, läßt sich nicht einmal vermuten, namentlich deswegen nicht, weil der Umfang seiner Schriftstellerei durch of-
fensichtliche Mängel der Überlieferung stark beeinträchtigt ist (so fehlen
in ihr seine Beiträge zur Hofdichtung, an der er sich nachweislich beteiligt
hat); wie anders stünde er als Dichter da, wenn ihm das Karlsepos (S. 60)
zuzuschreiben ist, von dem noch dazu nur ein Fragment überliefert ist!
Und schon so ist die Zueignung des ›Rhythmus‹ nicht unproblematisch.

Aus ostfränkischem Adel des Maingaus gebürtig, wurde er in Fulda und
am Hof geschult, wohin ihn der Fuldaer Abt Baugulf geschickt hatte. Früh
gelangte er in den Kreis um den König, übernahm nach seinem Lehrer

Alkuin die Leitung der Hofschule und wurde Karls rechte Hand und vertrautester Helfer. Er diente ihm, besonders politisch und in der Aachener Bautätigkeit, etwa zwei Jahrzehnte treu, wofür er mit mehreren Abteien belohnt wurde. Ludwig der Fromme übernahm ihn in seine Dienste und schenkte ihm Besitz im Odenwald. Dorthin zog er sich 830 aus den politischen Wirren als Privatmann zurück und schrieb vermutlich erst hier alle erhaltenen Werke – die Briefe, bei denen er meist nicht an etwaige Veröffentlichung gedacht zu haben scheint, setzen schon mit 823 ein und zeugen für sein hohes Ansehen und seine Persönlichkeit.

Wegen seiner Kenntnisse und Begabung für die Baukunst, die ihm den Beinamen 'Beseleel' (Werkmeister der Stiftshütte) einbrachten, übertrug ihm Karl die Aufsicht über die Werkstätten und Bauten wohl nicht nur in Aachen; darüber, wie weit und tief sich diese Tätigkeit erstreckte, sagen die Quellen nicht genug aus; man darf vermuten, daß sie sich über reine Aufsicht und Technik hinaus erstreckte. Von sich aus baute er ja schon vor 830 in Steinbach (bei Michelstadt) anstelle der alten Holzkirche eine ansehnliche Steinbasilika (827 vollendet) und in Seligenstadt (vorher Obermühlheim) eine Klosteranlage, deren stattlichere Kirche erst nach seinem Tod fertig wurde. Beide Basiliken gehören nicht zu den größten, wohl aber zu den bedeutendsten Baudenkmälern der Karolingerzeit, die sich von ihren freier komponierten Vorbildern, den altchristlichen Italiens, durch wohlberechnete Maße im großen wie kleinen auszeichnen: Einhard schlug mit seiner Gesetzmäßigkeit die Brücke zur Romanik.

Für seine Klöster stellte er eine sonst wenig beachtete Psalmenauswahl zusammen. Für sie hatte er 827 Reliquien der Heiligen Marcellinus und Petrus aus Rom besorgen lassen und beschrieb deren Translation in vier Büchern, in I und II Erwerb, Überführung, Wiederbeschaffung, indem er die zwei Handlungen nach deren zwei Trägern wirkungsvoller ordnete, in III und IV die Wunder, nach den selbsterlebten und den ihm mitgeteilten geschieden; er erzählte unmittelbar und frisch, ohne sich an ein Vorbild anzulehnen, und in einer nicht klassizistischen Sprache. Diese Tönung findet sich noch gewinnender im Rhythmus über die Passion der beiden Märtyrer, dem er eine alte Prosafassung zugrunde legte, und wird durch das rhythmische Versmaß (je 3 Fünfzehnsilber in 118 Strophen) unterstützt.

In der kleinen Prosaschrift, zu der ihn der mit ihm befreundete Lupus von Ferrières 836/7 veranlaßte, der Quaestio ›De adoranda cruce‹, zeigte er beim Unterscheiden von Beten und Verehren seine maßvolle Art und zeichnete sich dadurch aus, daß er das Problem wissenschaftlich, d. h. durch eigene Überlegungen zu lösen trachtete. Am deutlichsten tritt das für ihn Charakteristische in seinem berühmtesten Opus hervor. Zur ›Vita Karoli Magni‹, mit der er seine Dankbarkeit seinem vor längerem verstorbenen Herrn bezeugen und die vom Zerfall bedrohte Gegenwart an das mahnende Vorbild erinnern wollte, war damals niemand durch das Miterleben an entscheidender Stätte so gut vorbereitet wie er; dazu brachte er überdies die beste literarische Schulung mit. So holte er sich mit kundigem Griff aus der alten Tradition, aus den Kaiserbiographien Suetons († c. 145 n. Chr.), wichtige Anregungen, namentlich die in systematischem Fächerwerk geordnete Struktur; die half ihm dazu, daß er das umfassendste Bild eines mittelalterlichen Herrschers zeichnete, obwohl er darauf nur 33 Kapitel verwandte und vorzugsweise nur den älteren Herrscher im Blick hatte. Wie sich schon an sich und bei solchem Autor noch mehr versteht, brachte er an diesem Gerüst und seiner Füllung mannigfache und nicht unerhebliche Änderungen an. Darüber hinaus schilderte er in Karl keinen römischen *Imperator et Augustus* (diesen Titel nannte er zur Kaiserkrönung), sondern einen fränkischen Herrscher, dessen hohe, heldenmäßige Gesinnung (von ihm meistens mit *magnanimitas* bezeichnet) er immer wieder betonte – sie kannte er aus den muttersprachlichen Heldenliedern.

Wie wenig er das Ganze auf die bisher im Mittelalter herrschende Art biographischer Darbietung in der Heiligenvita einstellte, wird einmal daran deutlich, daß und wie er auf das Christliche nur in zwei Kapiteln einging – und zwar verwies er für Karls Frömmigkeit auf das Aachener Münster, dessen Bau und Betreuung (c. 26), auf Karls reiche Fürsorge für bedürftige und für im Ausland bedrängte Christen (c. 27); zum andern betonte er in zwei andern Kapiteln das Fränkische am Herrscher, in seiner Kleidung und in seinem Schmuck (c. 23) sowie in seiner Sorge um das heimische Recht und besonders um die Muttersprache (c. 29).

Damit wagte er literarhistorisch Neues, nämlich eine weltliche Persönlichkeit an sich zu erfassen, d. h. ohne geistliche Einfärbung, und erweckte die römische Biographie zu neuem Leben.

Von Sueton ließ er sich auch in der Sprache beeinflussen und färbte sie im Gegensatz zu seinem sonstigen Schrifttum so antikisch ein, daß er oftmals klassischen Tenor erreichte; trotzdem drückte er Sprache und Stil eignen Stempel auf. Den Reiz der ›Vita‹ macht nicht so sehr die Gepflegtheit der Sprache aus, mehr schon, wie er unpathetisch und dicht erzählte, ohne ins Blasse oder Abstrakte abzugleiten, und immer fesselte, vor allem aber die Kunst, mit der er die schwere Aufgabe meisterte. In jedem Kapitel suchte er, ein Unterthema in realen Einzelheiten zu erfassen – dafür wählte er das Wesentliche aus, ohne sich darin zu verlieren und sich ins lockende Nebenbei verführen zu lassen, wie er in c. 6 Ende selber bekannte – und zugleich abzurunden. Bei aller Distanz, die er wahrte, obwohl er jahrzehntelang Karl sehr nahe war, gelang es ihm, dessen einmalige Größe als Herrscher Europas und Persönlichkeit in vielen Fakten offensichtlich zu machen (eigene Kapitel räumte er sogar dem Aussehen oder der Nahrung ein) und für alle Zeiten lebendig zu halten. Die ›Vita‹

fand die verdiente Wirkung darin, daß sie bereits im Mittelalter zu den am meisten gelesenen Geschichtswerken zählte und mannigfachen Einfluß auf die Entwicklung ihres Genus übte.

Wenn auch dieses Karlsbild mit wahrlich vielen Strichen gerundet ist, bekundet schon das herangezogene Gedicht Theodulfs (S. 55), daß Wichtiges hinzugefügt werden muß, und das auch die sogenannte ›Ecloga Nasonis‹ (besser ›Eclogae‹). Ihr Dichter, über den die Überlieferung zu wenig hergibt, war wohl ein Franke (MODOINUS latinisiert aus Muadwin, zwischen 840–843†) aus Südgallien; in Lyon jedenfalls ausgebildet, wurde er dort Abt und 815 Bischof von Autun. Im karlischen Hofkreis erhielt er den Beinamen Naso, war aber allem Anschein nach zu jung (und der Kaiser schon zu alt), als daß eine wirkliche Bindung entstehen konnte. Von seinen gewiß zahlreichen Gedichten sind nur zwei auf uns gekommen; in dem einen tröstete er (820) in 66 Distichen den verbannten Theodulf (S. 54). Das andere (804–814) sondert sich in der literarhistorischen Form ab; die zwei Stücke (95 und 120 Hexameter, von 8 und 5 Distichen umschlossen) präsentieren zunächst einen Dichterwettstreit, den es sonst im mittellateinischen Streitgedicht nicht gibt, und dann Wiederbelebung der bukolischen Gattung. Diese eigenartige Dichtung richtete Modoin an den Kaiser, um nach einem Fehlschlag dessen Zuneigung zu gewinnen; er feierte ihn und die von ihm herbeigeführte Wiedergeburt des goldenen Rom und pries den Frieden in der Welt, das goldene Zeitalter, als von ihm herbeigeführt. So deutlich sprach niemand sonst von der 'Erneuerung' – bezeichnenderweise fand es der junge Dichter (Modoin) im ersten Gedicht nötig, sich dem alten wegen eines solchen Themas gegenüber zu verteidigen, indem er auf die Vorläufer in der Antike und Gegenwart hinwies. So großen Wert die ›Eclogae‹ als fast spontan zu nennendes, die junge Generation kennzeichnendes Zeugnis für die 'Renaissance' besitzt, so muß doch zu ihrem poetischen Wert gesagt werden: Der Eigenwilligkeit und teilweisen Beschwingtheit tun Mängel in der äußeren Form und in der Verarbeitung nicht geringen Abbruch.

In der Lyrik unter Karls Regierung fällt auf, in welchem Umfang man ihm huldigte, und das auch, wenn man das mit ähnlicher Panegyrik im übrigen Mittellatein vergleicht, etwa mit der für Barbarossa. Gewiß lockte dazu schon die spätlateinische Tradition, mehr aber die einmalige Persönlichkeit selber, der das Gerühmte angemessen schien, wenn man ihn als den waffengewaltigen Sieger apostrophierte, als frommen Beschützer der römischen Kirche, der das Unrecht bestrafte und die Armen beschirmte, auch als den Freund der Musen und Wissenschaften, kurzum als den überragenden Staatenlenker, für den man damals bereits das Epitheton *magnus* einführte. Zu ergänzen ist, welche Anziehung und Wärme er ausgestrahlt haben muß. So rühmte ihn keineswegs nur der Hofkreis, sondern auch manch andrer, dessen Name und Herkunft unbekannt blieben.

Das letzte gilt auch für drei epische Werke, das kleine (75 Hexameter) ›De conversione Saxonum‹ aus dem Jahr 777: Darin wird der König als Sachsenbekehrer im Zusammenhang mit der Heilsgeschichte des sechsten Weltalters mit höchstem Lob bedacht (viel zu früh). Die beiden anderen Gedichte, die nur in fragmentarischer Überlieferung vorliegen, malen geschichtliche Vorgänge in epischer Breite aus. In dem einen (mit 93 Hexametern aus dem Anfang und 10 aus dem Schluß) schmückt ein HIBERNICUS EXUL Abfall und Unterwerfung des Herzogs Tassilo von Bayern bald nach den Ereignissen von 787 nicht ohne Kraft und Poesie aus. Die 536 Hexameter des andern Bruchstücks bilden das dritte Buch (oder dessen größten Teil) aus dem ›Aachener Karlsepos‹, das mehr unter ›De Karolo Magno / rege et Leone papa‹ bekannt ist und um 800 gedichtet wurde. Der Begegnung des Königs mit Papst Leo, die im Sommer 799 in Paderborn stattfand, nicht ganz zwei Fünftel des Überlieferten ausmachend, gehen ein überschäumender Hymnus auf Karl voraus, dessen Taten den Autor überwältigt hätten, und auf den Bauherrn des kommenden, zweiten Rom sowie die Schilderung einer königlichen Jagd, zu der die Herrscherfamilie näher vorgestellt wird. Daß so manches auf Miterleben beruhen muß, weist darauf hin, daß der Autor vermutlich Mitglied des Hofkreises war. Seine Darstellungskunst ist nicht gering. Ob er mit Einhard zu identifizieren ist, wofür auch eine gewisse antikische Färbung spräche?

6. DIE PHASE
NACH DER KAROLINGISCHEN RENAISSANCE

a) Um Ludwig den Frommen

Was Karl der Große politisch vollbracht hatte, hob sich bereits unter seinem Nachfolger immer deutlicher ab. Zwar begann die europäische Einheit, wie er sie geschaffen und ausgebaut hatte, schon unter Ludwig dem Frommen zu zerfallen – ihre Teilung war seit 831 keine Frage mehr, wurde nach seinem Tod zum ersten Mal vollzogen und 888 dann endgültig; doch zeigte sich der wahre Gehalt von Karls Leistung darin, daß jene Einheit gerade in der Teilung, wie sie sich schließlich ergab, weiterlebte und sie das Europa begründete, dem man heute neuen Odem einzuhauchen trachtet. Gewiß ließ sich das Reich schon an sich besonders wegen seiner Ausdehnung, der äußeren und volksmäßigen Verschiedenheit seiner Teile nicht auf die Dauer so halten, wie es Karl hinterlassen hatte; erschwerend kam hinzu, daß es seinem Erben an Kraft, staatsmännischer Begabung u. a. fehlte. Mit Recht und in guter Absicht bemühte sich sein Sohn Ludwig, dem Reich mehr inneren Halt zu geben, suchte aber seiner tiefen Gläubigkeit entsprechend das ganze Leben nach den damals um sich greifenden Ideen der mönchischen Reformbewegung mit den christlichen Vorschriften voll und tief zu durchsetzen und so die vielen Völker seines Reichs zu einem einzigen Christenvolk zu verschmelzen. Mit solcher Ideologie, die zunächst den Reichseinheitsgedanken stärkte, hatte er anfänglich Erfolg, konnte aber das realpolitische Handeln nicht meistern; seine Schwäche und Unsicherheit offenbarten sich z. B. bereits in der Kirchenbuße 822.

Von seinem Hof mußten Karls Vertraute gleich oder später weichen; er brachte aus Aquitanien, wo er seit 781 König gewesen war, seine Ergebenen mit, so als Leiter der Kanzleigeschäfte den Goten Helisachar. Vor allem holte er sich den westgotischen Adligen BENEDIKT VON ANIANE, der aus der 779 auf väterlichem Grund gebauten Zelle ein Musterkloster der benediktinischen Reform, zugleich eins der größten Klöster damals, gemacht hatte, schuf ihm in Kornelimünster (Nordeifel) ein neues Musterkloster und half ihm auf den Aachener Synoden vom 816 und 817, die Benediktinerregel der strengen Observanz für das ganze Reich festzulegen. Zur Feder griff Benedikt, wenn ihn das Leben seiner Umwelt dazu veranlaßte; so verfaßte er kleine Schriften wider den Adoptianismus des Felix von Urgel, wichtigere zur Mönchsreform, eine Zusammenstellung der älteren Mönchsregeln und die ›Concordia regularum‹, worin er zu jedem Kapitel der Benediktinerregel die Absätze der früheren Regeln fügte.

Von dessen Reformbewegung getrieben, zeigte sich der wohl aus Septimanien stammende SMARAGD VON ST. MIHIEL/Maas (†als Abt dort vor 830?). Sein ausführlicher Kommentar zur Benediktinerregel, in dem er auch den Benedikts benutzte, fand starken Anklang weit über seine Zeit hinaus, desgleichen sein ›Diadema monachorum‹, eine 100 Kapitel umfassende Sammlung von Exzerpten aus älterer christlicher Literatur zu den für Mönche wichtigen Fragen, und seine umfängliche Grammatik (Kommentar zur ›Ars maior‹ des Donat), in der der kräftige Einschlag des Christlichen nicht nur in den vielen Belegen aus der Bibel hervorsticht. Bedeutsamer als die zwei exegetischen Schriften (ein Kommentar zu den Psalmen und einer zu den Perikopen der Sonn- und Festtage) ist die ›Via regia‹, wohl 813 für Ludwig den Frommen, damals noch König von Aquitanien, verfaßt; in den 32 Kapiteln wird der Herrscher ganz den positiven und negativen Christengesetzen unterworfen, die freilich großenteils ebenso für die übrigen Laien passen.

Treu zu Ludwig hielt bis zuletzt der Aquitanier JONAS (vor 780?–843), den der Kaiser 818 zum Bischof von Orléans als Nachfolger Theodulfs (S. 54) bestellte. In der Bischofszeit bearbeitete Jonas auf Bitten des Lütticher Bischofs Walcaudus die etwa hundertjährige Hucbert-Vita sprachlich und schrieb die durch Selbständigkeit relativ auffallenden drei Bücher ›De cultu imaginum‹; wichtiger sind ›De institutione laicali‹, eine handbuchartige Pflichtenlehre für Laien, und noch mehr die kleinere Schrift ›De institutione regia‹, ein Fürstenspiegel, in dem der Autor, wie er in der Widmung sagt, den unheilvollen Auswirkungen der Zerwürfnisse um Ludwig wehren und dem Seelenheil Pippins dienen wollte – dieser zweite Sohn Ludwigs war damals (831?) König von Aquitanien. Daß darin Beschlüsse der Pariser Synode von 829 über die Stellung der Kirche zum Staat eingearbeitet sind, spiegelt die selbstbewußte Haltung der fränkischen Bischöfe wider, deren einer Führer Jonas war.

Mit Ludwig über ein Jahrzehnt enger verbunden war HILDUIN (zwischen 840 und 844†), seit 814 Abt von St. Denis (nördlich von Paris); als Erzkaplan des Kaisers seit 819 konnte der aus einer vornehmen lothringischen Familie Stammende das Eintreten des fränkischen Adels für die Reichseinheit unterstützen. Als er sich aber 830 für Pippin entschied, wurde er einige Monate nach Niedersachsen verbannt, erhielt dann jedoch seine Abtei (und nur sie) zurück. In den nächsten zehn Jahren reformierte er sein Kloster und erledigte zwei literarische Aufträge des Kaisers: So sorgte er für die lateinische Übertragung der mystischen Schriften des (Pseudo-)Dionysius Areopagita, deren griechisches Original Kaiser

Michael II. von Byzanz Ludwig dem Frommen übersandt hatte (daß Hilduin Griechisch beherrschte, so daß er selber den Auftrag ausführen konnte, ist nicht wahrscheinlich), und schrieb die Vita des heiligen Dionysius, des Patrons der Abtei von St. Denis, wo seit 639 eine Reihe fränkischer Könige beigesetzt wurden. Wie auch aus dem Brief Ludwigs hervorgeht, galt der Heilige für identisch mit dem Dionysius Areopagita; Hilduin gab diese Legendenbildung in ihrer vollen Gestalt wieder und verteidigte sie im beigefügten Brief an den Auftraggeber, lieferte also ein gänzlich hagiographisches Werk. Ob ihm auch die ›Gesta domni Dagoberti regis Francorum‹ zugerechnet werden dürfen, die zwar mit jener Abtei zusammenhängen und vor 835 entstanden, freilich in völlig anderem, nämlich nüchtern historischen Stil, ist problematisch.

Aus dem geistigen Leben an Ludwigs Hof ging sogar eine nicht gewöhnliche Leistung der Geschichtsschreibung hervor. FRECHULPH († 853?), wohl oberdeutscher Herkunft, kam trefflich geschult an jenen Hof und in nähere Berührung mit dem Kanzler Helisachar; als kaiserlicher Gesandter hatte er mehrere Aufträge zu erfüllen und wurde gegen 823 Bischof von Lisieux (Normandie). Vom Kanzler angeregt, verfaßte er, wohl noch am Hof damit beginnend, eine umfängliche Weltchronik, zunächst 7 Bücher von Adam bis Augustus, etwas später 5 bis Gregor den Großen, d. h. bis zu den Anfängen des Frankenreichs. Das Besondere seiner Leistung besteht nicht nur darin, daß er fürs Mittelalter zum ersten Mal die Weltgeschichte insgesamt behandelte, sondern auch darin, daß und wie er die Methode der Kompilation historiographisch anwandte; in der Fülle und Breite des zusammengetragenen Stoffs, in dessen Auswahl und Ordnung zeigte er Belesenheit und Format, wofür auch die Einbeziehung des geistigen, besonders literarischen Bereichs zeugt. Wenn er der Kaiserin Judith den zweiten Teil dazu zu benutzen empfahl, daß ihr Sohn Karl (der Kahle) daraus lerne, so sollte das dafür an sich nicht angelegte Werk durch die Beispiele der Geschichte belehrend wirken, wie es die Hagiographie schon immer getan hatte. Übrigens widmete er diesem Prinzen ein verbessertes Exemplar der vom spätantiken Vegetius verfaßten ›Epitoma rei militaris‹.

Hier verdient ein anderes Geschichtswerk, die ›Gesta abbatum Fontanellensium‹, die wohl der zugehörige Abt FULCO zwischen 833 und 840 schrieb, einen Hinweis deswegen, weil sich darin Einfluß von Benedikts Reformbemühen verspüren läßt und ihre Interessen weit über das Lokale hinausgehen.

Kaiser Ludwig fand zwei Biographen; der Trierer Chorbischof THEGAN beschrieb noch vor dessen Tod die Zeit von 810–836 vorwiegend annalistisch, worin sich der auch im Stil bemerkbare Mangel an Kunst andeutet; der westfränkische anonyme Adlige, ASTRONOMUS genannt, der seit 814 am Hof Ludwig näherstand, brachte einige Jahre nach dessen Tod eine vollständigere Vita zustande, in der er auch sonst in manchem Thegan überbietet; wenn auch beide Tadelnswertes erwähnen, suchen sie den Herrscher möglichst zu rühmen, bleiben aber im ganzen hinter Einhart weit zurück.

Für sich steht das panegyrische Epos ›In honorem Hludowici christianissimi Caesaris Augusti‹; dessen 1307 Distichen dichtete der Aquitanier ERMOLDUS NIGELLUS um 827, um von seiner Verbannung nach Straßburg befreit zu werden. In vier Büchern ziemlich gleichen Umfangs schilderte er bedeutsame Ereignisse aus Ludwigs Leben, von der Eroberung Barcelonas 801 bis zum Bretonen-Feldzug 824; daraus heben sich Ludwigs Maßnahmen zur Mönchsreform heraus, der Empfang und die Taufe des Dänenkönigs Herold in Ingelheim und die Bilder in der dortigen Pfalz und Kirche, auf denen außer geistlichen Themen auch Taten Karls des Großen und Ludwigs des Frommen gemalt gewesen sein sollen. Ob sie wirklich ausgeführt waren, läßt sich bezweifeln, weil es dem Dichter im ganzen nicht in erster Linie auf Zuverlässigkeit im Realen ankam, sondern darauf, den Kaiser ruhmvoll zu erheben. Daß er das auf eigene, auch humorige Art tat, die Schmeichelei im damals üblichen Maße beließ, spricht für ihn, weniger die Sprache, die er nicht meisterte. Weder mit diesem Epos scheint er Erfolg gehabt zu haben noch mit zwei Briefgedichten (von 100 und 111 Distichen) an König Philipp von Aquitanien, den er noch 823 auf seinem Feldzug gegen die Bretonen begleitet hatte.

An Ludwigs Hof befand sich sogar neun Jahre lang (829–838) ein Dichter, den man in seiner Kunst mit Theodulf vergleichen könnte; er wurde aber nicht wie jener in eine 'Akademie' gerufen (S. 53), sondern zur Erziehung des Prinzen Karl (des Kahlen) bestellt. Der aus einer armen Schwabenfamilie stammende WALAHFRID STRABO (808/9–849) war im Kloster auf der Reichenau und auf der damals besten Schule in der östlichen Reichshälfte, der des Hrabanus Maurus in Fulda, vorzüglich ausgebildet worden; außerdem empfahl er sich durch sein schriftstellerisches Werk: Auch wenn man nur das sicher zu datierende in Versen berücksichtigt, hatte er, bei seiner Ankunft am Hof erst zwanzig Jahre alt, Erstaunliches vorzuweisen, so schon in zwei wie üblich hagiographisch angelegten Heiligenleben; in ›De vita et fine Mammae monachi‹ verband er zwei voneinander abweichende Prosatexte geschickt in 733 Hexametern und hatte vermutlich für ›De beati Blaithmaic vita et fine‹ (172 Hexameter) nur mündlichen Bericht als Quelle; der ersten Vita fügte er vorne eine Praefatio in 24 kleinerasklepiadeischen Versen und eine Oratio mit 20 und hinten einen Hymnus in 12 ambrosianischen Strophen hinzu; beide Viten zeigen Gewandtheit auch in der Diktion.

Noch respektabler war die Leistung in der ›Visio Wettini‹, weniger durch den größeren Umfang (945 Hexameter mit zwei Prosastücken und

6 Distichen als Epilog); die dürftige Prosa des früheren Abtes Heito erweiterte er wesentlich, im Anfang nach dem Anruf Christi durch die Geschichte des Reichenauer Klosters und durch nicht wenige Zusätze sonst, auch durch poetische Ausgestaltung (wie in direkten Reden); im ganzen verstand er es, die schaurige Düsternis der Höllen-Visionen durch hellere Partien zu kompensieren. So dürfte er seine vordergründige Absicht, seinem Abt und seinem Lehrer mit seinem Können zu imponieren, erreicht haben; vor allem schuf er literarhistorisch Neues, die erste volle Versvision im mittelalterlichen Abendland, die mit 7 Handschriften des 9.–12. Jahrhunderts relativ reichen Anklang fand.

Sehr eigenen Charakter trägt ›De imagine Tetrici‹ (262 Hexameter), die am Hof 829 verfaßte Dichtung, der er keine Schriftquelle zugrunde legte. Über das Denkmal Theoderichs, das auf Geheiß Karls des Großen 801 aus Ravenna herbeigeschafft und vor der Kaiserpfalz in Aachen aufgestellt worden war, stellen der Dichter (*Strabus*) und sein Genius (*Scintilla*) im Dialog Betrachtungen an, in denen sich widerspiegelt, wie sich das geistige Fluidum am Hof unter Karls Sohn ins Gegenteil verändert hat: Das Denkmal des Ostgotenkönigs, der nun als Arianer und Ketzer verdammt wurde, wird im ganzen und einzelnen negativ ausgedeutet, Theoderich Tyrann genannt, dem kaum mehr als dürrer Nachruhm zukomme. Solcher Schmähung wird fast im gleichen Umfang der Ruhm Ludwigs entgegengesetzt und im zweiten Teil der festliche Aufzug des Kaisers und seines Hofstaates geschildert. Als der noch recht junge Mönch aus den Klostermauern in die Welt draußen gestoßen war und gleich an deren höchste Stelle, überwältigten ihn offenbar die neuen Eindrücke und ließen sie sofort ihren Niederschlag hier finden, wo die starke Panegyrik im Grunde echt empfunden scheint – die Luft am Hof kam ihm gewiß der im Kloster ähnlich vor.

Nachdem er seinen Erziehungsauftrag am Hof erledigt hatte, belohnte ihn der Kaiser 838 mit der Leitung des Reichenauer Klosters; von dort mußte er für einige Zeit fliehen, weil er sich aus an sich guten Gründen für den dann erfolglos bleibenden Sohn Ludwigs des Frommen entschieden hatte, konnte aber noch Verschiedenartiges schreiben.

Im ganzen umfaßt sein umfangreiches Schrifttum, das hier nicht vorgeführt zu werden braucht, auch Prosa (exegetische und hagiographische, ein kleines ergänzendes Handbuch zur Liturgie u. a.), sonst aber noch nicht Erwähntes in Versen. In der weltlichen Poesie bilden die stärkste Gruppe Briefgedichte; in deren längstem (100 Hexameter) führte er die gefährliche Reise des Laien Ruadbert über die Alpen zu der nach Ligurien entführten Kaiserin Judith und dessen Aufträge knapp, frisch und warm aus. Unter den Hofgedichten befinden sich drei an diese Kaiserin und eine Art Fürstenspiegel für seinen Zögling Prinz Karl. Das ›Metrum sapphicum‹ bringt eine bewegte Klage über seinen lieblosen Aufenthalt in Fulda.

Zur geistlichen Lyrik gehört außer Epitaphien, kleineren Gedichten u. a. das Lied auf die Märtyrer von Agaunum, das durch seine Länge und seine dichterische Stärke auffällt. Die tritt wohl am kräftigsten und bezwingendsten im ›Liber de cultura hortorum‹ auf, der am ehesten in die letzten Reichenauer Jahre zu datieren ist. In 444 Hexametern handelt er von den wichtigsten Arzneipflanzen des Klostergartens. Wie bereits dadurch zum Ausdruck kommt, daß er die Länge der 23 Abschnitte ganz verschieden hielt (sie schwankt zwischen 5 und 53 Versen), hielt er sich frei von allem Schematischem und ließ das Poetische über das Lehrhafte überwiegen. So vermag diese früheste Botanik durch ihre liebevolle Ausgestaltung noch immer zu bezwingen.

Jener Angriff auf den großen Herrscher, der mit Tetricus / Theoderich getroffen werden sollte, und die Rühmung Ludwigs waren zeitbedingt (die einzige Handschrift stammt aus St. Gallen und dem 9. Jahrhundert!); er selber pries ja nach 840 Karl als den Mächtigsten und Weisesten seiner Zeit, als Förderer der Wissenschaften, der mit Gottes Erleuchtung die Augen hell öffnete, und beklagte, daß jetzt die Studien ins Gegenteil zurückgefallen wären. Freilich vermochte er selber auf der Reichenau Schule zu bilden, wozu sich bald St. Gallen gesellte.

b) Lyon und Fulda

Aus den Mittelpunkten des geistlichen Lebens in damaliger Zeit sind zwei herauszuheben, in denen sich fähige Kräfte zusammenfanden, um die Literatur beachtlich zu fördern. So hatte in der Westhälfte des Reiches der von Karl dem Großen eingesetzte Leidrad das Bistum Lyon in jeder Beziehung hochgebracht und den Spanier AGOBARD (769–840) wegen dessen ungewöhnlicher Fähigkeiten mit Recht zu seinem Nachfolger herangezogen. Erst nach Leidrads Tod (816) konnte der 804 zum Bischof Geweihte dessen Amt antreten. Von 835–838 war er abgesetzt, weil er sich für die Reichseinheit und damit für Lothar einsetzte. Dafür zeugen Schriften, die man schon deshalb als Flugschriften bezeichnen könnte, weil er sie von aller Welt gelesen wünschte, wie ›Flebilis epistula de divisione imperii‹, ›Liber apologeticus pro filiis Ludowici Pii imperatoris contra patrem‹, bereits durch ihren Titel; rücksichtslos klagte er die Kaiserin Judith als schuldig an allem Unglück an und nannte den korrupten Hof eine Schande. Wie diese sind auch die anderen Schriften (über 20, meistens kleineren Umfangs) geistlich fundiert; ihn trieb nichts Politisches, sondern allein die Seelsorge, zu der er sich durch sein hohes Amt besonders verpflichtet fühlte. Ihn kennzeichnet in den kirchlich-dogmatischen Schriften über die Liturgie, den Bilderstreit und den Adoptianismus des Felix von Urgel der

Anlaß im letzten Fall; es hatte ihm keine Ruhe gelassen, daß man von dem inzwischen verstorbenen Felix noch ein Blatt im Nachlaß gefunden hatte, auf dem die von jenem mehrmals widerrufene Lehre noch einmal ganz (mit nur wenigen Änderungen) dargelegt war; sein Ton war angemessen, sachlich und so gut wie unpolemisch.

Aus seiner Zeit hebt ihn hauptsächlich heraus, daß und wie stark er gesunden Menschenverstand zur Beurteilung heranzog, etwa in den Äußerungen zum Aberglauben verschiedener Art. So lehnte er in dem als Brief an Ludwig den Frommen abgefaßten Traktat ›Adversus legem Gundobadi‹ Gottesurteile ab, weil sie die Menschen zweierlei Recht unterwürfen, weil der Zweikampf zu völlig absurden Ergebnissen führe und Recht in Unrecht verkehre. Ihn brachte das Nachdenken über Aberglauben, z. B. darüber, daß Herzog Grimald von Benevent befohlen hätte, im Reich Karls des Großen Viehseuche durch Vergiftung mit Pulver herbeizuführen, zu der Ansicht, daß Glaube, Liebe, Hoffnung nur dort wirklich existierten, wo sie ganz vorhanden seien, daß aber ihre Halbheit zur Verblendung führe. In dem Brief an Bischof Bartholomäus von Narbonne gab er denen, die wähnten, durch eine Reliquie in einer Kirche gingen Epilepsie, Brandwunden o. ä. zurück, und bisweilen die kostbarsten Geschenke herbeitrugen, zu bedenken, daß auch Schlechtes von Gottes Zulassung abhinge und auch Dämonen in seinen Diensten stünden. Wenn das alles auch aus der Bibel gestützt und mit festem Glauben vereint erscheint, so sind doch jene Gedanken neu und so wenig zeitgemäß, daß er, der damals sicherlich aufgeklärteste Christ, seiner Umwelt weit vorauseilte.

Offensichtlich trieb es ihn, wichtige Probleme, denen er sich in Ausübung seines Berufes entgegengestellt sah, zu durchdenken und zu entscheidenden Lösungen zu kommen. Sein Latein ist mittelalterlich gefärbt und gepflegt, deutlich und engagiert; er gab die leidenschaftliche Hingabe an die Sache gezügelt wieder. Solches Trachten, alles dem Rechten und Wahren unterzuordnen, duldete kein Pathos.

Zum kräftigen Mitstreiter Agobards und Kämpfer für die kirchlichen Belange wurde der Diakon FLORUS VON LYON (wohl in Südgallien Ende des 8. Jahrhunderts geboren, c. 860†). Als Amalar während der Absetzung Agobards seine liturgischen Handbücher einführte, widersetzte sich Florus mit drei ›Opuscula contra Amalarium‹, zwei für Synoden von 835 und 838. Wie sehr er sich ins Kirchenrecht eingearbeitet hatte, tritt schon im frühen Traktat ›De electionibus episcoporum‹ hervor, in dem er zu erweisen suchte: Alles, was sich an Beteiligung des weltlichen Herrschers an der Bischofswahl eingebürgert hätte, entbehrte der Rechtsgrundlage. Bei der Sammlung und Kommentierung von Konzilsakten und Konstitutionen wollte er die Befreiung von der weltlichen Gerichtsbarkeit auf alle, auch auf die niedere Geistlichkeit angewandt wissen. In späterer Zeit beteiligte

er sich an dem von Gottschalk (S. 131) hervorgerufenen Prädestinations-
streit, indem er u. a. eine eigene, gescheite Auffassung (›De praedestinatione‹) vortrug. Eine Meßauslegung und einen Kommentar zu den paulinischen Briefen legte er in der üblichen Kompilation an, er stellte ein historisches Martyrologium her und bemühte sich sehr um einen verbesserten
Text des Psalters.

Seine Gedichte besitzen häufig größeren Umfang und meistens geistlichen Inhalt, s. drei Evangelienparaphrasen von 108, 225, 255 Hexametern, drei kleinere Psalmenparaphrasen oder 84 Hendekasyllabi auf eine
Reliquien-Translation nach Lyon. Außer mehreren Tituli, Briefen u. a.
dichtete er die 172 Hexameter ›Querela de divisione imperii‹. Darin beklagte er das durch den Tod Ludwigs des Frommen hervorgerufene Elend,
pries auch (V. 41–68) den früheren Glanz unter nur einem Herrscher und
mit nur einem Volk; jetzt gebe es im dreigeteilten Reich nur ein Königlein
und das Reich nur in Bruchstücken. Gewiß ließ er Erregtheit spüren, wenn
auch nicht so starke wie in dem einen Brief, in dem er, ein Diakon, den Bischof Modoin so angriff, daß er selber am Schluß für nötig hielt, wieder
einzulenken; gewiß ist seine Metrik flüssig, seine Sprache kultiviert, z. T.
schwungvoll; doch all das kommt nicht zu rechter Wirkung durch die
Breite der Darstellung, bei der Amplificatio und Variatio mit Wortwieder-
holung und -spiel eine große Rolle spielen, durch Bevorzugung des Allgemeineren und Abstrahierten, durch Mangel an Anschaulichkeit und Vertiefung. So verwundert es nicht, daß die Gedichte meistens in nur einer
frühen Handschrift überliefert sind; das trifft desgleichen auf Florus'
Prosa zu.

Für Fulda, das aus den Klöstern damals am weitesten herausragte,
hatte Bonifatius einen guten Platz ausgesucht, seinen treuen Helfer, den
Bayern Sturmi, zum ersten Abt (744–779) gemacht, hatte es bei häufigen
Besuchen innerlich gesteuert und mit Besitz und Büchern bereichert. Daß
der Leichnam eines solchen Mannes, der im biblischen Alter den Märtyrertod erlitten hatte, seinem Wunsch gemäß hier beigesetzt wurde, mußte
das Ansehen Fuldas mehren; hinzu kam ja, daß schon Sturmi hier eine
vorbildliche Benediktinerabtei aufbaute, auch in Siedlung und Bewirt-
schaftung. Natürlich war der mit Bonifatius verbundene angelsächsische
Einfluß stark; er prägte sich z. B. im insularen Schriftcharakter der
Schreibstube aus, der sich voll bis in die dreißiger Jahre des 9. Jahrhunderts
hielt.

In der Literatur trat Fulda durch seinen vierten Abt (817–822), den bairischen Adligen Eigil, hervor, der schrieb Ende des 8. Jahrhunderts die
›Vita Sturmi‹; darin gelang es ihm, die Tatsachen (ohne Wunder) getreu
und anschaulich wiederzugeben und dem ihm verwandten Gründer, den

er aus dessen letzten zwanzig Jahren gut kannte, ein würdiges Denkmal zu setzen – diese Vita liefert dem Historiker wichtiges Material, auch über die nahe, 769 gegründete Abtei Hersfeld, und liegt literarisch über dem Durchschnitt.

Der kulturelle Aufstieg Fuldas erreichte seine frühmittelalterliche Höhe durch den fünften Abt (822–846), Magnentius Hrabanus Maurus. Der in einer fränkischen Adelsfamilie um 780 in Mainz Geborene kam sehr früh ins Kloster Fulda und vor 800 zu Alkuin in die Hofschule; der gab ihm nach Benedikts Lieblingsschüler den Beinamen 'Maurus' und verhalf ihm zu der für sein Schaffen grundlegenden Vertiefung. Noch vor 804 übernahm er die Leitung der Fuldaer Schule, konnte aber als Lehrer und Schriftsteller erst unter Abt Eigil ungehemmt arbeiten und setzte dieses Tun auch als Abt (822–842) fort; das steigerte er noch, als er als Abt zurücktrat und sich ins nahe Peterskloster zurückzog; er schrieb weiter auch als Erzbischof von Mainz (847–856).

Im Zentrum seines literarischen Schaffens stand die Bibelerklärung; als Mönch kommentierte er Matthäus in acht Büchern, als Erzbischof die paulinischen Briefe und erfaßte so den größten Teil der Bibel. Daß seine Arbeitsmethode, Exzerpte zum Literalsinn und zur allegorischen Ausdeutung aus den Kirchenvätern und frühen Exegeten reichhaltig zu sammeln, sie voll, gekürzt oder gelegentlich mit eigenem Wort wiedergebend, nicht nur die Bedürfnisse seiner bücherarmen Zeit befriedigte, zeigt namentlich die Nachwirkung der Kommentare zum Alten Testament, zu dessen historischen Büchern so stark, daß sie der patristischen nicht allzuviel nachstand, speziell des Genesiskommentars in der Geschichtsschreibung.

Diese Methode übertrug er in der Petersberg-Episode auf sein größtes Opus, die 22 Bücher ›De rerum naturis‹, eine Realenzyklopädie des weltlichen und geistlichen Wissens, um den Klerikern für die Seelsorge die nötigen Kenntnisse alles Sichtbaren und Unsichtbaren an die Hand zu geben. Natürlich war er von den weitbekannten ›Etymologiae‹ Isidors angeregt, sie boten ihm die zu behandelnden Stoffe massenhaft an; aber er ordnete sie neu, begann nicht mehr mit den Artes liberales, sondern mit Gott und den Engeln, vor allem suchte er sie insgesamt auf ihren Sinn in der göttlichen Weltordnung hin mystisch-allegorisch auszulegen. In dieser Konzeption spiegelte sich die damalige Konstitution des Geisteslebens folgerichtig und konsequent wieder und erreichte eine imponierende Größe. Wenn Hraban auch Ludwig dem Deutschen das Werk widmete, damit seine Verbreitung fördernd, und wenn es auch durch Illustration – einzigartig in diesem Genos – ansprechender wurde, so fand diese aus dem Karolingischen hervorstechende Leistung zwar starken, langanhaltenden Anklang, aber nicht so kräftigen wie Isidor.

Bei den Lehr- und Sachbüchern genügt eine Aufzählung, um über deren

Ausmaße zu informieren. Er stellte Predigtsammlungen für Erzbischof Haistulf von Mainz (822–826) und Kaiser Lothar I. (855†) her, ein 'historisches' Martyrologium und mehrere Bußbücher. Für die Ausbildung des Nachwuchses waren außer dem ›Liber de computo‹ (über Zahlen, Zeiten, Zeitberechnung, die 8 Weltalter – 820 in Alkuins Dialogform zwischen Lehrer und Schüler geschrieben) und einer Grammatik bestimmt die drei Bücher ›De institutione clericorum‹ von 819 und eine kürzere Fassung ›De sacris ordinibus‹, dazu als Vorläufer ›De benedictionibus Dei‹ (über den Sinn von Gotteslob und Stundengebet, 818) sowie für die Heidenbekehrung die drei Bücher ›De ecclesiasticis disciplinis‹ (842–847). Mannigfach sind die Beiträge zu Streitfragen, so über die Befugnisse der Chorbischöfe (nach 829), mehrere gegen Gottschalk (S. 130), die Übergabe von Kindern ans Kloster verteidigend und dessen Prädestinationslehre bekämpfend; im Streit Ludwigs des Frommen mit seinen Söhnen trat er für den Kaiser ein (833–834), ›De reverentia filiorum erga patres‹ und – von Ludwig erbeten – ›De virtutibus et vitiis‹. Durch mahnende Tönung fällt das seinem Fuldaer Nachfolger Hatto gewidmete, dreibändige Werk auf, ›De videndo Deum‹ (Gott zu schauen, werde von der Reinheit des Herzens aus durch wahre Buße ermöglicht). Charakteristisch für Hrabans innere Einstellung ist seine letzte Schrift ›De anima‹ (855/56), die er zumeist aus Cassiodors gleich betiteltem Traktat wörtlich schöpfte, über die Kardinaltugenden der Herrscher: Er fügte ein leicht bearbeitetes Exzerpt aus der ›Epitoma rei militaris‹ des P. Vegetius Renatus (nach 400) an, weil er meinte, er könnte damit hilfreiche Hinweise zur Abwehr der Normannen dem König Lothar II. anbieten (die Widmung an ihn vor ›De anima‹).

Die meisten der vielen Carmina haben geringen Umfang und konventionelles Gepräge und sind überwiegend in Distichen abgefaßt; es handelt sich um Tituli und Inschriften für Kirchen, Altäre, die öfter in Zyklen auftreten, für Reliquien und deren Translationen sowie für Gräber, auch um Einleitungen für eigene Bücher und um Versbriefe. Zum Vorbild diente deutlich Alkuin; aus dessen Gedichten übernahm er nicht wenig wörtlich, manchmal in ganzen Versfolgen; gern wiederholte er seine eigenen Fügungen. Eintönigkeit entstand aus Mangel an Abwechslung, Belebtheit und Individualität. Für sich steht durch das Versmaß (Strophen zu je 6 steigenden Achtsilblern) und die Länge (100 Strophen) ›De fide catholica‹; zugrunde liegt der berühmte Hymnus *Altus prosator vetustus* des Columban (S. 26), aus dem viele Verse mit verschiedener Genauigkeit übernommen sind.

Was Hraban an Hymnen zukommt, die ihm vom 10. Jahrhundert an in größerer Zahl zugeschrieben wurden, ist umstritten, wohl kaum noch zu sichern. Vielleicht gab er sich in ihnen freier und wärmer als sonst; dafür spräche vor allem der Pfingsthymnus *Veni, creator spiritus*, bei dem man wegen des poetischen Gehaltes an Hrabans Verfasserschaft zweifeln kann.

Ebenfalls eine Sonderstellung in der künstlerischen Gestaltung, freilich anderer Art, die nur vom Mittelalter aus richtig beurteilt werden kann, nimmt sein frühestes größeres Werk (c. 810) ›De landibus sanctae crucis‹ ein; das erste Buch enthält das Eigentliche in 28 Figurengedichten (1095 Hexameter, dazu 51 in der Widmung an Ludwig den Frommen und 38 in der Praefatio), das zweite die Prosa-Erklärung zu den 28. Die beabsichtigte Kunstpotenzierung in dieser Gedichtform, die Publilius Optatianus Porfyrus um 325 im 'Panegyricus' für Kaiser Konstantin begründete, steigerte Hraban noch dadurch, daß z. B. bestimmte Buchstaben in den Verszeilen nicht geometrische Figuren ergaben, sondern komplizierte Zeichnungen; für den erhabensten Gegenstand, das Kreuz des Herrn, erschien ihm offenbar die kunstreichste Form erforderlich. Der Umstand, daß ein so hohes Thema in einzigartiger, sehr schwieriger Vereinigung von Bild mit Vers- und Prosawort dargeboten wurde, macht es verständlich, daß das Opus trotz der außergewöhnlichen Anforderungen an seine Vervielfältiger häufig hergestellt und nicht nur in seiner Zeit, sondern durchs Mittelalter bis in den Humanismus bewundert wurde. Gleich in seinem Erstling schuf Hraban ein imponierendes Zeugnis für die karolingischen Künste, für die es wesentlich war, aus antiker Gestaltungsform und christlichem Gehalt zeitgemäße Gebilde herzustellen.

Einen solchen Kulturträger, der außerdem für den Bau von Dutzenden Kirchen und deren auch künstlerische Ausstattung sorgte, brauchte die östliche Hälfe des Frankenreiches, um endlich in die christliche, die europäische Kultur fest eingegliedert zu werden. Mit seinem enormen Wissen und seiner einzigartigen Leidenschaft für Lehren und Schreiben stiftete er großen Nutzen; er machte Fulda zu der vorbildlichen Schule östlich des Limes, die durch viele Schüler die 'Erneuerung' weithin ausstrahlte, und gab mit zahlreichen Sachbüchern das zum Wissens- und Bildungserwerb benötigte Material in reichen Exzerpten, die er bedacht und kundig auswählte und ordnete, mit denen er fast überall klaffende Lücken stopfte, schwer erreichbare Bücher oder jeweils mehrere von ihnen wenigstens im Wichtigen ersetzte. Er förderte auch die deutschsprachige Literatur (S. 81).

Zwei Fuldaer Mönche setzten auf Betreiben Hrabans die von Eigil (S. 68) begonnene Reihe der Abtsviten fort. BRUUN-CANDIDUS (845†), der nach weiterer Ausbildung durch Einhard Lehrer an der Klosterschule wurde und wohl die Apsis der neuerbauten Michaeliskirche ausmalte, verfaßte vor 822 die Vita des Abtes Baugulf, die nicht erhalten ist, und, von Hraban auf dessen ›De laudibus sanctae crucis‹ hingewiesen, hielt er die Vita Eigils ebenfalls in zweifacher Form, Buch I in Prosa und II in 796 Hexametern, und zwar so, daß er ein Geschenis hier, ein anderes dort einge-

hender schilderte und beide so zu einem geschlossenen Werk zusammenfügte. Er stellte Eigil als vortrefflichen Abt vor, in I gewinnender als in II.
Ob Bruun theologische Schriften zuerkannt werden können, ist fraglich.
RUDOLF VON FULDA (865†), der nach Hraban die Leitung der Schule
übernahm und seinem Lehrer nach 847 zeitweise nach Mainz folgte,
schrieb drei hagiographische Werke, zunächst (um 835) das Leben der hl.
Leobgith (Lioba), die ihrem Verwandten Bonifaz zur Mission gefolgt und
in Fulda beigesetzt war; er entwarf ein ansprechendes Bild, obwohl er es
mit konventionellen Zügen wie z. B. traditionellen Wundern ausstattete. In
den ›Miracula sanctorum in Fuldenses ecclesias translatorum‹ (um845) behandelte er die Fuldaer Reliquien und die mit ihnen verknüpften Wunder
recht ausführlich; in der ›Translatio Alexandri‹, die 851 ins niedersächsi-
sche Kloster Wildeshausen vorgenommen wurde, begann er mit der Sage
des Sachsenstammes, wozu er die ›Germania‹ des Tacitus meist wörtlich
zitierte – weil er über der Niederschrift starb, mußte sein Schüler Megin-
hart das Fehlende anfügen.

Andere Schüler Hrabans, die nur einige Zeit in Fulda geblieben waren,
gaben das, was ihnen der Lehrer übermittelt hatte, daheim an ihre Schüler
weiter, so Walahfrid auf der Reichenau (S. 64), Hartmut in St. Gallen oder
Otfrid in Weißenburg (S. 83). Die Klosterschule übte solche Anziehungskraft aus, daß sie nicht immer alle Hinzuströmenden aufnehmen konnte;
in der Schola exterior lernten auch solche, die später berühmt wurden, wie
Karls des Großen Enkel Bernhard, der König von Italien wurde.

c) Um Karl den Kahlen

Gleich der erste Herrscher des Westfränkischen Reiches machte sich
um Wissenschaft und Künste außerordentlich verdient, so wie kein Karolinger nach ihm; in Karl dem Kahlen war offensichtlich ein entsprechendes
Erbe seines Großvaters lebendig, von dessen Kunst- und Reliquienschät-
zen er ja nicht wenige erworben hatte; ihm eiferte er offensichtlich nach,
so etwa schon in der Münzprägung oder dann in der Anlage seines Grabes. Von ihm gestiftet und ihm gewidmet ist eine Reihe kostbar verzierter
Bücher, darunter die sogenannte Viviansbibel von 846, das Kleinod der
karolingischen Miniaturmalerei – man hat deren letzte Stufe sogar als Stil
Karls des Kahlen bezeichnet.

Dieser Enkel Karls des Großen hatte vom 6. bis 15. Lebensjahr in Walahfrid Strabo (S. 64 f.) einen besonders talentierten Erzieher gehabt, der
ihn bestens schulen und für das Geistige aufschließen konnte. Er befaßte
sich, wie ein zeitgenössischer Autor (S. 76) bekundet, so wie sein Großvater Karl eifrigst mit den „unsterblichen Wissenschaften", trieb durch sein

Beispiel und seine Belohnungen alle an, die „Geheimnisse der Weisheit" zu erforschen, und holte die Lehrer der Sieben Freien Künste von überall her zu sich; so kam aus Irland eine Schar Gelehrter, dem Meer zum Trotz (so eben Heiric S. 76).

Für sich steht, schon dadurch, daß er Karl den Kahlen nur in den ersten Regierungsjahren unterstützen konnte, sein (S. 89) erwähnter Neffe NIT-HARD, der 845 im Kampf wohl gegen die Normannen fiel. Er führte diplomatische Missionen aus, kämpfte in der Schlacht bei Fontenay gegen Lothar mit und erhielt vom König den Auftrag, die Zeitgeschichte zu schreiben. Nithard hatte sie unmittelbar erlebt, besaß schon daher beste Sachkenntnis und suchte, die inneren Zusammenhänge und die Bedeutung der Ereignisse zu erfassen (deshalb schickte er z. B. die Geschichte Ludwigs des Frommen voraus); er bemühte sich trotz seiner Parteinahme für Karl um wahrheitsgemäßes Berichten. So dürfte er erreicht haben, was sein Auftraggeber erhofft hatte: Ihm wurde von dieser Seite her seine Politik bestätigt, und zwar in einer Zeit, in der er das für seinen schweren Anfang brauchte und sich die Abgrenzung seines Herrschaftsgebietes erst herauszuschälen begann.

Dagegen war während seiner ganzen Regierungszeit HINKMAR VON REIMS (c. 806–882) sein treuster Helfer; mit dem mächtigsten westfränkischen Bistum, dessen Leitung er ihm bereits 845 anvertraut hatte, machte er ihn fähig, das Reich nachhaltig zu unterstützen; besonders brauchte er einen so trefflich ausgebildeten Theologen für seine geistigen Interessen und Aufgaben. Hinkmar schrieb sehr viel, wollte damit aber meistens nur zu bestimmten politischen und kirchlichen Problemen seiner Tage Stellung nehmen und auf ihre Lösung einwirken; dazu wurde er oftmals vom König direkt aufgefordert oder glaubte, ihn darüber informieren zu müssen. So schickte er, als ihn Karl der Kahle um den Brief Gregors des Großen an den Westgotenkönig Reccared gebeten hatte, jenem die Schrift ›De cavendis vitiis et virtutibus exercendis‹, in dem er den Brief um viele Zitate aus Gregors anderen Schriften erweiterte. Wie sehr den König dogmatische Fragen beschäftigten, geht z. B. daraus hervor, daß der ihn zu so schneller Fertigstellung des zweiten Werks (über die Prädestination) drängte, daß ihm keine Zeit blieb, die Abschrift von den Schreibtafeln zu korrigieren. Und als 875 Ludwig der Deutsche den Zug seines Bruders Karl nach Italien auszunutzen suchte, um sich dessen Reich anzueignen, mahnte er mit ›De fide Carolo regi servanda‹ seine Suffraganbischöfe an ihre Pflichten, z. B. das Reich vor Bürgerkrieg zu bewahren. Hier ließ er sich selber mehr zu Wort kommen als sonst, wo er sich meistens damit begnügte, seine Einstellung in der Auswahl und Anordnung direkter oder resümierter Zitate darzutun. Außer solchen mehr politischen, dogmatischen, besonders kanonistischen u. ä. Veröffentlichungen verfaßte er eine ausführliche, jedoch zweitrangige Bearbeitung der ›Vita s. Remigii‹ des Venantius Fortunatus; er setzte die Reichsannalen, die schon der Vorgänger Prudentius nach 840 auf das Westfrankenreich beschränkt hatte, von 861–882 fort, übertraf zwar jenen durch Stoff und Haltung, nicht aber im Stil. Auch wenn von seinem großen Gedicht ›Ferculum Salomonis‹ sehr wenig erhalten ist, läßt sich doch von seinen Versen behaupten, daß es ihnen an Poesie fehlt, der Sprache an Schliff und der Metrik an Meisterung.

Nicht nur diesen Karlskreis überragte der in Irland geborene JOHANNES SCOTTUS, von dem nur sein Aufenthalt am Hof und sein Schaffen auf die Spanne vor 845–870 zu datieren sind. Bestens gebildet und doch wohl des Griechischen mächtig, leitete er die Scola palatina von Paris längere Zeit, war dem König näher verbunden und wurde von ihm mit mehreren Übersetzungen griechischer Kirchenväter beauftragt; in Kommentaren dazu erklärte er griechische Wörter und Konstruktionen, vor allem, was damals neu war, den Wortsinn. Als er 851, von zwei Bischöfen aufgefordert, die Prädestinationslehre Gottschalks prüfte, erregte er hauptsächlich dadurch Anstoß, daß er der rationalen Beweisführung den ersten Platz einräumte, und zeigte sogar neuplatonische Spekulation. Durch die griechischen Studien hatte er bereits die Vorstufe zu seinem Hauptwerk ›De divisione naturae‹ genommen und baute in ihm seine spiritualistische Weltanschauung auf, in der religiöser Glaube und philosophisches Denken zur göttlichen Wahrheit führen, und schuf damit „das erste großzügige philosophisch-theologische System des Mittelalters". Das Werk war damals recht verbreitet, wurde noch im 12. Jahrhundert von Honorius Augustodunensis im ›Clavis Physicae‹ wörtlich exzerpiert, „um auf den Weg der Wahrheit unter Gottes Führung zu leiten", und erst 1225 wurde seine Verbrennung in einer Papstbulle befohlen.

Die in Hexametern und Distichen abgefaßten Gedichte des Johannes, deren etwa zwei Dutzend erhalten sind, richten sich, manchmal nur am Schluß, gutenteils an den König – eines preist seine Gattin Irmingard – und erwecken z. T. den Eindruck, als ob er darin mehr der Verpflichtung eines Hofdichters zu den christlichen Hauptfesten nachgekommen wäre. Der meist philosophisch-theologische Inhalt ist glatt und nüchtern, ohne Schwulst, aber auch ohne Wärme vorgetragen. Johannes gehört eben seiner eigentlichen Leistung nach, der gegenüber sich die in Versen sehr bescheiden ausnimmt, der Theologie und Philosophie an.

Aus der großen Zahl sonstiger Prosaschriften und Gedichte, die Karl dem Kahlen zugeleitet wurden, seien solche aufgeführt, die es wegen ihres Verfassers, ihres Inhalts oder ihrer Form verlangen; kaum eines dürfte am Hof entstanden sein, der übrigens in jenen Zeiten nicht auf einen einzigen Platz festgelegt war, mehrmals war aber ein direkter Auftrag des Königs vorausgegangen. Beispiele dafür lieferten zwei Theologen aus dem Kloster Corbie / Somme, das damals eine vorzügliche Schule besaß, wie die zwei etwa gleichaltrigen bezeugen: Beide sandten ihre Schriften zur Abendmahlslehre an den König, nur einer war von ihm damit beauftragt. PASCHASIUS RADBERTUS (c. 790–856/9) war vor 812 dort Mönch, war 843/4 Abt geworden und bald zurückgetreten, um ganz seiner gelehrten, schriftstellerischen Arbeit nachzugehen. Bereits vom Zeitgenossen Engelmod, der damals wohl zum Klerus von Corbie gehörte, wurde er als Abt in 178 Hexametern (maniriert-überschwenglich) besungen und sein ›De fide, spe (et caritate)‹ gepriesen. Zwei Bücher dieses in zeitlichen Abständen geschriebenen Werkes widmete er Abt Warin von Corvey – Radbert war ja an der Gründung dieses Tochterklosters beteiligt gewesen – und ihm auch ›De corpore et sanguine Domini‹; das Sakrament des Abendmahls war vorher noch nicht so ausführlich dargestellt worden; da er sich darin auch um allgemeine Verständlichkeit bemühte, wurde sie unter seinen Schriften die am meisten verbreitete. Als sie schon in viele Hände gekommen war, sandte er sie mit Brief und Gedicht an den König. Er verfaßte auch mehrere Bibelkommentare, den umfänglichsten zum Matthäus-Evangelium, mit dessen ersten vier Büchern er seine exegetische Tätigkeit begann, mit dessen zwölftem er sie kurz vor seinem Tod beschloß. Besonderes legte er in den biographischen Büchern über Karls des Großen Vettern vor, seinen Vorgesetzten und Vorgängern in der Abtswürde. In der Vita Adalhards (826†) schilderte er das Leben im 1., dem Prosa-Teil; was er in dessen Anfang und Schluß aufklingen ließ, führte er im 2. Teil aus, in 181 Hexametern des Wechselgesprächs zwischen Galathea und Fillis, mit denen er das alte und das neue Corbeia verkörperte. Äußerlich legte er es nach der 5. Ekloge Vergils an, ließ jedoch im Ton das Hohelied dominieren und führte vom heidnischen Hirtendialog hinauf zum christlichen Duett jener Jungfrauen; damit schaffte er den Weg von Klage und Trauer der Menschen hinauf zu Preis und Trost des Himmels; so gelang ihm literarhistorisch der Brückenschlag von der Patristik zum Hochmittelalter und eröffnete er die fruchtbare mittelalterliche Tradition der Selbsttröstungs-Literatur.

Die Eigenartigkeit der zweiten Vita, zwischen deren zwei Büchern ein größerer Zeitabstand liegt (I nach 836, II nach 851), der Walas (836†), der nach dem Tod Karls des Großen hatte ins Kloster Corbie gehen müssen, kündet sich bereits im Titel an: ›Epitaphium Arsenii‹ – hier erscheint, wie Wala unter diesem Pseudonym, so auch jede andere Person unter einem eigenen. Dieses Mittel, dazu die Form des Dialogs (zwischen Paschasius = Radbertus und einigen Mitbrüdern aus Corbie) wählte Radbert offensichtlich, um damit hohe Persönlichkeiten stärker angreifen und Wala besser verteidigen zu können: Der hatte sich doch leidenschaftlich und viel Haß herausfordernd, zur Tat drängend und politisch engagiert (er beteiligte sich kräftig an den inneren Kämpfen gegen Ludwig den Frommen); damit vermochte er, die panegyrische Rechtfertigung, auf die es ihm in erster Linie ankam, wirkungsvoller vorzubringen, indem er Bedenken und Vorwürfe der Gegner im Dialog ausführte und widerlegte.

Der andere Corbier, RATRAMNUS, übertraf Radbert an Schärfe des Geistes. Gedichte an Gottschalk den Sachsen sind bezeugt, aber nicht überliefert. In Prosaschriften nahm er Stellung zu damals aktuellen dogmatischen Problemen; dazu hatte ihn Karl der Kahle mehrfach aufgefordert: In ›De praedestinatione‹ (850) vertrat er eine Gottschalk ähnliche Ansicht, in ›De corpore et sanguine Christi‹ fällt seine Darlegung, in der er die des freilich nicht genannten Radbert bekämpfte, durch ihre Methodik und Klarheit auf; als der König die Theologen zur Beurteilung der Seelenlehre eines Mönches von Beauvais aufgerufen hatte, antwortete Ratram mit ›De anima‹, nachdem er schon ›De quantitate animae‹ vorausgeschickte hatte.

Karl der Kahle suchte für seine Interessen Unterstützung auch bei ANASTASIUS BIBLIOTHECARIUS (897†) in Rom, der von Papst Nikolaus I. (858–867) wegen seiner Sprachkenntnisse herangeholt worden war und so zu seiner Hauptbeschäftigung, der Übersetzung griechischer Texte, gefunden hatte (8 Passiones und Vitae sowie 1 Translatio). Für den König arbeitete er eine von ihm in Konstantinopel gefundene Scholiensammlung zur ›Caelestis hierarchia‹ des Ps.-Dionysius Areopagita in deren Übersetzung durch Johannes Scottus (S. 74) hinein; im Begleitbrief strich er die Engagiertheit des Königs heraus. Auf dessen Bitten übersetzte er die Passiones des Märtyrers Dionysius und des Märtyrers Demetrius von Thessalonike und stellte für seinen Zeitgenossen JOHANNES HYMMONIDES, der an der Kurie eine angesehene Stelle innehatte, aber des Griechischen nicht mächtig war, für dessen Kirchengeschichte, Werke des Nikephoros und Theophanes übersetzend, die ›Chronographia triartita‹ und ›Collectanea‹ zusammen. Johannes, der eine umfänglichere Vita Gregors des Großen gut fundiert schrieb, die Vita des Papstes Clemens I. (88–97) nicht vollendete, schmolz zur Kaiserkrönung Karls des Kahlen 875 die spätantike christliche Parodie ›Cena Cypriani‹ in 324 rhythmische Fünfzehnsilbler um und belebte das tolle Spiel mit der Bibel wirkungskräftig – damals gab es Parodistisches nur in kargen Ansätzen.

HEIRIC (841–876/77), der mit sieben Jahren ins Kloster des hl. Germanus nach Auxerre gekommen war und sein Wissen auf mehreren Schulen auswärts vervollkommnet hatte, wurde ein vorzüglicher Gelehrter und Lehrer, s. seine Exzerptensammlungen und noch mehr seine Kommentare. In seinem bedeutendsten Werk, der ›Vita s. Germani‹, legte er eine Dichtung in sechs Büchern mit über 3000 Hexametern vor, fügte zwei Prosa-Bücher Wunder an und widmete das Ganze Karl dem Kahlen; im umfänglichen Widmungsbrief rühmte er dessen Hinneigung zu den Wissenschaften und dessen Fürsorge für sie (S. 72). Für einen anspruchsvolleren Leserkreis war schon die äußere Gestaltung berechnet, s. je eine Praefatio vor Buch II–VI, am Schluß die 'Invocatio' Gottes und die 'Allocutio ad librum' in verschiedenen Versmaßen bzw. Strophen; in der 'Praefatio' und 'Invocatio' häufen sich die eingeflochtenen griechischen Wörter, z. T. in ganzen Versen. In REMIGIUS VON AUXERRE und HUCBALD VON ST. AMAND zog er tüchtige Schüler heran; der erste glänzte mit vielen Schulkommentaren, die jahrhundertelang benutzt wurden, der zweite durch „viele" (so Sigebert von Gembloux) Heiligenleben, auch durch die intellektuelle Spielerei ›Ecloga de calvis‹, in deren 146 Hexametern alle Wörter mit c- anlauten.

Ein nicht so hohes Publikum wie Heiric wollte der Mönch MILO von St. Amand (nach 809–c. 871) bei Tournay in seinem Epos ›Vita s. Amandi‹ (1818 Hexameter) ansprechen, wie er in den ersten Versen des 2. Buches kundtut (nicht die Magister, sondern die Mönche); daß ihm das gelang, bescheinigte sein Mitbruder Wulfaius in 15 Distichen, in denen er mehrere begeisterte Zeitgenossen aufführte. An Karl den Kahlen sandte er die Dichtung mit zwei Figurengedichten. Das Lehrgedicht über die Mäßigkeit konnte er noch mit den 38 Widmungshexametern an den König vollenden, mußte das Übersenden jedoch seinem Neffen Hucbald überlassen, der 30 erklärende und huldigende Distichen hinzutat.

Das ›Carmen de exordio gentis Francorum‹ (146 Hexameter) eignet sich, die Revue des Karlskreises zu beschließen. Zum einen steht es in ihm als größere Dichtung weltlichen Inhalts für sich; der unbekannte Autor wünscht dem König Glück zur Thronbesteigung, indem an die Reihe seiner z. T. sagenhaften Vorfahren anknüpfend ihm vor allem Karl den Großen (24 Verse), auch Ludwig den Frommen (12) vor Augen hält: Die beiden sollen ihm Kraft gegen Feinde und für Freunde schenken. Zum anderen ist charakteristisch, was er in den letzten Versen mit seiner Feder noch zu geben ankündigt – das ist freilich nicht überliefert oder aus irgendeinem Grund gar nicht realisiert worden. Karl der Kahle hatte ihn aufgefordert, ein Werk über die Wunder Christi nach den vier Evangelien zu dichten – religiöse Dichtung hätte in jenen Kreis gut hineingepaßt, zumal mit diesem Thema. Ferner verspricht der Anonymus fortzufahren, wenn später der König hervorragende Taten vollbracht habe – kam er (oder ein anderer) nicht dazu, weil der Enkel Karls des Großen nichts Spektakuläres erreichte?

Auf Impulse Karls des Kahlen gingen demnach direkt oder indirekt literarische Schöpfungen, die hier nicht vollständig aufgeführt wurden, in erheblicher Zahl (mehrere Dutzend) und z. T. in recht beachtlicher Qualität zurück. Außergewöhnliches findet sich nicht darunter – das große philo-

sophische Werk des Johannes Scottus ist kaum zur eigentlichen Literatur
zu rechnen und, wenn überhaupt, dann nur sehr bedingt mit dem König
zu verbinden – und auch nicht unter dem, was sonst aus dem damaligen
Westfrankenreich überliefert oder ihm sicher zuzuweisen ist (s. das Folgende); man ging in den traditionellen Bahnen weiter.

Kurz erwähnt sei LUPUS VON FERRIÈRES (c. 805–nach 862), Sohn eines
Bayern und einer Fränkin, der vom Benediktinerkloster in Ferrières zur
weiteren Ausbildung nach Fulda geschickt wurde; er trat Hraban näher,
freundete sich mit Einhard und Gottschalk an, kehrte aber 836 nach Ferrières zurück und wurde dort 841 Abt. Seine fünf Schriften besitzen kein
größeres Gewicht; das meiste sagen seine Briefe aus. Er liebte die Antike
und bemühte sich, an deren Handschriften zu kommen, die Texte zu sichern, kritisch zu klären und zu bessern; dazu trieben ihn philologische
Neigung und Begabung. In ihm war ein Grundzug der Karolingischen Renaissance noch vertieft.

Ein wesentliches Ferment in ihr wirkte kräftig weiter, das der Iren; Lüttich, das damals noch nicht zum Ostfrankenreich gehörte, wurde ihr Zentrum und dessen Begründer SEDULIUS SCOTTUS, dem mit zwei Gefährten
zwischen 840 und 851 Bischof Hartgar einen freundlichen Empfang bereitete; um 850 hielt er sich in Köln und Metz auf, vielleicht zwischen 860
und 868 in Italien. Für seine Gelehrsamkeit, auch übernormale Kenntnis
des Griechischen sprechen reichhaltige Kollektaneen und ein griechisches
Psalterium (mit Latein *inter lineas*). Von mehreren Bibel- und Grammatik-
Kommentaren, in denen er relativ selbständig und kritisch vorging, hebt
sich der Fürstenspiegel (›Liber de rectoribus christianis‹ für König Lothar II. von Lotharingien zwischen 855 und 859) durch literarische Formung ab, und zwar schon durch den besonderen Versschmuck (jedes der
zwanzig Bücher schließt mit einem Gedicht verschiedenen Umfangs und
verschiedenen Versmaßes). Er übertraf aber auch die von ihm nicht benutzten früheren Fürstenspiegel durch belebte Verarbeitung des Gelehrten
und Belehrenden sowie durch gute Sprache. Daß seine literarische Persönlichkeit erst in den Gedichten deutlich wird, von denen etwa 80 (die eben
genannten ausgenommen) bekannt sind, sagt bereits Wesentliches über sie
aus. In der metrischen Form, zu der er meist ($\frac{5}{6}$) Hexameter und Pentameter benutzte, dominierte zwar das Distichon, aber zweimal findet sich
deren nicht gewöhnliche Zusammensetzung (12 + 2, 3 + 1); viel deutlicher
tritt jedoch sein Selbstgestaltungswille in den verschiedenen Versmaßen
des Restes hervor: Er baute einmal die trochäischen Septenare 'überrein'
und erfand zum andern den 'drehbaren' quantitierenden Dreizehnsilbler –
mit solcher Verskünstelei stand er damals allein. Ähnlich sieht das Bild seiner Themen aus; ihre Vielfalt ist nicht groß, es überwiegen Tituli oder
ähnliches, Briefgedichte (auch für Boten, die meisten für Bischof Hartgar

von Lüttich), Gruß- und Preislieder, aber auch Bitten um Regen und das Gegenteil, oder Osterlied und Rätsel, vor allem ein Streitgedicht zwischen Rose und Lilie, eins der frühesten dieser Gattung. In drei Carmina kämpfte er auch in eigener Sache, gegen seine Verleumder. Alles ist bei ihm persönlich geprägt. Zwar fehlt es den Preisliedern nicht an üblicher Panegyrik und starker Schmeichelei, aber das wird persönlich geformt und mit mancherlei Einzelheiten anziehend ausgestaltet; das geschieht auch sonst oft genug mit Schwung und Wärme, Witz und Humor, s. besonders die 70 Distichen über den Hammel, den der Hund zerriß. Zu diesen Zügen will nicht stimmen, daß kein anderer Poet damals „sich selber so oft und ausführlich" ausgeschrieben hat. Ob ihn nicht eitle Selbstgefälligkeit, d. h. Verliebtheit in eigene Formulierungen, zur Wiederholung animierte?

7. DIE MUTTERSPRACHLICHEN LITERATUREN AUF DEM KONTINENT

Wie auf den Britischen Inseln mußten die Muttersprachen und deren Literaturen auch auf dem Kontinent durch die Auseinandersetzung mit dem Christentum aus der davor herrschenden mündlichen Verwendungsform zur buchmäßigen gehoben werden; das vollzog sich in unserem Zeitraum erst im Frankenreich. Das geistige Leben rührte sich volkssprachlich schon in nicht wenigen Ansätzen vor Karl dem Großen, brach aber erst durch ihn und sein Reformprogramm zu voller Stärke auf, in die er Einheitlichkeit und konsequente Stetigkeit durch Jahrzehnte hin trug. Was damit konkret gemeint ist, lehrt z. B. die Verordnung des von ihm 813 nach Tours einberufenen Konzils: Die Bischöfe sollten ihre Predigten ans Volk *in rusticam Romanam linguam aut Thiotiscam* übersetzen – die von jenen benutzten Vorlagen waren ja lateinisch abgefaßt.

Altfranzösisches findet sich zuerst in Glossen; Ende des 8. Jahrhunderts sind in zwei Reichenauer Glossaren lateinische Wörter und Wendungen durch altfranzösische wiedergegeben. Sätze in dieser Muttersprache begegnen zuerst in den Straßburger Eiden von 842 (S. 116).

Wenn das Althochdeutsche schneller und weiter vorankam, so lassen sich dafür verschiedene Gründe anführen; entscheidend war sicherlich der Herrscher, dessen fränkisches, d. h. germanofränkisches Naturell Einhard mannigfach bezeugt. Er kleidete sich nach fränkischer Art, nur zweimal auf Wunsch zweier Päpste nach römischer, und stellte ein ähnliches, markantes Zeichen augenfällig auf, indem er die Reiterstatue Dietrichs von Bern, des größten und volkstümlichsten Germanenkönigs, aus Italien nach Aachen in seine Residenz schaffen ließ. Er sorgte dafür, daß die noch nicht aufgezeichneten Volksrechte schriftlich niedergelegt und die alten Heldenlieder aufgeschrieben wurden. Wenn Einhard sogar die zwölf Namen für die Monate und die zwölf für die Winde aufzählte, die Karl ihnen gab, und damit etwas aus seinem knappen Stil herausfiel, so darf man wohl fragen, wie sehr ihm solche sprachschöpferische Betätigung imponiert hat. Außerdem soll Karl auch eine „Grammatik seiner Muttersprache eingeleitet" haben; das heißt doch wohl, wenn man daran denkt, worauf die Bemühungen der Karolingischen Renaissance in der Vatersprache hinausliefen (S. 50 f.), daß er zur Regelung des Althochdeutschen auf die Schriftsprache hin antrieb.

Wie hier, so tritt auch sonst das Mit- und Ineinander von 'Renaissance' und Karl zutage, der die kulturellen Bestrebungen anregte, bestimmend beeinflußte und für ihre Durchsetzung auch gesetzlich sorgte. Wenn er 789 in der ›Admonitio generalis‹ im Elementarunterricht auf Lesen, Schreiben und Grammatik drängte, was das dort allein gelehrte Latein betraf, so mußte zu einer solchen Lehre auch die deutsche Sprache angewandt werden, und zwar eine schon zu derartiger Anwendung geweitete. Nicht weniger war das im höheren Unterricht erforderlich, wo bei der Interpretation von Bibel und Dogma für die Klärung von Wort und Sache zum Latein auch Deutsch gebraucht wurde. Vor allem hielt Karl immer wieder zur geistlichen Unterweisung des Volkes an; dazu konnten (außer der Predigt) Glaubensbekenntnis und Vaterunser, Taufe und Beichte nur deutsch geboten werden. All das und anderes mußte zur Übersetzung treiben. So ist es denn schon berechtigt, Karl als den „eigentlichen Gründer der althochdeutschen Literatur" zu bezeichnen.

Die Glossierung setzte schon vor Karl dem Großen ein. Vor deren Beginn fällt das älteste Deutsch, die ›Malbergische Glosse‹; altniederfränkische Rechtswörter sind, nicht glossierend, in die unter Chlodwig lateinisch abgefaßte ›Lex Salica‹ (um 510) aufgenommen. Die Übersetzertätigkeit begann erheblich später; von ihr zeugen besonders die Interlinearglossierung mit mehr als 3500 althochdeutschen Wörtern eines lateinisch-lateinischen Wörterbuchs im ›Abrogans‹ (765–770 um Arbeo von Freising) und das Sachwörterbuch ›Vocabularius s. Galli‹ (790). Daß das Werden des Schriftdeutsch sich zeitlich nicht in der natürlichen Stufenfolge vollzog, von Latein-beengter, simpler Wiedergabe über immer stärker gelöste zu freier, auch wortschöpferischer, belegen zwei Buchübersetzungen. Die lateinische Übertragung der von Tatian syrisch verfaßten Evangelienharmonie deutsch, d.h. ostfränkisch, wiederzugeben, veranlaßte Hraban vermutlich mehrere Fuldaer Mönche (825–830); ihr Deutsch ist noch stark ans Latein gebunden und hat dessen Wortstellungen und Konstruktionen übernommen. Doch bereits ein Menschenalter davor war eine ähnliche Aufgabe fast genial gelöst worden und das trotz eines durch den theologisch-wissenschaftlichen Inhalt viel schwierigeren Textes, ›De fide catholica‹ des Isidor von Sevilla (vor allem über die Trinitätslehre; S.21); die Übersetzung ist von lateinischer Abhängigkeit völlig frei und doch genau, ist auf selbständige Wirkung bedacht, einfühlsam und rhythmisch. Ob sie für den karlischen Hof bestimmt war?

Unter dem, was in Versen im ältesten Althochdeutsch überliefert ist, nimmt das ›Hildebrandslied‹ eine Sonderstellung ein; es wurde im 4. Jahrzehnt des 9. Jahrhunderts aus einer älteren bairischen Vorlage auf den Außenseiten einer Pergamenthandschrift eingetragen, die wohl in Fulda geschrieben wurde, und damit als einziger Überrest der mündlich weitergetragenen germanischen Stabreimdichtung auf deutschem Boden gerettet.

Sonst stammen aus jener Vorzeit zwei Merseburger Zaubersprüche mit heidnischem Götterglauben, die im 10. Jahrhundert vielleicht ebenfalls in Fulda aufgezeichnet wurden. Hier darf man wohl an das ›Abecedarium Nordmannicum‹ erinnern; das einzige deutsche von vier mnemotechnischen Runengedichten notierte sich Walahfrid Strabo wohl vor 830 zu anderen, fremdsprachigen Alphabeten in sein Vademecum.

Was an neuer Dichtung im Anfang des 9. Jahrhunderts entstand, besaß zweierlei Form. Die alte, die stabreimenden Langzeilen, verwandten noch zwei anonyme Poeten für christlichen Inhalt. Im sog. ›Wessobrunner Gebet‹ erzählte der eine die Schöpfungsgeschichte, wovon jedoch nur die ersten neun Zeilen erhalten sind (dazu ein kurzes Prosagebet), der andere vom Schicksal der Seele nach dem Tod und vom Weltuntergang sowie Jüngstem Gericht – ›Muspilli‹ – so, daß die 105 Langzeilen (ohne Anfang und Schluß) durch Kraft und Schwung stark wirken. Die neue Form des endreimenden Verspaares, die jene altgermanische verdrängte, war schon in drei Langzeilen des ›Muspilli‹ eingedrungen und ist in voller Herrschaft zuerst in Otfrids ›Evangelienbuch‹ überliefert.

Diese muttersprachliche Literatur, die damals nur dialektisch gefärbt sein konnte, schwang sich während des 9. Jahrhunderts mit zwei Bibelepen althochdeutsch und altsächsisch zu imposanter Höhe steil empor, und sie blieben durch Jahrhunderte hin unerreicht. Der altsächsische ›Heliand‹ (c. 840) und die südrhein-fränkische Evangelienharmonie des Otfrid von Weißenburg (Unterelsaß) unterscheiden sich zwar in Sprache, Metrik, Stil und Anliegen, stimmen aber in der epischen Großform und im Thema, Christi Leben und Lehre, überein und bekunden, daß ihre Verfasser sich der Besonderheit ihres Vorhabens bewußt waren. Beide sind mit Fulda in verschiedener Weise verbunden und beide mit fränkischen Kaisern, was man wohl auch dahin interpretieren kann, daß sie mit ihrem Werk dem Reich dienten.

Der ›Heliand‹-Dichter, der die Stabreimdichtung kannte und geistlich bestens geschult war, bezeugte mit seinen Hauptquellen, der Tatianübersetzung (S. 81) und dem Matthäus-Kommentar des Hraban (S. 69), Fulda als seine innere Heimat (die äußere ist nicht verbindlich zu klären); auch anderes stimmt dazu. Er führte die aus Tatian mit zupackender Überlegung getroffene Auswahl, die stofflich etwa nur die Hälfte umfaßt, episch breit aus, verdichtete das zu einer geschlossenen Erzählung und griff nur im letzten der drei Höhepunkte (Fitte 44) zur Allegorese, indem er die Blindenheilung von Jericho auf die Erlösung der Menschheit durch die Menschwerdung Gottes ausdeutete. Das Helle, Freudige des Evangeliums betonte er und suchte, auch auf andere Weise, seine Landsleute zu gewinnen, zu denen ja die christliche Lehre erst vor relativ kurzer Zeit gekommen war (S. 130) – bezeichnend hierfür ist, daß – an einem anderen Höhepunkt – er der Bergpredigt fast dreimal soviel an Umfang einräumte wie Otfrid, wodurch er Christus als Lehrer viel mehr als jener herausstellte; er wagte, das Christentum an das Germanentum anzupassen, und bemühte sich um Anschaulichkeit und Lebendigkeit, um eine eindringliche Sprache, wobei ihm der Variationsstil und die wichtige Wörter heraushebende Stabung der (5983) Langzeilen halfen, er schuf Missionsdichtung.

Diese 'Heliand'-Form findet sich auch in der ›Altsächsischen Genesis‹ (337 Stabreimzeilen erhalten), deren Dichter mit dem Bibelstoff noch freier verfuhr, aber in der äußeren Gestaltung sein Vorbild nicht erreichte. Beide Dichtungen hängen durch Metrik, Stil und Darstellungsart mindestens in allgemeinen Zügen mit der angelsächsischen geistlichen Buchepik zusammen und tragen darin den Charakter einer Spätform. Solche Verbundenheit des Altsächsischen mit dem Angelsächsischen wird dadurch noch deutlicher, daß die wegen ihres Umfanges wichtige ›Heliand‹-Handschrift C in England von einem Mann des Kontinents geschrieben wurde, der sich mit der angelsächsischen Schreibart vertraut gemacht hatte, daß jene ›Genesis‹ ins Angelsächsische übersetzt wurde.

Der bei Weißenburg um 800 geborene OTFRID vollendete zwischen 863 und 871 seine Bibeldichtung (c. 7000 Reimpaare), mit der er den ›Heliand‹ (die überlieferten 5983 Langzeilen sind am Schluß unvollständig) nur um einige hundert Verse übertraf. In der einleitenden (I, 1) Selbstbesinnung über sein literarisches Tun – die 126 Reimpaare überschrieb er, warum er sein 'Buch' deutsch (*theotisce*) gedichtet habe – ging er auf dessen grundsätzliche Bedeutung ein; er rechtfertigte das volkssprachliche Evangelium: Gott ist der Herr aller Sprachen, die Mangelhaftigkeit des Fränkischen wird durch das göttliche Wort aufgehoben; die Franken, kriegerisch, wirtschaftlich und kulturell den Griechen und Römern nicht nachstehend – die Erfolge verdankten sie ihrer Gläubigkeit und Gottesfurcht –, sind als solche Christen imstande, die *frenkisga zunga* zu den *edilzungûn* (Hebräisch, Griechisch, Latein) zu heben. Aus dieser lateinischen Tradition heraus schuf er die benötigte neue Form, aus dem lateinischen Hymnenvers ambrosianischer Prägung den vierhebigen Reimpaarvers, und zwar baute er ihn – eine Vorstufe ist nur zu erschließen – nach und nach systematisch so aus, daß der zunächst für die geistliche, dann die höfische Erzähldichtung grundlegend, schließlich überhaupt zum Normalvers wurde; er führte damit den wuchtigen Umbruch der germanisch-deutschen Versgeschichte herbei; sein Vers hielt sich trotz mancherlei Wandlungen elementarisch als der deutsche Vers.

Seine Evangelienharmonie stellte er sich selber zusammen, oft mit den Perikopen übereinstimmend; er wollte nicht nur wie der ›Heliand‹-Dichter deren Inhalt dichterisch wiedergeben, sondern nach der üblichen Exegese, vor allem den Bibelkommentaren Hrabans u. a., durch dreifache

Auslegung in eigenen Kapiteln vertiefen, von denen er 10 *spiritaliter*, 7 *moraliter* und 2 *mystice* überschrieb; solche Kommentierungen fügte er auch sonst (jeweils in wenigen Versen) zahlreich ein. Für seine besondere Verarbeitung spricht ferner das Abheben der fünf Bücher durch eigene Anfangs- und Schlußkapitel mit weitergreifenden Themen wie II, 1 über das Mitwirken Christi bei der Schöpfung oder V, 1–3 über Wirkung und Bedeutung des Kreuzes. In der Dogmatik unterstrich Otfrid von Anfang an das Richteramt Christi sowie die Freuden der ewigen Seligkeit bzw. die Sehnsucht danach und ließ beides in den Schlußkapiteln (V, 19–23) gipfeln. Wenn sich hierdurch das Rationale stark vordrängt, so fehlt daneben keineswegs das Sentimentale, auch das Sangbare nicht, wozu der vom Hymnus stammende Vers einlud; Otfrid malte gern inniges Empfinden liebevoll aus, verwandte auch mehrmals den Refrain. Wenn auch einige Partien durch ihre Poesie gefallen, so offenbarte er doch vorwiegend den Gelehrten und Lehrer und konnte recht oft – besonders im Anfang – die Gestaltung nicht meistern, wovon Reimnot, Schwerfälligkeit oder Umschweifigkeit der Diktion, auch Leere sprechen. Gewiß fehlte ihm die poetische Kraft des ›Heliand‹-Dichters, doch stellt sich seine Leistung, aufs Ganze und Historische gesehen, als viel mächtiger heraus, schon durch das Grundsätzliche des Neubeginns: Die alte christliche Stabreimdichtung altsächsischer Sprache bedeutete nicht mehr als ein Auslaufen, der jungen Reimpaardichtung Otfrids jedoch gehörte die Zukunft – er baute ja, wie es die historische Entwicklung gebot (S. 83), in der Muttersprache die Dichtung, die damals mit Literatur (im eigentlichen Sinn) identisch war, auf lateinischem Fundament so auf, daß man ihn „einen lateinischen Poeten in deutschem Gewande" genannt hat. Sein Bibelepos, „nach Geist, Absicht und Form ein eigentliches Gründerwerk der deutschen Literaturgeschichte", weist historische Einsamkeit noch in anderer Hinsicht auf, eben nicht nur darin, daß sich von den erhaltenen althochdeutschen Gedichten keines davor datieren läßt (es könnte sich auch nur um ein kleines handeln), sondern auch darin, daß sich zu seiner Großform während der folgenden zwei Jahrhunderte keine zweite gesellte: Die sechs Gedichte, die aus der ganzen althochdeutschen Zeit auf uns gekommen sind, haben viel kleineres Format, erreichen höchstens 59 Endreimpaare (zwei) und eins 85. Für den Rang seines Opus sprechen auch innere Werte, so nicht zuletzt die gut überlegte Konstruktion des Ganzen.

Die Überlieferung, die als ganz vorzüglich zu gelten hat, weil an ihrer Spitze das von Otfrid selber korrigierte Original steht, ist an Zahl, in Zeit und Raum so beschränkt, wie es das Werk nicht verdient hat (3 Handschriften aus Weißenburg vom 9. Jahrhundert, 1 in Freising zwischen 902 und 905 für den dortigen Erzbischof Waldo geschrieben, der über mehrere Kirchenfürsten und Klöster leicht Kenntnis von Otfrid erlangt haben konnte). Das lag schwerlich am Werk allein, etwa darin, daß es zu kühl und gelehrsam, zu sehr auf geistliche Belehrung gerichtet war; es war vermutlich die Zeit für solchen Erstling nicht genügend aufgeschlossen und aufnahmebereit.

Von einer Schule Otfrids kann keine Rede sein; ob man von dessen Nachwirkung in den sechs kleineren Gedichten sprechen kann, die am Ende des 9. Jahrhunderts und am Anfang des 10. datiert werden, ist zu bezweifeln; sie zeugen aber sicherlich davon, wie weit und stark die neue Form des Reimpaarverses erstrebt wurde, ihre Vielfalt vielleicht davon, daß schon vor Otfried die neue Form gebraucht wurde. Biblischer Text lag zweimal zugrunde, bei ›Christus und die Samariterin‹, wo ein Alemanne (im Gegensatz zu Otfrid) durch frischen, dialoghaften Stil eine Lehre Laien wirklich nahebrachte, und bei der guten Nachdichtung des 138. Psalms, mit der ein Bayer die deutsche Psalmenpoesie würdig einleitete. Zwei lateinische Legenden wurden als Erzähllieder knapp, balladenhaft in Strophen wiedergegeben; 25 zu je 2, auch 3 Langzeilen hat das ›Georgslied‹, 17 zu 5 das ›Galluslied‹; das erste sprach den Laien an, das zweite war Ratpert von St. Gallen „würdiger". Als ältestes deutsches Kirchenlied kann das für die Prozession bestimmte, bairische ›Petruslied‹ gelten; der Kyrierefrain wie dieser hier in drei einfachen Reimpaarstrophen kennzeichnete lange solches 'Volkslied'. Besondere Beachtung verdient der *Rithmus teutonicus* über den Normannensieg König Ludwigs III. 881 bei Saucourt: Dieses biographisch angelegte, christliche Heldenlied ist zum einen in einer Handschrift von Valenciennes aus dem Kloster St-Amand-sur-l'Elnon von einem und demselben Schreiber Ende des 9. Jahrhunderts nach der altfranzösischen Eulalia-Sequenz geschrieben; zum anderen der kraftvoll und bedacht gestaltende Dichter deutscher Muttersprache schuf vermutlich am und für den westfränkischen Hof, an dem doch wohl die französische Sprache vorherrschte – damit wird spät (ein letztes Mal?) die karolingische Zweisprachigkeit dort erwiesen.

Danach verstummte die deutschsprachige Dichtung für anderthalb Jahrhunderte.

II. DER AUFBAU

1. ZUM UMBRUCH UM 850

'Die Grundlegung' wurde mit solchen Autoren abgeschlossen, deren Zusammenhang mit der Karolingischen Renaissance noch in der ein oder anderen Weise deutlich zu spüren ist, deren Werk als Nachklang zu ihr sich verstehen läßt; das gilt noch für den Kreis um Kaiser Karl den Kahlen; auch bei Walahfrid Strabo offenbart sich noch nicht die neue Epoche (S. 64 f.).

Als im 2. Drittel des 9. Jahrhunderts in der Literatur Neues in solcher Zahl und Stärke geschaffen wurde, daß sich darin eine andere Periode abzuheben begann, hatte sich in der politischen Geschichte ein noch stärkerer Einschnitt vollzogen; das Frankenreich, das über dreihundert Jahre bestanden hatte und zuletzt zu einem bedingt europäischen Reich hochgewachsen war, zerfiel jetzt (S. 61). Ludwig der Fromme hatte den Reichseinheitsgedanken schon 831 aufgegeben, als er Lothar, der die ihm 817 zugesicherte Mitregentschaft 829 verloren hatte, auf Italien verwies und das übrige Reich auf Pippin, Ludwig (den Deutschen) und Karl (den Kahlen) aufteilte. Als er 840 gestorben war, pochte Lothar auf die längst überholte ›Ordinatio imperii‹ von 817; seine Brüder Ludwig und Karl erhoben sich gegen ihn und besiegten ihn bei Fontenay 841.

Ein sonst unbekannter ANGILBERT, der auf Lothars Seite mitgefochten hatte, brachte in 15 Strophen zu je drei steigenden Fünfzehnsilblern ergreifend zum Ausdruck, was sicherlich allgemeiner empfunden wurde; er verfluchte diesen Bruderkrieg der Franken, in dem Verwandte einander zu töten trachteten, diese unrühmliche Schlacht, über die sich nur der Teufel wegen der Ströme vergossenen Blutes freute. – Ein Enkel Karls des Großen, der damals auf der anderen Seite gestritten hatte, NITHARD, wurde von Karl dem Kahlen 841 beauftragt, die Geschehnisse seiner Zeit der Nachwelt zu überliefern. In dem Kampf Lothars gegen seine Brüder sah er nicht unbegründet „ungerechte, blinde, verruchteste Begierde", in dessen Niederlage „Gottes Gericht". Als Grundthema schlug er die Teilung des Reiches an, die für ihn Realität war, schon im ersten, Ludwig dem Frommen gewidmeten Buch; von Reichseinheit sprach er nicht einmal am Anfang und am Schluß, als er Karl den Großen und dessen Zeit rühmte; der hätte Europa alles Gutes voll hinterlassen und in seinen Landen nur geduldet, was dem allgemeinen Wohl nützte, so daß damals Friede und Eintracht, Überfluß und Freude geherrscht hätten; daß es jetzt nur das Gegenteil davon gäbe, solchen Pessimismus äußerte er nicht nur am Ende. –

FLORUS VON LYON stellte in seinen strophischen Hexametern (S. 67) die glanzvolle Einheit in Herrscher und Volk früher und die glanzlose Zerbrochenheit unter d r e i Kleinkönigen jetzt gegenüber, malte die schändlichen Zustände seiner Tage aus und endete mit der Bitte an den Allmächtigen um Läuterung und um Frieden sowie „süße Frucht".

Wie schon in dieser Auswahl angedeutet, geschah gegen die Mitte des 9. Jahrhunderts, was den Menschen zu schaffen machte und zu denken gab. Sie spürten, daß eine große, glanzvolle Epoche vergangen war und eine neue klein und dunkel anbrach. Daß für Europa auch weiterhin das Entscheidende im Politischen wie Kulturellem auf dem früheren Gebiet des Karlischen Imperiums vor sich ging, wird bereits durch den Blick auf dessen Umwelt verständlich: Weder Irland und England noch Spanien und Italien besaßen im 9.–11. Jahrhundert die Kräfte dazu.

2. IRLAND

Im Zeitraum des 'Aufbaus' war Irland von den Wikingern arg bedrängt; das fand erst durch die entscheidende Schlacht bei Clontarf 1014 ein Ende. Auch die politische Einigung erfolgte erst spät, 1002 (S. 24). Die Königsherrschaft, die sich seitdem etabliert hatte, war noch 150 Jahre hindurch bei mehreren mächtigen Geschlechtern umstritten. Dieser Zustand dauerte bis zum Einbruch der Anglonormannen 1171. Die 'Irische Mission' setzte ihre für das kleine, abgelegene Land fast unwahrscheinliche Wirkung auf den Kontinent noch im 9. Jahrhundert kräftig fort, ließ aber im 10. und 11. nach. Zu dem, was die Iren zuvor hinausgetrieben hatte, kam jetzt verstärkend hinzu, daß viele vor den Wikingern flohen, die ihre Klöster und Kirchen plünderten, und sich zu weltlichen und geistlichen Kulturstätten des Festlandes hingezogen fühlten.

Iren leisteten nicht nur mit ihrem Wissen und Bildungseifer wertvolle Dienste, sondern wurden auch als Geistliche weiterhin gefordert und das noch im 10. Jahrhundert, so von den Bischöfen Lothringens, um die benediktinische Klosterreform durchzusetzen, und darüber hinaus, so in Laon, wo der Bischof den Iren Malcalan, der im lothringischen Reformzentrum Gorze ausgebildet war, zu jener Reform im Kanonikerstift St. Vinzenz brauchte – und der verurteilte als dessen Abt im ›Dialogus de statu sanctae ecclesiae‹ beim Adel den Besitz von Kirchengut und bei der Kirche die weltlichen Lasten.

Mit dem, was Iren in ihrem Heimatland während der zweieinhalb Jahrhunderte lateinisch schrieben, blieben sie vorwiegend darauf beschränkt, Anregungen und Erfordernisse dort zu erfüllen; es handelt sich hauptsächlich um sachliches, hagiographisches oder historisches Schrifttum. Größeres Gewicht in mehrfacher Hinsicht besaß jedoch die lateinische Literatur der Iren auf dem Festland, die es mehr verdient, den Blick auf sie zu richten. Da sie sich damit jeweils in das geistige Treiben ihrer Umgebung einordnete, brauchen an dieser Stelle nur Hinweise auf ihre spätere Vorstellung gegeben zu werden. Cruindmel verfaßte eine Metrik, Dunchad einen Kommentar zu Martianus Capella oder ein Anonymus die ›Vita Kaddroe abbatis‹. In dieser Fremde erwuchs, was aus dem ganzen irischen Mittellatein herausragt, die einzige Weltgeschichte eines Iren, die des Marianus Scottus.

Bei der volkssprachlichen Literatur dauern die Datierungsschwierigkeiten (S. 34) auch in der zweiten Periode (nach c. 850–c. 1070) an; außer einer Handschrift mit 12 Seiten aus dem 11. Jahrhundert sind die auch wegen ihres Alters wichtigsten Foliohandschriften erst gegen 1106 (Buch von Dun Cow) und gegen 1160 (Buch von Leinster) geschrieben und bieten im allgemeinen nicht die alten Fassungen. Sie enthalten weltliche und geistliche Texte nebeneinander; die alte Heroenwelt behauptete sich ja neben der christlichen bis ins 16. Jahrhundert, wo sie von der Reformation verdrängt wurde.

Versepos und Drama gab es nicht, wohl aber mannigfache Sachbücher wie z. B. das Glossar des Erzbischofs Cornac mac Cuilennain von Cashel (908 †), der archaische Wörter sammelte und nach Isidor etymologisierte, ferner nach demselben Autor namendeutende Sammlungen wie ›Coir Anmann‹ und ›Dinshenchas‹ (11. Jh.) oder Lehrgedichte von Gillas Coemáin und Flann Manistrech. Annalen wurden etwa vom 8. Jahrhundert an irisch aufgezeichnet, aber in größerem Umfang erst von Abt O'braein Tighearnach von Clonmacnoise (1088 †) zum ›Buch der Besitzergreifung‹ zusammengestellt.

Zahlreich sind die sagenhaften Erzählungen, in Prosa mit Verseinlagen abgefaßt, die seit frühester Zeit mündlich, je kürzer gefaßt umliefen; man unterscheidet verschiedene Zyklen. Beim Ulster-Zyklus hat in ›Táin Bó Cuailgne‹ älteste Volksliteratur Westeuropas ihren Niederschlag gefunden (9. Jh.). Zum mythologischen Zyklus gehört etwa aus gleicher Zeit ›Cath Maige Tuired‹ mit vorchristlichem Stoff; verwandt sind Erzählungen vom verheißenen Land ('echtrae'), wo später Alttestamentliches eingefügt wird, z. B. ›Echtrae Laegairi‹ (Prosa wohl 9. Jahrhundert, Verse später), und solche mit einer Reise als Hauptthema – die älteste und wirkungsreichste etwa 9. Jahrhundert (jedoch erst in der Form des 10. erhalten) ›Immram Curaig Máile Dúin‹, die der ›Navigatio Brandani‹ als unmittelbare Quelle diente. Oft auf sehr alter Tradition beruht der historische oder Königszyklus; am wichtigsten ›Orgainn Denna Ríg‹ vermutlich aus dem 9. Jahrhundert.

Beziehungen zur letzten Gruppe weist in den Visionen die älteste und beste auf: ›Fis Adamnáin‹ (10. Jh.). Wohl aus dem Latein übersetzt, daher in manchem nicht irisch ist eine andere: ›Fenga Bithnua‹ (10. Jh.). Heiligenviten liegen zur Hauptsache erst in Bearbeitungen vom 11. Jahrhundert an vor. Die biblische Geschichte bringen die 150 Gedichte ›Saltair na Rann‹ (um 987).

3. ENGLAND

Gegen die eingefallenen Dänen vermochte König Alfred der Große (871–899) nach dem Sieg 878 und der Eroberung Londons 885 sich Wessex und West-Mercia durch Vertrag zu sichern; seine Nachfolger konnten allmählich den Dänenteil (Danelaw) zurückgewinnen; König Ethelstan von Wessex (924–939) gelang es nach schweren Kämpfen mit Dänen, Norwegern und Schotten, das, was heute unter England verstanden wird, fast ganz unter seine Herrschaft zu bringen – der Königstitel lautete seitdem *rex totius Britanniae*. Aber verstärkte Dänen-Einfälle zur Zeit des schwachen Königs Ethelred II. (978–1016) erschütterten seine Herrschaft so, daß schließlich der Adel die Krone dem Dänenkönig anbot. Dessen zweiter Sohn Knut der Große (1016–1035), der mit Heer in die Themse einlief, wurde von den Großen zum König gewählt, heiratete Ethelreds Witwe und billigte die Angelsachsen und Dänen versöhnenden Gesetze seiner Vorgänger. Seine zwei Söhne regierten nur kurz (1035–1042). Dann übernahm mit Ethelreds Sohn, mit Eduard dem Bekenner (1042–1066), der während des Exils in der Normandie gelebt und Bindungen mit dem dortigen Herzogshaus eingegangen war, wieder ein Angelsachse das Regiment. Der zu seinem Nachfolger gewählte Earl Harald warf die Norweger aus dem Land, wurde aber von dem inzwischen an der Kanalküste gelandeten Herzog Wilhelm II. von der Normandie bei Hastings 1066 geschlagen und getötet. Seit Wilhelm I. der Eroberer (1066–1087), der sich als designierter Nachfolger Eduards des Bekenners sah, zum König in Westminster gekrönt war, regierten (bis 1154) normannische Könige in England. Das England der Angelsachsen hatte also in der hier zu betrachtenden Periode mehrmals um seine Existenz zu kämpfen gehabt und war politisch auf sich beschränkt geblieben.

In der zweisprachlichen Literatur drängte sich die muttersprachliche vor und wurde von der Prosa beherrscht, beides geschah im Altenglischen zum ersten Mal. Was es vorher an solcher Prosa gab, waren Urkunden, in denen seit c. 750 die Muttersprache überwog, Gesetze, deren Aufzeichnung noch in heidnischer Zeit begann, und die Annalen, die in der während des zweiten Viertels des 9. Jahrhunderts voll entwickelten Sachsenchronik zusammengestellt wurden; im kirchlichen Bereich sind nur drei Gebetsaufforderungen und eine Interlinearübersetzung des Psalters erhalten. Was jedoch in den letzten Dezennien des 9. Jahrhunderts systematisch geschaffen wurde, war zwar an sich für Bildungszwecke bestimmt, führte aber zugleich dazu, die Prosa recht eigentlich erst zu schaffen. Das erreichte ein König, ALFRED DER GROSSE (871–899); obwohl er als Staatsmann und Feldherr mehr als genug gefordert war, machte er die größten Anstrengungen zum Notwendigen auf geistigem Gebiet, um die Bildung aus ihrem Tiefstand zu heben, und das nicht zuletzt durch Übersetzungen und Bearbeitungen einschlägiger Latein-Werke. Dazu holte er sich besonders geschulte Geistliche nicht nur aus England, sondern auch aus den Frankenreichen; sie halfen ihm beim Übersetzen und nahmen ihm dabei manche Arbeit ab, doch behielt er das Ausschlaggebende in seinen Händen.

Bei der ›Regula pastoralis‹ Gregors des Großen, dem mit Recht durchs ganze Mittelalter geschätzten Handbuch für die Amtsführung des Geistlichen, verfuhr er noch sehr wörtlich, zeigte aber in der Erklärung biblischer Dinge durch heimische, wie sehr es ihm auf Verständlichkeit ankam; im Vorwort legte er sein Reformprogramm dar. Freier ging er mit dem Hauptwerk für Schulung in Geschichte um, mit den sieben Büchern christlicher Weltgeschichte des Orosius; er kürzte es von 236 Kapiteln auf 84, erweiterte es aber auch, so geographisch, indem er z. B. Berichte über Nordgermanien von zwei Zeitgenossen aufnahm. Bei Bedas ›Historia ecclesiastica gentis Anglorum‹ strich er nicht nur Urkundliches und Gedichte, sondern zog die Berichte über Südengland heraus. Noch stärker griff er in des Boethius ›De consolatione philosophiae‹ ein, in dessen ethische und theologische Grundprobleme erörterndes und im Mittelalter eifrig genutztes Hauptwerk (S. 11 f.); er verstärkte den christlichen Gehalt und trug eigene Gedanken hinein, offenbarte hier seine Individualität am besten und außerdem verschiedentlich seine Beschwingtheit. Zuletzt stellte er eine dreibändige Blütenlese aus Augustin (Buch I und II aus dessen ›Soliloquien‹), Gregor und Hieronymus zusammen und schrieb in deren Vorrede einen Epilog zu seinem Übersetzungswerk.

Daß in dieses seine Mitarbeiter eingespannt waren, bezeugt die Übersetzung der ›Dialogi‹ Gregors des Großen durch Bischof Werferth, wozu Alfred die Einleitung beisteuerte. Auf seinen Einfluß geht zurück, daß die annalistische Sachsenchronik belebt und erweitert wurde.

Was danach, d. h. nach etwa einem halben Jahrhundert, an altenglischer Prosa entstand, war nicht an Alfreds Bemühungen angeschlossen, sondern ging von der benediktinischen Reform durch Erzbischof Dunstan von Canterbury (960–988) aus, dem Ratgeber König Edgars (959–975). Durch sie erhielt das wieder erlahmte geistige Leben neuen Auftrieb, ihr diente fast die ganze Prosa damals. ÆTHELWOLD, der als Bischof von Winchester (963–984) die Reform streng durchführte, übersetzte auf Wunsch des Königs die Benediktinerregel und eröffnete mit der Klarheit der Sprache den Stil dieser neuen Prosa. Sein Schüler ÆLFRIC (bald nach 1020†), Abt von Egnesham, half kräftig durch Übersetzen (mehrere Sammlungen von Homilien und Heiligenleben, Bücher des Alten Testaments, drei Schriften Bedas im Auszug u. a.) – im ersten Werk bekannte er sich in den Widmungen zu einfacher Sprache und Beachten des Sinns. Seinen freieren Stil erreichte die geistliche Prosa sonst, Predigtliteratur, nicht; nur die eine Predigt des Erzbischofs Wulfstan von York ragte durch sprachliche Kraft heraus (1014). Auch die Prosa des 11. Jahrhunderts war zumeist von benediktinischem Geist geprägt und ließ Weltliches oder gar Germanisch-Volkstümliches kaum durch. Immerhin meldete sich Orientalisch-Romantisches im Liebesroman des Apollonius von Tyrus und in den ›Wundern des Ostens‹.

Die angelsächsische Dichtung war durch die Normanneneinfälle zum Erliegen gekommen; sie wurde in den Süden gebracht, in den westsächsischen Dialekt umgeschrieben und so gerettet. Einen Nachklang zur epischen Legendendichtung (S. 37) bildet die ›Judith‹ (nach 900), deren 350 erhaltene Langzeilen nur etwa ein Viertel des Ganzen ausmachen; sie hebt sich von Cynewulfs Art dadurch ab, daß sie ein letztes Mal Bibelstoff germanisch darzustellen suchte.

Von den weltlichen Liedern, die mündlich weitergetragen wurden, hatte der ›Beowulf‹-Dichter viele in sein Epos eingefügt; aus ihnen stellten Geschichte schreibende Mönche im 10. Jahrhundert unsangliche Nachbildungen her und schoben sie in ihre trockenen Chroniken ein, so fünf in das Annalenwerk (S. 38); am bedeutendsten davon ist das Lied auf Ethelstans Sieg bei Brunanburh über Normannen und Schotten in 73 Langzeilen (937). Nicht dazu gehört das epische Lied auf die ruhmvolle Niederlage der Angelsachsen und ihres Führers Byrthnoth von Malden (991); es besitzt noch viel vom germanischen Heldentum und übertrifft die ältere Epik in Erzählweise und Komposition.

Auch die mittellateinische Literatur fiel in der Zeit des 'Aufbaus' gegen die der vorhergehenden Jahrhunderte merklich ab und das ebenfalls schon quantitativ. Daß noch in die sogenannte silberne Literaturblüte unter Alfred dem Großen, die sich nur auf die muttersprachliche Prosa erstreckte, ein beachtliches lateinisches Prosa-Denkmal fällt, versteht sich vom Thema aus von selber, die Biographie dieses Königs verfaßt von ASSER (910†), einem Westwaliser, den Alfred an seinen Hof geholt hatte. Dadurch, daß er dessen Vorleser und Lehrer wurde und sich durch das Geschenk von drei Abteien festhalten ließ, war er für jene Vita gut gerüstet; er widmete sie ihm 899, führte sie aber nicht über 887 hinaus, obwohl er den König ein Jahrzehnt überlebte. Er legte sie annalistisch an und bot Biographisches in eingeschobenen Episoden, vor allem im letzten Viertel. Wenn er auch durch authentischen Bericht und Wärme in der Schilderung des Königs nützlich ist und anzieht, so fehlt dem Ganzen doch wirklich Gliederung und der Sprache der Schliff.

Verwunderlich wäre, wenn das 10. Jahrhundert nicht die Gattung der
geistlichen Versviten weitergeführt hätte. So bearbeitete der Kleriker FRI-
DEGOD auf Wunsch des Erzbischofs Odo von Canterbury (dorthin hatte
dieser den Leichnam des Erzbischofs Wilfred von York überführen lassen)
dessen dürftige Prosavita frei in c. 1500 Versen; er wandte einen manierier-
ten Stil mit vielen so fremden und seltenen Wörtern an, daß er selber nicht
wenige Glossen beigab. Über den um die Reform so verdienten Bischof
Æthelwold (S. 94), der auch ein kleines Handbuch den Mönchen lateinisch zur Hand gab, fertigte dessen Schüler WULSTAN von Winchester, der
in dieser Stadt während der zweiten Hälfte des 10. Jahrhunderts Mönch
und Kantor oder Vorsänger war, zwölf Jahre nach dem Tod des Lehrers
eine Vita an, die bereits durch Inhalt und historischen Gehalt beträchtlichen Wert besitzt, und schmückte sie durch drei Hymnen; er dichtete
außerdem geistliche Lieder und die ›Vita s. Swithuni‹; seine Sprache ist gewandt und im Stil des Venantius Fortunatus gehalten. Ob die ganz anders
eingestellte ›Vita s. Dunstani‹ (sie ist durch und durch hagiographisch und
bietet nur wenig historische Substanz) dem Byrthferth von Ramsey gehört,
der Ende des 10. Jahrhunderts für den Unterricht gute und relativ selbständige Bücher (Kommentare zu mathematisch-naturwissenschaftlichen Büchern Bedas sowie ein größeres Lehrbuch ähnlichen Inhalts – ›Enchiridion‹ –) verfaßte?

4. DIE IBERISCHE HALBINSEL

Noch im 11. Jahrhundert stand Spanien großenteils unter der Herrschaft der Araber, aber gegen sie kämpfte sich der christliche Norden (S. 23) mit wechselndem Erfolg immer weiter voran, und das Christentum meldete sich im besetzten Land zu – teilweise sehr streitbarem – Wort. Nachdem der siegreiche Pelayo Anfang des 8. Jahrhunderts im Nordwesten das Königreich Asturien gegründet und Alfons I. (739–757) es erweitert hatte, teilten sich seine Söhne das Reich, und León fiel sogar 987–1002 wieder in arabische Hände. Im Nordosten entstand aus der spanischen Mark Karls des Großen Ende des 9. Jahrhunderts die christliche Grafschaft Katalonien. Im 11. Jahrhundert ging die Reconquista vor allem von Kastilien und Aragonien aus. Ferdinand I. gewann León und drang 1064 bis Coimbra vor.

Die muttersprachliche Literatur begann erst nach dem 11. Jahrhundert (S. 184); das verwundert nicht, weil hier die Lateinliteratur zwar bereits in der Antike besonders feste Wurzel gefaßt und Anfang des Mittelalters (S. 20 ff.) erneut aufgeblüht war, dann aber mit dem kulturellen Leben überhaupt durch die in mehr als einer Beziehung fremde Herrschaft seit Anfang des 8. Jahrhunderts bei den Einwohnern in den alten Bahnen fast verschüttet war und in den neuen zunächst nur über geringen Spielraum verfügte. – Die arabische und die hebräische Literatur, die damals auf der Iberischen Halbinsel stark vertreten waren, kommen hier nicht oder nur subsidiär in Betracht.

Für die lateinische Produktion kurz vor und in der zweiten Hälfte des 9. Jahrhunderts sind apologetisch-polemische Schriften charakteristisch; der Kampf gegen die islamischen Herren entbrannte bezeichnenderweise in Córdoba, dem arabischen Zentrum (S. 23). Hauptführer war EULOGIUS, der aus einer vornehmen Familie Córdobas stammte und zum Erzbischof von Toledo gewählt, aber vom Kalifen nicht bestätigt wurde. Er verteidigte das freiwillige Martyrium, das etwa 30 Christen 851–858 auf sich genommen hatten, in drei Werken, besonders im dreibändigen ›Memoriale sanctorum‹, und wurde, als er Mohammed nicht nur darin, sondern auch öffentlich lästerte, 859 hingerichtet. Diese Schriften besitzen trotz ihrer Einseitigkeit nicht geringe Bedeutung als Zeugnisse für christliche Haltung damals.

Eulogius wurde von seinem Freund PAULUS ALBARUS (681†), einem getauften Juden, unterstützt, der Laie blieb und in Córdoba lebte; in seinem

bedeutendsten Werk ›Indiculus luminosus‹ verteidigte er das freiwillige
Martyrium leidenschaftlich mit anderen Gründen. Er beschrieb nach dem
Tod des Eulogius (859†) dessen Leben und Sterben kurz mit warmer Anteilnahme. Mehr Gewicht als seine breite ›Confessio‹ und seine z. T. kul-
turhistorisch wichtigen Briefe besitzen die 12 erhaltenen Gedichte – 7 mit
weltlichen Themen; das längste über die Bücher der Bibel, eins davon ein
asklepiadeischer Hymnus auf den Festtag des Eulogius.

Bemerkenswert noch der dogmatische Streit zweier südspanischer
Geistlicher, die auch politisch verschieden eingestellt waren. Gegen den
Bischof Hostegesis von Málaga, der sich mit den Arabern zu stellen
wußte, aber dem Anthropomorphismus anhing, setzte sich der Presbyter
SAMSON, seit 858 Abt von Pinnamallaria (bei Córdoba), in den drei
Büchern ›Apologeticus‹ leidenschaftlich für die kirchliche Lehre ein und
verlor seine Abtsstellung, wurde aber bald darauf Presbyter in Córdoba.
Wie seine drei Epitaphien, so verdienen auch die acht kleineren Gedichte
CIPRIANS, eines Erzpriesters in Córdoba, nicht nur wegen ihrer äußeren
Fehler kaum der Erwähnung.

Wie sich schon an diesen Beispielen offenbart, wurde die Lyrik seit dem
Arabereinfall dürr, blieb aber am Leben. In der überwiegend religiösen
wurde die mozarabische (S. 23) noch einige Zeit gepflegt, ihre Sprache
verwilderte freilich mit dem 10. Jahrhundert; infolge der Unterdrückung
der mozarabischen Liturgie ging sie um 1090 ganz zurück. Doch im
10. Jahrhundert erwuchs sogar Neues, nämlich die rhythmisch gebauten
Preces dieser Liturgie durch einen anonymen Dichter, der die Sequenzen-
dichtung jenseits der Pyrenäen gekannt und vereinfacht nachgeahmt zu
haben scheint.

5. ITALIEN

a) Zur politischen Geschichte

Die zwanzig Jahre Krieg, die Ostrom vernichtend gegen die Ostgoten führte (535–555), hatten das römische Kernland so verwüstet und geschwächt, daß sich in ihm, zumal die Langobarden schon 568 das obere Italien erobert hatten und für längere Zeit beherrschten, auf lange Sicht eine politische Einheit nicht mehr bilden konnte. Schon damals hatte sich die Verständigung mit den Franken und die Feindschaft gegen Byzanz angebahnt, das um 680 die Langobardenherrschaft förmlich anerkannte. Nachdem es im langobardischen Italien zwischen Romanen und Germanen keine rechtliche Trennung mehr gegeben hatte und kein Verbot der Eheschließung, assimilierten sich die Eroberer, die sich ja lieber auf dem Land als in der Stadt niederließen, an die Eingesessenen; bald starb ihre Sprache aus. Seit dort Karl der Große (781) seinen kleinen Sohn Pippin zum Regenten eingesetzt hatte, bildete dieses Italien (das alte Langobardenreich und das Herzogtum Spoleto) lange ein eigenes Unterkönigtum; dies stand infolgedessen in fast ununterbrochener Zugehörigkeit zum transalpinen Europa stark unter dessen Einfluß.

Von den auf Pippin folgenden Karolingern war Ludwig II., der Enkel Ludwigs des Frommen, 850 vom Papst zum König der Langobarden und zum Kaiser gekrönt worden, hatte relativ selbständig, mit einer eigenen Hofkapelle, regiert und sich in der Hauptaufgabe bewährt, die Sarazenen zu vertreiben, und das sogar aus dem Süden (Bari). Als er 875 kinderlos starb, stritten sich seine Verwandten aus dem Ost- und dem Westfrankenreich und, nachdem mit Karl dem Dicken (887 †) das Karolingerregiment hier beendet war, die Landeskräfte 888–962 um die Krone, grausam und sich aufreibend – vielerorts verlegte die Bevölkerung ihre Wohnsitze von offenen Orten auf sicherere Höhen. Erst mit Otto dem Großen, der sich 951 und 962 herbeirufen ließ, fand das Feudal-Chaos ein Ende; bei seiner Kaiserkrönung 962 wurde durch das ›Privilegium Ottonianum‹ der Kirche Schutz und dem Kaiser die Herrschaft durch das Treueversprechen des Papstes zugesichert und so die neue Ordnung sanktioniert. Aus dem 'Regnum Italiae' wurde nun Reichsitalien. Ottos Sieg über die Ungarn (955 auf dem Lechfeld), die bis vor Rom, nach Pavia und Turin, von Frankreich aus über die Poebene plündernd gezogen waren, befreite auch Italien von dieser Gefährdung; dessen andere Feinde, Sarazenen und Griechen, hielt er in Schranken; das Land blühte auf.

Da die Sohnesfolge der Dynastie mit Otto III. abriß, wurde Heinrich II., dessen Verwandter, Herzog von Bayern, 1002 von weltlichen und geistlichen Großen unter Erzbischof Willigis in Mainz zum König gewählt; in Italien aber wurde im gleichen Jahr von der lombardischen Opposition Markgraf Arduin von Ivrea zum König von Italien erhoben; doch konnte sich Heinrich 1004, ohne ernstem Widerstand zu begegnen, in Pavia zum König wählen und krönen lassen – eine Demonstration gegen Arduin, der schließlich 1014 ganz aufgeben mußte. Heinrich, 1014 zum Kaiser gekrönt, vermochte im Süden die Reichshoheit gegen die Griechen nur zu verteidigen. Italien sank überhaupt von ihm an zum Nebenland der Krone. Konrad II., der wiederum gewählt werden mußte, überwand die Widerstände in Italien (eine Paveser Fürstengruppe suchte in Frankreich, vergeblich, einen Gegenkönig zu finden); ihm machte am Ende seiner Regierung in Italien eine Auflehnung unterer Schichten, besonders von Valvassoren, zu schaffen, wobei er nicht glücklich eingriff. Doch hatte er immerhin mit der Krönung zum König von Burgund (1033) drei Königtümer zu einer Einheit verbunden, unter der das Mittelalter nun das Römische Reich verstand; er hinterließ es beiderseits der Alpen gefestigt.

Heinrich III., dem Süditaliens Fürsten, auch die Normannen die Oberhoheit anerkannten, leitete durch sein Eingreifen in die Drei-Päpste-Wirren 1046/47 eine neue Epoche ein und initiierte eine gesamtkirchliche Reform von Rom aus; er bereitete damit dem Papsttum den Weg zu universaler Wirkung. Schon vorher war seit 1035 die Kirchenreform-Bewegung, die sich nicht nur gegen Mißstände wie die Simonie richtete, revolutionär hervorgetreten; die Auseinandersetzungen, in denen sich religiöse, politische und soziale Gegensätze äußerten, griffen auf Mailand und andere Städte über; dabei fand die niedere Schicht (Pataria) bei der Kurie, der Adel beim Kaiserhof Unterstützung. Und aus den 1072 einsetzenden und sich jahrelang hinziehenden Zwistigkeiten um die Besetzung des erzbischöflichen Stuhles in Mailand (die Pataria stellte Heinrich IV. entgegen einen eigenen Erzbischof auf) entbrannte der sog. Investiturstreit, d. h. der grundsätzliche Kampf um *regnum* und *sacerdotium*, weltliche und geistliche Herrschaft.

Die Nordhälfte Italiens wies zwar dessen größtes Gebiet politischer Zusammengehörigkeit auf, aber Reichsitalien umfaßte nicht einmal das Land nördlich des Apennin ganz; längere Küstenstreifen an der nordwestlichen Adria gehörten nicht dazu: Venedig hatte sich von Byzanz in einer Weise losgelöst, daß seine Eigenständigkeit seit 812, als es Karl der Große Ostrom überlassen hatte, nicht mehr in Zweifel gezogen wurde, und stieg Ende des 10. Jahrhunderts zur Vormacht in der Adria auf. Das Exarchat Ravenna, mit dessen Eroberung der Langobardenkönig Aistulf 751 die byzantinische Herrschaft in Mittelitalien beendet hatte, war zusammen mit der Pentapolis (Rimini – Ancona) durch die Pippinsche Schenkung (754 ff.) dem Papst zugesichert worden und diente zur Grundlage des Kirchenstaates.

Dieses Patrimonium Petri legte einen Gürtel zwischen Tyrrhenischem und Adriatischem Meer in die Mitte Italiens, besaß aber schwankenden Umfang, den größten im 8. und 12. Jahrhundert. Es konnte bis ins 11. Jahrhundert hinein zumeist als dem Deutschen Reich relativ verbunden gelten.

Den dritten Teil Italiens – solche Teilung hatte sich historisch ergeben –, den Süden, versuchten die Ottonen vergeblich ihrem Reich einzugliedern. Als Otto I. 967 ff. seine Macht dorthin auszubreiten strebte, bekam er von Byzanz nur die Fürstentümer Benevent und Capua zugesichert; Otto II. wurde in Kalabrien vernichtend geschlagen. Unter Heinrich II. und Konrad II. konnte nur die Hoheit über die langobardischen Fürstentümer Süditaliens erneuert werden. Von den 570–580 errichteten langobardischen Herzogtümern war Benevent von Karl dem Großen Selbständigkeit zugestanden worden; es verstand sich als Rechtsnachfolger des langobardischen Königtums und trachtete, sich mit Byzanz zu verständigen; 1051 unterwarf es sich Papst Leo IX. und blieb dann im Kirchenstaat. Die byzantinische Herrschaft hielt sich in Apulien und Kalabrien am besten, und zwar bis ins 11. Jahrhundert.

Viel mehr als unter den Überfällen der Ungarn, die plötzlich aufzutauchen und bald wieder abzuziehen pflegten, hatte Italien im 9. und 10. Jahrhundert unter denen der Araber zu leiden. Sie hatten sich seit 827 in Sizilien festgesetzt und es bis 902 ganz unterworfen. Von dort aus stießen sie auf den Kontinent vor, nach Reggio und Tarent oder plünderten Monte Cassino, bauten sogar Stützpunkte nicht nur südlich Gaeta und südlich Salerno, sondern auch an der ligurischen Küste.

Die Normannen begannen wohl gegen 1000 in Süditalien einzudringen, indem eine ihrer Pilgerscharen Salerno gegen die belagernden Sarazenen half. Ihrer wurden mehr und mehr, die sich als Söldner anboten und siedelten. 1030 erwarben sie die Grafschaft Aversa (nördlich Neapel) und damit ihr erstes Territorium in Italien; sie eroberten Kalabrien (zuletzt Reggio 1060) und Apulien (zuletzt Bari 1071), von dort aus ganz Sizilien (1061–1091) und beseitigten damit hier die Herrschaft der Byzantiner, dort die der Sarazenen. Kampanien gewannen sie aber nur z. T., so z. B. nicht Neapel, das bis 1131 selbständig blieb.

b) Der Süden

Die politische Zerteilung und Überfremdung Italiens spiegelte sich natürlich in der Literatur, die wie vorher nur in lateinischer Sprache gehalten war (die volkssprachliche war dazu noch nicht gereift, vgl. S. 80); der Norden stand nicht geringen Grades unter Einflüssen aus deutschen Landen, im Süden regten sich dagegen byzantinische; das meiste blieb mit dem Nächstliegenden des jeweiligen Milieus befaßt, namentlich mit Geschichte und Heiligenlegende.

Im Süden zeichnete sich Neapel in literarischer Tätigkeit aus, was mit seiner schon im 9. Jahrhundert praktizierten Selbständigkeit korrespondierte. Es nahm hauptsächlich dadurch eine Sonderstellung ein, daß es zwischen griechischem Osten und lateinischem Westen vermittelte. Die ›Gesta episcoporum Neapolitanorum‹, in deren erstem Teil der knappe, alte Bischofskatalog u. a. aus dem ›Liber pontificalis‹ des nahen Rom ergänzt worden war, setzte der Diakon JOHANNES (von Neapel) um 900 auf dem Grund der heimischen Tradition für die Zeit von 763–872 fort und stand im Gegensatz zur langobardischen Geschichtsschreibung positiv zur Rolle Roms in seinem Verhältnis zum Frankenreich. Er schrieb mehrere hagiographische Werke und führte in ihnen aus, in welcher Bedrängnis seitens der Araber Süditalien damals leben mußte. Wenn er außerdem zwei Hagiographica aus dem Griechischen übersetzte, so stand er damit keineswegs allein; der Priester Ursus und der Subdiakon Bonitus fertigten je eine solche Übersetzung an, ein Paulus Diaconus zwei (und die einer Canonessammlung), Guarimpotus sogar vier oder fünf. Überdies brachte der Streit um den toten Papst Formosus (891–896) und die Rechtmäßigkeit seiner Weihen fünf Streitschriften hervor, in denen EUGENIUS VULGARIUS und AUXILIUS den regierenden Papst Sergius III. (904–911) angriffen; dazu dichtete ein Anonymus später die ›Invectiva in Romam‹ und klagte darin Rom und Papst Johannes X. (914–928) an.

Jener Eugenius Vulgarius, der Anfang des 10. Jahrhunderts schrieb, in Versen und kleinen Prosastücken gern mit Gelehrsamkeit und Dialektik spielte, offenbarte in über 30 Gedichten eine für Italien ungewohnte Schulung schon darin, daß er kunstvolle Metra verwandte und sogar eine Verspyramide (mit Prosa-Erklärung) aufbaute. Durch sie und durch drei Gedichte in seltenen Versmaßen wollte er dem byzantinischen Kaiser imponieren. – Von byzantinischer Gesinnung zeugen die zwölf Distichen ›Versus Romae‹; in denen feierte ein Anonymus am Ende des 9. Jahrhunderts das neue Rom, das Namen und Ehre vom alten geerbt hätte.

Noch mehr östliche Beziehungen werden durch den Archipresbyter LEO sichtbar, nicht nur dadurch, daß er im Prologus seines berühmten Buches ›Geburt und Sieg König Alexanders des Großen‹ berichtete, wie er, von seinen Herrn, den Herzögen von Kampanien, nach Byzanz geschickt, dort bei der Büchersuche den alten griechischen Prosaroman fand, aber auch, welch reges literarisches Treiben an jenem Hof herrschte. Die lateinische Übersetzung, die er im Auftrag des Fürsten Johannes III. von Neapel um 960 daheim anfertigte, gelangte erst durch die sprachlichen und sachlichen Bearbeitungen zu enormer Verbreitung und wurde so nicht die einzige, wohl aber wichtigste Quelle des 11.–13. Jahrhunderts für die mittelalterlichen Alexanderbücher in den verschiedenen Sprachen, weil darin kein historisches, sondern ein romanhaft und populär sensationelles Bild gemalt war.

Der Mönch JOHANNES VON AMALFI (südlich Neapel) wurde um 1000 zur Übersetzung aus dem Griechischen durch einen anderen Kreis süditalienischer Adliger angeregt und das in der oströmischen Hauptstadt. Graf Pantaleon, welcher der dortigen Kolonie Amalfis vorstand, beauftragte ihn, Wundergeschichten, die man im Latein noch nicht vorfand, aus dem Griechischen wiederzugeben; deren 42 stellte jener im ›Liber de miraculis‹ zusammen. Als andere Amalfitaner dort klagten, über die hl. Irene schlecht informiert zu sein, übersetzte er ihre Vita; er ergänzte, nachdem er Näheres über den Tod des hl. Nikolaus *in archivis et emendatis codicibus* gefunden hatte, die Übersetzung des Diakons Johannes aus Neapel (S. 102).

Aus der natürlich nicht fehlenden Geschichtsschreibung muß das ›Chronicon Salernitanum‹ (vor 981) genannt werden, ein umfänglicheres Werk über die langobardischen Fürstentümer Süditaliens, das auf der ›Historia‹ des Paulus Diaconus (S. 16) aufgebaut ist. Der Verfasser, ein Mönch aus dem St.-Benedikt-Kloster in Salerno, hatte sich sehr um schriftliche und mündliche Quellen bemüht, aber sie nicht verarbeitet; er strebte nach anziehender Unterhaltung, war an Belesenheit und Schulung den zwei zuletzt genannten Autoren überlegen und das auch in seiner Sprache. Wenn er freilich in ihr von grammatischer Norm abwich, so übertrafen ihn darin andere Chronisten selbst in Norditalien. Auch der Archipresbyter Leo und Johannes von Amalfi schrieben eine nicht kultivierte, vulgär gefärbte Sprache.

c) Rom und Umkreis

Nach Anastasius und Johannes ging die Literatur so kleine Schritte, daß aus den Übersetzungen, hagiographischen und historischen Schriften sowie Versen hier nichts vermerkenswert ist – ›Liber pontificalis‹ wurde über 150 Jahre lang unterbrochen. Das ›Chronicon‹ des BENEDIKT VON ST. ANDREA, einem Kloster auf dem Monte Soratte c. 30 km nördlich Rom, ist (nach 972) schon in der grammatisch ungezügelten Sprache ein Curiosum, nicht minder in der mangelhaften Stoffverarbeitung, in der z. B. das Kloster zu oft vorgedrängt wird; der Mönch bringt Sagenhaftes, das Karl den Großen preist, äußert aber 'nationalen' Stolz, indem er z. B. am Schluß das Eingreifen Ottos I. an der Kurie und den Niedergang Roms

erregt beklagt. Ein viel höheres Niveau erreichte JOHANNES CANAPARIUS
(gegen 1000) mit der Vita Adalberts von Prag; er hatte im Kloster SS. Bo-
nifacio ed Alessio (auf dem Aventin), als dessen Abt er 1004 starb, Adalbert, der 997 den Märtyrertod in Preußen erlitten hatte, zum Mitbruder
gehabt, er verschaffte sich gute Quellen und schrieb engagiert eine detail-
lierte Biographie, zu deren Vorzügen auch ein vortreffliches, manchmal
gehobenes Latein gehört.

Da bei dem durch Heinrich III. und seine Päpste tief und weit ausgelö-
sten geistigen Wandel das Papsttum die Führung übernahm, wurde Rom,
die Reformkurie also, zum Zentrum der literarischen Tätigkeit. Nachdem
jener Kaiser 1046 dem Streit der Adelsgeschlechter um den Papstthron ein
Ende bereitet und mit den vier deutschen Päpsten von 1046–1054 die
Kirchenreform auch in Rom gesiegt hatte, fand der Kampf um sie dort literarischen Niederschlag. Von Leo IX. (1049–1054), der länger als die drei
anderen zusammen regierte und am stärksten wirken konnte, wurde der
Mönch HUMBERT aus dem Vogesenkloster Moyenmoutier an die Kurie
mitgenommen, als Prälat ins Kardinalskollegium eingeordnet und zum
Bischof von Silva Candida gemacht, von Stephan IX. (1057–1058) zum
Bibliothekar an der Kurie und damit zum Vorsteher der päpstlichen Kanzlei. In seinem dreibändigen Hauptwerk ›Contra Simoniacos‹ (zwischen
1057 und 1061) ging er ein Zentralproblem der Kirchenreform an, die Simonie und die Gültigkeit der Weihen simonistischer Bischöfe und verfocht
die radikalste Ansicht der gänzlichen Ungültigkeit. Wenn er auch nicht zuletzt derentwegen wenig Verbreitung fand, so kann man doch darin eine
fundamentale Programmschrift sehen, zumal der Rechtskundige kanonische Rechtsquellen heranzog und erörterte.

Der berühmteste Frühreformer aber wurde der in Ravenna geborene
PETRUS DAMIANI (1007–1072); in das Eremitenkloster Fonte Avellana (in
einem umbrischen Apennintal) eingetreten, dort seit 1043 Prior und bald
Abt, stritt er auf breiter Front gegen Simonie und für Zölibat, für höhere
Moral auch in der Weltgeistlichkeit. Schon Leo IX. gab ihm hierzu Beistand, der erste Mönchspapst Stephan IX. (1057–1058) holte ihn zu sich,
indem er ihn 1057 zum Kardinalbischof von Ostia machte; er diente den
Päpsten bis zuletzt und erledigte verschiedene Aufträge auch im Ausland.
Als unter Leo IX. mehrere Synoden über die Gültigkeit von Simonisten-
Weihen zu keinem Ergebnis gekommen waren, schrieb er 1052 den ›Liber
gratissimus‹ und verfocht die auf Augustin fundierte Ansicht, daß das Sakrament der Weihe und ihre Gültigkeit von der Würdigkeit des Weihen-
den unabhängig wären. Daß er von der übertriebenen Dialektik nichts
wissen wollte, geht aus seiner theologisch wichtigsten, kleinen Schrift ›De
divina omnipotentia‹ hervor.

An dieser Stelle soll von seinem umfangreichen, vielseitigen Schrifttum,

von dessen Bedeutung und Wert für die Literatur im engeren Sinn nicht
gesprochen werden. Die erwähnten Schriften der beiden genügen hier für
den Hinweis, daß mit ihnen in Rom schon bald nach der Mitte des
11. Jahrhunderts die Literatur aufs kräftigste belebt und der Anbruch einer
neuen Epoche angekündigt wurde. Beide Autoren, der eine wohl ein
Reichsromane, der andere ein Oberitaliener, verfaßten in innerer, z. T.
auch äußerer Nähe der Kurie erste programmatische Schriften zur Kirchenreform. Zugleich wird an Petrus Damiani offenbar, daß die Schulen
in Oberitalien viel besser als vorher waren und ihm eine gute Grundlage
für sein umfängliches Wissen gaben; sie waren es vielleicht auch, die seinen künstlerischen Sinn auf den rhythmischen Schmuck der Prosa durch
den Cursus lenkten; er war der erste Briefschreiber, der den seit dem
6. Jahrhundert fast verschwundenen Cursus wieder stark durchführte.

d) Der Norden

Im Norden Italiens waren vom Karolingerhof selbst unter Ludwig II.
(850–870) keine literarischen Anregungen ausgegangen, über ihn und
seine Herrschaft war kein eigenes Werk geschrieben worden – nur hatte
ein Anonymus in einem elfstrophigen Rhythmus seiner Anteilnahme an
dessen verräterischer Gefangennahme 871 aufrichtigen Ausdruck in freilich mangelhafter Sprache verliehen. Später fand nur ein einziger Regent
des Regnum Italiae, Berengar I. von Friaul, Kaiser 915–924, eine besondere Darstellung durch einen Dichter, der ihn in vier Büchern mit 1058
Hexametern (›Gesta Berengarii imperatoris‹) besang, mehr panegyrisch
als historisch; in der allein geschilderten Spanne von der Erhebung zum
König (888) bis zur Kaiserkrönung (915) schied er aus, was jenem an Abträglichem durch seine erfolgreichen Gegner Wido von Spoleto und Ludwig von der Provence widerfahren war; damit stellte er zwar das Ganze
unter eine beherrschende Idee, verlieh ihm aber einen unechten Glanz;
seine nicht gemeisterte Sprache weist erhebliche Gelehrsamkeit und zu
viele antike Reminiszenzen und Versübernahmen auf.

Weder in Pavia, das über das Langobardenreich hinaus Hauptstadt geblieben war und bedeutendes Ansehen vielfacher Art besaß, noch in Mailand, wo die in Italien gestorbenen Karolinger Pippin und Ludwig begraben lagen, wo Wirtschaft und geistiges Leben in Blüte standen, kam es im
9. Jahrhundert zu einer Bistumsgeschichte oder einem hier erwähnenswer-
ten Werk.

Im 10. Jahrhundert fällt zunächst ein zeitkritischer Theologe auf, ATTO,
Sproß einer begüterten langobardischen Familie, Bischof von Vercelli
924–961. Nachdem er im Paulus-Kommentar, von dem er nur den ersten

Teil selber verfaßte, relativ selbständig vorgegangen war, führte er in den
drei Büchern ›De pressuris ecclesiasticis‹ recht lebendige Klage über Mißstände in der Kirche, dabei die Mächtigen angreifend, und in dem kurz
vor dem Tod geschriebenen ›Polipticum, quod appellatur perpendiculum‹
über solche im Staat, speziell die Gewaltherrschaft und ihre schlimmen
Auswirkungen. Trotz seiner scharfen Kritik an kirchlichen, staatlichen
und sittlichen Zuständen stritt er noch nicht wie die (späteren) Gregoria-
ner für die Reform der Kirche, sondern für ihre moralische Erneuerung;
sehr merkwürdig ist in beiden Fassungen der Stil, den er besonders durch
Worttrennung in der einen, durch Glossenwörter in der andern bewußt erschwerte.

Während Atto die Kaiserkrönung Ottos I. nicht mehr erlebte und den
Einzug des deutschen Königtums nur mehr am Rande, zog es andere Italiener zu den Ottonen, so auch ihren größten Schriftsteller in diesem Säcu-
lum an den Hof Ottos I., Liudprand von Cremona, so daß er besser an anderer Stelle einzuordnen ist (S. 135).

Aus dem 11. Jahrhundert kann hier die von einem Mönch 1027 bis
gegen 1050 niedergeschriebene ›Chronik von Novalese‹ (westlich Turin)
nur deswegen genannt werden, weil darin Volksüberlieferung in Sage und
Lied aufgenommen ist – aus dem ›Waltharius‹ Ekkeharts I. von St. Gallen
sind V. 93–577, mit Prosaüberleitungen versehen, z. T. wörtlich zitiert; mit
diesem Walther aus dem Nibelungensagenkreis ist ein anderer Walther
kombiniert, der einer Lokalsage, der Gärtnermönch des Klosters und ein
alter Haudegen gewesen ist.

In Venedig begann die Historiographie erst nach dem 10. Jahrhundert.
Am bedeutendsten ist zunächst das ›Chronicon Venetum‹; zu Beginn des
11. schilderte der Diakon JOHANNES, Vertrauter des Dogen Petrus II. Or-
seolo, die Geschichte der Stadt von ihren Anfängen bis 1008 recht ausführlich in schlichtem Stil, blickte dabei über die Stadtmauern nach
Ostrom und auf die Ottonen, von denen ihm Otto III. nähergestanden
hatte.

Aus Mailand, das zur größten und wirtschaftlich bedeutendsten Stadt
Oberitaliens wuchs, verdient kaum die sogenannte ›Datiana historia‹ aus
der ersten Hälfte des 11. Jahrhunderts erwähnt zu werden, eine tenden-
ziöse Kampfschrift gegen Ravenna, deren Verfasser vor Fälschungen nicht
zurückschreckte. Hier stieg das Bürgertum, für das Abendland zum ersten
Mal, kämpferisch in die Politik ein; das veranlaßte den aus der obersten
Schicht Mailands stammenden Kleriker ARNULF zur Niederschrift seiner
›Gesta archiepiscoporum Mediolanensium‹ die er von 925 erst bis 1072
führte, dann in zwei Fortsetzungen bis 1077; trotz seiner konservativen
Grundhaltung suchte er den Gegnern, den Patariern und ihrem Führer
Ariald, Gerechtigkeit widerfahren zu lassen, achtete Kirche und Papsttum

gebührend, gab die Selbständigkeit der Mailänder Kirche verloren und erkannte die deutsche Herrschaft an.

Der Kampf um die Kirchenreform (S. 104), in den auch dieser Raum
hineingezogen wurde, fand hier gegensätzliche Streiter. Die reichstreue
Seite vertrat BENZO, der wohl Kaplan am Hof Heinrichs III. gewesen und
dann Bischof von Alba (südöstlich von Turin) geworden war; er zeigte
kein Verständnis für die Reformideen, auch nichts Zukunftsträchtiges.
Nach Gregors Tod (1085) stellte er Prosaschriften, Briefe und Gedichte in
sieben Büchern zusammen (von denen hatte er einige früher herausge-
bracht, Stücke des 2. und 3. Buchs schon 1062–1065 verfaßt) und widmete
sie Heinrich IV., für den auch ein preisender Rhythmus von 80 Fünfzehnsilblern, nach der Vorrede eingeordnet, bestimmt war: Der Kaiser sollte
an seine Taten erinnert werden, denen besonders Gedichte des 5. Buches
galten. Benzos Gelehrsamkeit spricht aus den antiken Namen und Zita-
ten, griechischen Lehnwörtern, seine artifizielle Bemühtheit aus dem verschiedenen Bau der Rhythmen und dem starken Reim besonders in der
Prosa.

Für die gregorianische Sache dagegen focht der Lombarde BONIZO, der
als Anhänger Gregors VII. sein Bischofsamt in Sutri (seit 1075?) kaum auszuüben vermochte und dessen unbesonnenes Auftreten als Bischof von
Piacenza zur Blendung und Verstümmelung führte. Im 1085 oder 1086 geschriebenen Hauptwerk, ›Liber ad amicum‹, beantwortete er die zwei
Fragen des *amicus* durch eine Geschichte der christlichen Kirche in neun
Büchern, deren letzte vier durch ihren memoirenhaften Charakter an Bedeutung gewinnen: Durch Verfolgung werde die Kirche wirklich frei, der
Christ dürfe für seinen Glauben mit den Waffen kämpfen. Auch in den
übrigen nach der Blendung entstandenen Schriften überwiegen die grego-
rianischen Anschauungen, durch seine Gedanken über die weltliche
Reichsordnung eigen gefärbt.

An Lyrik, Epitaphien, Hymnen und dergleichen, überhaupt an kleiner
Versdichtung hat es auch im nördlichen Italien nicht gefehlt. Da sie vorwiegend anonym und nicht autograph erhalten ist, lassen sich selten Zeit
und Ort ihrer Entstehung bestimmen und das öfter selbst dann nicht, wenn
beides weit gespannt wird. So streitet man sich bei dem berühmten Hymnus auf Petrus und Paulus *O Roma nobilis, orbis et domina*, ob er ins 10.
oder 11. Jahrhundert, ob er nach Verona oder Monte Cassino gehört. Selten ist eine Bestimmung möglich wie bei den 13 Distichen *Sancta Maria,
quid est? Si celi climata scandis* auf die Feier von Mariä Himmelfahrt des
Jahres 1000 in Rom – im Schlußgebet wird Otto III. gepriesen.

Mit jenem Herrscher war LEO VON VERCELLI (c. 965–1026) durch gleiche politische Anschauungen verbunden; dieser Italiener, der zuerst 996
an dessen Hof bezeugt ist und seit 998 Bischof von Vercelli war, sicherte

auch für Heinrich II. und Konrad II. die deutsche Herrschaft in Italien, und zwar so, daß Benzo von Alba (S. 107) ihn seiner Zeit, der Zeit eines erniedrigten Kaisertums, als Vorbild vor Augen hielt. In einem der bisher bekannten vier Gedichte befaßte er sich kurz (6 Distichen) mit der Ermordung seines Vorgängers Petrus von Vercelli (7.3.997); in etwa 450 metrischen Adoniern an den Markgrafen Hugo von Tuscien spann er die Fabel vom Esel in der Löwenhaut lehrhaft und humorig aus, heute freilich nicht mehr genügend ausdeutbar. Die beiden anderen Gedichte mit demselben seltenen Versmaß (von je 3 Fünfzehnsilbern) gelten Otto III.; die 12 Strophen ›De Gregorio papa et Ottone augusto‹, zwischen März 998 und Februar 999 verfaßt, preisen nicht nur die Wiedereroberung Roms, sondern verkünden in wohlabgewogenen Worten das Programm des Kaisers; die 14 Strophen ›De Ottone et Heinrico‹ bieten die ergreifende Totenklage auf Otto III. und begrüßen Heinrich II., dabei zugleich schon die für die nächste Zeitspanne geltenden politischen Wünsche vortragend.

Für Heinrich IV. setzte sich BENZO VON ALBA (vgl. S. 107) auch in Versen ein; so widmete er die des 6. Buchs seiner Sammlung dem erfolgreichen Romzug 1081–1084, stellte im 4. Buch die Briefepisteln an lombardische Bischöfe zusammen und im letzten seine Bittgedichte an den Kaiser.

6. WESTFRANKENREICH / FRANKREICH

a) *Zur politischen Geschichte*

Aus den Teilungen des karolingischen Universalreichs gingen durch die Verträge von Verdun 843 und Meerssen 870 schließlich zwei Teilreiche hervor, die nie mehr in die frühere Einheit zurückfanden. Die Wiedervereinigung unter Karl III. (885–887) ging schnell vorüber; seine Unfähigkeit und die durch den Reichstag zu Tribur erzwungene Abdankung mußten sich praktisch dahin auswirken, daß die Zweiteilung nun endgültig zu sein schien. Obwohl zur Aufteilung wohl in erster Linie dynastische Interessen geführt hatten, kamen zwei Staaten zustande, deren jeder sich deswegen immer mehr stabilisieren konnte, weil die Substanz jeweils zur selbständigen Existenz stark genug und die eine von der anderen im wesentlichen verschieden war, hier vorwiegend romanisch, dort vorwiegend germanisch. Das letzte wurde bereits vor dem ersten Teilungsvertrag in den Straßburger Eiden (842) offenbar, in denen sich die Herrscher der beiden Reiche vor ihren Heeren zur gegenseitigen Unterstützung verpflichteten, und zwar jeder in der Muttersprache des andern, Ludwig der Deutsche *romana lingua*, Karl der Kahle *teudisca lingua* – damit machte sich jeder vor dem Heer des andern verständlich und bekräftigte so Vertrauen wie Verpflichtung.

Karl dem Kahlen gelang es in langer Regierung (843–877), sein Westfränkisches Reich zu festigen, und das im Innern bereits durch den Vertrag von Coulaines (843), in dem sich das Königtum mit dem Adel und dem Klerus zur Herrschaftsausübung zwar nicht sehr eng, immerhin aber so verband, daß schwere Belastungen wie äußere und innere Kriege den Verbund nicht schwächten. Zwar mußte Karl mehrere Rückschläge einstecken, so den Verlust der Bretagne, die nun durch Jahrhunderte unabhängig blieb; doch kann seine Regierung positiv beurteilt werden, zumal er 875 vom Papst zum Kaiser gekrönt wurde und auch, weil er seinen Hof zum kulturellen Mittelpunkt machte (S. 72 ff.). Sein Sohn, König Ludwig II. der Stammler (877–879), hatte wieder unter den verheerenden Angriffen der Normannen zu leiden; dessen Sohn, Ludwig III. (879–882), besiegte sie zwar bei Saucourt, das verhinderte aber weitere Einfälle nicht. Erst Karl III., der Einfältige (898–923), errang 911 den entscheidenden Sieg über sie, erkannte freilich einem Teil von ihnen unter Rollo die Normandie als Lehen zu, an deren Besiedlung sie sich schon Jahre zuvor gemacht hatten.

Die Schwäche des Königtums offenbarte sich nicht zuletzt darin, daß die Karolinger mehrmals von der Thronfolge ausgeschlossen wurden, und zwar durch das Geschlecht der Robertiner (Kapetinger). Und das geschah nicht nur nach Karl III. durch Graf Odo von Paris, der Paris 886 vor den Normannen gerettet hatte, sondern auch durch Graf Robert von Franzien (922–923) und dessen Schwiegersohn Graf Rudolf von Burgund (923–936). Dazwischen und danach gelangten wieder Karolinger auf den Thron, als letzter Ludwig V. (986–987). Deren Schwäche trat auch darin hervor, daß der deutsche König Otto I. dem König Ludwig IV. (936–954) gegen seinen übermächtigen Vasallen Hugo Magnus von Franzien 946 zu Hilfe eilen, 948 einen neuen Feldzug gegen jenen durchführen lassen und schließlich 950 den Frieden vermitteln mußte.

Mit Hugo Capet, Herzog von Franzien, der 987 auf der Wahlversammlung in Senlis gewählt und in Noyon gekrönt wurde, stieg ein Geschlecht auf den Thron, das bis 1328 in direkter Nachfolge regierte, dann in der Nebenlinie des Hauses Valois bis 1498. Damit war das Land endlich von dem langen, bedrückenden Rivalenkampf zweier Geschlechter befreit, bei dem die Adelsgefolgschaft hin und her gewechselt hatte. Der Adel hatte in dem langen Ringen mit den Normannen sehr an Macht gewonnen, die dabei errichteten Festungen zu wuchtigen Residenzen ausgebaut, und das nicht zuletzt auf Kosten königlichen Gutes und Rechtes. Dagegen war die Hausmacht des Hugo Capet auf den Raum um Paris und Orléans beschränkt worden, und er konnte sich kaum auf ein Viertel der westfränkischen Bistümer stützen. Hugos Nachfolger, Robert II. der Fromme (996–1031), vermochte das Herzogtum Burgund gegen jahrelangen Widerstand als Krondomäne zu gewinnen, und Heinrich I. (1031–1060) gelang es, sich durch beharrliche, bedachte Realpolitik gegen innere und äußere Bedrohungen zu behaupten, des weiteren die Hausmacht zu festigen und einen treuen Bundesgenossen in Graf Balduin V. von Flandern an sich zu ziehen, der nach Heinrichs Tod für dessen unmündigen Sohn Philipp die Regentschaft führte. Dieser Philipp I. (1060–1108) konnte keine Erfolge für die Krone erringen, mußte sich vielmehr mit dem schon an sich mächtigen Vasallen, dem Herzog Wilhelm von der Normandie, abfinden, als der in kühnem Übersetzen über den Kanal 1066 (S. 152) das englische Königreich hinzugewann – daraus mußte eine sehr ernste Gefahr für das französische Königtum hervorgehen, wie damals schon vorauszusehen war.

b) Die lateinischen Autoren

Die Lateinliteratur in Westfranken lief bis über die Mitte des 11. Jahrhunderts in den während der Karolingerzeit eingeschlagenen Bahnen weiter und brachte zwar einiges recht Anerkennenswerte hervor, jedoch nichts wesentlich Neues wie das östliche Bruderreich, dort sogar in mehr als einer Hinsicht (vgl. S. 125); auch darin unterschieden sich die beiden Literaturen, daß in der westlichen kein König wieder in solchem Maße wie Karl der Kahle das Schaffen anregte und Schreibende an sich zog, daß dagegen im östlichen Reich dies sowohl um die Mitte des 10. wie des 11. Jahrhunderts der Fall war.

Wie sich aus den Geschehnissen leicht versteht, erhielt die Historiographie lockende Anregungen genug, nicht zuletzt durch die Normanneneinfälle. Deren Belagerung von Paris (885/86) schilderte der Presbyter Abbo vom Kloster St-Germain-des-Prés (bei Paris), der sie miterlebte; er führte das in den etwa 1000 Hexametern schon durch die Details aufschlußreich und nicht farblos aus und beendete das zweite Buch mit annalistischem, nicht auf die Normannen beschränktem Resümee über die Jahre 887–896 und mit Anklagen gegen König Odo (888–898) und gegen die *Francia*. Weisen schon diese zwei Bücher Mängel in inhaltlicher, noch mehr sprachlicher Hinsicht auf, so ist das weit mehr beim kurzen dritten Buch (150 V.) der Fall: Mit aneinandergereihten Lebensregeln steht es ganz für sich (es ist in einer Reihe Handschriften für sich überliefert) und nicht weniger durch seine mit gespreizter Gelehrsamkeit übersättigte Sprache.

Daß die Normannen mit jener Konsolidierung an der unteren Seine und der anschließenden Ausdehnung nach Westen zur Halbinsel Contentin Außergewöhnliches errungen hatten, führte dazu, daß der dritte Herzog der Normandie, Richard I., und nach seinem Tode dessen Verwandte drängten, ›Sitten und Taten‹ dieser Normannen aufzuzeichnen, und zwar Dudo von St. Quentin, den dieser Richard als Träger einer diplomatischen Mission kennengelernt hatte. Der schrieb um 1020 über die Anfänge legendenreich (Buch I), dann aber über die ersten drei Herzöge, über Rollo (II; vgl. S. 101), Heinrich und Richard (III), hauptsächlich nach mündlicher Überlieferung und damit die erste zusammenhängende Darstellung dieses Themas; sie diente den späteren Normannen-Geschichtsschreibern, die nach der in Sieg und Auswirkung fast unglaublichen Schlacht von 1066 zur Feder griffen (S. 152), als Grundlage, neben der sie keine ähnliche zur Verfügung hatten. Die historische Wahrheit aus den pragmatischen Teilen herauszufinden, hatte Dudo vor allem dadurch erschwert, daß er sich bemühte, über und gegen die Wahrheit die Hauptpersonen mit schwülstigem Lob zu erheben; mit Gedichten, in denen er mit den seltenen Versmaßen, namentlich denen des Boethius, brillierte, überschüttete er das Ganze (inmitten des 3. Buchs z. B. ließ er die Musen die Christlichkeit von Herzog Wilhelms Nachfolger jeweils mit eigenem Poem und Versmaß besingen). Außerdem offenbarte er seinen Mangel an geistiger Kraft durch zu häufige Wiederholung von Wort und Sache, überhaupt durch zu breite, eintönige Darstellungsweise.

Inzwischen hatte Dänemark, von wo ja die Normannen nach Nordfrankreich ausgefahren waren, durch Knut den Großen (1018–1035), der 1016 König von England und 1028 König von Norwegen geworden war, die Höhe seiner Machtausdehnung erreicht. Knuts zweite Gemahlin Emma, Tochter jenes Rudolf von der Normandie, forderte einen bisher mit Namen nicht bekannten MÖNCH VON ST. OMER (Département Pas-de-Calais) auf, die ›Gesta Cnutonis regis‹ aufzuzeichnen – der war dem König begegnet, als er das Kloster besuchte, und später sicherlich der Witwe, als sie nach Flandern hatte fliehen müssen. Wenn der Mönch auch mit ihrem Lob, auf das es ihm vor allem ankam, das ganze Werk durchzog, so schilderte er doch zur Hauptsache die Geschichte der vier dänischen Könige, die auch über England herrschten, die Knuts in der Mitte, wohl um 1042. Den Pflichten des Geschichtsschreibers, von denen er in der Widmung sprach, kam er auf seine Art nach, indem er, was ihm nicht hineinpaßte, wie Emmas erste Ehe mit König Ethelred II., wegließ und das Wichtige nur in ausgemalten Einzelheiten wie Hochzeits- oder Schiffsbeschreibung vorführte.

Was in der Periode des 'Aufbaus' aus der Literatur Frankreichs durch Umfang und Thema herausragt, sind zwei geistliche Epen. Das eine, die sieben Bücher ›Occupatio‹, dichtete ODO als Abt VON CLUNY (927–942). Sohn eines fränkischen Adelsgeschlechts in Le Mans, Kanoniker und Lehrer in Tours, hatte er sich, durch das zu weltliche Treiben erregt, die Benediktinerregel selber auferlegt, war Mönch in dem von Berno streng regierten Kloster Baume / Burgund und dann dessen Nachfolger in dem 910 gegründeten Cluny – die von Berno eingeleitete, immer weiter greifende Reformbewegung stärkten er und vier auf ihn folgende Äbte so nachhaltig und wirkungsvoll, daß sie als Heilige verehrt wurden. In Tours mit Schreiben beginnend, hatte er Aussprüche der Väter (›Liber Regum‹) zusammengestellt, die sechs Bücher ›Moralia‹ Gregors des Großen in eins zusammengezogen und ähnlich aus jenen und anderen Quellen zum Thema das Schlechte (und die Schlechten) in der Weltordnung Gottes die schließlich auf drei Bücher angewachsenen ›Collationes‹ erarbeitet, das letzte Buch namentlich auf Tröstung der Betrübten hin angelegt. Die ›Occupatio‹ nun deklarierte man im Mittelalter einmal als metrische Fassung der ›Collationes‹; deren Grundgedanken begegnen ja auch in ihr wieder, werden aber ganz anders behandelt, vor allem als Grundlage in der zusammenhängenden Entwicklung der Heilsgeschichte. So wird der Bogen in sechs Büchern gespannt von der Erschaffung der Engel und des Menschen über den Verlust des Paradieses, der Gottesnähe und der immer ge-

fährlicheren Verstrickung in Sünde zum Erlösungswerk Gottes, zur Inkarnation in Christus und zur Gründung der christlichen Kirche. Im 7. Buch
werden die Laster der Gegenwart gegeißelt, doch Lohn für ihre Bannung
durch die Tugenden verheißen. Das Tatsächliche der Heilsgeschichte wird
vorausgesetzt, sie wird moralisch, allegorisch ausgelegt. Odo trachtete in
seiner Sprache durch Seltenheit in Bedeutung und Wort zu glänzen; der
andere Epiker bemühte sich um Faktizität und Präzision – und verfaßte im
übrigen auch außer Antiphonen in Prosa Hymnen, von denen vier auf
St. Martin überliefert sind, zuletzt eine Biographie des Grafen Gerald von
Aurillac, deren Ausführlichkeit nicht zuletzt auf den vielen kleinen eingeschalteten Erzählungen und Wundern beruht.

Dieses zweite Epos ›De triumphis Christi sanctorumque‹, das übrigens
wie das besprochene nur in zwei Handschriften tradiert ist, schuf FLODO-
ARD (966†), der gegen 894 in Epernay bei Reims geboren war und nach
guter Ausbildung in der Kathedralschule von Reims dort Kanonikus, Archivar und Mitglied des Domkapitels wurde. Die Dichtung über die Heilsgeschichte, wohl gegen 940 beendet, unterscheidet sich von der Odos
gründlich (die Flodoard vermutlich kannte) – schon die äußere Durchführung des Grundthemas macht das deutlich. Drei Gedichtzyklen begreifen
die drei historischen Etappen des Christentums (von Christus, dem nur das
erste Kapitel Raum gibt, bis zu Papst Leo VII., 936–939), der erste mit 50
Gedichten in drei Büchern die Taten Christi und der ersten Heiligen in Palästina (und Jerusalem), der zweite mit 27 in zwei Büchern über die Heiligen in Antiochia, wohin die Christen in der Zeit ihrer ersten Verfolgung
flohen und wo der erste Stuhl Petri errichtet wurde, und der dritte mit 224
in 14 Büchern über Heilige in Italien, vor allem Rom (129 Päpste); bei den
meisten Gedichten herrscht die chronologische Anordnung vor. Bezeichnend in dieser Hinsicht ist auch, daß Flodoard historische Quellen in Fülle
benutzte – z. B. den ›Liber pontificalis‹; er verschaffte sich sogar eine Abschrift der Papstepitaphien (er dürfte derentwegen die Romreise 936/7
unternommen haben) und arbeitete sie kritisch ein. Wie das Thema (die
siegreichen Kämpfe der Heiligen) und seine Anlage zum historischen
Epos passen, so auch der Stil. Wenn es auch Kapitel mit nur wenigen, sogar nur drei Versen gibt, so ist das zumeist durch zu schmales Quellenmaterial begründet und wird von der epischen Ausmalung sonst (Kapitel mit
bis zu fast 800 Versen) überragt. Die im 4. Jahrhundert kraftvoll begonnene, beispielgebende christliche Epik des Juvencus, Sedulius, Prudentius
(und Arator) überhöhte Flodoard durch zusätzliches Einbeziehen von
Jahrhunderten, durch den um ein Vielfaches größeren Umfang. Auch er
wollte Trost spenden, und zwar mit der durch die Siege der Heiligen ge-
weckten Hoffnung auf die Erlösung durch Gott.

Die starke Neigung zur Geschichte und zu ihrer dokumentierten Dar-

bietung, die bereits in diesem Epos durchschlug, hatte Flodoard schon
vorher zur Historiographie geführt. In den ›Annales‹ gab er Jahresberichte
von den größeren, aber auch kleineren Ereignissen in Frankreich – auch
Deutschland, besonders Lothringen einbeziehend – von 919–966 vorwiegend gleichzeitig mit den Geschehnissen; darin zeichnete er sich durch
den Reichtum des Erfaßten und sein ernstes Streben nach Wahrheit und
Genauigkeit aus. Dieses Mühen führte ihn in der Anfang der 50er Jahre
vollendeten ›Historia Remensis ecclesiae‹ streckenweise so weit, daß er
von Geschichtsdarstellung zur Aneinanderreihung von wörtlich oder re-
gesthaft mitgeteilten Quellen überging. Die Reihe der Reimser Bischöfe
führte er von den legendenhaften Anfängen, so vom ersten, dem Petrus-
schüler, bis zu denen seiner Zeit, bis 948; das dritte der vier Bücher widmete er Hincmar (S. 73) und stellte im zweiten Teil in mühevoller Arbeit
eine mächtige Regestensammlung aus dem Archiv her, die über diesen
Kirchenfürsten einzigartig unterrichtet. In den beiden Geschichtswerken
setzte also Flodoard die karolingische Tradition fort, ohne sich über sie
herauszuheben; in der Großdichtung überstieg er das im christlichen Epos
Geleistete im Volumen um ein Vielfaches, nicht aber in der poetischen
Qualität.

Während der letzten Dezennien des 10. Jahrhunderts wirkte in das geistige Leben, und nicht nur in dieses, GERBERT VON AURILLAC (nach
940–1003) auffallend hinein, freilich wenig durch das geschriebene Wort,
jedoch sehr viel durch das mündliche im Unterricht, in Anregung und Be-
ratung bis zum Kaiser hinauf. Der in Aquitanien Geborene erwarb sich
überdurchschnittliches Wissen (machte sich in Spanien mit den Spezial-
wissenschaften der Araber vertraut) und glänzte damit in der Disputation
mit dem Magdeburger Magister Ohtricus 980 in Ravenna (vor Kaiser
Otto II.), machte als Lehrer die Domschule von Reims berühmt, an der er
z. B. Musik als Lehrfach einführte und astronomische Lehrapparate baute,
und wurde dort 991 vom König Hugo Capet zum Erzbischof eingesetzt,
ohne die Zustimmung der Kurie zu erhalten. Da zur Diözese Reims französische und deutsche Gebiete gehörten und sein Vorgänger und früherer
Vorgesetzter Adalbero (aus lothringischem Adel) für die Ottonen Partei
ergriffen hatte, verwundert es schon deswegen nicht, daß sich Gerbert,
den Otto II. 982/3 zum Abt von Bobbio gemacht und dem er damit ein
kaiserliches Amt gegeben hatte, jetzt versuchte, an den deutschen Hof zu
kommen; erst 997 holte ihn der 18 jährige Otto III. zu sich, ließ ihn 998
zum Erzbischof von Ravenna (und damit zu dem Kirchenfürsten Oberitaliens) und 999 zum Papst (Silvester II.) wählen. Er wurde des Kaisers politischer Berater, der in dessen Verbindung von griechischer Abkunft und
ererbter römischer Herrschaft etwas Göttliches sah, und begeisterte ihn,
die 'Renovatio imperii Romanorum' (Siegelinschrift) in christlicher Ver-

klärung zu erstreben und Rom zur weltlichen und geistlichen Hauptstadt zu machen. Doch Otto III. starb bereits 1002, Gerbert im nächsten Jahr.

Kaum Erwähnung verdienen seine wenigen, schon im Umfang kleinen Schriften – zur Mathematik ein unvollkommenes Schulbuch sowie einige Briefe, wichtiger die ›Isagoge geometriae‹; die einzige Schrift zur Philosophie ›De rationali et ratione uti‹ ist in der damaligen Schullogik verhaftet –; anders verhält es sich mit den Briefen. In ihnen (und damit verbundenen Konzilsberichten) vereinte er über 200 Nummern in zwei großenteils übereinstimmenden Sammlungen (997/8); in der einen wollte er seinen früheren Anhängern in Frankreich Rechenschaft ablegen, in der anderen, größeren aber Freunde in Deutschland hinzugewinnen, wobei er jeweils das Abträgliche wegließ. Er verstärkte die Absicht bei der zweiten durch die Stellung der Kaiserbriefe an den Anfang und Schluß. Damit begründete er einen eigenen Typus der Briefsammlung, das hochmittelalterliche Briefbuch. Nicht nur in der Briefedition an sich, sondern auch in der Sprache zeigt er sich von Cicero beeinflußt – sein Latein ist jedoch von persönlicher Eigenart geprägt. Überdies war er in römischer Literatur sehr belesen, suchte nach deren Handschriften, trat für das Studium der Antike ein und verschmähte es nicht, sich Trost und Lebensmaxime aus ihr zu holen.

Sein Wirken als Lehrender trug literarische Früchte durch seine Schüler; als Erzbischof von Reims (992–995) beauftragte er RICHER, der um 945 als Sohn eines ritterlichen Vasallen Ludwigs IV. geboren und in St. Remi (in Reims) sein Schüler gewesen war, die Geschichte König Karls des Einfältigen (898–923) und König Ludwigs IV. (936–954) aufzuzeichnen; das tat er in der ersten Fassung (I, 1–II, 78), führte sie aber von Lothar (954–986) bis Hugo Capet (987–996), d. h. bis 995, fort und in kurzen Notizen danach bis 998. Wenn er auch für seine Zeit (III / IV) gut informiert ist, so mahnt schon der Vergleich mit Flodoards Werken, die er für die Zeit davor benutzte, zur Vorsicht, da Richer die historische Wahrheit verfälschte; ihm kam es auf Verarbeitung äußerer Art an, die seine Belesenheit, auch medizinische Kenntnisse, überhaupt sein rhetorisches Geschick (nicht zuletzt in erfundenen Reden und Briefen oder der Ausmalung kriegerischer Einzelheiten) präsentierte. Er hielt auch mit seiner Parteinahme für die Könige Frankreichs nicht zurück und brachte seine Verehrung Gerberts nicht nur in überschwenglichen Worten zum Ausdruck, sondern noch mehr durch breites Ausmalen seines Kampfes um das Erzbistum Reims (IV, 32 ff., 101–106).

FULBERT (1028†), der Gerbert zum Lehrer gehabt und außer kanonischem Recht Mathematik und Medizin studiert hatte, erwarb sich selber als Lehrer in Chartres (seit 990?) solchen Ruhm, daß er den Beinamen 'Sokrates der Franken' erhielt; hier wurde er 1004 Kanzler und 1006 Bischof. In seiner Prosa besitzen die nur in kleiner Zahl existierenden Predigten,

theologischen Traktate und Heiligenviten geringe Bedeutung, um so grö-
ßere die Briefe, von denen über 100 in einer Sammlung vorliegen, die auch
einige andere von Zeitgenossen enthält; sie war schon früh und weit in
Frankreich und England verbreitet. Ihr Wert liegt nicht nur im vielseitigen
Inhalt, auch im guten Stil; aus ihr spricht eine achtenswerte Persönlichkeit, die sich dem Lieblingsschüler väterlich gab, aber Mannhaftigkeit und
Würde selbst gegen König und Papst verfocht. Am stärksten war er als
Lyriker – freilich läßt sich relativ wenig ihm sicher zuschreiben, manches
gehört seinen Schülern. Die religiösen Lieder, vorwiegend geringen Umfangs, gefallen durch ihre Kraft und Beschwingtheit, ihre klare, dichterische Sprache; im Inhalt fällt der neunstrophige Hymnus ›Prae gaudio
pacis‹ auf. Auch darin, daß er rhythmische Maße (darunter die Sequenz)
seltener verwandte als die metrischen, zeigte er sich in der alten Tradition
verhaftet.

Fulberts Schüler betätigten sich auch literarisch; so schufen ANGELRAM
VON ST. RIQUIER oder ALBERT VON GEMBLOUX Heiligenviten in Vers und
Prosa. Bereits bei ihnen, d. h. bereits von der Mitte des 11. Jahrhunderts an,
meldete sich der Aufbruch zu einer neuen Geistesepoche, hier zunächst in
der Wissenschaft. Der seinem Lehrer recht wenig ähnliche BERENGAR rief
mit seiner Abendmahlslehre einen heftigen, breiten Streit hervor; bei seiner Überbewertung der Dialektik und der Auseinandersetzung mit seinen
zahlreichen Gegnern – unter ihnen mit seinem Mitschüler ADELMANN VON
Lüttich (1061†) durch einen persönlich warmen Brief – ging es um das
Verhältnis von *auctoritas* und *ratio*, Grundkräften der späteren Scholastik.

c) Die altfranzösische Dichtung

In der Muttersprache ist an Literatur aus dem 9.–11. Jahrhundert nur
wenig erhalten, nur vier Dichtungen, die ersten drei noch geringeren Umfangs und von keiner höheren Kunst – an Prosa wäre den Straßburger Eiden (S. 109) die fragmentarische Jonas-Predigt (teils mittellateinisch, teils
altfranzösisch) noch aus dem 9. Jahrhundert hinzuzufügen. Um 880 wird
die spanische Märtyrerin Eulalia in 29 paarweise gereimten Versen besungen, und zwar im wallonischen, d. i. dem Deutschen nahen Sprachraum.

Die beiden größeren Gedichte aus dem Ende des 10. Jahrhunderts bieten ihre Stoffe in erzählender Ausführung, selbst das sogenannte ›Leode-
garlied‹ (über Kampf und Martyrium des Bischofs Leodegar von Autun
zur Merowingerzeit, 40 Sechszeiler) und erst recht die ›Passion Christi‹
(mit Auferstehung, Höllen- und Himmelfahrt sowie Episoden der Apo-
stelgeschichte, 129 Vierzeiler). Die drei überragte um die Mitte des
11. Jahrhunderts das ›Alexiuslied‹ durch vorzügliche Geformtheit in mehr-

facher Hinsicht; sein Dichter trug das Geschehen anschaulich, die Seelen-
regungen individuell und mit bedachtem Pathos vor und baute die Zehn-
silbler in fünfzeiligen (67) Strophen so meisterlich, daß mit diesem Versmaß, dem Charakteristikum des altfranzösischen Heldenepos, schon
etwas länger gearbeitet worden sein muß. Alle vier Autoren wollten also
christliche Stoffe endlich in der Muttersprache unters Volk bringen; andere machten sich einige Jahrzehnte später an Weltliches.

7. OSTFRANKENREICH / DEUTSCHLAND

a) Zur politischen Geschichte

Was Ludwig der Deutsche (843–876) aus dem Erbe seines Vaters durch den Vertrag von Verdun 843 (S. 109) erhielt, war an Ausdehnung, Einwohnerzahl u. a. dem Westfrankenreich seines Bruders unterlegen und kam erst durch den Zuwachs infolge der Verträge von 870 und 880 zu der Westgrenze, die im großen ganzen Frankreich und Deutschland durch das Mittelalter hindurch voneinander trennte. Außenpolitisch wußte sich Ludwig mit den Dänen zu verständigen und mußte Mähren schließlich politische Freiheit gegen Jahrestribut zubilligen. Seine Macht festigte er im fränkischen Kern und in Bayern, baute die Pfalzen Regensburg und Frankfurt nach dem Vorbild Aachens aus und verhalf seinem Königtum allgemein zur Achtung. Sein tatkräftiges Regiment trug viel dazu bei, daß sich in seinem Reich, dem doch erst im letzten Viertel seiner Regierung der wichtige Westteil zugekommen war, das Bewußtsein der Zusammengehörigkeit immer mehr verstärkte. Das spricht sich etwa darin aus, daß *theodiscus*, zunächst auf die Sprache angewandt (in den Straßburger Eiden, S. 109), dann (von Gottschalk dem Sachsen um 860) aufs Volk bezogen ist; wenn Otfrid von Weißenburg (862/871) in seinem Bibelepos I, 1 in der lateinischen Überschrift *theodisce* und in den Versen *in frenkisgon, in frenkisga zungun* sagte, so klingt wohl schon etwas das Ineinander von deutsch / fränkisch an, und darin, wie Notker Balbulus in den ›Gesta‹ Karl den Großen pries, etwas von der Verpflichtung Ostfrankens, das Erbe des größten Franken zu hüten. Dem jungen Ludwig widmete Bischof Adalram von Salzburg zwischen 825 und 836 den pseudo-augustinischen ›Sermo de symbolo contra Judaeos‹ mit zwei Distichen und etwa 40 Jahre später jener Otfrid sein Werk (Hypothesen über Bezüge von ›Muspilli‹ und ›Heliand‹ auf Ludwig lassen sich nicht zur Wahrscheinlichkeit erheben). Man kann demnach Ludwig gewiß Interessiertheit am geistigen Leben nachsagen, die aber blieb weit von der Direktheit und Intensität entfernt, die sein Vater, auch Bruder offenbarten.

Nach seinem Tod geriet das Reich jedoch über elf Jahre hin in arge Gefährdung: Seine drei Söhne mußten die Teilung gegen den Westfrankenkönig 876 und 877 mit der Waffe verteidigen; Karl dem Dicken war zwar nach dem Tod seiner Brüder die Herrschaft über das ganze Ostreich zugefallen und 885 sogar die westfränkische, doch wurde er wegen Unfähigkeit bereits 887 zur Abdankung gezwungen – mit ihm starb 888 der legitime karolingische Mannesstamm aus.

Der Wahl Arnulfs von Kärnten schlossen sich Westfranken, Hoch- und Niederburgund, auch Italien nicht an; er vermochte aber (887–899) eine lose Oberhoheit über sie auszuüben, besiegte 891 die Normannen, die seitdem Ostfranken in Ruhe ließen, und wurde 896 zum Kaiser gekrönt. Doch Königtum und Reich gerieten in schwere Krise, die damit eingeleitet wurde, daß Arnulf durch Siechtum regierungsunfähig wurde; vor allem aber, sein Sohn Ludwig war erst sechs Jahre alt, als er 899 zum König gewählt und gekrönt wurde: Die fast jedes Jahr erfolgenden, heftigen Angriffe der Ungarn bedrohten das Reich aufs schwerste. Jetzt waren die Landesgewalten zur Selbsthilfe aufgerufen, die Herzöge stiegen durch den Aufbau des Grenzschutzes zu Partnern und Gegenspielern des Königs auf, so die Liutpoldinger in Bayern, die Liudolfinger in Sachsen. Die Ostmark, die sie noch 900 und 901 siegreich verteidigten, ging 907 verloren. Als Ludwig das Kind 911 starb, war die ostfränkische Linie der Karolinger erloschen.

Als die vier Hauptstämme 911 den Franken Konrad wählten, lösten sie sich von der karolingischen, dynastischen Tradition (ihr folgte Lothringen, indem es sich Karl dem Einfältigen anschloß) und handelten als selbständige Gemeinschaft. Konrad I. (911–918), der hauptsächlich danach strebte, gegen die Stammesherzöge, also im alten Karolingerstil, zu regieren, hatte weder innen- noch außenpolitisch Erfolg; er konnte Lothringen nicht zurückgewinnen und versagte ganz gegen die Ungarn, derer sich die Stammesherzöge trotz eines Sieges nicht erwehren konnten. Die Gefährdung des Reiches stieg aufs höchste.

Zur Erhebung des Sachsenherzogs Heinrich zum König (919–936) waren nur Sachsen und Franken bereit, er verstand es, durch Einmarsch des Heeres und Zugeständnisse sich Schwaben noch 919 und Baiern 920 zu gewinnen. Durch den Freundschaftsvertrag 922 war er, der Nichtkarolinger, vom Westfrankenkönig, dem Karolinger, anerkannt, damit zugleich die Unabhängigkeit des jungen Reichs. Dieses war damit, daß mit Heinrich die Herrschaft von den Franken zu den Sachsen übergewechselt hatte, aus dem ostfränkischen ein deutsches geworden. Ihm gelang die Rückgewinnung Lothringens und seine Eingliederung als fünftes Stammesherzogtum. Durch den neunjährigen Waffenstillstand mit den Ungarn verschaffte er sich die Machtmittel, zunächst die slavischen Nachbarstämme unter seine Oberhoheit zu bringen, dann die Ungarn 933 zu besiegen. 934 beseitigte er mit der Erneuerung der Dänischen Mark die Normannengefahr. Damit hatte er seine Herrschaft voll gefestigt. Die Hegemonie seines Reiches in Europa wurde 935 durch den Freundschaftsbund mit dem Westfrankenkönig Rudolf und dem Herzog Rudolf II. von Burgund offenkundig und gesichert.

Bei der Krönung seines Sohnes Otto 936 wurde mit Aachen und dem
wohlbedachten Zeremoniell Karl der Große als Vorbild beschworen und
wurde die Zielrichtung der künftigen Politik augenscheinlich. Zunächst
mußte Otto im Innern härteste Belastung überwinden (937–939, noch
mehr 953–954) – durch aufrührerische Familienmitglieder und Stammesherzöge; dadurch wurde er veranlaßt, gegen das weltliche Fürstentum den
Bischöfen und Äbten Güter und Rechte zu übertragen und politische Aufgaben anzuvertrauen – daraus entwickelte sich das 'ottonische Reichskir-
chensystem'.

Von westlichen Nachbarn wurde er früh als schützender Sachwalter
und Schiedsrichter benötigt, so in Burgund, wo er 937 den Thronerben zu
verteidigen hatte und Konrad I. (937–993) als Vasallen weiter beschützte,
und in Frankreich, wo er mit militärischem Druck und Diplomatie sich um
das Gleichgewicht zwischen seinen Schwägern König Ludwig IV. und
Herzog Hugo von Franzien bemühte; mit dem Friedensschluß zwischen
den beiden wurde 950 die Vorherrschaft Ottos in Westeuropa besiegelt.

Im Osten hatte er herrscherliche und geistliche Interessen wahrzuneh-
men. Nachdem er die aufrührerischen Redarier 936 niedergeworfen hatte,
errichtete er an Mittel- und Niederelbe zwei Marken im Vorland des Reiches, hatte freilich 955 noch einen Aufstand in Mecklenburg zu bewälti-
gen. Die Elbslavenmission leitete er schon 937 mit der Gründung des
Mauritiusklosters im Grenzort Magdeburg ein, schuf 948 die Bistümer
Brandenburg und Havelberg und konnte mit päpstlicher Unterstützung
die sechste deutsche Kirchenprovinz Magdeburg einrichten; das erste Po-
lenbistum entstand (968) und erst 973/4 das Böhmenbistum. Die Ungarn,
die Augsburg belagerten, besiegte er 955 so nachhaltig, daß sie ihre Raub-
züge einstellten; damit war Europa von den Angriffen der Ostvölker auf
lange Zeit befreit.

Zu den Zügen nach Italien von 951 an gab es für Otto an sich genügend
politische Anlässe; hinter allem aber trieb ihn das verpflichtende Vorbild
Karls des Großen dahin, zugleich stellte er sich als Ziel, zwei Kronen zu
erwerben. 951 übernahm er die langobardische Königswürde mit dem bewußt gewählten Titel jenes Karl (rex Francorum et Langobardorum) und
wurde 962 in Rom zum Kaiser gekrönt, dessen Titel nun dem deutschen
König bewahrt blieb – letzter Kaiser war Berengar von Friaul (924†) gewesen. Otto, der damit die Herrschaft über Rom und die benachbarten
Fürstentümer 966/7 gewonnen hatte, geriet durch weitere Ausdehnung
nach Süden und durch die Krönung seines Sohnes Otto 967 zum Mitkaiser in Konflikt mit Byzanz ('Zweikaiserproblem') und fand eine diplomatische Lösung, indem er auf Apulien verzichtete und sein Sohn die Nichte
des byzantinischen Kaisers, Theophanu, heiratete. Damit kam der Welt-
rang dieser Monarchie deutlich zum Ausdruck, ebenso durch den impo-

santen Hoftag in Quedlinburg 973, auf dem Gesandtschaften von weither ihn als den mächtigsten Herrscher des Abendlands feierten.

Daß unter dem ersten und erfolgreichsten deutschen Kaiser die Künste aufblühten, versteht sich von selber, zumal er von Anfang an den großen Karl vor Augen hatte; ihm stand ja auch in seinem bestens geschulten Bruder Bruno, dem Erzbischof von Köln, ein vortrefflicher Helfer zur Seite (S. 136).

Schon einen Aufbau solchen Ausmaßes, wie er Otto I. gelungen war, nur zu erhalten, mußte für die Nachfolger eigentlich genug lohnende Aufgabe sein; dem nächsten waren freilich nicht mehr als zehn Jahre Regentschaft vergönnt, dem folgenden sogar nur acht, beiden zusammen demnach etwa die Hälfte von Ottos I. Zeit. Als erstes hatte Otto II. (973–983) Konflikte im Innern zu überwinden (974–978) und Lothringen nach militärischem Eingreifen zu sichern (980). In Italien aber suchte er, seine eigene Auffassung vom *Imperator Romanorum augustus* dahin durchzusetzen, daß er die von Sizilien 976 eingefallenen Sarazenen vertrieb und die Byzantiner aus ihrem Restgebiet im Süden; doch brachten ihm die Sarazenen (982) eine blutige Niederlage bei. Während er sich noch in Italien aufhielt (er starb in Rom am 7. Dezember 983), wurde durch den Aufstand der Dänen und Elbslaven dem Deutschen Reich der erste empfindliche Schlag versetzt, durch den es hinter die Elbe zurückgeworfen wurde.

Otto III., volljährig geworden, fand 994/5 das Reich nach über einem Dezennium Vormundschaftsregierung in einem fast nicht zu erwartenden Zustand vor: Es hatte, von der Kirche unterstützt, die relativ lange Zeit besonders unter Ottos politisch begabter Mutter Theophanu selbst in Italien gut überstanden (im Westen konnte Lothringen gehalten werden, im Osten die beiden Marken), hatte jedoch unter seiner Großmutter Adelheid (seit 991) an Ansehen eingebüßt. Als er vom Papst gegen das Stadtfürstentum der Crescentier zu Hilfe gerufen wurde, erkannte ihm 996 Reichsitalien die überkommene Autorität ungeschmälert zu, nicht zuletzt infolge der Erscheinung seiner frühreifen, genialen Persönlichkeit; auf die Aufforderung Roms hin designierte er einen neuen Papst für den kurz zuvor verstorbenen, und zwar mit seinem Vetter Brun den ersten Deutschen auf dem Stuhl Petri; der krönte ihn im Mai 996 zum Kaiser. Nachdem er 998 den neuen Aufstand der Crescentiusclique hart niedergeschlagen hatte, ging er energisch daran, sein Programm der *Renovatio imperii* zu verwirklichen, wobei er sich der Hilfe sehr begabter Gleichgesinnter wie Gerbert von Aurillac (S. 114) oder Leo von Vercelli (S. 107) bediente. Er begann Rom als Zentrum der kaiserlichen Herrschaft auszubauen und wollte von dort aus nicht nur das aus Deutschland, Reichsitalien und dem Kirchenstaat bestehende Reich lenken, sondern auch die christlichen Nachbarstaaten unter verschiedenartiger Hegemonie mitumfassen und dem Ganzen universalen Charakter verleihen, was nicht als utopisch verworfen zu werden verdient, wenn man die Behandlung Polens durch Otto berücksichtigt sowie die freundlichere Haltung Frankreichs seit Hugo Capet (987–996). Daß er in alledem eine christliche Sendung zu erfüllen glaubte, machte er immer wieder deutlich, auch während seines cisalpinen Aufenthaltes Anfang 1001; er pilgerte nach Gnesen zum Grab Adalberts, fügte Polen, von den bisherigen Bindungen befreit, in die universale Ordnung, in sie auch das eben erst christianisierte Ungarn. Als ihn aber ein neuer Aufstand aus Rom vertrieb und er die Expedition dagegen vorbereitete, starb er (1002); die Überführung seines Leichnams nach Aachen mußte erkämpft werden, da sich auch Oberitalien erhoben hatte.

Doch das Wesentliche blieb bestehen, die karolingisch-ottonische Tradition, und damit das Fundament des Reiches; ja, die imperiale Tradition und die Romidee waren so ineinander aufgegangen, daß das Mittelalter Reich und Kaiser nicht 'deutsch', sondern 'römisch' nannte. Was Ottos III. Person und seine weit und hoch gerichtete Geisteskraft ausstrahlte, spiegelt sich in den Künsten wieder; er trieb sie durch viele Aufträge an (S. 137).

Nach 1002 prägt sich die starke Zäsur in der deutschen Geschichte darin aus, daß Heinrich II. (1002–1024) zur Kaiserpolitik in den Ausmaßen Ottos I. zurückfand (statt *Renovatio imperii Romanorum* hieß jetzt die Bullenlegende *Renovatio regni Francorum*). Dagegen gehört Heinrich II. mit seinem Nachfolger Konrad II. (1024–1039) recht eng zusammen, obwohl mit dem zweiten ein Dynastiewechsel von den sächsischen Liudolfingern zu den fränkischen Saliern erfolgte. Ja, der zweite setzte die Politik des ersten bewußt fort, ohne grundsätzlich Neues zu erstreben. Beide erreichten außenpolitisch mehr als die öfter militärisch verteidigte Sicherung des Reichs nur damit, daß sie seine Vereinigung mit Burgund durch Verträge mit dem kinderlosen König Rudolf III. vorbereiteten – sie kam 1032/3 zustande. Damit war die Dreiheit Deutschland, Italien, Burgund hergestellt, unter der das Mittelalter das Römische Reich verstand.

Herauszuheben ist noch ein anderes. Heinrich II., von tiefer Frömmigkeit erfüllt, setzte sich schon als Herzog für die Klosterreform ein; 1007 gründete er das Bistum Bamberg (der Dom wurde 1012 geweiht) und sorgte für reiche Ausstattung – auf Betreiben dieser Kirche wurde er 1146 heiliggesprochen.

Durch Heinrich III. (1039–1056) fand das Deutsche Reich der Ottonen und Salier seine Vollendung; er vollbrachte eine politische Leistung, mit der sich kein anderer Staat in Europa damals vergleichen konnte. Beim Regierungsantritt hatte Heinrich keine Schwierigkeiten aus dem Weg zu räumen; Italien und Burgund erkannten ihn an. Er verstärkte die Festigung des Reiches innen (eine Fürstenverschwörung 1055 in Süddeutschland fand ein schnelles Ende) und außen. Die schwerste Belastung mußte er durch sein Eingreifen in Lothringen nach dem Tod Gozilos I. infolge der Zweiteilung dieses Herzogtums 1044–1049 überwinden. Auf dem Merseburger Hoftag 1046 huldigten ihm die Herzöge von Böhmen, Polen und Pommern. 1049 unterwarf er Gottfried und Balduin von Flandern. Das Wichtigste aber vollzog sich im kirchlichen Bereich und in Italien. Er kehrte im Regieren das Theokratische heraus, indem er z. B. den Bischöfen bei ihrer Investitur die Insignien, Stab und Ring, überreichte, und förderte die Reformbestrebungen nicht nur bei den Mönchen. Am nachhaltigsten wirkte er dadurch, daß er der Kirchenreform in der Kurie zum Durchbruch verhalf. Deren Reformbedürftigkeit war in den Wirren 1044–1046 eklatant geworden, in denen drei neue Päpste miteinander rivalisierten. Heinrich III. entschloß sich, als er 1046 zum ersten Mal nach Rom zog, zum gründlichen Eingriff; er ließ auf den Synoden von Pavia, Sutri und Rom die drei absetzen und den Bamberger Bischof Suidger zum Papst (Clemens II., 1046–1047) erheben, der dann die Kaiserkrönung vollzog; die Simonie wurde verboten. Die Wende zur gesamtkirchlichen Reform führte Leo IX. (1048–1054) herbei. Mit dessen Nachfolger Victor II. (1055–1057) hielt der Kaiser auf seinem zweiten Italienzug eine Reformsynode in Florenz.

Der Tod des erst 39jährigen Heinrichs III. wurde in dieser Zeit tiefer Wandlungen zur Katastrophe, da solche Monarchie zur Hauptsache darauf gegründet war, daß eine starke autoritative Persönlichkeit sie leitete und die Kirche die Hoheit des weltlichen Herrschers hinnahm. Damals aber suchten die Fürsten Deutschlands und Italiens ihre Macht zu vergrößern; vor allem waren im Papsttum das Selbstbewußtsein und der Sinn für seinen eigentlichen Führungsauftrag neu geweckt worden; damit verband sich der Wunsch nach Autonomie, nach Lösung von den Bindungen ans Kaisertum.

b) Die Dichterschule St. Gallens und der Reichenau

Durch die Jahrhunderte des 'Aufbaus' hindurch, in denen die deutschsprachige Literatur bis auf deren erstes Viertel schwieg, besaß die mittellateinische Literatur in Alemannien und Sachsen beträchtlich mehr Stärke als in den übrigen deutschen Landen, in Alemannien vor allem durch die 'Dichterschule St. Gallens und der Reichenau', deren Grund Walahfrid Strabo (S. 64 f.) gelegt hatte. St. Gallen, das es damals noch für geraten hielt, sich zur zeitgemäßen Bearbeitung der zwei für das Kloster belangvollsten Heiligenviten an den schon berühmten Walahfrid zu wenden, überflügelte den Nachbarn in wenigen Jahrzehnten und bekam z. B. durch seinen Notker die kunstvollste Gallusvita. Jener, Tutilo und Ratpert, die Unzertrennlichen, die Senatoren, wie sie in St. Gallen hießen, bildeten die früheste Gruppe, mit der das Kloster gleich zu höchstem Ruhm gelangte; Anteil daran läßt sich freilich dem Letztgenannten, einem pflichtbewußten Lehrer der Klosterschule (vor 900†), für geistliche Lieder und die erste Hauschronik (bis 884) kaum zusprechen.

NOTKER BALBULUS (c. 840–912), einem angesehenen Thurgauer Geschlecht entstammend, der sein Leben von früh an im Kloster verbrachte, ein hochgeachteter Lehrer wurde und Mönch blieb, verfaßte Schriften für die Praxis (des theologischen Studiums, des Urkunden- und Briefschreibens, der Musiktheorie), ein Martyrologium, eine historiographische Continuatio. Von seiner Individualität und dichterischen Kraft zeugen drei Werke, seine besten. Als er Kaiser Karl III. bei dessen Besuch des Klosters Geschichten von Karl dem Großen vortrug, wurde er aufgefordert, sie aufzuzeichnen; er begann, aber vollendete nicht die ›Gesta Karoli‹, zu denen er den Stoff zumeist aus schriftlicher und mündlicher Überlieferung nahm, einiges auch selber erfand. Insgemein zu loben ist der nicht langatmige, lebendige Plauderton, mit dem er dem Anekdotenhaften gerecht wurde. Dem regierenden Kaiser pries er den Urgroßvater als christlichen, aber auch weltlichen Herrscher, schon ins Mythische gehoben, und zwar so, daß dieses doch fragmentarische Werk schon vom Mittelalter gern gelesen wurde.

Für seine ›Vita s. Galli‹ ist es kennzeichnend, daß er durch die Gestaltung des Stoffes, in dem er sich an Walahfrids Prosavita hielt, in der Gattung der Legendenliteratur etwas Einzigartiges vollbrachte, durch den häufigen Wechsel zwischen Prosa und Vers, auch dessen verschiedene Metra, durch den Dialog an sich, am meisten dadurch, daß er Schüler zum wetteifernden Mitdichten aufforderte. Das hohe Niveau, durch das diese Vita weit aus ihrem Genus ragt, war wohl nicht zuletzt schuld daran, daß ihre Überlieferung schlecht und fragmentarisch ist.

Durch den ›Liber ymnorum‹, eine Sammlung von wohl mindestens vierzig Sequenzen, gewann er bald solchen Ruhm, daß man ihn nicht nur im St. Galler Totenbuch mit dem Epitheton auszeichnete: *qui sequentias composuit.* Diese neue lyrische Form, von der ein Antiphonar durch einen aus dem 862 zerstörten Jumièges geflohenen Priester in die Hand Notkers gelangt war, vervollkommnete er, von seinem Lehrer Iso unterstützt, über mehr als zwanzig Jahre hin (bis gegen 884), so daß sich an seinen Sequenzen drei Entwicklungsphasen abheben lassen. Er ordnete sie nach dem Kirchenjahr zyklisch und verfugte sie untereinander; die für den Bau der Sequenz typische Antistrophik holte er kunstvoll heraus, beleuchtete im Dogmatischen das Wesentliche und Tiefe, machte es anschaulich und füllte es mit warmem Gefühl; so gab er allem eigenen, beschwingten Ausdruck. Diesem Meister der ersten Sequenzen-Epoche eiferten viele Schüler nach, so daß es teilweise kaum mehr möglich ist, ihr Gut und seines voneinander zu scheiden; der ›Liber‹ ist ja nur verunechtet erhalten. Seine Sequenzen waren über das Abendland verbreitet, manche ist mehr als hundertmal überliefert.

Noch weiter griff eine andere Wirkung. Mit der Sequenz, die im 12. Jahrhundert eine zweite Entwicklungsepoche durchlief und derart verbreitet und beliebt war, daß Guido Maria Dreves vor achtzig Jahren ihre Zahl gleich hoch mit der des älteren Hymnus im engeren Sinn schätzte (über 4000), war ein Vers- und Strophengebilde entstanden, das dem in der römisch-antiken Metrik Üblichen entgegengesetzt war, und zwar durch Akzentrhythmik und Gegenstrophik, noch mehr dadurch, daß man nun in der Lage war, für jedes Lied oder Gedicht eine spezielle Bauform herzustellen.

Nicht nur durch die Sequenz wurde die Akzentrhythmik sogleich merklich gestärkt, die in der Karolingischen Renaissance infolge deren Vorliebe für die antike Metrik geschwächt worden war, sondern auch durch den Tropus, eine der Sequenz zum Teil ähnliche Art religiöser Lyrik. Ihn baute ein anderer St. Galler wirksam aus, der mit Notker etwa gleichaltrig und befreundet sein Leben im selben Kloster verbrachte, der noch vielseitigere Künstler Tutilo (912†). Aus freiem Alemannengeschlecht bei St. Gallen geboren, diente er dem Kloster als Lehrer und in anderen Ämtern, besonders als Musiker, Maler, Kunsthandwerker und Baumeister. Berühmt wurde er durch getriebene Goldarbeiten und Elfenbeinschnitzereien, worin er St. Gallen damals führend machte. Von Tropen, für die er auch die Melodien komponierte, sind nur wenige für ihn bezeugt und erhalten; sein Weihnachtstropus *Hodie cantandus* erfreute sich großer Beliebtheit über Deutschland hinaus. Tutilo gehört vielleicht auch der Ostertropus *Quem quaeritis in sepulchro*, dessen dialogische Anlage zum Drama drängte. Der andere Entwicklungsstrang des Tropus führte zur Motette.

Im 10. Jahrhundert wurden auch hier weiter Sequenzen gedichtet, so von Ekkehart I. (972†), der sich darin als Jünger Notkers erwies, oder von seinem Neffen Ekkehart II. (990†), der längere Zeit am Hof Ottos I. tätig war (S. 136). Altersgenossen der beiden waren der besonders als Lehrer, auch Prediger angesehene Gerald (gegen 970†), der wegen seiner Gelehrsamkeit geschätzte Grafensohn Burchard, Abt von 958–971, und Notker Pfefferkorn, der von Fürsten und Kaisern konsultierte Arzt (975†). Dem letzten sind Hymnen, Antiphonen und Susceptacula regum, von denen Ekkehart IV. spricht, nicht bzw. nicht sicher zuzuweisen; er malte nach dem Klosterbrand 937 viele Bilder auf Türflügeln und auf dem Getäfel der Kirche, auch Miniaturen in den Handschriften.

Das große Werk dieser Generation stammt von Ekkehart I., von dem fünf Sequenzen und ein Hymnus erhalten, dessen Antiphonen aber verloren sind, der ›Waltharius‹ mit der volksläufigen Heldensage von Walther und Hildegund (1456 Hexameter); darin formte er ein Lied der Muttersprache in ein ganz anders geartetes Epos der Vatersprache um und erweiterte es dabei auf etwa den zehnfachen Umfang. Er setzte Heldensage aus der heidnisch-germanischen Ahnenzeit in die christlich-deutsche, seine Gegenwart um; Heidentum und Christentum ließ er in begrenzter, zeitgemäßer Spannung und konnte so das Kraftvolle der Sage bewahren, ja die heldische Bewährung Walthers steigern. Er machte die Hortgier als Superbia-Sünde zur Grundidee und brachte seine das Werk beherrschende menschlich-christliche Haltung zur Geltung, so daß er das alte Heroentum nahebrachte, aber zugleich in Distanz setzte. So gelang es ihm meisterlich, die Substanz der Sage in eine neue, in sich stimmige Fassung zu fügen; er verstand es aber auch sonst, sie kunstvoll zu formen. Aus dem Lied holte er sich die passenden Szenen heraus, dichtete neue hinzu und baute sie so auf, daß sie im Schluß kulminierten. Auch in der klaren und beschwingten Sprache und in der auf greifbare Wirklichkeit gerichteten Darstellungsart offenbarte er hohes Können, zu dem ihm sichtlich eifriges Studium namentlich der Antike (Vergils) geholfen hatte. Wohl noch deutlicher wird das Einmalige dieser Leistung in der literarhistorischen Stellung: Zum ersten Mal taucht in der vielsprachigen Mittelalter-Literatur des kontinentalen Abendlands eine mittellateinische Heldensage in der hohen Epenform auf; zum anderen öffnet der ›Waltharius‹ den Weg zum Artusroman des 12. Jahrhunderts, wohin im besonderen z. B. die Bewährung des Helden für einen lange andauernden Glückszustand weist.

Die vierte Größe im damaligen St. Gallen, NOTKER LABEO (c. 950–1022), den sein Oheim, Ekkehart I., früh dem Kloster zugeführt hatte, glänzte mit ganz anderer Arbeit: Der Lehrer aus innerer Berufung verfaßte aus seiner Tätigkeit in der Schule für sie so viele Schriften, daß man daran zweifeln konnte, daß sie alle direkt auf ihn zurückgehen, einige ganz lateinisch, die meisten in lateinisch-deutscher Mischsprache, eine ganz deutsch. Er schuf damit eine neue Schulmethode, bei der außer der lateinischen Sprache auch die deutsche gebraucht wurde, und wurde der größte Sprachmeister des Althochdeutschen, der die schwierigsten Begriffe deutsch wiederzugeben oder einzuformen imstande war.

Diese fast zweihundertjährige Blüte St. Gallens findet einen gewissen Abschluß durch EKKEHART IV. (c. 980–c. 1060), nicht nur zeitlich. In seinen zahlreichen Gedichten, die er selber fast vollzählig in dem umfänglichen ›Liber benedictionum‹ zusammenstellte (darin z. B. meist zweizeilige Tituli-Hexameter für Gemälde in St. Gallen mit 146 Versen und für solche in Mainz mit 864 oder Lieder zu den kirchlichen Hauptfesten mit meistens über 100 Versen), erreichte er im allgemeinen nur durchschnittliche Qualität; dagegen gelang ihm mit den ›Casus s. Galli‹ ein Geschichtswerk, mit dem er das Ratperts für die Zeit von c. 870–973 fortsetzte und bei weitem übertraf. Mit seinem Hauptinteresse für das Kultur- und Literarhistorische erfaßte er die glänzende Seite jenes Jahrhunderts, damit die oben genannten Dichter; mit seiner Neigung zum Biographischen und Anekdotenhaften, mit seinem Erzähltalent konnte er in vielen kleinen Bildern Personen und Geschehnisse anschaulich wiedergeben, so daß er noch heute mit seiner Schilderung dieses bewegten Klosterlebens zu fesseln vermag. Freilich verfaßte er keine eigentliche Klostergeschichte und hatte keine rechte, durchgreifende Komposition; was er mitteilte, muß kritisch überprüft werden, schon weil er sich mit einer Epoche vor seinen Lebzeiten befaßte und sich hauptsächlich auf mündliche Tradition verließ, auch weil er den *Laudator temporis acti* nicht verleugnete.

Auf der Reichenau hatten die Äbte im 10. Jahrhundert den Boden für das Aufblühen der Künste bereitet. Die Malerei, die schon im 9. Jahrhundert zu solchem Ruhm gelangt war, daß Abt Grimald von St. Gallen (841–872) Reichenauer beauftragte, das Abthaus auszumalen (kurz zuvor war im Literarischen ein ähnlicher Auftrag ebenso ergangen) (S. 64), hatte sich so hoch emporgearbeitet, daß sie von c. 970–c. 1030 einzig im Abendland dastand, nicht nur was Quantität und Qualität betraf, sondern auch den Einfluß; unter den Bestellern befanden sich Erzbischöfe, Papst und Kaiser; das erhaltene Hauptwerk ist das Evangelistar, das Keraldus und Heribertus für den Erzbischof Egbert von Trier anfertigten (wohl nach 984). Auch erhalten sind in der St.-Georgs-Kirche von Oberzell die Wandbilder, die vermutlich in derselben Zeitspanne gemalt wurden – sie lassen sich mit den Miniaturen verbinden und die Künstler beider Arten auf eine ähnlich hohe Stufe stellen.

Die Reichenauer Kirchen, von denen man als von einer ‘Kirchenfamilie’ sprechen kann, hatten in der Abteikirche von Mittelzell ihr Zentrum. Diese, als Steinkirche im 8. Jahrhundert errichtet, hatte mehrere Erweiterungen und Umbauten erfahren, als Abt Witigowo (985–997) das Ansehen seiner Abtei übereifrig zu steigern suchte; er nahm an der Kirche verschiedene, erhebliche Änderungen vor, mit denen er sie vergrößerte und im ganzen vereinheitlichte. Darüber berichtete der Mönch Burchard in den ›Gesta Witigowonis‹ (V. 302 ff.), die er zum zehnjährigen Amtsjubiläum seines Abtes im Auftrag seiner Mitbrüder verfaßte; darin pries er nicht nur dessen Verdienste, sondern brachte auch durch die Einkleidung in den Dialog zwischen Augia und Poeta geschickt Klagen der Mönche vor; in den im Jahr 997 zu den 494 Hexametern hinzugefügten, dialoglosen 57 Versen sprach er vom Bau der Pelagiuskirche und der Kaiserpfalz, die

Witigowo noch im elften Amtsjahr ausführte, bevor er – vermutlich wegen zu kostspieliger Baufreudigkeit – abgesetzt wurde. Die Vers-Gratulatio gefällt auch durch die selbständige, schlichte, klare Sprache.

Nach Witigowo hatten drei Äbte zusammen nur elf Jahre regiert, der letzte, Immo, vorher Abt der Reformklöster Gorze und Prüm, war so streng vorgegangen, daß ihn Heinrich II. abberufen mußte; danach gewann BERNO, „ein durch Wissen und Zucht ausgezeichneter Mann", in vierzig Jahren (1008–1048) auch dadurch, daß er die Verbindung zu den Kaisern pflegte, der Reichsabtei weiteres Ansehen, das den Studien und Künsten noch mehr Auftrieb gab; er diente beiden selber kräftig und auf verschiedenen Gebieten. Von seinen Schriften ist nachweislich nicht alles erhalten. Außer Briefen, die z.T. durch die hohen Adressaten und ausführliche Informierung bedeutsam sind, und Predigten verfaßte er mehrere komputistische Schriften und eine umfänglichere, durch historisch-kritische Einstellung bemerkenswerte Abhandlung über die Messe sowie (nicht erhalten) ein Opus ›De anima Christi‹; er gab der alten Ulrichsvita eine erbauliche Neufassung in einfacherer Sprache. Am meisten wirkte er durch seine musiktheoretischen Traktate, in denen er die ältere Schule gegen die *moderni* vertrat. Ebenso bietet seine Dichtung nichts wirklich Neues und Hervorragendes in Hymnus und Sequenz, Tropus und Offizium. Was er bis 1043/44 geschrieben hatte, widmete er in einem Konvolut Heinrich III., sandte ihm auch das Spätere jeweils zu; der Kaiser nahm an der Weihe der wiederhergestellten Abteikirche teil (1048, kurz vor Bernos Tod).

HERMANN VON REICHENAU (1007–1054), aus einem schwäbischen Grafengeschlecht des Saulgaus stammend, kam mit sieben Jahren in das von Berno geleitete Kloster und lebte dort nur sechs Jahre über dessen Tod hinaus. Trotz seiner körperlichen Gebrechen (*Contractus:* er konnte sich kaum bewegen, kaum verständlich machen) wurde er 1043 zum Priester geweiht und war ein sehr gesuchter und gefeierter Lehrer; erstaunlich sind an Zahl und Wert seine Schriften; in den kleineren der Prosa berührte er sich mit denen Bernos hinsichtlich des Stoffes und überragte ihn besonders in den anderen beträchtlich. Außer einem Martyrolog, in dem er das des Notker Balbulus erweiterte, schrieb er eine Reihe Traktate zur Arithmetik und Astronomie (über Multiplizieren und Dividieren mit dem Abakus, die kirchliche Zeitrechnung oder den Bau des Astrolabs) mit erheblicher Selbständigkeit. Damit hatte er nötige Kenntnisse für das Werk erworben, das wegen der Größe seiner verschiedenartigen Eigenleistung am meisten zu rühmen ist, die ›Chronica‹, die in annalistischer Form abgefaßte 'Weltgeschichte' (von Christi Geburt bis zu Hermanns Todesjahr); darin wurde zum ersten Mal die Geschichte des Deutschen Reiches an die 'Weltgeschichte' angeknüpft; die abendländische Einstellung (375–714) wurde

von der fränkischen abgelöst, diese nach 834 immer mehr von der ostfränkischen und sie besonders seit den Ottonen von der deutschen. Ferner zog
Hermann mehr Materialien als die Vorgänger heran, besonders die (verlorene) ›Schwäbische Weltchronik‹. Vor allem führte er als erster die Chronologie konsequent durch, was ihm namentlich fürs 6.–8. Jahrhundert beträchtliche Schwierigkeiten bereitete, da ihm für die fränkische Geschichte
keine chronographischen Quellen wie sonst zur Verfügung standen. Die
schon darin offenkundige Wissenschaftlichkeit trat weiterhin dadurch
hervor, daß er die Geschehnisse mit offenen, weitblickenden Augen unbe-
fangen betrachtete (selbst in der christlichen Grundeinstellung verschwieg
er nicht deren Problematik, s. z. B. zu 1053). Er bemühte sich, so objektiv
wie möglich zu sein, sich dementsprechend nüchtern und schlicht, auch in
langen Sätzen klar auszudrücken.

So verwundert es nicht, daß die ›Chronica‹ starke Nachwirkung erzielte, freilich nicht in der bis 1054 ausgeführten Schlußfassung, sondern
in der kürzeren eines Konzepts, das er bis 1044/45 erarbeitete. Seinem
Wunsch gemäß übernahm nach seinem Tode sein Schüler BERTHOLD VON
REICHENAU (c. 1030–1088) die Betreuung und setzte bis 1075 die Erstfassung annalistisch fort, ging dann aber in ausführliche Chronikdarstellung
über; die von ihm 1055/56 liebevoll geschriebene Biographie seines Lehrers ist in der Überlieferung der Chronik stets angefügt. Später nahm der
Schwabe BERNOLD VON ST. BLASIEN (c. 1050–1100), der in der Domschule
von Konstanz ausgebildet worden war, als Grundlage für seine bis 1100
geführte Chronik Hermanns Erstfassung mit Bertholds annalistischer
Fortsetzung, nur teilweise auch Hermanns Endfassung. Wichtiger aber
war, daß in der kurzen Weltchronik, die fälschlich ›Chronicon Wirzibur-
gense‹ genannt wird, ebenfalls jene Erstfassung und Fortsetzung als
Hauptquellen dienten, und beide wirkten durch dieses ›Chronicon‹ auf die
von Frutolf von Michelsberg 1099 beendete Weltchronik, die man als „bedeutendstes Werk der Weltgeschichtsschreibung im Mittelalter" bezeichnet hat, beide auch auf die österreichische Annalistik.

Daß Hermann von Reichenau, dieser körperlich so schwache Mensch,
auch über poetische Kräfte von erheblichem Gewicht verfügte, bekundete
er in den 1722 Versen ›De octo viciis principalibus‹, über das Wirken der
Laster, der Hoffart als deren schwerstem und ihrer Töchter, der sieben
Hauptsünden. Wenn er sich damit an befreundete Nonnen wandte und sie
durch Abschrecken von den vergänglichen Erdengütern auf Keuschheit
und auf das ewige Leben hinwies, so ließ er ihnen das durch Melpomene
sagen und sprach selber nur in der ebenfalls dialogischen Einleitung; und
deren Länge (492 Verse) brauchte er, um sich sehr behutsam an das moral-
theologische Thema heranzupirschen und die Adressaten für sich zu gewinnen. Nicht nur aus solcher Darbietung des Stoffes leuchtet seine

Eigenart, sondern auch aus der äußeren Gestalt; jedem der zwanzig 'Lieder' suchte er, namentlich aus Boethius, ein anders Metrum aus, änderte es auch etwas ab und schmückte alles mit Reim.

Was er an religiöser Lyrik dichtete und komponierte, ist nur z. T. für ihn gesichert; es sind Offizien und Sequenzen, vielleicht auch Hymnen. Über die von ihnen am meisten verbreitete Mariensequenz verfaßte etwa 150 Jahre später Cäsarius von Heisterbach eine 'Exposiuncula' und pries Hermanns Lieder als wohlklingend *profunditate dictaminis et ... suavitate modulaminis*. Die Zeilen dieser Sequenz *Ave, praeclara/maris stella* sind nicht durch Gesuchtheiten in Wortwahl oder Bild beschwert, sondern ziehen auch durch ihre klare, gehobene Sprache an.

Mit Ekkehart IV. von St. Gallen und Hermann von Reichenau ging die jahrhundertelange Blüte der Bodenseeschule zu Ende. Beide Klöster, bis dahin ein sich stützendes Zwillingspaar, gerieten in der zweiten Hälfte des 11. Jahrhunderts aus-, ja gegeneinander, durch den Investiturstreit, der gerade Schwaben lange zum Hauptkampfplatz machte. Auf der Reichenau mußten nach Udalrich (1048–1069) die zwei von Heinrich IV. aus Hildesheim und Bamberg berufenen Äbte Meginward (1069) und Ruopert (1071) bald vor dem Konvent der Mönche weichen, der einen aus ihrem Kreise, Eggehard II. (von Nellenburg), wählten (1071–1088); er stammte aus einem Grafengeschlecht, das sich eifrig für die Kirchenreform und gegen Heinrich IV. einsetzte. Aus St. Gallen aber, das zu Heinrich IV. hielt, mußte der von dessen Gegenkönig Rudolf von Schwaben bestallte Abt Lutold auf die Reichenau flüchten; und der von Heinrich IV. zum Abt von St. Gallen gekürte Ulrich von Eppenstein wurde zum Hauptträger der königlichen Politik am Bodensee.

c) Sachsen

In Sachsen hatte sich das Christentum, dessen Aufnahme Karl der Große gegen heftigsten Widerstand hatte erzwingen müssen, schnell durchgesetzt, wie die Literatur sowohl in der Vater- wie in der Muttersprache schon vor der Mitte des 9. Jahrhunderts fast gleichzeitig bewies; und die altsächsische ging im großen Bibelepos der althochdeutschen um ein Menschenalter voraus. Wie der anonyme Dichter dieses ›Heliand‹ (S. 82), so war auch der lateinische Autor mit Fulda verbunden. GOTTSCHALK (nach 806–vor 870), Sohn eines sächsischen Grafen, erfuhr durch die gute Klosterschule in Fulda, für kürzere Zeit auf der Reichenau, wo er Freundschaft mit Walahfrid Strabo schloß, eine vortreffliche Ausbildung. Nach längerem Kampf besonders mit Hraban, der ihn, den Oblatus, zur Tonsur gezwungen hatte, konnte er Fulda verlassen und brachte die nächsten zwei Jahrzehnte in verschiedenen Ländern zu, zunächst im Kloster Corbie und mehrere Jahre im nahen Orbais, wo er aus dem Erleben und entscheidend durch das Studium Augustins zur eigenen Glaubenslehre von der doppelten Prädestination kam, dann in Italien und auf dem Balkan – überall predigte er seine Lehre. Dem inzwischen Erzbischof von Mainz gewordenen Hraban stellte er sich freiwillig nach der Rückkehr nach Deutschland, um sich gegen dessen Angriffe zu rechtfertigen; nicht zum Widerruf gewillt, wurde er 848 aus dem Ostfränkischen Reich verbannt, an Hinkmar von Reims abgeschoben und ins Gefängnis des Klosters Hautvillers (bei Reims) geworfen (hier schrieb er trotz des auferlegten *perpetuum silentium* die meisten Prosaschriften) und endete dort vor 870 sein unglückliches Leben.

In seinen grammatischen Prosaschriften fällt auf, wie gut er linguistische Besonderheiten erfaßte, auch in den Muttersprachen, wie stark er an der römischen Sprache und deren Grammatikern Kritik übte und wie er biblisches und zeitgenössisches Latein registrierte und verteidigte. In der theologischen Prosa geht es vor allem um die Prädestination, auch um die Trinitätslehre, das Abendmahl u. a.; die Sache herrscht vor. Es fehlen systematische Ordnung und geschlossener Aufbau; bezeichnend sind ja schon häufige Wiederholungen und mannigfache Exkurse. Darin schlug sich nieder, wie heftig er mit sich rang und es ihn immer wieder trieb, von seiner Wahrheit die Gegner, höchste Würdenträger, doch noch zu überzeugen, die ihn nicht verstehen wollten oder konnten.

Von den ihm bisher gesicherten Gedichten ist das älteste der Zyklus von acht über die kanonischen Tageszeiten, das ›Horarium‹, vorwiegend allgemeiner, z. T. gelehrter Art. Die übrigen Verse haben durchgehend individuelle Tönung, aber in verschiedener Stärke. Etwas für sich stehen darin die zwei Briefgedichte, in denen von seiner Prädestinationslehre die Rede ist. Drei Gedichte von je zwölf Strophen (das zweite hat zusätzlich am Anfang eine Strophe des ersten) richten sich, immer wieder nuanciert, an Christus um Erbarmen für den sündebewußten Dichter; dieses Grundthema, das sich aus innerer Qual um christliche Wahrheit versteht, schlug er in den übrigen Carmina noch kräftiger an, aber in einer bis dahin im Mittelalter ungewohnten Stärke des Persönlichen in dem Lied an seinen Freund (vielleicht Walahfrid Strabo), das schildert, wie sich ein Verbannter trotz seines nun schon zweijährigen Elends schließlich doch bewegen läßt, das von jenem gewünschte Lob Gottes zu singen.

Durch Einmaligkeit zeichnete er sich auch in der äußeren Form aus, besonders durch die Vervollkommnung des Reims, mit der er seiner Zeit weit vorauseilte. Zu solcher liebevollen Formung des Äußeren, die sich u. a. auch in der Zahlenkomposition findet, gesellt sich das Wort durch Meisterung und Kraft, dazu der durchlebte Ernst, womit er ergreift; ihm eignete

eine außergewöhnliche poetische Begabung, mit der er in dem an einen
Freund gerichteten Carmen geradezu brilliert.

Das Kloster Corvey wurde bald nach seiner Gründung (815/6 bzw. 822)
zum Kulturzentrum und hatte in AGIUS den ersten Schriftsteller von Bedeutung, die im Opus geminatum über die sächsische Herzogstochter
Hathumod, die erste Äbtissin des nahen Nonnenklosters Gandersheim
(874†), am stärksten zum Ausdruck kam. Daß er es erst zwei Jahre nach
deren Tod schuf (dieses Datum wird im zweiten Teil gesichert), spricht bereits dafür, daß ihm ein Kunstwerk vorschwebte. Er erreichte es nicht in
der äußeren Gestalt, der es an Vollkommenheit mangelt, sondern durch
das, was er im ganzen und einzelnen darstellte. In beidem nahm er nichts
zum direkten Vorbild, wenn er auch mancherlei der ›Vita Adalhardi‹ des
Paschasius Radbertus entlehnte; überall dominierte das Eigene, so schon
in der Gesamtsituation. Im ersten, dem nachrufartigen Prosateil schilderte
er, wie ein früh dem Kloster geweihtes, seinen Pflichten hingegebenes
Leben ohne Erschütterung bis zu Krankheit und Tod verläuft, wie aber im
letzten die Sterbenden und die Überlebenden in innere Nöte geraten,
denen er den meisten Raum in dieser Vita gewährte. Auf dem hierbei ausgeführten Hin und Her zwischen Klage und Trost basiert auch der zweite
Teil, der Versdialog (359 Distichen) zwischen Agius und den Nonnen, die
ihn um eine Trostschrift gebeten hatten; und ihm gelang auch, wie man
festgestellt hat, die erste größere Trostdichtung im eigentlichen Sinn, in
der er es auch bezeichnenderweise wagte, mit der Aufzählung von 120
Beispielen aus der Heilsgeschichte in 112 Versen die Trauer zu bekämpfen.
Nicht zuletzt zeichnet ihn aus, daß er ohne Wunder und Übertreibung
auskam, daß sein Ton aufrichtig und echt, verehrungsvoll und persönlich
erklingt.

Nach Corvey gehört vielleicht auch der mit Namen unbekannte POETA
SAXO, den man zu Unrecht hat mit Agius identifizieren wollen; er dichtete
um 890 ein Epos über Karl den Großen von c. 2700 Versen. Fast könnte
man in ihm ein Gegenstück zur Adalbert-Vita des Agius insofern sehen,
als sich der Autor zwar in der Form recht geschult und gewandt zeigte,
nicht aber im Gehalt: Er stellte zur Hauptsache nur eine Paraphrasierung,
z. T. wörtliche Versifizierung der ›Annales Einhardi‹ (Buch I–IV) und der
Karlsvita Einharts (Buch V) her, ja er behielt sogar im ersten die Annalen-
form bei. Wenn er in der Apotheose des Schlusses die Apostel mit den
jeweils von ihnen Bekehrten und Karl mit den Sachsen erscheinen ließ,
denen jener die Glorie ewiger Freuden geschenkt hätte, so tritt hier (wie
auch an anderen Stellen) zutage, daß es dem Poeta nicht ganz an dichteri-
scher Kraft fehlte, aber auch, wie sehr Sachsen bereits vor den Ottonen in
die fränkische Tradition hineingewachsen war und in Karl nicht mehr seinen Besieger oder gar Feind sah.

Mit dem bereits erwähnten Gandersheim, in dem durch Hrotsvitha (c. 935–nach 973) die Literatur aufflammte, waren die Liudolfinger eng verbunden; drei Töchter des Stiftungspaares Liudolf und Oda waren die ersten Äbtissinnen (852–919, voran Hathumod, s. o.). Der nächsten Liudolfingerin in dieser Stellung, Gerberg II. (940–1001), fühlte sich die Dichterin als ihrer Lehrerin und Förderin so verpflichtet, daß sie ihr die zwei Teile (vor 959 und nach 962) ihres ersten Buches mit 5 und 3 Verslegenden in 6 und 3 Distichen widmete. In sieben Stücken hielt sie sich zur Hauptsache an vorwiegend schriftliche Quellen und blieb der entsprechenden Gattung verhaftet, erreichte aber in Sprache und Metrik eigenes, hohes Niveau, im ›Gongolf‹ darüber hinaus auch in der stofflichen Verarbeitung sowie in der wirkungs- und humorvollen Erzählweise. In diesen Legenden, die Gottes Gnade und Hilfe preisen, schlug sie am Anfang und Ende das Thema der Jungfräulichkeit an; das machte sie zum beherrschenden Thema in den danach gedichteten Dramen, die sie in ihrem zweiten Buch zusammenstellte und in der Zahl (6) nach den Komödien des Terenz richtete. Gegen dessen Hetärenstücke wollte sie christliche Gegenstücke der triumphierenden Keuschheit stellen, in denen sie das Grundthema stetig abwandelte, in zwei Stücken mit besonderem Geschick. Beide Male baute sie die kurze Prosaquelle zu voller dramatischer Dichtung aus, ließ im ›Abraham‹ die Handlung aus den von ihr vermehrten Personen allmählich und folgerichtig erwachsen und führte beim ›Dulcitius‹ in dem tragischen Geschehen, dem standhaften Martyrium der drei Schwestern, die burleske Komik, die sie in der Vorlage nur kurz und trocken vorfand, breit und sehr lebendig aus. So strebte sie, Szenen innerlich auszuformen, auch Gewagtes und Sexuelles vorzubringen, um Terenz Widerpart zu bieten, mied jedoch Anstößiges und Schlüpfriges. Schon mit solcher Begegnung leistete sie – eine Nonne – Ungewöhnliches, noch mehr damit, daß sie, was in der ganzen ersten Hälfte des Mittelalters niemand gewagt hatte, ein römisches Genus aufgriff, nicht um es wiederzuerwecken, sondern einen seiner Hauptvertreter zu verdrängen. – Man spricht bei ihr besser von dramatisierten Legenden als von Dramen, zumal sie selber schwerlich an Aufführung dachte (S. 270).

Anderer, historisch-epischer Art sind die zwei Hexameterdichtungen des dritten Buchs, die erste vor 968, die zweite vor 973 geschrieben. Beide sind mit Liudolfingern verbunden, die ›Gesta Oddonis‹ doppelt, nämlich durch den Auftrag, den ihr Gerberg II., nun Äbtissin, dazu erteilte, und dadurch, daß sie Otto I. bis zur Kaiserkrönung und Rückkehr (965) besang. Indem sie auf die Personen des Herrscherhauses, besonders die beiden Frauen Ottos liebevoll einging, schuf sie eine 'Familienlegende', in der das Haupt von christlichen Tugenden geleitet erscheint. Als Vorgeschichte dazu läßt sich wohl die zweite Hexameterdichtung, ihr letztes Opus bezeichnen, in dem sie mit den Anfängen ihres Klosters (852–919) Liudolfinger, das Gründerpaar und seine drei Äbtissinnentöchter, zu preisen hatte; nicht zuletzt dadurch, daß sie für ihre Liebe zu Gandersheim und der Natur ringsum eindrucksvolle Worte fand, wurden die ›Primordia‹ zu ihrem reifsten und persönlichsten Werk.

Mit Hrotsvithas Otto-Epos berührt sich die Sachsengeschichte des Widukind von Corvey (c. 925–nach 973) im Thema, auch in dem Ort und in der Zeit ihrer Niederschrift, wenn ihre Datierung bezüglich der ersten Fassung auf 967 (statt 957/58) zutrifft. Beide unterscheiden sich aber schon darin, daß er ein ausgesprochen historiographisches Werk in Prosa verfaßte und das erste der drei Bücher zur Hauptsache Heinrich I. widmete, auch darin, daß er Volksgeschichte dynastisch sah, die Geschichte der Liudolfinger als die der Sachsen. Was noch mehr auffällt, ist seine Freude an Kampf und Sieg, an Ruhm und Ehre; da er vorher zwei hagiographische Dichtungen, die nicht erhalten sind, geschaffen und damit, wie er selber bekannte, seinem Mönchsgelübde schuldigen Tribut entrichtet hatte, kann es fast verwundern, daß er sich noch so tief in den Anschauungen seiner Altvordern verhaftet zeigte. Diese Welt des lange regierenden Laienadels führte er wie sonst kein Autor vor ihm (und auch geraume Zeit nach ihm) vor. Dazu paßt sein Bemühen, germanische Formeln und Begriffe richtig wiederzugeben. An Sallust geschult, erzählte er lebendig und frisch, mit Dialog und epischer Breite, außerdem bemüht, trotz Überbewertung seiner Landsleute frei und kritisch (auch ihnen gegenüber) zu urteilen, überhaupt Gerechtigkeit bezeugend, auch menschliche Wärme.

Weder von Hrotsvitha noch von Widukind ist bekannt oder anzunehmen, daß sie auf längere Zeit ihr Kloster verlassen oder sich am Hof aufgehalten hätten. Beziehungen zwischen ihm und den beiden waren mehr indirekter Art: Der Adlige widmete jedes der drei Bücher der Tochter Ottos I., die aber seit 966 Äbtissin von Quedlinburg (c. 100 km östlich von Corvey) war; Hrotsvitha war von der Nichte Ottos I., ihrer Äbtissin, zu den ›Gesta‹ aufgefordert worden und hatte sie auch dem Sohn des Kaisers mit dem zweiten Versprolog übersandt, dieser hatte sie aber dazu erst veranlassen müssen. Bei beiden springt jedoch in die Augen, daß sie der politische Aufschwung durch ihren Sachsenherrscher, nun Kaiser des Deutschen Reichs, begeistert hatte; so wollte Widukind die Liudolfingerin durch die Geschichte ihres Vaters und Großvaters aufwerten, sie *melior gloriosiorque* erscheinen lassen. Dafür, daß allgemein die Literatur in deutschen Landen erst in der 2. Hälfte des 10. Jahrhunderts wiederbelebt wurde, genügt der Hinweis auf die ›Poetae Latini medii aevi‹ V, 1: Von den datierbaren Texten gehören zwölf dieser oder späterer Zeit an; zu elf hagiographischen Dichtungen (10 Vitae, 1 Passio) kommt ein Carmen zum zehnjährigen Amtsjubiläum eines Abtes (Burchard).

d) Der Kreis um Otto den Großen

Wichtig ist nun, daß Otto I. mit seinem Hof nicht nur indirekt auf das kulturelle Leben einwirkte, sondern selber aktiv wurde, was schon deswegen nicht verwundern kann, weil er damit seinem Vorbild, Karl dem Großen, nacheiferte. So rief er, der die ihm in der Jugend vorenthaltene Bildung nachgeholt hatte, zwei Gelehrte aus Novara herbei: STEPHAN – bereits auf seinem ersten Italienzug (951/2) –, der bis 970 in Würzburg lehrte, und GUNZO, einen auch in antiker Poesie belesenen und sprachlich gewandten Diakon, der erst auf persönliche Bitten des Herrschers einging.

Eine viele stärkere Wirkungskraft entfaltete der dritte Oberitaliener, der damals etwa 30jährig als politischer Flüchtling nach Deutschland kam, vom König freundlich aufgenommen wurde und ihm auch mit der Feder nachhaltig diente, der aus angesehener Familie stammende LIUDPRAND VON CREMONA (c. 920–c. 970). Das erste und umfänglichste Werk – der 956 am Hof weilende Gesandte des Kalifen von Córdoba, Bischof Recemund von Elvira, hatte ihn dazu aufgefordert – erfaßt zwar nicht, wie zuerst geplant, die jüngste Geschichte ganz Europas, sondern beschränkt sich auf Italien, Deutschland und Byzanz (886–950), ist von Subjektivität beherrscht, was schon sein zweiter Titel ›Antapodosis‹ kundtut ('Vergeltung' für die ihm von Berengar II. und dessen Frau Willa zugefügten „so räuberischen Erpressungen und so gottlosen Ränke") und von Memoirenhaftigkeit geprägt, die durch ausgemalte Genre-Szenen und deren Formung in Versen (je 6–37 in 14 Gedichten) unterstützt wird. Einem derart Befähigten, dazu in Politik und Diplomatie Erfahrenen vertraute der König wichtige Missionen an und belohnte ihn 961 mit dem Bistum Cremona. Vermutlich von jenem veranlaßt, stellte er in dem kleinen ›Liber de gestis rebus Ottonis magni imperatoris‹ dessen politisches Handeln in Italien 960–964 mit Heranziehen schriftlicher Quellen dar, um dessen Vorgehen gegen die Päpste zu rechtfertigen. Als ganz in die aktuelle Politik eingespannt erscheint er in der ›Relatio de legatione Constantinopolitana‹, d. h. über seine Brautwerbung für den Kaisersohn Otto; in dieser Propagandaschrift übergoß er für die ihm widerfahrene, verletzende Behandlung den byzantinischen Kaiser mit Spott und Hohn und pries dagegen Otto I. und seinen Einsatz in Italien.

Zur geistigen Elite an Ottos Hof zählten natürlich auch Deutsche. Der vielleicht aus Lothringen stammende ADALBERT, erster Erzbischof von Magdeburg (968–981), war zuerst in der Kanzlei des Erzbischofs von Köln beschäftigt, dann in der Kanzlei Otto I. (953–c. 958) und in der Ottos II. (963–965). Als Abt von Weißenburg (966–968) setzte er die Chronik Reginos von Prüm für die Zeit von 907–967 im Annalenstil fort und lieferte durch gutes Quellenmaterial und Sachlichkeit, durch die sich z. B.

seine Bearbeitung von Liudprands Otto-Buch auszeichnet, eine vortreffliche Reichsgeschichte unter Otto I. namentlich von 951 an. – EKKEHART II. (990†), den sein Oheim Ekkehart I. früh ins Kloster St. Gallen geholt hatte, wurde dort Leiter der Schulen und wirkte längere Zeit am Kaiserhof, nicht nur als Erzieher Ottos II., so daß er den Beinamen Palatinus erhielt – über seine Dichtung, Sequenzen und Antiphonen kann man nur wenig sagen, weil sich für ihn nur eine Sequenz sichern läßt (S. 125).

In diesem Kreis, zu dem auch Iren und Griechen bezeugt sind, war neben dem Herrscher sein jüngerer Bruder BRUNO (925–965) die stärkste Kraft; er wurde für die geistliche Laufbahn auf der Utrechter Domschule, selbst im Griechischen, vorzüglich ausgebildet und wurde 939 an den Hof geholt; er führte hier die Disputationen auch über fernste Probleme mit Gelehrten aus der ganzen Welt an, die sich dadurch bereichert fühlten. Daß damit auch die Ausbildung der Hofgeistlichkeit, der Adelssöhne und zukünftigen Bischöfe verbessert wurde, versteht sich.

Ob man von einer Hofschule und gar von einer (Art) Akademie reden darf, bleibe gefragt, weil vor allem die Hauptquelle nicht genug hergibt, die ›Vita Brunonis‹, die drei Jahre nach dessen Tod der Kölner Mönch und Magister RUOTGER im Auftrag von dessen Nachfolger schrieb – er stammte aus Brunos Umgebung und hatte sich durch entsprechende Qualitäten empfohlen. In oft eigenwilliger Sprache redete er gern über wichtige Einzelheiten und Fakten hinweg (mied z. B. Zeitangaben) und richtete in seiner gleich starken Berücksichtigung von Bischof und Staatsmann, in welcher Doppelrolle (*regale sacerdotium*) Bruno nur dem Allgemeinwohl gedient habe, sein Augenmerk darauf, das kirchlich-staatliche Herrschaftssystem der Ottonen zu verteidigen. Wenn ihn Ruotger auch als einen ganz und gar heiligen Mann rühmte, so weicht seine Schrift vom Typus des Heiligenlebens spürbar ab, steht aber in der ihr eigenen Gestaltung auf einem höheren Rang.

Mit Recht feierte Bruno in den Versen, mit denen er Otto eine Handschrift des antiken Militärschriftstellers Frontin überreichte, ihn als Wiederbeleber des geistigen Lebens. Gewiß reichte das Einwirken Ottos auf die Literatur nicht an das Karls des Großen heran, doch es genügte zum Wesentlichen, nämlich dazu, sie äußerlich und innerlich anzutreiben und zu heben – sie war ja zuvor gar nicht so lange, so breit und tief abgesunken wie in der Merowingerzeit.

Deutlicher und kräftiger als auf die schriftliche Kunst tritt Ottos Wirkung auf die bildende hervor. Im Osten politisch und missionierend auf Stärkung und Mehrung nachdrücklich bedacht, baute er Magdeburg immer mehr als Bollwerk des Reiches und der Kirche aus; so schuf er mit dem 955 begonnenen Dom ein Gotteshaus königlichen Ausmaßes und dazu einen geistlichen Hof, der dem päpstlichen in Rom an Zahl und

Rang gleichkam. Die ottonische Baukunst, trotz karolingischer Grundlage von eigenem Stilwillen beherrscht, verbreitete sich von ihrem Schwerpunkt in Sachsen aus nach Westen und Süden und war in Hauptzügen von
den politischen Erfolgen und der Persönlichkeit Ottos bestimmt.

Wenn auch seine beiden Nachfolger und ihr Hof nicht so nachhaltigen
Einfluß auf die Literatur übten (aus der Skizze S. 121 sind Gründe dafür
abzulesen), so haben die beiden doch die Produktion belebt.

Otto II., der in dem Streitgespräch zwischen Gerbert und Ohtric
(S. 114) präsidierte, veranlaßte zwei Heiligenleben, und zwar den Bischof
GUMPOLD VON MANTUA um 970 zur Passio des Märtyrers Wenzeslaus und
wohl eine Nonne des Klosters Nordhausen um 975 zur Vita der Königin
Mathilde (968†), der zweiten Gemahlin Heinrichs I.

Otto III., der Gerbert, Erzbischof Heribert von Köln (999–1021), Bischof Bernward von Hildesheim (993–1022) und Leo von Vercelli (S. 107)
um sich hatte, Heribert und wie andere zu preisenden Versen begeisterte,
wurde zum größten Auftraggeber für die ottonische Buchmalerei, so für
die Reichenauer (S. 127). Zu seiner näheren Umgebung gehörten einige
Zeit lang zwei Schüler der Magdeburger Domschule, der böhmische Für-
stensohn Adalbert, Bischof von Prag 983–988 (997†), der Kanoniker
BRUN VON QUERFURT (973/4–1009), ein sächsischer Grafensohn; beide erlitten den Märtyrertod bei den heidnischen Preußen. Der zweite schrieb
eine Vita über den ersten (1004, später eine gekürzte Fassung), worin er
die frühere Adalbert-Vita des Canaparius (S. 104) in Stoff und Stil erheblich übertraf, und eine andere 1008 über fünf Ordensbrüder, die 1003 in
Polen erschlagen worden waren, ferner einen Brief an Heinrich II., in dem
er über seine Mission berichtete und ihn zu einer Änderung seiner Polen-
politik zu bewegen suchte. Dieser Herrscher, der in seiner Lieblingsstif-
tung Bamberg den ersten Dom bauen ließ (S. 168), veranlaßte eine neue
›Vita Mathildis reginae‹, in der seine, die bayrische Linie des Ottonenhau-
ses in seinem Großvater, Heinrich I. von Bayern, herausgestellt wurde; für
die geistlichen Interessen des später heiliggesprochenen Kaisers zeugt der
Diakon Bebo von Bamberg – der schrieb für ihn die letzten acht Bücher
von Gregors ›Moralia‹ ab und übergab ihm 1021 seine Bearbeitung von
Hieronymus' Isaias-Kommentar.

Mit diesem Herrscher enger verbunden war THIETMAR (975–1018), der
sächsische Adlige zu Eltern hatte und vor allem in Magdeburg gut geschult
worden war; bei seiner Priesterweihe 1004 war Heinrich II. zugegen,
ebenso 1009 bei der Investitur zum Bischof von Merseburg und hatte dort
jenen oft zu Gast. In der von ihm 1012 begonnenen ›Chronica‹, die ihm
von einer Geschichte Merseburgs sehr bald zu einer der Ottonen wurde,
nimmt schon in der durch den Tod abgebrochenen Fassung die Regierung

Heinrichs II. (Buch V–VIII) zwei Drittel des Ganzen ein; gewidmet aber hat er sie seinem Bruder Siegfried, damals Abt von Berge (bei Magdeburg), und in ihr immer wieder seinen Nachfolger und noch mehr den christlichen Leser angeredet. Den geistlichen Hirten trieb es, religiös zu belehren; in seinem Vermächtnis (VIII, 12–16) bittet er seinen Nachfolger, stets christliches Dienen in Demut zu üben, und empfiehlt sich mit nachdrücklichem Bekenntnis seiner Sündhaftigkeit der Fürbitte des Lesers und der Gnade Gottes. Gewiß ist sein Werk im zweiten Teil durch die vielgestaltige Fülle des Erlebten und Gehörten für den Historiker von größtem Wert, zumal er unverfälscht, ehrlich und kritisch gegen die Regierenden und sich selber berichtet; er fügte auch Verse hinzu (in sechs Versprologen und sonst gelegentlich); doch ordnete er das Ganze nicht nach höheren Gesichtspunkten, sondern vorwiegend chronologisch (kannte sogar keine Scheu, am Schluß mehrerer Bücher z. T. umfängliche Nachträge einfach hinzuzusetzen) und bediente sich einer ungeschliffenen, eigenwilligen Sprache. Voller Stolz auf sein Sachsen und dessen Könige, lobte er Heinrich II. und pries Otto I. als den bedeutendsten Herrscher seit Karl dem Großen und Ottos Zeit als die goldene. Seine ›Cronica‹, das gewichtigste Werk der sächsischen Literatur in der ersten Hälfte des 11. Jahrhunderts, wirkte natürlich gehörig auf die Historiographie Sachsens.

e) Der Kreis um Heinrich III.

Der Ausklang des 'Aufbaus' übertönt mit seinem Forte die Lateinliteratur in der ersten Hälfte des 11. Jahrhunderts nicht nur in deutschen Landen und erinnert an den Kreis Ottos I.; auch damals wurde wieder der kaiserliche Hof direkt und indirekt kultureller Mittelpunkt. Dazu trugen bei Heinrich III. schon die politischen Erfolge (S. 122 f.), mit denen Sicherheit und Wohlstand verknüpft waren, nicht wenig bei, dann der seiner Wesensart entsprechende Eifer und Einsatz für die kirchliche Erneuerung, die Reformideale; vor allem hatten sorgsame Erziehung und weite Bildung seine Neigung zu den Wissenschaften und Künsten vertieft.

Ein besonderes Zeugnis dafür legt die ›Cambridger Liedersammlung‹ ab: Deren 50 Stücke, im 10. Jahrhundert und Anfang des 11. gedichtet, wurden um 1050 am Mittel- oder Niederrhein zusammengestellt, und zwar auf Anregung Heinrichs III. Dementsprechend gehören nicht wenige zur Hofdichtung (6 von 8 auf deutsche Könige von Otto I. bis zur Königskrönung Heinrichs III. 1028); im ganzen überwiegt das Geistliche, doch das Weltliche kommt auch stark zur Geltung (s. zwei Schwabenschwänke oder fünf Liebeslieder, die ältesten mittellateinischen). Auf den musikalischen Vortrag, der die inhaltliche, auch metrische Buntheit übergreift, weisen mehrere Nummern hin (5 Stücke aus der antiken Dichtung, die zur Vertonung reizten, oder ein Merkspruch über Intervalle). Viele Lieder stammen nachweislich aus Deutschland, aber 13 in geschlossener Gruppe aus Frankreich – das hängt wohl mit der zweiten Gemahlin Heinrichs III., Agnes von Poitou, zusammen. Von Heinrich III. spricht aus diesem Corpus die Liebe zur Tradition und zur Dichtung allgemein. Die Kennzeichnung der Sammlung als 'Kulturdenkmal ersten Ranges' gründet darauf, daß die Auswahl weit getroffen ist und eine Reihe vorzüglicher Leistungen umfaßt; hinzu kommt, daß vor allem aus dem 10. Jahrhundert Lyrik sonst nur wenig überliefert ist. Im Formalen fallen bei der Sequenz deutliche Fortschritte gegen die Notker-Stufe (S. 125) auf, nicht nur in Rhythmus, Zeilenkadenz und Reim, sondern auch darin, daß sie auf weltlichen Inhalt angewandt wurde.

Als Heinrich III. Kaiser geworden war, meldeten sich bei ihm auch Autoren, deren Muttersprache nicht deutsch war, so aus Frankreich der Mönch ARNULF um 1055, der dem Kaiserpaar mit den ›Deliciae cleri‹ eine hauptsächlich auf den fünf 'Salomo'-Büchern des Alten Testamentes fußende Sammlung Sprichwörter widmete (im Kern 291 Sprüche zu je 2 Versen). Der aus vornehmem Geschlecht stammende Mailänder Geistliche ANSELM VON BESATE kam nach Deutschland, um seine ›Rhetorimachia‹ dem Kaiser zu überreichen und eine Stelle an der Hofkapelle zu gewinnen; in drei Büchern hatte er die Regeln der Rhetorik in einem nur wenig durchgeführten 'Kampf' mit seinem Vetter ausgearbeitet und stilistisch wie novellistisch ausgeschmückt.

Schon bevor und auch nachdem Heinrich III. zum Kaiser gekrönt war, schickte ihm BERNO VON REICHENAU, wie erwähnt (S. 128), alle Werke und konnte bei denen in Prosa wie in Versen mit freundlicher Aufnahme rechnen.

Am stärksten ausgeprägt war die Bindung an den Hof bei dem aus dem alemannischen Teil des Königreichs Burgund stammenden WIPO, Kaplan am Hof Konrads II. und Heinrichs III., von wo ihn freilich Kränklichkeit öfter fernhielt; dem zweiten Herrscher, dessen Lehrer er war, stand er besonders nahe und erlebte noch dessen Kaiserkrönung 1046, nach der er bald gestorben zu sein scheint. Beiden diente er mit fast allem, was er schrieb; in drei kleineren Gedichten stellte er Ereignisse aus der Regierung Konrads II. episch dar (so in 100 Versen die beschwerliche Kälte des Burgund-Feldzugs 1033). Heinrich III. überreichte er bald nach der Königskrönung 1028 eine Sammlung von hundert Proverbia mit überwiegend biblischem Gut im eigenen Versmaß und Weihnachten 1041 die preisende, fürbittende, auch ermahnende Predigt ›Tetralogus‹ mit 326 Hexametern; damit hängen vermutlich 10 christliche Distichen für die Weihnachtstafel des Hofes zusammen. Von seinem Plan, die *acta* der beiden Kaiser aufzuzeichnen, konnte er bis 1046 nur die erste Hälfte (›Gesta Chuonradi II.

imperatoris‹) ausführen; er weihte sie Heinrich III., damit vor allem Handeln „du die Tugenden deines Vaters wie in einem Spiegel betrachtest"; darin eingeordnet hätte er seine rühmlichen Taten unter seinem Vater. Der historiographische Wert der 39 Kapitel besteht zum einen in der persönlichen Informiertheit, durch die er auch (c. 10 ff.) die Hauptquelle, die (verlorene) ›Schwäbische Weltchronik‹, verbesserte und erweiterte; vor allem gab er bereits hier die ideelle Welt Heinrichs III. gut wieder; wie in den anderen Werken sah er hier (c. 3) den Herrscher als *vicarius Christi* im *Christianum imperium*. Überdies fallen die ›Gesta‹ durch ihre literarische Gestaltung auf, durch Reim, Sprüche, Verse; sie sind in klarer, gepflegter und rhetorisch geputzter Sprache frisch und gewinnend erzählt, ohne freilich auf die inneren Zusammenhänge des Politischen einzugehen. Passend setzte Wipo sein Klagelied auf Konrads Tod (von 1039) am Schluß hinzu.

Vermutlich dichtete er noch mehr Königslieder. Berühmt und überaus reich überliefert ist seine Ostersequenz ›Victime paschalis laudes‹, die noch heute im Missale steht, jedoch ohne die 6. Strophe. In doppelter Hinsicht steht sie in historischem Übergang, einmal formal auf dem Wege zur Durchreimung und Durchrhythmisierung; zum anderen wurde der dialogische Mittelteil in die Osterfeier aufgenommen, sie wurde durch das Heraustreten von Einzelpersonen wichtige Entwicklungsstufe im geistlichen Drama. Obendrein verhalf die dorische Singweise (auch von Wipo?) der „unvergleichlich schönen" Sequenz zu außergewöhnlichem Ansehen.

Viel mehr als in Wipos Werk ist im ›Ruodlieb‹ der Geist jener Zeit zu spüren; damit stellt er sich in den Kreis um Heinrich III., er ragt aus ihm mächtig empor. Seinen Versen läßt sich nichts Direktes über eine Verbindung seines anonymen Poeten mit dem Hof entnehmen, auch nichts Konkretes über dessen Zeit und Ort – vermutlich um oder bald nach 1050 im Kloster Tegernsee. Überdies ist das Epos (vielleicht über 3000 Hexameter) zwar größtenteils autograph erhalten, aber nur in Pergamentblättern, die später zum Einbinden von Handschriften verwandt und zerschnitten worden sind; die zahlreichen Lücken scheinen freilich jeweils nicht mehr als zwei Doppelblätter ausgemacht und im Text uns nichts Wesentliches vorenthalten zu haben. Am schmerzlichsten ist das Fehlen des Schlusses, weil er nur in etwa zu erschließen ist und in einer neuen Welt, der Heldensage, spielt. Im ›Ruodlieb‹ werden (vier oder fünf) Stufen aus dem Leben eines adligen Ritters ausgemalt, von seinem Ausritt aus der Heimat, in der ihm treue, gefahrvolle Dienste keine Anerkennung seiner Herren eintrugen, sondern nur Feindschaften, bis zur Erringung von Königtum und Königstochter. Zunächst dient er in einem fernen Reich einem mächtigen, edelgesinnten großen König als Jäger, Feldherr und Gesandter, auch durch Künste höfischer Unterhaltung, zehn Jahre lang erfolgreich und reich beschenkt; dann bewährt er sich in unabhängiger Stellung an verschiedenen Orten, zunächst im bäuerlichen Milieu – entsprechend den drei ersten von zwölf Ratschlägen, die er sich vom Großen König beim Abschied erbeten hatte –, sie betreffen vorwiegend die praktische Lebensführung. Auf der zweiten Station der Rückkehr, auf einem Schloß, dessen Herrin mit Ruodliebs Mutter bekannt ist, wartet er wieder mit seinen Fertigkeiten auf, weckt mit seinem Harfenspiel die Zuneigung des Schloßfräuleins und seines Neffen, den er vor dem Schloßbesuch aus den Banden einer Dirne befreit und an sich gezogen hat, und kann mit der Schloßherrin die Hochzeit vorbesprechen. Die richtet er, nach Haus heimgekehrt, standesgemäß aus. Von der Mutter selber zur Ehe gedrängt, bringt er eine vom Familienrat empfohlene Dame wegen ihrer Liebschaft mit einem Kleriker zum Verzicht, erfährt aber dann durch die Mutter, der es Gott im Traum verkündete, daß er nach Kampf Königskrone und Königstochter gewinnen werde. Davon ist aber nur ein Stückchen des Anfangs überliefert.

Hier werden Verhalten und Einstellung eines Ritters, der sich von den moralisch-christlichen Maximen leiten läßt, in verschiedenen Situationen des realen Lebens als exemplarisch vor Augen geführt, d. h., es wird ein Ritter- oder Fürstenspiegel hergestellt, dessen Ethik sich nicht auf diesen Stand beschränkt, sondern allgemeinere Geltung besitzt. In seiner romanhaften Gestaltung geriert sich der Held immer freier und wirkungsstärker, bis er die höchste Stufe erreicht. Das Helle in ihm und in seinem Tun wird stetig vom Dunkel der Kontrastfiguren und -situationen abgehoben. Die im Sujet gut ausgewählten Szenen, in denen übrigens Beiwerk wie z. B. der Fischfang mit dem Buglossa-Kraut wiederholt wird, sind so liebevoll ausgemalt, daß sie sich tief einprägen wie etwa die mit der Dohle auf dem Ausguck im Kirschbaum (XII, 71 ff.).

Zwar wird – unter der Herrschaft jener geistigen Ordnung – das Leben dieser Zeit in seinen Arten und Bräuchen trefflich vorgestellt, und zwar so, daß sich nichts literarisch Vergleichbares findet, doch kann die ʽWirklichkeitstreue' nur relativ genannt werden, denn selbst einzelnes wie etwa Schmuck ist nicht genau so wiedergegeben, wie es damals existierte, sondern mehr oder weniger um- und eingeformt; Gleiches gilt von den Motiven und erst recht vom Ganzen: Das Meiste und Entscheidende trug der Verfasser als Dichter bei und schuf somit den ältesten und „den ersten frei erfundenen mittelalterlichen Roman", ihn außerdem in eigenwilliger Gestalt der Sprache, die weder antik noch in höherem Stil gehalten ist, sondern mittelalterlich und umgangsmäßig, mit Germanismen und Neubildungen durchsetzt, aber auch mit griechischen Fremdwörtern.

Die Ausfahrt eines Ritters – freilich keine freiwillige – und seine Laufbahn werden also gut ein Jahrhundert vor den höfischen Romanen der Muttersprachen erzählt, die nach dem gleichen Grundentwurf gebaut sind. Noch fehlt aber Wesentliches wie die (nur) ritterliche Ethik oder die (nur) höfische Minne. Dafür haben die ideellen Bestrebungen Clunys und Heinrichs III. ihren Niederschlag gefunden, so die nach Gottesfrieden und edler Rache. Damit wie mit anderem kann man die Vermutung begründen, der Dichter habe den kaiserlichen Hof mindestens vor Augen gehabt.

Eine andere epische Dichtung, ›Ecbasis cuiusdam captivi‹ (1175 leoninische Hexameter – auf die vom Dichter angegebenen 1170 Verse folgen noch die 5 des Epilogs), spiegelt zwar allgemeinere Züge des gesellschaftlichen, politischen und religiösen Lebens, nennt mehrmals die deutschen Könige Konrad (II.) und Heinrich (III.) und spielt auf das Friedensgebot des letzten an, so daß sie sich auf die Zeit von 1043–46 datieren läßt; sie erweist sich aber als nicht für den königlichen Hof bestimmt, sondern zum Vorlesen vor der Klostergemeinschaft des Autors; der war ein (anonymer) Mönch des Klosters St. Évre bei Toul und in Lothringen beheimatet, das damals zum Deutschen Reich gehörte. Wie er im Prolog autobiographisch bekannte, kam er durch den Blick aus dem Fenster seines Klosters in die Welt draußen, in die des auf dem Feld arbeitenden Bauern, zur Besinnung über sich, wie unvernünftig und unnütz er bisher gelebt, wie sehr er nach Umherstreifen und Freiheit gegiert habe, und zur Umkehr, so daß er sich durch dieses sein Poem über das Kälbchen innerlich befreien möchte, ein Kälbchen, das sich aus Sehnsucht nach Freiheit und Muttermilch von den Fesseln im Stall losriß, draußen vom Wolf gefangen und von seiner Herde gerettet wurde.

Der Dichter stellte an sein Publikum schon dadurch hohe Anforderungen, daß er in ungewöhnlichem Umfang antike und mittelalterliche Verse im Ganzen oder in Stücken zumeist geschickt einpaßte, um mit solcher Mosaiktechnik Effekte zu unterstützen, auf die er sein Werk angelegt hatte, in erster Linie das Geistreiche und Witzige – und das erfaßte nur, wer namentlich Horaz, den er in etwa ein Viertel der Verse hereinzog, und Prudenz im Kopfe hatte. Zum andern erschwerte er das Verständnis durch vielfältige Komplikationen, so schon den Aufbau dadurch, daß er zwei in den Personen und in anderem ähnliche Erzählungen ineinanderschob, d. h. die eine mit der anderen umschloß – er wies sogar mitten in ihr auf jene durch 6 Verse (1010 ff.) hin. Hierbei stört, daß er die innere Partie erheblich breiter als die umrahmende (etwa 3:2) ausführte und damit die zweite, gerade die kleinere zu weit (durch 652 Verse!) auseinanderriß; und in ihr allein legte er sein Hauptthema vor ('Ausbruch eines Gefangenen'). In der inneren Erzählung malte er ja die bekannte Äsopfabel episch aus, wie der kranke Löwe auf Anraten des Fuchses durch das dem Wolf abgezogene Fell geheilt worden ist, und begründete doch damit nur, weshalb der Wolf (der Umrahmung) solche Angst davor hat, daß vor seiner Höhle ein Nachkomme jenes Fuchses auftaucht.

Außerdem vermehrte er die der Tierdichtung eigentümlichen zwei Schichten auf drei, indem er die menschliche in eine höfische und (vorherrschend) mönchische aufspaltete; die drei mischte er gern und auch seltsam miteinander. Außerdem führte er in so mancher Einlage mindestens durch deren Aufschwellung vom geraden Wege ab, so daß sie mehr um ihrer selbst willen ausgesponnen zu sein scheint. Verwirren kann im einzelnen der nicht seltene, z. T. abrupte Wechsel von Humor, Komik, Parodie, Ironie bis zur Selbstironie und Illusionsstörung.

Der Dichter wollte seiner Klostergemeinschaft eine auf sie eingestellte Osterunterhaltung präsentieren, eine einmalige Erzählung (*raram fabellam* V. 39), eine Satire (*sermonem* V. 1229), die im Zeichen des Horaz steht, mit dessen Schlußvers von Satire I, 1 die ›Ecbasis‹ ausklingt. Mit ihrer Komik und Spritzigkeit zielte er vorwiegend auf sein mönchisches Milieu, verließ aber die Ebene des Harmlosen nur beim Wolf, den er in beiden Fabeln als schlechten Mönch verdammte. Gewiß ist das Spielerische, Reizvolle, auch Hintergründige noch heute zu spüren, jedoch in seinem vollen Umfang nicht mehr zu greifen; zudem ist das Ziel umstritten. „Eine Satire gegen die Verweltlichung des Mönchsstandes" (Schwietering) legt doch wohl zu viel hinein; richtiger scheint: „Menschliche Haltungen und Einrichtungen werden als tierisch entlarvt" (Wehrli), und zwar am St.-Aper-Kloster und seinen Mönchen so, daß sie beim Vortrag mit verteilten Rollen gepackt worden sein und mit Gelächter, auch Schadenfreude reagiert haben müssen, wenn Mitbrüder in ihren Schwächen karikiert wurden. Sosehr die Dichtung durch ihre Geistreichigkeit imponiert, auch über ihre Zeit hinaus, sosehr ist sie im ganzen, wie mehrmals angedeutet, nicht gemeistert. Sicherlich schuf der Verfasser mit seinem tändelnden Spiel (*ludus, nugae* 1226 f.) viel Nützliches (21) – und das auch für sich selber, der sich am Schluß zur Rückkehr, zu verständigem Tun und zu den Psalmen aufruft und damit die Ecbasis des Kalbes glücklich beendet, das heil in die Arme der Mutter zurückgekommen Christus lobend dankte.

Am beachtlichsten ist die Stellung, die der ›Ecbasis‹ in der Literaturgeschichte eingeräumt werden muß, schon wegen der Originalität, die in der Außenfabel am meisten hervortritt. Und in der Innenfabel wird eine wichtige Stufe in der Entwicklung der Tierdichtung, die zum Epos hin, aber noch nicht dieses selber erreicht, die beiden Fabeln sind ja noch nicht zur geschlossenen Einheit verarbeitet, und das Klostertum dominiert so, daß Fuchs und Wolf den guten und den schlechten Mönch spielen, d. i. eine andere Rolle als ihre traditionelle, der Tierdichtung eigentümliche. Ob man dieses Werk in die Vorgeschichte des höfischen Romans einreihen darf, weil der wagnisschwere Ausbruch in die Freiheit der Ausfahrt des Artusritters ähnelt?

III. DIE VOLLENDUNG

1. ZUR CHARAKTERISIERUNG

Im letzten Drittel des 11. Jahrhunderts begann die dritte Periode der mittellateinischen Literatur (S. 4); diese repräsentierte davor die europäische Literatur, die nur in ihr wirklich lebendig war: Es spielte ja die volkssprachliche jeweils noch keine bedeutende oder gar keine Rolle. Anzeichen der neuen Periode wurden bereits S. 104 und 107 verzeichnet mit den ersten Vertretern der Kirchenreform (Petrus Damiani: 1052, Humbert: gegen 1060).

Daß das damit angekündigte Neue bestürzende Ausmaße erreichte, belegt am besten die sogenannte Streitschriftenliteratur, die sich recht schnell zur Gattung auswuchs; sie wurde ja nicht nur von durchgreifenden Reformforderungen der Geistlichkeit (Antisimonie, Zölibat oder Amtsgewalt betreffend) aufs kräftigste genährt, sondern, seitdem 1046 der Kaiser drei Päpste abgesetzt hatte, mehr noch von dem von 1075 an ausgebrochenen Entscheidungskampf zwischen Regnum und Sacerdotium mit Absetzen und Bannen, Gegenpäpsten und Gegenkönigen – all das hatte allgemein aufs tiefste erregt; so protestierten z. B. gegen das vormals von Gregor VII. jetzt wieder gebotene Zölibat mehrere tausend Kleriker 1095 in Konstanz. An der literarischen Auseinandersetzung beteiligten sich wohl gegen hundert Autoren mit etwa anderthalbhundert Schriften. Jene besitzen meistens nur kleineres Format; doch bereits das antisimonistische Werk Humberts hatte drei Bücher, und ›Ad Gebehardum liber‹ des Manegold von Lautenbach (c. 1085) war (nicht nur) im Umfang (77 Kapitel) aus den Fugen geraten. Wie damit gesagt ist, läßt sich unter 'Streitschrift' oft nicht 'Flugschrift' verstehen, u. a. auch insofern nicht, als nicht wenige gute Schriften nur in einer einzigen Handschrift oder nur in einem Druck überliefert sind, so ›De scismate Hildebrandi‹ des Wido von Ferrara (1086) oder ›De unitate ecclesiae conservanda‹ eines Hersfelder Mönchs, der sich (1090–1093) für den kaiserlichen Papst Clemens III. und das Recht Heinrichs IV. aus reichem Wissen in gutem, ernst gehaltenem Stil einsetzte, übrigens wohl das beste Stück der ganzen Gattung.

Dagegen stellte PLACIDUS VON NONANTULA 1111 in den 169 Kapiteln seines ›Liber de honore ecclesiae‹ die gregorianischen Bestrebungen als berechtigt hin und sprach der Kirche prinzipiell die Überlegenheit über den Staat zu. Der in Nordfrankreich zwischen 1075 und 1080 geschriebene ›Tractatus de clericorum conubio‹ stellte Bibel- und Kirchenväterzitate zusammen, um nachzuweisen, daß die Priesterehe rechtmäßig wäre; doch der süddeutsche Klausner HONORIUS AUGUSTODUNENSIS (c. 1090–nach 1150) forderte die Enthaltsamkeit der Priester im ›Offendiculum‹ sehr streng. Übertreibungen finden sich so manches Mal in der Tendenz wie im Ton; der letzte Autor bekannte sich gleich im Anfang von ›Summa gloria‹ zum Primat des Papstes und verstand darunter auch, daß der Kaiser vom Papst zu wählen wäre. MANEGOLD VON LAUTENBACH wollte in den 77 Kapiteln ›Ad Gebehardum Liber‹ erweisen, daß man den König vertreiben und seine Anhänger töten müßte, und äußerte sich unüberbietbar schmutzig und gehässig gegen Heinrich IV. und seine Geistlichkeit, während der Trierer Scholasticus Wenricus in seiner ›Epistola‹ (1080/81), zu deren Beurteilung Manegold aufgefordert worden war, seine Kritik an Gregor deutlich, aber maßvoll gehalten hatte.

Dafür, daß sich einige dieser Schriften durch die Art der Darbietung nicht nur in der Sprache auszeichnen, zeugt der ›Dialogus de pontificatu sanctae Romanae ecclesiae‹ (1162/3) des Bayern RAHEWIN, der Otto von Freising als Sekretär beistand und seine Barbarossa-›Gesta‹ fortsetzte; er ließ die beiden Päpste des Schismas (1159 ff.), Alexander III. und den nur von wenigen Kardinälen gewählten, kaiserfreundlichen Victor IV., in einer erfundenen Gerichtsverhandlung so miteinander streiten, daß zwar seine Stellungnahme für Alexander durchblickte, aber Gott das Urteil überlassen wird; der Dialog ist gut durchgeführt und spannend aufgebaut, die Sprache geschult und gewandt. – Darüber hinaus entstand 1099 sogar eine ungemein geistreiche, meisterhaft ausgeführte Parodie in Prosa, der ›Tractatus Garsiae Toletani de Albino et Rufino‹ über das Leben und Treiben an der Kurie unter Urban II., nicht frivol, sondern bestrebt, „dem Unheiligen die Maske des Heiligen herunterzureißen". Natürlich griffen mehrere Autoren zur Versform, so einer aus dem Marbodkreis um 1100 zu 90 Achtsilblern ›Decreta Simonis‹, Bischof RANGERIUS von Lucca, zu 580 Distichen (1110) über die Laieninvestitur ›De anulo et baculo‹ oder RUPERT von Lüttich, später Abt VON DEUTZ (1030†), zu polymetrischen Odenformen in den 13 Gedichten seines ›Opusculum‹ (1095) mit dem Traum über den Zustand der Kirche – gegen deren Ehrbrecher, die Simonisten, Christus um Hilfe angerufen wird.

In dieser Streitschriftenliteratur, der aktuelle Probleme und Vorgänge zugrunde lagen und in die hohe und höchste Persönlichkeiten hineingezogen wurden, schlug sich auch Wichtiges aus dem politischen Geschehen nieder. Deutschland und Italien, auch Frankreich und England waren der Hauptschauplatz nicht nur in diesem Streit und seiner Literatur, sondern auch in der Geschichte Europas.

Natürlich erfuhren die um jene 'Mitte' herum liegenden Länder im Hochmittelalter politisch bedeutende Veränderungen, deren Auswirkungen blieben aber regional beschränkt und ließen kein Land die Stufe der Großmacht fest erreichen. Auf der Iberischen Halbinsel stand um 1080 der etwas größere Teil noch immer unter der Herrschaft der Araber – die Nordgrenze ihres Bereiches verlief etwa von südlich Coimbra über nördlich von Madrid und Saragossa bis südlich von Barcelona. Die Reconquista drang weiter nach Süden vor, Alfons VI. (1065–1109) bis Toledo – in dessen nicht immer erfolgreichen Kämpfen zeichnete sich Rodrigo Diaz (der Cid) aus, der den Arabern 1094 das Valencia-Reich abgewann und es als selbständiges Gebiet bis zum Tod (1099) behauptete. Unter Alfons I. von Aragonien (1104–1134) wurde Saragossa Hauptstadt Aragoniens. Alfons VII. von Kastilien (1126–1157) brachte alle christlichen Reiche unter seine Oberhoheit – nach ihm zerfiel jedoch das Kernreich durch Erbteilung wieder – und erkannte 1143 die Selbständigkeit Portugals an. Im 13. Jahrhundert wurden die Araber mehrmals geschlagen, Córdoba 1236 und Sevilla 1248 erobert. Damit war das Ziel, die christliche Herrschaft wiederherzustellen, noch lange nicht erreicht, die Halbinsel blieb daher auf sich beschränkt.

In Unteritalien (mit Sizilien), das im 11. Jahrhundert (S. 101) unter die Herrschaft der Normannen kam, vereinte Roger II. (1101–1154) die verschiedenen Herrschaftsbereiche zu einem Reich. Dessen Angriffe auf das byzantinische Griechenland und das arabische Nordafrika in der Mitte des 12. Jahrhunderts scheiterten. Dadurch, daß Barbarossas Sohn Heinrich (VI.) die Thronerbin Konstanze, Tochter Rogers II., 1186 heiratete, gelangte dieses Reich für mehrere Jahrzehnte an die Staufer. Die von Roger II. aufgebaute Monarchie wurde unter Friedrich II. (1198–1250) zum „ersten modernen Staat" weiterentwickelt, in dem Wirtschaft und Kultur aufblühten. Doch Friedrichs Sohn Manfred, der als Regent, seit 1258 als König regierte, wurde vom Bruder des französischen Königs Ludwigs IX. des Heiligen, von Karl von Anjou, den der Papst dorthin gerufen hatte, 1266 besiegt, von ihm auch der letzte Staufer Konradin 1268. Damit setzte eine neue Fremdherrschaft in jenem Reich ein.

Im südöstlichen und östlichen Europa hatten die Slawen ihre seit Ende des 4. Jahrhunderts erfolgende Landnahme im großen ganzen während des 7. Jahrhunderts beendet und die Ostsee, Elbe, Ostalpen und Adria, den Balkan und die obere Wolga erreicht, damit zugleich die Grenzen des christlichen Abendlands. Das mächtige Reich des asiatischen Nomadenvolks der Awaren, die im 6. Jahrhundert von Ungarn und Niederösterreich aus die umwohnenden Slawen unterworfen und sogar Byzanz belagert hatten, war im 7. Jahrhundert durch innere Kämpfe erheblich geschwächt und durch Karl den Großen 791/6 vernichtet worden; danach entstanden slawische Großreiche von Dauer, die sich der griechisch-byzantinischen und der lateinisch-abendländischen Kultur und Mission aufschlossen; damit war deren Europäisierung eingeleitet und etwa um 1000 zum ersten Abschluß gelangt. Das Bulgarische Reich südlich der Donau, das sich im 9. Jahrhundert konsolidiert und bis zur Theiß vorgeschoben hatte, war 870 endgültig in die orthodoxe Kirche eingegliedert und unter Symeon dem Großen (893–927), seit 913 Basileus, auf die höchste Stufe seiner Macht gestiegen, war aber am Vorstoß in den Westen durch das selbstständig gewordene Kroatien gehindert worden. Sein rascher Verfall seit der Mitte des 10. Jahrhunderts endete damit, daß es 1018 ganz ins Byzantinische Reich eingefügt wurde. Ein zweites selbständiges Bulgarisches Reich, durch die Asendynastie geschaffen, überdauerte diese nicht (1197–1256).

Andere bedeutende Slawenreiche waren dem (Ost-)Fränkisch-Deutschen Reich benachbart und gerieten in Bindungen mit ihm, so Böhmen bereits früh; es wurde 805/6 tributpflichtig und gelangte seit Anfang des 10. Jahrhunderts unter dessen entscheidenden Einfluß. Herzog Wenzel (921–929), der sich für die Christianisierung seines Landes einsetzte, fiel der heidnischen Reaktion zum Opfer und wurde zum Landespatron. Die Königswürde, die Heinrich IV. und Barbarossa in persönlicher Form dem jeweiligen Böhmenherrscher verliehen hatten, wurde 1198 erblich; ihr Träger übertraf an Rang und Macht die andern deutschen Reichsfürsten. Ottokar II. (1253–1278) brachte Böhmen auf den Höhepunkt seiner Macht, unterlag aber bei der Wahl des deutschen Königs 1273 und fiel besiegt auf dem Marchfeld 1278.

Polen erfuhr unter den bis 1370 regierenden Piasten politisch und kirchlich den Einfluß des Deutschen Reiches, so schon unter Mieszko I. (960–992), dem es gelang, sein Land weit auszudehnen. Noch weiter empor gelangte es durch Boleslaw I. Chrobry (992–1025) und errang die Vormacht unter den Westslawen. Nach empfindlichen Rückschlägen sicherte Kasimir I. Restaurator (1039–1058) Dynastie und Reich durch enge Anlehnung ans Deutsche Reich; dessen Kirche half der polnischen bei der Wiederherstellung. Nach neuem Aufstieg unter Boleslav III. (1102–1138) konnte der danach ausbrechende, über 150 Jahre dauernde Krieg der Teilfürsten nicht das Streben nach staatlicher Einheit vernichten; dazu trugen die Verwestlichung und die Kraft der deutschen Siedlung und Kultur unter der Führung der schlesischen Fürsten, Heinrichs I. und II. (erste Hälfte des 13. Jahrhunderts), erheblich bei.

Die Ungarn, ein ugro-finnisches Volk, das aus Südrußland vertrieben mit sieben Stämmen zur Theiß und mittleren Donau gezogen war, hatte von der Puszta aus sehr häufig das Abendland und Byzanz angegriffen und war nach seiner Niederlage am Lech 955 seßhaft und christlich geworden; unter Stephan I. dem Heiligen (997–1038) wurde es fest an die westliche Christenheit angegliedert. Im 12./13. Jahrhundert stärkten die herbeigerufenen 'Sachsen', die in Siebenbürgen siedelten, sowie das besonders durch Zisterzienser und Prämonstratenser betriebene Einfließen französischer Kultur die Westorientierung. Bela III. (1173–1196), der die kurz zuvor an Byzanz verlorene Herrschaft über Dalmatien, Kroatien und Bosnien zurückgeholt hatte, verschaffte Ungarn solches Ansehen, daß es damals den abendländischen Monarchien in etwa ebenbürtig erscheinen konnte. Doch schon 1241 erlag es dem Mongolenansturm.

Von den drei nordischen Staaten vermochte auch im Hochmittelalter keiner allein oder verbündet eine solche Ausdehnung und Macht sich anzueignen, daß dadurch die politische Geschichte Europas bzw. des Abendlandes direkt, insgesamt und nachhaltig verändert oder gefördert wurde; das gilt auch für Dänemark, das ja allein an das kontinentale Europa angrenzte, das unter jenen drei am dichtesten besiedelt und politisch am stärksten war. Schon König Harald Blauzahn (c. 945–986) hatte sein Reich beträchtlich nach Osten und Norden, auch etwas nach Süden vergrößert; aber europäische Bedeutung läßt sich erst dem Dänemark Knuts des Großen (1018–1035) nachsagen, der auch König von England und Norwegen war und für seine Unterstützung Kaiser Konrads II. gegen Polen das Land zwischen Eider und Schlei erhielt. Dieses Nordsee-Großreich war natürlich zu schwach gefügt, um den baldigen Zerfall in seine drei Hauptteile überstehen zu können. Doch mit Waldemar I. dem Großen (1157–1182) begannen die fünfzig Jahre dänischer Großmachtpolitik; Knut IV. (1182–1202) und Waldemar II. (1202–1241) eroberten größere Gebiete Norddeutschlands von der Elbe bis Pommern sowie Estland. Aber bereits 1227 zerschlugen die norddeutschen Fürsten jene Vorherrschaft. Diese drei germanischen Nordstaaten gingen nicht nur vereinzelt Bindungen an das Deutsche Reich ein (der Dänenkönig Svend Estridsson wurde Lehnsmann der Salier, Waldemar I. leistete 1162 Barbarossa den Lehnseid), sondern waren insgesamt namentlich von jenem Süden aus relativ spät fürs Christentum gewonnen worden (der Benediktiner Ansgar, 801–865, der aus Corbie und Corvey kam, predigte als erster in Dänemark und Schweden: der 'Apostel des Nordens'); es dauerte hier längere Zeit, bis sich das Christentum eingewurzelt hatte. Für Dänemark wurde der Übertritt des Königs Harald Blauzahn (986†) entscheidend, in Norwegen machte das Volk König Olaf II. (1030†), der sich für die neue Lehre mit Macht eingesetzt hatte, aber im politischen Kampf gefallen war, zum Nationalheiligen; dazu wurde in Schweden König Erich Jedvarsson, der einen Kreuzzug nach Finnland unternahm, den 1160 Dänen in Uppsala überfielen und enthaupteten. Die Kirche in den drei Ländern war zunächst für einige Jahrhunderte dem Erzbistum Hamburg(-Bremen) unterstellt worden; dies wurde durch eigene Erzbistümer im Norden abgelöst, 1104 durch das neu gegründete Erzbistum Lund für Dänemark und Schweden, für Norwegen durch das 1152 zum Erzbistum erhobene Trondheim.

Die Niederlage durch die Normannen bei Hastings zwang England zu einer historischen Wandlung für alle Zukunft; ihre Veranlasser kamen nicht mehr wie die früheren Eindringlinge aus Osten, sondern aus Süden, nicht mehr über die weite Nordsee, sondern den schmalen Kanal; es waren nicht mehr germanische Völker, besonders Dänen, sondern Romanen, d. h. Leute aus der Normandie, in deren einheimisch-französische Bevölkerung Normannen in jahrhundertelangem Zusammenleben aufgegangen waren, dadurch voll romanisiert. Damit geriet England in engen Kontakt mit Frankreich und wurde in den Bereich des abendländischen Kontinents mehr als bisher einbezogen, was sich etwa auch darin ausprägte, daß Wilhelm der Eroberer das in England unbekannte Lehnssystem einführte. Für die Sicherung des Sieges, den er ja nur mit mehreren Tausend kampfgeschulter Ritter errungen hatte, sorgte er auf vielfache Art. Nachdem er örtlichen Widerstand in fünf Jahren ganz zerschlagen hatte, ließ er zahlreiche Burgen bauen und stützte sein Regiment auch darüber hinaus aufs stärkste. Den Grundbesitz ließ er nur geringenteils in den bisherigen Händen, er wurde größtenteils sein Eigen; der König verfügte als Herr der Forsten über ein Drittel des Bodens. Überhaupt waren Grundherren jetzt überwiegend Normannen. Weltliche und geistliche Ämter wurden 'Fremden' anvertraut. Die Verwaltung wurde straff organisiert und das Domesday-Book angelegt, in dem man Besitz und Lastenverteilung Grafschaft für Grafschaft sorgfältig registrierte, wenn auch nicht alles erfaßte. Auf diese und andere Weise festigte sich die auf einer schmalen Oberschicht ruhende Fremdherrschaft; relativ bald verschmolzen die beiden Bestandteile, der angelsächsische und der normannisch-französische, zum englischen Volk; dabei half dann die Abtrennung der Normandie (1204).

Mit den beiden Söhnen Wilhelms des Eroberers, die ihm nacheinander folgten, war der männliche Stamm des regierenden Hauses 1135 ausgestorben; dann riß der Schwiegersohn Wilhelms, der mächtigste Adlige Englands, die Regierung an sich, Stephan von Blois (1135–1154); mit Heinrich II. (1154–1189) bestieg das Haus Anjou-Plantagenet den Thron, auf dem es bis 1399 saß. Unter diesem begabten Herrscher, der in der inneren wie äußeren Politik große Erfolge errang, aber wenige im Kampf mit der Kirche, zeigte sich das anglonormannische Reich im hellsten Glanz seiner Macht, auch kulturell. Sie übertraf, sich von der Grenze Schottlands bis zu den Pyrenäen ausdehnend, die des französischen Königs und ließ sich nur mit dem Staufer-Reich vergleichen. Bald nach Heinrichs Tod zerfiel sie jedoch. Ein energischer, selbstbewußter König von Frankreich mußte sich zum Ziel setzen, die Engländer vom Festland

zu vertreiben; dafür nutzte Philipp II. Augustus (1180–1223) die Gelegenheiten und setzte alle Mittel ein; infolge seines Sieges bei Bouvines (bei
Lille) 1214 mußte der englische König Johann die englischen Besitzungen
bis zur Loire abgeben: der Friede von Paris 1258 ließ nur Geringfügiges
davon in englischer Hand. Es kam sogar dahin, daß aufständischer Adel
den französischen Thronfolger nach England rief (1216) und König Ludwig IX. der Heilige 1264 den Schiedsspruch zwischen dem englischen König Heinrich III. und dem Adel fällte. – Schottland, das in der 2. Hälfte des
12. Jahrhunderts längere Zeit Grenzkämpfe mit England führte, stand damals unter einem eigenen König; Irland, das 1171 den englischen König
gerufen hatte, wurde in der 1. Hälfte des 13. Jahrhunderts dem englischen
König direkt unterstellt. Nach dem Verlust der kontinentalen Besitzungen
war England in die naturgegebenen Grenzen seiner Insel gewiesen, unterschied sich aber gründlich von dem England vor 1066: Seine Könige
stammten jetzt aus Frankreich, durch sie und die vom Kontinent herüber-
gekommene Oberschicht erfuhr es allgemein einen kräftigen und tiefen
Wandel, für den die Literatur wohl am frappantesten zeugt, da die Muttersprache für fast zwei Jahrhunderte zurückgedrängt wurde, dafür Latein
und Französisch dominierten.

Bereits am Beginn des 'Aufbaus' bahnten sich in der Mitte Europas,
dessen Gestalt wie zuvor namentlich von ihr aus bestimmt wurde, erhebliche politische Veränderungen in den beiden Reichen in ihr an, im Deutschen durch den ausgreifenden Kampf von Regnum und Sacerdotium im
Investiturstreit (S. 147 f.), in Frankreich dadurch, daß ein Vasall des
Königs nun selber König eines mächtigen Landes wurde und dabei Vasall
durch sein ererbtes französisches Herzogtum blieb. Frankreichs Königtum
hatte das hinnehmen müssen; 1066 führte ja noch Graf Balduin von Flandern die Regentschaft für den unmündigen Philipp I. Im vorletzten Regie-
rungsjahr (1107) brachte er eine für ihn erträgliche Regelung in der Inve-
stiturangelegenheit zustande und beschwor eine historisch wirkungsträch-
tige Verbindung mit dem Papsttum vor Papst Paschalis II. in St. Denis.
Ludwig VI. (1108–1137) stärkte dann das Königtum im Ringen mit dem
Adel der Krondomäne und militärisch nach außen: Gegen Kaiser Heinrich V. bot er 1124 ein so großes Heer auf, daß der Gegner kampflos um-
kehrte; 1126 kämpfte er erfolgreich an der Spitze einer starken Streit-
macht zum Schutz des Bischofs von Clermont. So ist es verständlich, daß
er nationale Gefühle weckte, zumal ihm trotz unglücklicher Kriegszüge
gegen den anglonormannischen Widersacher dessen Sohn 1121 für die
Normandie huldigte. Auch Ludwig VII. (1137–1180) konnte 1157 die
gleiche Huldigung vom englischen König entgegennehmen, die jener als
Thronfolger 1121 geleistet hatte; dabei war die Macht seines Vasallen
1152 durch dessen Heirat mit Eleonore von Poitou, die Ludwig verstoßen

hatte, so gesteigert worden, daß sie ein für das Kapetingische Frankreich tödlich scheinendes Ausmaß erlangt hatte. Doch vorerst wurde Ludwig in dem sich über Jahre hinziehenden Konflikt mit Heinrich II. (1154–1189) von Papst Alexander III., der während des Schismas (1159–1162) nach Frankreich geflohen war, so wirkungsvoll unterstützt, daß sich Heinrich 1177 mit einem Ausgleich zufriedengeben mußte. Da trotz alledem die Autorität des Königs und der innere Halt seiner Herrschaft zugenommen hatten, ging Philipp II. Augustus (1180–1223) von einer recht guten Position aus, die er bald (1185 gegenüber Flandern-Champagne) verbesserte; im Krieg gegen England (1194–1199) mußte er zwar nicht geringe Verluste hinnehmen, doch glückte ihm das Wagnis, als König Johann I. von England die Ladung vor sein Hofgericht (eine mächtige Familie aus Poitou hatte eine Lehnsklage eingebracht) nicht beachtete, ihm alle französischen Lehen aberkennen zu lassen, d. h. den Krieg zu erklären, und sogar dem Papst die Vermittlung abzuschlagen: Er eroberte 1204 die Normandie usw., mußte jedoch 1213 von der Landung in England Abstand nehmen, zwang aber 1214 durch den entscheidenden Sieg bei Bouvines den Gegner, im Frieden von Chinon die kontinentalen Besitzungen bis zur Loire abzutreten. Da Philipp in jener Schlacht zugleich den deutschen Kaiser Otto IV. besiegt und damit den deutschen Thronstreit zugunsten Friedrichs II. zum Hauptteil entschieden hatte, hob er Frankreich, wo er ja nun wirklich Herr geworden war, zur europäischen Großmacht empor – obwohl mit Otto IV. nur die welfische Partei geschlagen war, schrieb man damals die Niederlage den Deutschen allgemein zu, deren Ansehen bei den 'Wälschen' gelitten hätte.

Durch den Tod Heinrichs III. (1056) wurde der Aufstieg des D e u t s c h e n R e i c h e s jäh beendet; der Abstieg setzte sofort noch in den neun Jahren Vormundschaftsregierung der Kaiserin Agnes, dann der Erzbischöfe Anno von Köln und Adalbert von Bremen ein. 1057 und 1058 wurden ohne Rücksicht auf das Erstwahlrecht des deutschen Königs die Päpste Stephan IX. und Nikolaus II. gewählt; 1059 wurde im Papstwahldekret das Einwirkungsrecht des deutschen Königs unbestimmt gehalten, so daß es 1061 zum Schisma kam – und bezeichnenderweise erkannte der Königshof 1064 doch den auf Hildebrands Betreiben längst inthronisierten Alexander II. an. Im unteren Italien änderten sich die politischen, militärischen Gewichte, da das deutsche Königtum lange nicht präsent war (auch später war Heinrich IV. auf seinen Italienzügen 1081/84 und 1090/97 nicht imstande, sich mit der neuen sich ständig verstärkenden Macht dort zu befassen): Die Normannen machten 1059 dem Papst ein Lehensangebot; dessen Annahme verschaffte ihm nicht nur militärischen Rückhalt.

Nach der Regierungsübernahme Heinrichs IV. zerstörten 1066 die Obotriden, durch den Sturz des Erzbischofs Adalbert von Bremen ange-

trieben, was die Kirche aufgebaut hatte. Der junge König, der kein Herzogtum in seiner Hand hatte, wandte alle Energie darauf, im thüringischsächsischen Gebiet das verlorene Reichsgut wiederzugewinnen, konnte es
aber erst 1075 nach vollem Sieg zurückholen. Dadurch hochgestimmt,
legte er sich mit dem Papst an; der Streit zwischen den beiden, der um die
Wiederbesetzung des Mailänder Erzbischofsstuhls entbrannte (S. 104),
ließ 1075/77 das Feuer so hoch aufflammen, daß der König den Papst zur
Abdankung aufforderte und der Papst den König für abgesetzt erklärte
und exkommunizierte. Wenn sich Heinrich auch durch den Gang nach
Canossa die Absolution erkämpfte und so einen für den Augenblick nicht
geringen Erfolg, hatte er damit doch der von ihm selber vorher verkündeten Gottunmittelbarkeit seines Amtes für immer einen tiefen Stoß versetzt
und dem mittelalterlichen Weltbild ins Herz getroffen. Und die Wahl des
ersten deutschen Gegenkönigs, mit der sich 1077 die Fürsten über Vereinbartes hinwegsetzten, zugleich die erste freie deutsche Königswahl, besagte, daß es jetzt auch im Politischen um Grundsätzliches ging. Da der
erste Gegenkönig (1077–1080) Heinrich nicht überwand, noch weniger
der zweite (1081/88), da der Papst mit dessen zweiter Bannung und Absetzung zu geringe Wirkung hatte, wurde 1080 ein Gegenpapst gewählt
und Heinrich 1080 von ihm in Rom zum Kaiser gekrönt. Wenn er auch
auf dem zweiten Italienzug 1090/97 durch den Abfall seines Sohnes Konrad auf Venetien beschränkt war, so konnte er zurückgekehrt schon 1098
Schwaben und Bayern neu besetzen und die Thronfolge zugunsten seines
jüngeren Sohnes Heinrich regeln; und, als der ihn 1105 gefangennahm
und zum Thronverzicht zwang, entkam er nach Lüttich und starb dort im
Aufbruch zum (letzten) Kampf um sein Reich. Ein so singuläres Leben,
dessen Tragik am Schluß besonders hervortrat, fand bald nach Heinrichs
Tod eine mehrfach ungewöhnliche Darstellung in einer komprimierten,
akzentuierten Vita als Totenklage von hochpoetischer Eindringlichkeit,
wo aus jedem Satz die Ergriffenheit des Schreibenden spricht. Ein Herrscher hatte an dem ihm überkommenen Amt trotz schwerster, auch persönlich schmerzendster Belastungen fünfzig Jahre hindurch eisern festgehalten, weil nichts seinen Willen schwächte, dieses damals immer noch
mächtigste Reich Europas in seinen Rechten zu verteidigen. So ist es doch
wohl kein Wunder, daß er das Deutsche Reich im wesentlichen stabil hinterließ.

Für die eigentliche Reformbewegung hatte er sich nicht aufgeschlossen
gezeigt, aber immerhin Ministerialität, Bürgertum, Friedensbewegung gefördert, doch wohl nicht nur aus politischer Opportunität. Das heikelste
Problem in seiner Regierungszeit, der Investiturstreit, hatte schließlich
schon unter ihm an Weite und Tiefe verloren und in England und Frankreich durch Einschränkung seine Lösung gefunden (vgl. S. 161). Dazu

kam es endlich unter seinem Sohn Heinrich V. (1106–1125), beanspruchte dazu aber fast dessen ganze Regierungszeit: 1111 wurde ein geheimer Vertrag zwischen König und Papst öffentlich von den Bischöfen abgelehnt; als weitere Verhandlungen scheiterten, ließ Heinrich einen Gegenpapst, Gregor VIII. (1118/21), erheben; unter Kalixt II. (1119/24) wurde, nachdem ein geplantes Abkommen gescheitert war, 1122 das Wormser Konkordat mit starkem Engagement der Fürsten abgeschlossen (S. 161); es verwandelte sich „die unmittelbare Reichskirchenverwaltung in eine durch lehnsrechtliche Beziehungen vermittelte".

Mit Heinrich V., der auch innenpolitisch auf dem Weg seines Vaters weitergegangen war, endeten zwei Jahrhunderte Erbmonarchie; mit dem Sachsenherzog Lothar III. (1125–1137) und dessen Staufer-Gegenkönig Konrad III. (1138–1152) setzten die Fürsten ihr Wahlrecht durch und erhoben die Kandidaten, die ihnen genehm waren – auch solches Vorgehen resultierte gesellschaftlich und rechtlich aus dem Investiturstreit. Lothar behauptete sich gegen den Gegenkönig Konrad, der sich auch als König von Italien nicht durchsetzen konnte (1128/30), errang freilich im Süden gegen Anaklet II. und Roger II. keine durchschlagenden Erfolge, so daß er für seine Kaiserkrönung nicht die Peterskirche freibekam und das eroberte Apulien und Kalabrien großenteils wieder verlorengingen; das Beste gelang ihm im Osten, indem er für dessen deutsche Besiedlung durch Hinausgreifen bis zur Oder eine vorzügliche Ausgangsstellung schuf. Der große Hoftag in Merseburg 1135, an dem der Polenherzog, der dänische König sowie byzantinische Gesandte teilnahmen, zeugte von der Höhe seines internationalen Ansehens. – Konrad, der nicht die Kaiserkrönung erreichte, war weder innen- noch außenpolitisch Erfolg beschieden: Er konnte die anhaltende Beunruhigung durch die Welfen nicht bannen und mußte im Zweiten Kreuzzug dessen katastrophalen Ausgang hinnehmen. Für die politische Entwicklung nach seinem Tod traf er gute Vorsorge dadurch, daß er auf dem Sterbelager nicht seinen erst sechsjährigen Sohn zum Nachfolger bestimmte, sondern seinen Neffen, Herzog Friedrich III. von Schwaben; damit sicherte er die staufische Tradition und auch den Ausgleich mit den Welfen (Friedrichs Mutter stammte aus diesem Geschlecht).

Für das Abendland war durch den Tod des Bernhard von Clairvaux 1153, der noch Weihnachten 1146 im Speyrer Dom den abgeneigten Konrad III. durch seine mitreißende Beredsamkeit zur Teilnahme am Kreuzzug gewonnen hatte, die Bernhard-Ära über das zweite Viertel des 12. Jahrhunderts hin zu Ende gegangen, was schon der Mißerfolg jenes Unternehmens angebahnt hatte. Für das Deutsche Reich endete damals rund gerechnet ein Jahrhundert, in dem sich vier Herrscher mühten, den Abstieg von der Höhe nach Heinrich III. zu überwinden; ihnen gelang es

mehr oder weniger, das Reich im Innern zu festigen und seine Stellung in
Europa im großen ganzen zu halten. Otto von Freising (S. 259), mit Saliern,
Staufern und Welfen verwandt, Oheim Kaiser Friedrichs I., gab in seinen
zwei großen Werken, in denen man den Höhepunkt der mittelalterlichen
Geschichtsschreibung sehen kann, dem allgemeinen gründlichen Wandel
nach 1152 klarsten Ausdruck. Im letzten Kapitel und in II, 13 der unter
Konrad III. 1143/46 verfaßten Weltchronik malte er den bevorstehenden
Untergang des Reichs und der Welt düster aus, pries aber schon 1157 seinen Neffen, weil er die finstere Nacht in heiteren Morgen verwandelte;
Rahewin, Ottos Sekretär, schrieb im 1. Kapitel seiner Fortsetzung von Ottos ›Taten Kaiser Friedrichs I.‹, in Deutschland herrsche jetzt „eine lange
nicht mehr gekannte Ruhe ..., [so] daß die Menschen verändert aussahen,
das Land anders, selbst der Himmel milder und freundlicher". Dazu gaben
schon außer dem glatten, raschen Verlauf der Königswahl die ersten Regierungsjahre wahrlich Anlaß; Barbarossas Trachten ging deutlich dahin,
daß die gottunmittelbaren Rechte des Königtums geachtet und an dieses
die Fürsten durch das Lehnsrecht fester gebunden würden; er wollte nicht
fremdes Recht schwächen, suchte sehr häufig durch Schiedsgericht Ausgleich zu erzielen und gebot Reichslandfrieden. Mit den Welfen, durch
die zuvor viel Unruhe entstanden war, söhnte er sich aus, so daß Heinrich
der Löwe in der Ostkolonisation freier vorgehen konnte. Auf seinem ersten Italienzug (1154/55) huldigten ihm die Lombarden, und wurde er
zum Kaiser gekrönt (1155), konnte aber mit seinem kleinen Heer nicht die
Römer bezwingen und nach Süditalien ziehn. (Die Heirat mit Beatrix von
Burgund verschaffte ihm die Hoheit über Hochburgund und die Provence.) Auf einem weiteren Italienzug (1158/62) stellte er die Reichsge-
walt wieder her, die inzwischen durch die nach Autonomie strebenden
Lombarden angeschlagen war, militärisch (Mailand fiel erst 1162) und ju-
ristisch-finanzpolitisch (das Verzeichnis der Regalien auf dem Reichstag
von Roncaglia 1157 gewann Gerechtsame und Einkünfte in großem Umfang der Krone zurück). Abträglich für den Kaiser waren das Schisma von
1159, die Wahl eines weiteren kaiserlichen Papstes 1164 und der Aufschub
seines Vorgehens gegen den Veroneser Bund 1163/64. Auf dem vierten
Italienzug (1166/68) machte die Malaria, der auch sein treuer Helfer, der
Kanzler und Erzbischof Rainald von Dassel, erlag, die Erfolge zunichte,
so daß z. B. die Lombarden die kaiserlichen Beamten vertrieben und zur
früheren Konsularverfassung zurückkehrten; auf dem fünften (1174/78)
kam der Kaiser auf diplomatischem Wege voran, schloß mit Papst Alexander III., den er nun anerkannte, über einen Vorfrieden 1176 den Frieden
von Venedig 1177, mit dem ein Waffenstillstand der Normannen und
Lombarden verbunden war; damit war in Italien der Boden für freundliche
Verhältnisse zum Deutschen Reich bereitet; das Papsttum besaß keine

Vorherrschaft über das Kaisertum, hatte aber seine Freiheit ihm gegenüber verteidigt. Während der sechs Jahre zwischen den letzten zwei Italienzügen hatte Barbarossa seine Machtstellung in Deutschland verstärkt, in Königsterritorien Burgen und Städte gebaut bzw. ausgebaut und hatte den mächtigsten Territorialfürsten Heinrich den Löwen durch Reichstagsbeschlüsse 1178/81 entmachten und verbannen lassen. Aus der Teilung von Heinrichs ausgedehntem Herrschaftsbereich ging ein neuer Typ Herzogtum hervor, nicht mehr so groß (5 Herzogtümer statt 2), innerlich geschlossener, nicht mehr nach dem Stamm, sondern nach dem Gebiet bestimmt; in der neuen Reichsordnung war die Führung des Königs völlig sicher. 1183 konnte in Konstanz der Frieden mit den Lombarden geschlossen werden. So wurde 1184 das berühmte Hoffest in Mainz mit der Schwertleite der zwei ältesten Kaisersöhne so glänzend gefeiert, daß es Dichter in deutscher und französischer Sprache besangen. Dadurch, daß Barbarossa 1188 das Kreuz nahm und auf dem Zug ins Heilige Land 1190 einen jähen Tod fand, erreichte sein Leben höchste Erfüllung; von den deutschen Herrschern des Mittelalters lebte und lebt er nächst Karl dem Großen am lebendigsten weiter.

Heinrich VI. (1190/97), der während des Kreuzzugs seines Vaters die Regierung führte, hatte anfangs mehrere Krisen zu bestehen, bei der bedrohlichsten 1192/3 half ihm das Glück. Dadurch, daß ihm mit der Erbschaft seiner Ehefrau Konstanze, der Tochter Rogers II., das Normannenreich zugefallen war, erfuhr das Deutsche Reich eine ungewöhnliche Machterweiterung: Nord- und Süditalien waren zusammengekommen, was frühere deutsche Herrscher vergeblich erstrebt hatten, und durch Sizilien wurden die Interessen, nicht nur die politischen, auf die Welt des Mittelmeeres und des Orients noch mehr als durch die Kreuzzüge gerichtet. Die kurze Frist seiner Regierung reichte aber nicht aus, um die gesetzliche Sicherung seiner Nachfolge durch Erblichkeit seiner Dynastie, den 'Erbreichsplan' zu regeln (auf dem Hoftag zu Mainz wurde immerhin sein zweijähriger Sohn zum König gewählt); der deutsche Kreuzzug mußte 1197 wegen Heinrichs VI. Tod abgebrochen werden. Seinem imposanten Werk hätte nur er, der noch nicht 32jährig starb, längeren, festeren Halt zu geben vermocht.

Die Katastrophe des Reiches deutete sich schon darin an, daß Heinrichs VI. Bruder, Herzog Philipp von Schwaben, vergebens versuchte, den noch nicht dreijährigen Stafererben Friedrich aus Apulien nach Aachen zur Königskrönung zu bringen. Die Kaiserin Konstanze beschränkte sich auf das Normannenreich und darauf, daß der Papst 1198 ihren Sohn zum König jenes Reiches krönte. Innozenz III. (1198–1216) vergrößerte durch Einzug von Reichsgebiet den zuvor kleingewordenen Kirchenstaat, so daß diese wieder den reichsdeutschen Norden vom normannischen Süden trennte; er übernahm nach Konstanzes Tod (1198) die Regentschaft, bis ihr Sohn 1208 mündig wurde.

Deutschland wurde durch die Doppelwahl des Staufers Philipp und des Welfen Otto (IV.), des Sohnes Heinrichs des Löwen, für ein Jahrzehnt zerrissen. Dieser innerdeutsche Streit bekam durch Verflechtung des einen mit dem französischen König, des andern mit dem englischen europäisches Ausmaß. Nachdem Otto von Wittelsbach Philipp, der auf dem besten Wege war, Otto auszuschalten, 1208 ermordet hatte, konnte Otto, nun von der Stauferpartei unterstützt, die deutsche Reichsherrschaft über Italien so weit wiederherstellen, daß er sich 1211 anschickte, Sizilien zu erobern. Da er damit Abmachungen mit dem Papst verletzte und dieser sich wieder in der Umklammerung befand, betrieb der Papst im Zusammenwirken mit dem französischen König die Aufstellung Friedrichs von Sizilien als Gegenkönig. Als der 1212 nach Deutschland zog, strömten ihm die Anhänger in Massen zu; er wurde auf dem Fürstentag in Frankfurt zum König gewählt und in Mainz gekrönt. Die Entscheidung fiel 1214 in der Schlacht bei Bouvines, in der Philipp August außer den Engländern auch das deutsche Kontingent Ottos IV. besiegte (S. 154); damit waren die Welfen aus der Reichsgeschichte ausgeschaltet, damit waren Deutschland und Italien (mit Sizilien) wie unter Heinrich IV. vereint – doch hatte das neue Großreich in der langen Zeit des Thronstreits an Stärke erheblich eingebüßt. Friedrich II. (1250†) wurde 1220 zum Kaiser gekrönt; unter ihm blühten diesseits und jenseits der Alpen Wirtschaft und Kultur auf, an deren Schaffen er sich aktiv beteiligte; doch im ganzen kam nur die Nachblüte einer großen Zeit heraus, eine epigonenhafte wenigstens in der deutschsprachigen Literatur.

Auch in der Gesellschaft, in der ja das politische Leben pulsiert und von der die Kultur zum mindesten getragen wird, machte sich deutlich der große Wandel bemerkbar, durch den sich die 'Vollendung' vom 'Aufbau' am meisten abhob. Das Abendland, dessen Bevölkerung sich damals kräftig vermehrte, erfuhr durch sie schon in seiner räumlichen Struktur und Ausdehnung außergewöhnliche Veränderungen. Zum einen gingen sie innerhalb des eigenen Raumes vor sich; sehr viel Wald- und Ödland wurde von den Bauern gerodet, besiedelt und bestellt; dabei lösten sie sich, häufig weit, von ihren alten Wohnsitzen, zogen auch in die städtischen Siedlungen und halfen nachdrücklich mit, jene an Größe und Zahl zu heben. In ihnen steigerte sich das Leben allgemein; sie setzten zu ihrer ersten Blüte an, trugen jedoch erst wenig zum Schaffen in den Künsten bei, weil verständlicherweise die Kräfte noch zu sehr vom Materiellen her gebunden waren – an Italien kann das deutlich werden, das zwar in der Urbanität voranschritt, aber noch nicht im künstlerischen Bereich.

Fällt hier bereits die Beweglichkeit auf, die sich der Menschen bemächtigt hatte, so noch mehr in der Expansion über die Grenzen des Abendlandes hinaus; das stieß seit dem 11. Jahrhundert mächtig vor, besonders im Süden. Im Mittelmeerraum brach es in die Herrschaftsgebiete von Byzanz und des Islam ein; beiden wurden Süditalien sowie Sizilien, immer mehr auch die Iberische Halbinsel entrissen; es wurden die Inseln im westlichen Teil dieses Meeres in Besitz genommen und im östlichen Inseln und Küstenländer. So waren Anfang des 13. Jahrhunderts Wirtschaft und Verkehr im und am Mittelmeer unter der Kontrolle des Abendlandes, die allerdings nur durch eine dünne Oberschicht ausgeübt wurde.

Dadurch, daß man jetzt in die Lande des Orients eindrang und mit ihren Menschen nicht mehr wie früher nur in lose Beziehungen, sondern in engere Kontakte gelangte, lernte man ihre Welt und ihre Kultur näher kennen und achten, man fand darin so manches, was besser war als das Heimische, und nahm davon nicht wenig auf. So importierte man z. B. Spezereien wie Pfeffer oder Zimt, Luxusartikel wie Damast oder Atlas und lernte die navigatorische Technik verbessern, dazu die militärische, was Schutzkleidung für Mensch und Tier, was Waffen oder Festungsbau betraf, u. a. m.

Man war auch über anderes erstaunt; Byzanz und Islam erwiesen sich gegen die Ein- und Angriffe als durchaus widerstandsfähig und fest. So hatte man der griechischen Kirche einen lateinischen Patriarchen und den lateinischen Ritus aufgezwungen, vermochte damit aber nicht ihre Anhänger in ihrer Treue wankend zu machen; und im Islam, der sich gar nicht kränklich, vielmehr voller Leben und Größe erwies, begegnete man einer eigenständigen Religion, die in manchem als vorbildlich und der christlichen Religion überlegen erschien, nicht nur in der Toleranz; es imponierte, daß sie das irdische Leben zweckmäßiger anpackte und daß man es daher mit mehr Freude, mehr Reizen ausstattete. Hinzu kam als Lehre der Kreuzzüge, daß man gar nicht imstande war, den Orient zu überwinden, und sich auch dadurch genötigt sah, die Augen auf die eigenen Schwächen und Gebrechen zu lenken und den Blick zu schärfen.

Damit ist bereits einiges von dem vorgebracht, was die Menschen erregen und mobilisieren mußte. Das aber wurde noch zweifach verstärkt, was zum einen wiederum mit den Kreuzzügen zusammenhing, und das sogar in gegensätzlicher Weise. Papst Urban II. weckte mit seinem Aufruf zum Ersten Kreuzzug (1096–1099) weithin helle Begeisterung und eine immense Volksbewegung, um 'nach dem Willen Gottes' die heiligen Stätten in Palästina von den Türken zu befreien, in deren Hände 1076 Jerusalem gefallen war, und dabei auch Byzanz zu retten, dessen Kaiser um Hilfe gegen denselben Feind gebeten hatte. Am Zweiten Kreuzzeug (1147–1149), zu dem Bernhard von Clairvaux zündend gepredigt hatte,

nahmen sogar der deutsche und der französische König teil, am Dritten
außer dem englischen und dem französischen König auch der deutsche
Kaiser (1189–1192). Doch griff die entgegengesetzte Stimmung um sich,
schon als der Zweite mit einem Mißerfolg endete, noch mehr als die weiteren Kreuzzüge ihr Ziel nicht erreichten; Rittertum und Feudalismus wurden geschwächt, die Kirche wurde hart getroffen und der Glaube erschüttert.

Zum andern ist nochmals der sogenannte Investiturstreit zu nennen – in
ihm gerieten sogar die beiden höchsten Gewalten in Europa, Kaisertum
und Papsttum, aneinander, wozu bereits das Geschehen unter Heinrich III. (S. 123) angesetzt hatte. Wenn dieser Streit auch vor allem das
Deutsche Reich mit Reichsitalien erfaßte, so ging es mit ihm doch auch um
Europa, nicht nur deswegen, weil er auch auf Frankreich und England
übergriff (S. 155 f.) – hier weitete er sich freilich nicht auf die Weltordnung
aus, sondern blieb bei der Besetzung geistlicher Ämter, was nicht das staatliche Leben in Aufruhr brachte; er wurde beide Male dadurch beigelegt,
daß man die Temporalien und die Spiritualien voneinander trennte.

Welch tief beunruhigende Ausmaße der Investiturstreit annahm, wird
durch zweierlei offenkundig, durch die Dauer von fast fünfzig Jahren und
das mehrmalige Aufstellen von Gegenkönigen und Gegenpäpsten, dazu
auch dadurch, daß sich König und Papst gegenseitig absetzten, daß der
Papst den König exkommunizierte und ein geweihter König sich in Canossa zu kirchlicher Buße dem Papst unterwarf. Ein Ende, das dann für
das Königtum keine Niederlage bedeutete, wurde schließlich, als die ursprünglichen Gegner, Gregor VII. und Heinrich IV., längst nicht mehr
lebten, im Wormser Konkordat 1122 erreicht, in dem man sich auf das ursprüngliche Problem der Investitur an sich beschränkte – das Problem der
zwei Gewalten schien unlösbar.

Wie mit dem Letzten und den Hinweisen zur Streitschriftenliteratur
(S. 147 ff.) schon dokumentiert, machte auch das geistige Leben einen so
eingreifenden Wandel durch, wie er das Hochmittelalter auch allgemeiner
kennzeichnet. Davon zeugt die Scholastik. In der Patristik hatten
Philosophie und Theologie eine Einheit gebildet; philosophische Ideen der
Antike waren benutzt worden, um die christliche Doktrin zu verteidigen
und auszubauen. Dann hatte man sich in der ersten Hälfte des Mittelalters
mit den Kirchenvätern vorwiegend äußerlich befaßt, d. h. sie auf verschiedene Weise exzerpiert und kompiliert. Dagegen erkannte man in der
zweiten Hälfte des Mittelalters die Philosophie als eigene Wissenschaft an,
die sich von der Theologie unterscheidet und über eigene Prinzipien und
Methoden verfügt. Im 11. und 12. Jahrhundert wurde das Fundament zur
Scholastik gelegt und ihr Aufbau begonnen, im 13. und in der ersten

Hälfte des 14. Jahrhunderts wurden ihre großen Systeme errichtet. Das Haupt der ersten Periode, der 'Vater der Scholastik', war ANSELM VON CANTERBURY (c. 1033–1109); in Aosta am Fuß des Großen St. Bernhard geboren, im normannischen Bec bestens geschult, wurde er 1093 Nachfolger seines Lehrers Lanfranc als Erzbischof von Canterbury. Schon vor ihm hatte man in der Theologie mit der Dialektik gearbeitet, in übertriebener Weise Berengar von Tours, während sie andere ablehnten, so Otloh von St. Emmeram, Lanfranc, maßvoll in seiner von der Kurie veranlaßten Gegenschrift gegen Berengar (1069) und in der Exegese, im Kommentar zu den Paulinischen Briefen; in ihm bekannte er direkt, daß Dialektik den Glauben zu stärken imstande sei. Doch Verschiedenes hebt Anselm weit über sie hinaus, so schon die große Zahl seiner *ratio* und *auctoritas* gewidmeten Schriften. Bezeichnend ist, daß er sich nicht begnügte, das Dasein Gottes zu begründen, sondern auch Trinität und Inkarnation, was später Hochscholastiker wie Thomas von Aquin, Johannes Duns Scotus, Wilhelm von Ockham ablehnten. Und er wagte sogar, von den *auctoritates* abzusehen und nur die *res necessarias* heranzuziehen, so im ›Monologium‹ und ›Proslogion‹ sowie in seiner berühmtesten Schrift ›Cur Deus homo?‹; er wollte in ihnen das Hinnehmen der Glaubensinhalte überwinden und sie durch Mittel der Vernunft erfassen. Wenn er in der dritten Schrift versuchte, die Dogmen unter einen Hauptgedanken zu stellen, so vertraute er der *ratio* die weitere Funktion an, systembildend zu wirken – er arbeitete auch über Hauptstücke der christlichen Lehre systematisch und bot z. B. im ›Monologium‹ eine 'Summa' im kleinen; zu einer solchen im ganzen kam er jedoch anders als die späteren Scholastiker noch nicht. In seinem letzten Werk ›Tractatus de concordia praescientiae et praedestinationis necnon gratiae Dei cum libero arbitrio‹ traten seine außergewöhnliche spekulative Begabung, seine konsequente, Für und Wider sowie Schwierigkeiten gründlich erörternde Art des Forschens besonders gut hervor, auch die drei Hauptzüge der scholastischen Methode, die später zur vollen Reife gelangte. Seine Bedeutung beruht auf dem Inhalt, den Problemen und der Methode seiner Arbeit, besonders auf der Betonung und dem rechten Gebrauch der *ratio* in der Theologie; man hat ihn mit einigem Recht auf die gleiche Stufe mit Augustin und Thomas von Aquin gestellt. Seine verdient starke Wirkung beruht aber darüber hinaus und nicht zuletzt auf seiner Darstellungsweise, auf der dahinter stehenden Persönlichkeit. Er suchte den Leser für die schwierigen Stoffe durch präzise, eindringliche und doch schlichte Sprache, durch Einfachheit im Satzbau und der Gedankenfügung zu gewinnen, öfter auch durch nicht pädagogisch gefärbten, belebten Dialog, und imponierte durch seine volle Hingabe. Seine andere, gemütsinnige Seite wurde in den viel gelesenen, in die Volkssprache übersetzten ›Orationes sive Meditationes‹ offenbar, in denen er sich zu Gott in warmer, demütiger Liebe erhob.

Etwa ein halbes Jahrhundert später wurde die philosophisch-theologische Wissenschaft wieder durch einen Großen nachhaltig geprägt, durch Petrus Abaelardus (1079–1142). Aus bretonischem Adel stammend, verzichtete er auf seine Erstgeburtsrechte, studierte und lehrte namentlich in Paris, führte nicht nur wegen seiner Liebe zu Heloisa ein unstetes Leben, baute mit Hilfe seiner Schüler das Kloster Paraklet in der Wildnis bei Nogent-sur-Seine, wurde Abt von St. Gildas bei Rhuys (Bretagne) und lebte zuletzt in Cluny; er starb im Priorat St-Marcel-sur-Saône. Die für seine Zeit allgemein charakteristische Erregtheit traf seine dafür offenen Sinne am stärksten von allen Zeitgenossen. Durch diese Erregtheit und ihre Auswirkungen unterschied er sich von Anselm im Schreiben, Lehren und Leben gründlich, ebenso durch seine universellere Begabung. Diese befähigte ihn in der enger verstandenen Literatur, selbst der Prosa zu außergewöhnlichen Leistungen, so zu einem Hymnar von 133 Liedern und zur Ausstattung der sechs Planctus mit einmaligen Formen; die ›Historia calamitatum‹ fällt in der Geschichte der mittellateinischen Autobiographie schon dadurch auf, daß in ihr zum ersten Mal „ein geistlicher Autor mit der scharf ausgeprägten Physiognomie des Philosophen" begegnet; außerordentlich sind ferner die Darstellung des Liebesbundes und die Namensnennung der Geliebten.

In der Dialektik, der er sich zuerst zuwandte und viele Schriften widmete, wurde er Meister in Schrift und Lehre, zu der er kraft seiner Eloquenz viele Hörer von weither heranzog; er betonte, wie notwendig die Dialektik für die Theologie sei, und mühte sich, die Grenzen von Glauben und Wissen schärfer als bis dahin zu fassen, bekundete dabei eine rationalistische Neigung, ohne dem Rationalismus zu verfallen. Durch die Schrift ›Sic et non‹, worin er für 150 widersprüchlich scheinende Texte der Bibel und Kirchenväter Gesichtspunkte zum Ausgleichen vortrug, wollte er zur richtigen Anwendung der Dialektik anleiten, machte aus dieser Forschungsmethode ein wertvolles Forschungsmittel und belebte damit die Wissenschaft ungemein, führte jedoch in seiner Zeit noch keinen durchgreifenden Wandel der Methode herbei. In der wiederholt von ihm bearbeiteten 'Theologia' suchte er die gesamte christliche Glaubenslehre auf der Basis von Glaube, Liebe, Sakrament systematisch zu erfassen. Aus seiner Schule gingen mehrere solcher ›Sententiae‹ oder ›Summae‹ hervor; von zweien ist der Verfassername bekannt, Rolandus Bardinellus (Papst Alexander III.) und Magister Omnibene – bei beiden ist auch der Einfluß von ›Sic et non‹ spürbar. Um Umfang und Themenweite von Abaelards Schrifttum anzudeuten: Er verfaßte mehrere Schriften apologetischer Art und mehrere über die Trinität, arbeitete in der Ethik den Begriff Gewissen weiter aus, wobei es ihm um Tugend und Sünde, Intention und Handeln ging, und schrieb Kommentare zu biblischen Büchern, so fünf Bücher zum

Römerbrief, und zu den christlichen Glaubensbekenntnissen, außerdem Predigten und Briefe, in denen er meistens theologische Probleme erörterte. Immer wieder zeigte er seine geniale Veranlagung, wie sehr er des Wortes und der Gedanken mächtig und wie schöpferisch er war; er wurde so rastlos und ungestüm, so weit getrieben, daß er in Konflikt mit den Mitbrüdern geriet, vor denen er aus dem Kloster weichen mußte, und mit der Kirche, die mehrmals von ihm Gelehrtes verurteilte.

Der Scholastik zur Seite trat eine zweite, ergänzende Richtung der Theologie, die Mystik, die nicht zuletzt durch Überspitzung der ersten aufbrach; sie milderte Dürre und Abstraktheit der Scholastik, verhalf dem Gemüt zum Wort und wirkte belebend. Daß es sich bei den beiden nicht um wirkliche Gegensätze handelte, dafür spricht schon, daß es kaum einen reinen Vertreter der ersten oder der zweiten gab – selbst bei Anselm fehlte das Mystische nicht völlig –, daß sich beide ja in ihrem Grunde, im Erkennen und seinem Vermögen, einten, auch waren viele Denker damals universell ausgerichtet.

Die Mystik wurde begründet durch den hl. Bernhard von Clairvaux (1090–1153). Aus burgundischem Adel (bei Dijon) stammend, ging er ins Kloster, zuerst in Châtillon, dann ins benediktinische Reformkloster Citeaux (Cistercium), wo sich damals der Orden der Zisterzienser bildete, und wurde 1115 als Abt in dessen neues Tochterkloster Clairvaux entsandt. Zum Mönch und Mönchsvater wie geschaffen, ging er in solchem Leben derart auf und war durch das Gewicht seiner inneren Mächtigkeit so bezwingend, daß sich sein Orden zu seinen Lebzeiten in mehreren hundert Klöstern bis an die Grenzen des Abendlandes ausbreitete und er von den geistlichen und weltlichen Großen um Rat und Hilfe angegangen sowie zu Reisen durch halb Europa veranlaßt wurde; so stiftete er nicht nur in und zwischen italienischen Städten Frieden, sondern trat auch öffentlich hervor, besonders stark im Schisma (1130 ff.) und noch mehr, als er durch französische und deutsche Lande zog, um für den Zweiten Kreuzzug mit fast unheimlichem Erfolg zu begeistern, und deren Könige dafür gewann. Mit dem Mißerfolg des Kreuzzugs, der ihn tief traf, suchte er als Christ, dessen Gott nicht vor Widerwärtigkeiten bewahrt, fertigzuwerden und schrieb um 1150 sein letztes und bestes Werk ›De consideratione libri V‹, einen Papstspiegel, den er an Eugen III. (1145–1153) richtete, aber allgemeiner anlegte; scharfe Kritik nicht scheuend, führte er den Aufgabenkreis des Papstes aus und wies von den weltlichen Geschäften fort zur Meditation – die *consideratio* ist nach Bernhard in der mystischen Erhebung die erste der beiden Stufen zum Erkennen der Wahrheit. Aus Leben und Erfahrung schöpfend, schrieb er mit ganzer Hingabe, frisch und belebt mit bester Rhetorik. Ähnlich warnend und mahnend hatte er an die Erzbischöfe ›De moribus et officio episcoporum‹ geschrieben und schon 1128 von sich aus im Streit, ob Ritter eine religiöse Gemeinschaft bilden könnten, die Schrift ›De laude novae militiae‹ an die Ritter gerichtet – damit hatte er sie an ihre wahre Aufgabe erinnert, die Armen und die Kirche zu schützen, und die Grundlage für die Regel des Templerordens geboten.

Nur am Rande konnte er sich mit theologischen Problemen befassen (s. z.B. ›De gratia et libero arbitrio‹); er war kein Denker im eigentlichen Sinn, so daß er etwa Termini häufig nicht präzise gebrauchte. Als seine Philosophie bezeichnete er selber, Jesus den Gekreuzigten zu erkennen und geistig zu schauen; für ihn ist zur Nachfolge Christi das Erleben entscheidend, dem das Wissen nur dienen könne; er lebte den duldenden Erlöser. Damit entwarf er die Grundkonzeption für die spätere Mystik; er vertrat schon die dann so bedeutsam werdende Lehre vom 'Seelenfünklein'. Wie sich von selber versteht, kam bei ihm die Predigt zu einmaliger Gewichtigkeit. Die Sermones zu den Festen und zu den Feiern der Heiligen sind meistens (sehr) kurz, die 125 ›Sermones de diversis‹ ausführlicher, am berühmtesten jedoch die 86 Predigten über das Hohelied, an denen er von 1135 an arbeitete (er starb über III,1): Sie wurden geradezu unwahrscheinlich viel gelesen. Reich an Meditation und pastoraler Fürsorge bezeugen sie seine Frömmigkeit wirkungsreich.

Der Wandel im geistigen Leben vollzog sich noch in anderer Art. Ein durchschlagender Stoß erfaßte die ganze Breite der Wissenschaften und rief in ihnen tiefe Veränderungen hervor; er ging vom Orient aus; mit ihm war das Abendland schon vorher besonders durch Handel und Pilgerfahrt in direkte Berührung gekommen, noch mehr durch das lange Miteinander in den zwei Randgebieten Süditalien-Sizilien und Iberische Halbinsel. Man lernte vom Erbe der Antike, das der Orient viel besser als das Abendland bewahrt und weitergebildet hatte, bisher unbekanntes, wertvollstes Geistesgut kennen, und zwar in originaler, wenn auch öfter nur fragmentarischer oder be- bzw. verarbeiteter Gestalt durch die Übersetzung ins Latein.

So wurde z.B. das Werk des Aristoteles erst damals richtig bekannt – vorher hatte man in Übersetzungen des Boethius (525†) nur die zwei logischen Schriften ›Categoriae‹ und ›De interpretatione‹ (vgl. S. 11) sowie den Kommentar des Porphyrios (304†) zu den ›Categoriae‹ (zusammen die *Logica vetus* genannt) besessen; schon darauf gründete in erster Linie die Bildung des Abendlandes bis dahin, so daß man Boethius seinen Erzieher genannt hat. Im Hochmittelalter kamen die anderen logischen Schriften hinzu (die *Logica nova*) und vor allem die naturwissenschaftlichen, die aus dem Opus des Aristoteles nicht nur durch ihre größere Anzahl herausragen; mit ihnen hatte er neue Wege eingeschlagen und war zum Schöpfer der Naturlehre geworden.

Seine Werke wurden nun zuerst aus dem Arabischen, dann direkt aus dem Griechischen übersetzt (in nicht wenigen Handschriften stehen beide Sprachversionen neben- oder übereinander), außerdem die Kommentare anderer dazu. Wie dann der Aristotelismus Eingang in die Schulen und Universitäten gefunden, was die Auseinandersetzung mit seinen Lehren ergeben hat, geht zumeist über unsere Zeitspanne der 'Vollendung' erheblich hinaus; es sei nur noch darauf verwiesen, daß Aristoteles schließlich durch Thomas von Aquin (1274†) kraft dessen 'christlicher Interpretation' zum größten Philosophen des Mittelalters wurde. Mit ihm ist jedoch nur einer aus einer großen Zahl griechischer Autoren genannt, die während des Hochmittelalters in lateinischer Übersetzung rezipiert und assimiliert wurden; auch hat sein wahrlich weitgreifendes Werk nicht alle Einzelwissenschaften behandelt, z. B. nicht die Medizin – das geht selbst aus den wenigen Einzelbelegen später hervor.

2. EUROPAS RANDGEBIETE

Die Literatur Europas in der zweiten Hälfte des Mittelalters hebt sich, im groben betrachtet, von der in der ersten Hälfte nicht nur in der Quantität, sondern auch dadurch deutlich ab, daß im Kerngebiet (Frankreich-England, Deutschland) die mittellateinische eine höhere Stufe erklomm, ihre höchste; man kann die beiden Hälften z. B. schon äußerlich nach der Ein- und Zweisilbigkeit des Reims oder im geistlichen Drama nach Feier und Spiel unterscheiden; die Mobilität führte zu neuen Gattungen wie der Streitschriftenliteratur oder der Vagantendichtung. Die volkssprachlichen Literaturen erfuhren in jenem 'Kern' durchgreifende Veränderungen: Die altfranzösische blühte damals so empor, daß sie die Führung im Abendland übernahm; die mittelhochdeutsche setzte, eine lange Pause beendend, kräftig ein und gelangte erst Jahrzehnte später als die altfranzösische unter deren starkem Einfluß zur eigenen Blüte; in England kam die volkssprachliche Literatur fast ganz zum Erliegen, die Schriftsteller dort griffen statt dessen für längere Zeit zur französischen Sprache.

Zum andern dehnte sich das Buchschaffen über diesen 'Kern' weit hinaus auf große Gebiete im Norden, Osten und Südosten aus; hier kam das Mittellatein erst jetzt zum Zug, die Volkssprachen folgten später. Während der 'Vollendung', d. h. bis zum Anfang des 13. Jahrhunderts, ist hier von vornherein nicht zu erwarten, daß dem literarischen Bild der 'Mitte' fundamental neue Züge hinzugefügt wurden; doch sind trotzdem schon für eine Zeit des Anfangens erstaunliche Leistungen zu verzeichnen.

Zu den genannten zwei Hauptgruppen gesellten sich eine kleine Sondergruppe im Süden und eine im Südwesten: Die Iberische Halbinsel und Süditalien-Sizilien, zur Romania gehörig, die das Latein der Antike unmittelbar fortgesetzt hatten, standen mit der 'Mitte' in stärkerer Verbindung; doch war das kulturelle Leben hier wie dort durch lange Fremdherrschaft belastet worden; die trug ihnen aber eine besondere, wichtige Rolle in der Vermittlung griechischen und orientalischen Geistesgutes ein.

Wie nicht verwunderlich, stimmten Böhmen-Mähren und Polen in bedeutsamen Daten für den Beginn ihres geistigen Lebens überein. Im 10. Jahrhundert wurden sie für das Christentum und damit für das lateinische Abendland gewonnen; Anfang des 12. Jahrhunderts wurde hier wie dort das erste bedeutungsschwere Opus in lateinischer Sprache geschaffen, beide Male eine Geschichte des betreffenden Volkes; die Literatur in den Volkssprachen wuchs kräftig erst jenseits des hier betrachteten Zeitraums empor.

In Böhmen begann die Literatur im 10. Jahrhundert mit Legenden, mit denen des hl. Wenzel zuerst in kirchenslawischer Sprache und in lateinischer durch Gumpold, der im Auftrag Ottos II. wohl um 975 schrieb – er ist zwar 966–981 als Bischof von Mantua bezeugt, war aber vermutlich ein Böhme. Andere Legenden über diesen ersten und größten böhmischen Heiligen haben nicht immer Böhmen zu Verfassern, so die eine den Laurentius von Monte Cassino (Ende des 10. Jahrhunderts) oder die versifizierte Gumpold-Legende einen Lombarden (2. Hälfte des 11. Jahrhunderts). Außerdem wurden selbstverständlich geschichtliche Aufzeichnungen geringeren Umfangs schon früh angelegt, so in der zuletzt genannten Zeit kürzere Annalen in der Prager Domkirche, die nicht überliefert sind.

Das erste große, zugleich das bedeutendste Literaturwerk Böhmens im Mittelalter verfaßte COSMAS VON PRAG (1045–1125); in Prag und Lüttich geschult, wurde er Kanoniker im Prager Domkapitel und schließlich Dekan. Das ›Chronicon Boemorum‹ schrieb er zwischen 1119 und 1122, setzte es dann bis zu seinem Tode fort. Wenn das letzte (3.), nicht vollendete Buch durch seine Dürftigkeit gegenüber den ersten abfällt, so ist das weniger auf das hohe Alter des Verfassers als auf die politische Rücksichtnahme zurückzuführen, zu der er sich bekannte. Schriftliche Quellen zog er zu wenig heran, obwohl er leicht an sie durch das Prager Domarchiv hätte herankommen können; und wo er sie benutzte, scheute er sich sogar nicht, Inhaltliches (wie aus Reginos Chronik) zu übernehmen und zu übertragen. Was er bevorzugte, waren im ersten Buch Sagen und mündliche Erzählungen, sonst eigene Erlebnisse und Berichte von Augenzeugen. Wenn er auch mehrmals in nüchternste Annalistik verfiel und Jahreszahlen ohne Beigabe aufzählte, so wandte er doch in Buch I und II überwiegend einen rühmenswerten Erzählstil an und erreichte die spürbar erstrebte Lebendigkeit, indem er Anekdoten und viele erdichtete Reden einflocht oder Episoden auszuspinnen wußte. Seine Sprache, in der er sich geschult und literarisch anspruchsvoll gerierte, schmückte er mit viel Reimprosa und Cursus und fügte häufig eigene und entlehnte Verse ein. Nimmt man die durchgehende nationale Tendenz hinzu und bedenkt, daß er keinen Vorgänger hatte, so darf man wohl sagen: Er erreichte seine Absicht, seinen Landsleuten ihre Geschichte zu erhalten, und zwar so, daß sie von ihnen gebührend beachtet wurde – davon zeugen die nicht wenigen Handschriften und Fortsetzer sowie die Wirkung auf fast alle mittelalterlichen Historiographen Böhmens.

In Polen war es mit dem Beginn der mittellateinischen Literatur nicht viel anders bestellt als in Böhmen; so begann z. B. die Geschichtsschreibung mit kurzen Annalen, in Krakau um die Mitte des 11. Jahrhunderts (nicht überliefert), die sich spätere Annalen-Verfasser zur Grundlage nahmen, so die ›Annales Cracovienses vetusti‹, 1122 in Krakau verfaßt.

Das erste große Literaturwerk, ›Cronica sive gesta ducum sive principum Polonorum‹, rührt von einem unbekannten Benediktinermönch, wohl einem Franzosen her, dem 'Gallus anonymus' aus Lüttich oder Südfrankreich (1113/4). In drei Büchern stellte er die Geschichte Polens in seinen Herrschern dar und darin als Hauptthema den Preis Boleslaws III. (1085–1113; ohne Abschluß, es ist ungeklärt, ob das auf den Autor oder die Überlieferung zurückgeht); das Ganze scheint in einem Zug mit gleichbleibender Kraft niedergeschrieben zu sein. Das vorherrschende Streben zu jenem Ziel verführte Gallus dazu, von den Realitäten abzuheben, schon dadurch, daß er keine Jahreszahlen angab; vor allem sprach er von Abträglichem möglichst wenig oder gar nicht; so erscheint etwa das Hauptvergehen des Boleslaw, die Blendung seines Halbbruders, nur allgemein als Sünde, wird als Affekthandlung entschuldigt und fast ganz damit überdeckt, daß dessen Bußleistungen seitenlang ausgeführt und als vorbildlich gerühmt werden. Mehr frappiert, daß er die Nachtwachen der von Boleslaw bedrängten Deutschen ein fünfstrophiges Loblied auf ihn anstimmen läßt und wie er es durch ihren Mund ausgestaltet (III, 11): Jenem gezieme ein Kaisertum, weil er mit viel geringerer Schar den (deutschen) Kaiser zähme und die trotzig-hochfahrenden Deutschen mattsetze; Gott selber werde Boleslaw helfen, weil sich die (Christen-)Deutschen frevlerisch im Kampf gegen Christen(-Polen) vergingen und deswegen von Gott bestraft würden. Derartig abwegige Äußerungen, die sich auch in der Prosa davor und danach finden, lassen sich vielleicht dahin verstehen, daß hier ein *exul et peregrinus*, der in die nähere Umgebung Boleslaws gelangt war, Lohn erwartete (Widmungsbrief III). Doch ergeben diese Tendenz und der Erzählstil, der durch kein Ausweichen in die Annalistik (vgl. Cosmas) unterbrochen wird, eine recht geschlossene Einheitlichkeit. Wenn auch die kürzeren Kapitel überwiegen, so bringen die nicht wenigen längeren durch Ausmalen, durch direkte Reden spürbare Belebung, die durch viele eingefügte Verse, meistens je zwei, verstärkt wird – in II, 4 und I, 28 sind es sogar 3 + 4 + 6 und 8 + 4 + 4; die Prologe zu den drei Büchern bilden Gedichte von 56, 12, 60 Versen; die zwei Gedichte im Innern der ›Cronica‹ bieten die Klage auf den Tod von Boleslaws Vater (30 Verse) und bezeichnenderweise jene ›Cantilena Allemannorum in laudem Boleslavi‹ (20 Verse). Zu solchem Schmuck gesellen sich die starke Ausstattung der Prosa mit Reim und Cursus sowie die Kultiviertheit der Sprache. Wie Cosmas hatte Gallus keine Vorläufer und war zumeist auf mündliche Quellen angewiesen, anfangs natürlich auf Sagen; manches ist frei erfunden, so Briefe oder Reden. Trotz allem läßt sich auch dieser Chronik nicht wenig geschichtliche Wahrheit abgewinnen, von der vieles sonst nicht überliefert ist.

Anders stellt sich das Geschichtswerk des MAGISTERS VINCENTIUS dar.

Vincenty Kadłubek (um 1150 in Sandomierz / Mittelpolen geboren, 1223†), der als einer der ersten Polen im Westen, wohl in Frankreich studiert hatte, war Bischof von Krakau 1208–1217 und ging dann ins Zisterzienserkloster Jedrzejów. In den vier Büchern ›Chronicon Polonorum‹ trug er für die Frühzeit viele Sagen und Legenden zusammen und beschrieb im 4. Buch seine eigene Zeit (bis 1204/06). Der in den ersten drei Büchern herrschende Dialog zwischen dem erzählenden Bischof Matthias von Krakau (1166†) und dem kommentierenden Erzbischof Johannes von Gnesen (1168†) will mit gewissen Grundgedanken christlich-moralischer Tendenz belehrend wirken und herausstellen, wie schwer das polnische Volk seine Unabhängigkeit gegen äußere Feinde erkämpfen mußte, und damit auch, wie seine Geschichte in die Universalgeschichte eingebettet war, will damit dem seit 1138 gespaltenen Land Zuspruch und Ermutigung spenden. Dieses mehr als historischer Traktat denn als Chronik zu betrachtende Werk, dessen Wert als Geschichtsquelle sehr kritisch beurteilt werden muß, ist in vorzüglich geschulter Sprache und in anspruchsvollem Stil abgefaßt, auch mit Versen durchsetzt. Im übrigen trug Vincentius durch seine legendenhaften Erzählungen über seinen Vorgänger dazu bei, daß Bischof Stanislaw von Krakau 1253 heiliggesprochen wurde und bald als Märtyrer und Schutzpatrons Polens galt.

Auch Skandinavien, worunter außer Norwegen und Schweden auch Dänemark und Island verstanden wird, ist bei den Randgebieten des christlichen Abendlandes aufzuführen; bis an den 'Kern' Europas heran reicht nur das südlichste dieser vier Länder mit seinem kontinentalen Stück, Dänemark mit Jütland. Namentlich vom 'Kern' wurden sie (spät) missioniert und kamen so zu eigenen Buchliteraturen, s. u. Zwar waren die vier lange in Sprache und Kultur ziemlich eng verbunden, doch noch mehr Norwegen und Island miteinander, das ja hauptsächlich Norweger seit der zweiten Hälfte des 9. Jahrhunderts besiedelt hatten. Die Inselbewohner schufen sich c. 930 den Allthing, aber keine mit entsprechender Macht versehene Exekutive; die Geschlechter konnten daher blutige Fehden untereinander führen; das gab den Stoff zu berühmten Familienerzählungen. Dieser Freistaat fand 1262 damit sein Ende, daß er sich der Oberhoheit des norwegischen Königs unterstellte. Ähnlich verlief die kirchliche Entwicklung: Nach der Christianisierung, die auf dem Allthing im Jahr 1000 beschlossen wurde, bildete sich eine Nationalkirche mit eigenem Bistum (1055 in Skálholt, 1106 in Hólar), sie gehörte 1104 ff. zum Erzbistum Lund; Island wurde aber 1237 norwegische Kirchenprovinz.

Eigene Wege ging auch die Literatur. Bezeichnend ist bereits ihre schriftliche Fixierung seit dem 12. Jahrhundert. Sie begann im Westnordischen muttersprachlich (im Ostnordischen wie sonst üblich lateinisch); in ihr herrschte auf Island die Volkssprache über das Latein. Wie schon daraus zu entnehmen, wohnte dem Altisländischen eine ganz eigene Mächtigkeit inne, und das namentlich in seinem wichtigsten Teil, dem älteren; der reichte von c. 800 bis ins 12. Jahrhundert, war für den mündlichen Vortrag geschaffen worden und lebte in oraler Tradition weiter; ihm eigneten die drei Gattungen der Edda- und Skaldendichtung sowie der Saga, der erzählenden Epik in Prosa, aus deren Masse doch wohl die Frühstufe noch in die Epoche der Schriftlosigkeit gehörte – fürs letzte sprechen die Wahrscheinlichkeit und die 'Freiprosatheorie'. Fast nur in diesen drei Gattungen sind direkte, reine Zeugnisse vom Denken, Fühlen und Dichten der Germanen erhalten – im übrigen Germanischen ist nur zu den Skaldenliedern der Edda Paralleles überliefert, das altenglische Finnsburg- und das althochdeutsche Hildebrandslied, beide noch dazu nur fragmentarisch. In den Liedern der Edda begegnen Götter wie Thor, Odin, Frigg oder Freyja, in ihren Heldenliedern Sigurd, Atli, Brynhild oder Gudrun; die Skaldendichtung, der Umwelt zugewandt, namentlich Fürsten- und Kriegerpreis bietend, zeichnet sich durch ihre kunstvolle bis gekünstelte Formung in Stab- und Binnenreim, strenger Silbenzählung, freier Wortstellung und vor allem den Kenningar mit ihrer dichten, komplizierten Metaphorik aus. Diese Dichtung nun bildet die beste Quelle der nordischen Mythologie; sie schildert germanisches Reckentum voller ungestümer Leidenschaft, voller Tragik, bis zur Überspitzung gesteigert und bezeugt in den mit Aberglauben ausgestatteten Spruchversen Volkstum und Gesittung der vorchristlichen Zeit; damit wird deutlich: Dieser ursprüngliche Bereich läßt sich kaum mehr als indirekt zum christlichen Mittelalter rechnen. Immerhin verdankt er seine Erhaltung dem Christentum und dessen exzeptionell großer Toleranz: Jene Poesie, die noch im 11. Jahrhundert kräftig wuchs, liegt aufgezeichnet erst seit dem 13. Jahrhundert vor, die Edda im Codex regius von c. 1270, die Sagas in wenigen Einzelhandschriften und Bruchstücken des 13. Säkulums und in großen Sammelcodices seit dem 14.; die meisten Skaldengedichte sind in Sagas ganz oder in Einzelstrophen eingestreut.

Was in den drei Gattungen erhalten ist, weist z. T. bereits christliche Einflüsse auf. Selbst die artistischen Skaldenformen wurden seit dem 12. Jahrhundert für christliche Themen weiter benutzt, so für Marien- und Heiligenhymnen verwandt. In den Sagas entstanden neue Gruppen. Zu den c. 40 Islendinga-sögur, die eine Person oder Familie oder Ereignisse auf Island vom 9.–11. Jahrhundert schildern, und den Konunga-sögur, in denen die Geschichte norwegischer Könige von der Vorzeit an biographisch oder chronikartig dargestellt wird, stellen sich die c. 36 Fornadar-sögur, von denen vermutlich höchstens der eine Stoffkreis mit nord- und südgermanischen Heldensagen zu den älteren Sagas gerechnet werden kann (alte Heldenlieder und -strophen sind nur hier aufbewahrt); die anderen Kreise, die Wikinger- und Abenteuersagas, zeigen schon im Märchenhaften und Phantastischen die andere Zeit an, doch wohl auch darin, daß sie besonders beliebt waren, wovon die zahlreiche Überlieferung zeugt. Neu waren z. B. die Riddara-sögur, in denen Frankreichs höfische Versepen in Prosa wiedergegeben wurden, zuerst wohl 1226 mit ›Tristrams Saga ok Isondar‹; die Anregung dazu war von König Haakon IV. (1217–1263) ausgegangen, der Norwegen auf seine mittelalterliche Höhe führte.

Zu den Sagas, die am Ende des Mittelalters in Art und Zahl noch kräftig vermehrt wurden (so sind von den Märchensagas mit einheimischen, orientalischen, indischen Stoffen etwa 265 überliefert), kam mannigfache andere Profanliteratur, früh schon die Historiographie in altisländischer Sprache. Ari Thorgilsson (1067/8–1148), ein sehr gebildeter Geistlicher, zeichnete sich durch sein Bemühen um Chronologie, seinen bedachten Umgang mit den Quellen und seine Sachlichkeit in der Geschichte Islands (›Islendingabók‹) bis c. 1120 aus und wirkte damit (nach 1122 verfaßt) nachhaltig. Ihm zollte Snorri Sturluson (1179–1241) in der Vorrede zu seinem Hauptwerk ›Heimskringla‹ seine Hochachtung; in ihm schrieb er die Geschichte der norwegischen Könige bis 1177, ebenfalls kritisch, in meisterhaftem Stil.

Die Breite dieser nordischen Prosa kann an folgenden Beispielen deutlich werden. Bei der ebenfalls früh einsetzenden Rechtsliteratur genügt die allgemeine Feststellung, daß mit ihrem Umfang das Altnordische die anderen germanischen Länder übertraf. Ein sehr bedeutsamer Königsspiegel entstand um 1250 (›Konungs skuggja‹), eine dringend benötigte Poetik wurde durch den genannten Snorri Sturluson zwischen 1220–1230 geschaffen, der sich darin bestens auskannte, ein Lehrbuch für junge Skalden, in dem er nicht nur die Versarten und Kenningar erläuterte, sondern auch die alte Mythologie; an den Schluß setzte er ein Preislied auf Haakon IV. mit 102 kommentierten Musterstrophen. – Die Lais der Marie de France wurden in Prosa wiedergegeben. – Zwei fürs Ostnordische typische Gattungen blühten im 13. und 14. Jahrhundert auf, die Ballade, Import des dänischen Adels aus Frankreich, und die Reimchronik ('Erikskroniken' – ihre Krone – um 1330 in Schweden).

Aus dem Mittellatein nun, das in Skandinavien nicht solche Stärke wie sonst im Abendland gewann (S. 171), muß aus mehreren Gründen der Kreis um den Dänen Absalon (1128–1201) herausgehoben werden, der 1158 Bischof von Roeskilde, 1179 Erzbischof von Lund geworden war und sich als Staatsmann, Königsratgeber und -regent bewährt hatte. Unter den Klerikern seiner Umgebung, die wie er in Frankreich studiert hatten, befand sich SVEN AGGESON; in der ›Lex castensis‹ gab er ein für den König früher dänisch verfaßtes Werk lateinisch wieder und fügte Begründungen in kluger Sprache hinzu, in der ›Historia regum Dacie‹ zeigte sich, daß er zu erzählen und zu charakterisieren verstand. Absalons Neffe ANDREAS SUNESEN, der in Paris, Bologna und Oxford studiert hatte, wurde Nachfolger seines Onkels als Erzbischof von Lund (1201–1228); verdient machte er sich um die Christianisierung Estlands und durch seine Schriftstellerei. Durch lateinische Paraphrasierung der dänisch abgefaßten Provinzialgesetze von Schonen (er stammte aus Ivö auf Schonen), die er definierend und begründend erweiterte, schuf er ein vorzügliches juristisches Opus; von seinen zwei Lehrdichtungen ging ›De septem sacramentis‹ verloren; das ›Hexaemeron‹, eine Dogmatik in zwölf Büchern mit 8040 Hexametern, war das umfänglichste Versepos des Nordens.

Die Aufgabe Absalons, eine Geschichte der Dänen zu schreiben, erfüllte sein Geistlicher und Sekretär SAXO GRAMMATICUS (c. 1150–1216), Schüler des Andreas Sunesen und Freund des Sven Aggeson; die Vollendung der ›Gesta Danorum‹, an der er etwa dreißig Jahre (c. 1186–c. 1216) arbeitete, erlebte sein Mäzen Absalon nicht mehr; bei dessen Nachfolger Andreas (1202–1222) genoß Saxo wohl ähnliches Vertrauen. In den vor 1202 fertiggestellten Büchern 10–16 bekundet er in der Geschichte Dänemarks von Harald Blauzahn (936–986) bis Waldemar den Großen (1182†) eine nationale Einstellung, nach der sein Volk allen überlegen war – es war ja die Zeit, in der dieses Reich (für kurze Zeit) Großmacht wurde (S. 151). Dem entspricht es wohl, daß er in den dann vorgefügten neun Büchern, in denen er die Götter- und Heldensagen ausbreitete, aus seiner Abneigung gegen die Deutschen nur Siegfried ausklammerte. Obwohl er Geistlicher war, ordnete er die Geschichte nicht in den Heilsplan Gottes ein, wie es damals im Abendland üblich war, sondern er gründete sie auf Mythos und Sage; ihn zog es zur Vorzeit hin, doch ihr Wesen verstand er nicht mehr voll. Das Zwiespältige der damaligen geistigen Welt Skandinaviens spiegelt sich auch in der Gestalt wider, in der er die Wiedergabe der zahlreichen eingeschalteten Gedichte vornahm. Zum einen benutzte er außer Hexametern und auch Distichen die Polymetrie des Boethius, Prudenz, Horaz den Regeln entsprechend, vergriff sich zum andern im breiten, ausschmückenden Stil am Charakter des Altnordischen, auch durch verschiedenste Wiederholungen und vielerlei Einfügungen zeitgenössischer Details. Des weiteren trugen vermutlich Wortfülle und Schwulst, herausputzende Rhetorik und gewählte Diktion nicht wenig dazu bei, daß das große Opus in keiner einzigen Handschrift vollständig erhalten ist. Doch der Inhalt wiegt schwer. Saxo hatte sich fleißig umgetan und sich sehr um mündliche Berichte bemüht, auf die er für den ersten Teil besonders angewiesen war. Sein nicht hoch genug zu veranschlagendes Verdienst bestand darin, daß er Mythologie und Literatur der meist vorchristlichen Ära in imponierendem Umfang zusammentrug, wertvoll auch zur Ergänzung der Edda; so tief in die frühen Zeiten des eigenen Volkes ist kaum ein anderer Autor in Europa eingedrungen – das Ganze hat er freilich literarisch nicht bewältigt, was nicht nur in der merkwürdigen Entstehungsfolge der Bücher zum Ausdruck kommt.

Mit Saxo erhält der Skandinavien-Abschnitt einen ihn kennzeichnenden Schluß: Vorliterarische Dichtung, die nicht eigentlich zum Mittelalter zu rechnen ist, wird in dessen Buchliteratur hineingeholt und führt vor Augen, wie Heidnisches im Mittellatein weiterzuleben vermag und welche Werte es damit rettet.

Am europäischen 'Kern' hängen zwei Gebiete, die einstmals zum Imperium Romanum gehörten, aber im hohen Mittelalter sogar nicht eigentlich mehr zu jenem 'Kern' gerechnet werden können. Auf der Iberischen Halbinsel, die im ganzen von Frankreich – insbesondere durch die Pyrenäen – politisch abgetrennt blieb, ging die Befreiung von der arabischen Herrschaft auch deshalb nur langsam voran, weil sich die christlichen Teilreiche nicht zur dauerhaften Einheit zusammenfanden (S. 149) und sie zur Hauptsache auf sich beschränkt blieben. Das südliche Italien mit Sizilien, von Oberitalien nicht zuletzt durch den Kirchenstaat getrennt, erlebte in dieser Periode eine neue Fremdherrschaft, die der Normannen (S. 101); unter ihr kam es jedoch durch die kraftvolle Herrschaft eines Robert Guiscard, eines Roger I. und II. von der Mitte des 11. Jahrhunderts an zu hoher Blüte, für die die Krönung Roberts II. zum König im Dom von Palermo 1130 deutlichst zeugt; dieses unteritalisch-sizilische Reich überdauerte sogar die normannische Dynastie um Jahrhunderte – zwischenzeitlich geriet es dadurch, daß die thronerbende Tochter Rogers II. Heinrich (VI.) heiratete, in staufische Hände, jedoch nur vorübergehend, wenn auch für etwa achtzig Jahre, in denen sich wieder ein kultureller Aufstieg bemerkbar machte, der aber (unter Friedrich II.) jenseits unserer Zeit der 'Vollendung' liegt.

In diesem Normannenstaat lebten drei ethnisch und religiös unterschiedliche Bevölkerungsgruppen neben- und miteinander in respektvoller Toleranz und aktiver Begegnung, die lateinische und römisch-christliche, die dominierte und die Grundlage hergab, die griechische und oströmisch-christliche, die arabische und islamische. Solches Zusammentreffen von Orient und Okzident kennzeichnet augenfällig das bildkünstlerische Schaffen jener Zeit; die von Schlichtheit bestimmte Bautradition Italiens kennzeichnet den unter Robert Guiscard c. 1080 begonnenen Neubau des Domes in Salerno, aber reine normannische Romanik den in königlichen Maßen angelegten Dom von Cefalù – dessen Grundstein legte Roger II. gleich nach seiner Krönung; dessen Innenausstattung mit Mosaiken ließ er aber durch Meister aus Konstantinopel ausführen; erst unter diesem Herrscher formte sich sizilische Eigenart, in der auf christlich-antiker Basis Normannisches, Byzantinisches und Islamisches vereint wurden; am abgeschliffensten finden sich die verschiedenen Stilelemente in den größten Bauten dieser Kunst, den Domen von Palermo und Monreale, unter Wilhelm II. (1166–1189).

Was das literarische Schaffen betrifft, so ist zunächst Monte Cassino herauszuheben; es hatte im 11. Jahrhundert durch den aus langobardischem Fürstenhaus stammenden Abt DESIDERIUS (1058–1087, Papst Viktor III. 1086/87) seine goldene Zeit, er sorgte für beträchtlichen Ausbau des Klosters vor allem durch den Neubau der dreischiffigen Basilika (1066–1071). Auf Bitten von Mitbrüdern zeichnete er die Wunder des hl. Benedikt, nicht nur die in Monte Cassino, breit auf, fügte auch Exkurse über Moral und Zeitverhältnisse ein. Nicht zuletzt durch erhebliche Vermehrung der Bibliothek zog er Gelehrte und Schriftsteller ins Kloster.

Die stärkste Kraft in diesem Kreis entfaltete ALFANUS aus hoher salernitanischer Familie, der sich ein breites, auch Medizin umfassendes Wissen angeeignet hatte; mit Desiderius verband ihn enge Freundschaft; 1058–1085 war er Erzbischof von Salerno. Aus dem Griechischen übersetzte er ›Über die Natur des Menschen‹, worin Bischof Nemesios aus Emesa / Phönizien (um 400) neuplatonische Doktrin mit christlicher Dogmatik verknüpft hatte; wie sehr sich dafür das Mittelalter interessierte, darauf weist eine zweite Übersetzung etwa 100 Jahre später. Alfanus machte in einer Fülle (68?) Gedichte deutlich, wie sehr er in der römischen Literatur belesen war, Prosodie und Odenstrophik beherrschte und durch poetische Begabung seine Umwelt überragte. Über Leben und Passion der hl. Christina, die bei Bolsena (nahe Viterbo) das Martyrium erlitten hatte, spann er eine Prosadarstellung romanhaft aus, feierte sie außerdem in vier Gedichten, ferner die hl. Agnes und hl. Katharina in je drei Poemen. Den gewöhnlichen Umfang von 30–100 Versen übersteigen die spät verfaßte ›Beichte‹ (415 Distichen und Hexameter in fünf Gruppen) und namentlich die ›Vita sanctorum XII fratrum‹ (Märtyrer von Benevent), deren Hexameter er mit viel Gelehrsamkeit in geographischen, astronomischen und mythologischen Exkursen ausstattete. Ebenso formgewandt sind die mehr persönlichen Carmina, an Fürst Gisulf, dessen Bruder Guido oder an Desiderius, dem er wegen seiner Leistungen für Monte Cassino hohes Lob spendete. Die 43 Strophen über dieses Kloster, in denen er die Pracht seiner Kirche herausstrich, wie die 20 über den Grammatiker Wilhelm, in die er die Fabel vom Löwen und Fuchs einlegte, zeichnen sich durch Schwung aus, auch die 13 an den Kardinal Hildebrand (vor 1073).

Durch Werke mit besonderem Thema fallen ALBERICUS und Amatus auf. Der erste hat viele verschiedenartige Schriften verfaßt, aber nicht wenige sind verloren oder noch nicht als sein Eigentum erkannt bzw. gesichert. Verloren sind z. B. zwei, in denen er zu schwersten Streitfragen seiner Zeit Stellung zu nehmen wagte, zu der als häretisch bekämpften Abendmahlslehre des Berengar von Tours (Synode von Rom 1079) und zur Wahl Gregors VII. gegen Heinrich IV. Er schrieb über Musik und Astronomie, verfaßte Heiligenviten und Hymnen. Über sein Kloster hinaus wirkte er mit dem rhetorischen Lehrbuch ›Breviarium de dictamine‹, dem ersten seiner Art im Mittelalter, und den kürzeren ›Rhetorici flores‹.

Die beiden anderen Schriftsteller wandten sich der Geschichtsschreibung zu, und zwar den hier anfallenden neuen Themen, der eine Monte Cassino und der andere dem süditalischen Normannenreich. Nachdem Abt Desiderius den Alfanus vergeblich gebeten hatte, die Geschichte ihres Klosters zu schreiben, forderte sein Nachfolger Orderisius I. den Mönch LEO (1115†) auf, der 14jährig noch unter Desiderius in den 60er Jahren ins Kloster eingetreten war (er wurde zwischen 1101 und 1106 Bischof von Ostia und Velletri), die Biographie des Desiderius zu übernehmen; als Leo keine Zeit dazu gefunden hatte, wurde er von Arbeiten entlastet und sein Auftrag zur Geschichte des Klosters erweitert. Um die besten Quellen bemüht, informierte er vom hl. Benedikt bis zum Tod des Desiderius in guter Sprache ganz vorzüglich, besonders natürlich, was das 11. Jahrhundert betrifft. Zwei Mönche Monte Cassinos lieferten Fortsetzungen, Guido bis 1130 und Petrus Diaconus bis 1138.

PETRUS DIACONUS (1107–c. 1144?), nach 1130 Archivar und Bibliothekar, hat zwar sehr viel geschrieben, aber nur wenig ist erwähnenswert. Zu seinen Schriften zählte er von ihm in der Schule angefertigte Übungsstücke rhetorisch-stilistischer Art; er deklarierte von ihm entworfene Briefe als wirkliche, gab Exzerpte aus fremden Werken als eigene aus oder sprach von eigener Übersetzung eines 'Steinbuchs' aus dem Griechischen, das er nicht beherrschte. Die Hagiographie bereicherte er, indem er ältere Viten formal bearbeitete, vor allem aber durch Fälschungen, in denen er Heilige erfand. Dazu trieb ihn nicht nur ein anomales Geltungsbedürfnis, sondern noch mehr der Drang, mit allen Mitteln den Ruhm seines Klosters zu mehren. So erreichte er z. B. durch fein und breit angelegte Urkundenfälschung, daß erheblicher Landbesitz des Klosters vom Verfügungsrecht des Papstes befreit und als Eigentum des reichsunmittelbaren Klosters vom Kaiser anerkannt wurde. Um 1135 verfaßte er den Literaturkatalog ›Liber illustrium virorum Cassinensium‹, der in 47 Kapiteln wertvolles, freilich manchmal irrtümliches Material enthält; die im letzten Kapitel aufgezählten eigenen Werke (oft merkwürdige; s. o.) versah er in der endgültigen Fassung mit rühmenden Prädikaten. Die Chronik des Leo-Guido ergänzte er durch Notizen aus den ›Annales Cassinenses‹, Amatus u. a., aber er zersetzte sie durch viele eigene Erfindungen, in denen er seine legendenhafte Phantasie spielen ließ und durch die er dem Ganzen einen romanhaften Charakter verlieh; und am Schluß der Chronik stellte er in den Verhandlungen zwischen Kaiser und Papst über jenen Landbesitz sehr nachdrücklich sich als Führer der Klosterabordnung und trefflichsten Sachwalter heraus, der in den tagelangen Auseinandersetzungen allein für Monte Cassino siegreich stritt – damit konnte er den eigenen Ruhm mit dem des Klosters wirkungsstark vereinen.

Neben Leos Klostergeschichte steht die Normannengeschichte des in Salerno geborenen AMATUS auf dem Gipfel der Historiographie in Monte Cassino. Von ihm, der vor 1061 in das Kloster kam und wohl nur wenig jünger als Leo war, ist zunächst festzustellen: Zwei Gedichte scheinen verloren; wenn er im ›Liber in honore beati Petri apostoli‹ (1304 gereimte Hexameter, um 1075) die Taten und Worte des Apostels besang, so meinte er damit auch das Papsttum – das tritt im Lob Roms (IV, 1) und in der Widmung an Gregor VII. hervor. Sein Hauptwerk, das er Desiderius widmete, die Normannengeschichte (bis 1078) in acht Büchern, ist nur in französischer Übersetzung (aus dem Anfang des 14. Jahrhunderts) erhalten; obwohl sie bearbeitet ist und deren Vorlage durch Petrus Diaconus interpoliert, läßt sich doch darunter das Original im großen ganzen greifen und werten. Mit den Hauptgestalten Richard von Capua und Robert Guiscard wird die ältere Geschichte des italischen Normannenstaates, besonders von 1073 an, nach der besten Quelle im allgemeinen glaubwürdig geschildert. Dem Werk kommt bereits als ältester Chronik dieses Bereichs besonderes Gewicht zu, aber auch wegen der Einbeziehung der Kurie; es propagierte zudem die von Desiderius betriebene Politik, sich mit den Normannen zusammenzufinden – Rom stellte sich darauf erst später ein.

Dieses Normannenthema, zu dem natürlich auch Autoren außerhalb Monte Cassinos gegriffen haben, führte zu einem anderen Mittelpunkt in der Literatur jenes Randgebietes: GAUFREDUS MALATERRA, vermutlich aus der Normandie nach Sizilien gekommen, erhielt dort von Graf Roger, einem Bruder Robert Guiscards, den Auftrag, die Geschichte der südlichen Normannenherrschaft zu schreiben. Er begann mit der Eroberung der Normandie durch Rollo, mit Rogers Eltern und Brüdern und stellte in Buch 2–4 Robert Guiscard und noch mehr Roger in den Mittelpunkt, brach aber mit 1099 offenbar unvollendet ab. Diese Chronik zeichnet sich einmal als für Rogers Zeit vorzügliche Primärquelle aus, die hierfür auf Mitteilungen von dessen Hof fußt, und zum anderen literarisch durch Bemühung um höhere Form: In die Prosa der zwei letzten Bücher sind mehrmals quantitätsmetrische und rhythmische Verse (im Durchschnitt zu je 30) eingelegt.

Historiographische Prosa minderer Bedeutung braucht hier nicht aufgeführt zu werden, wohl aber einige Dichtungen. 2819 Hexameter über
die Eroberung Italiens durch die Normannen dichtete um 1100 WILHELM
von Apulien (Normanne?), von Urban II. und Robert Guiscards Sohn Roger Borsa dazu aufgefordert; er benutzte Schriftquellen, hauptsächlich das
Werk des Amatus, bietet aber zur apulischen Geschichte natürlich Eigenes.
Vor allem pries er jenen Robert als Eroberer des griechischen Bari und des
arabischen Palermo, auch Roms, aus dem er ja Heinrich IV. 1084 vertrieben hatte, bezog auch die griechische und sarazenische Welt in die Darstellung ein. Mit guter Sprache, anziehender Schilderung und bedachter
Einteilung schuf er ein historisches Epos von Rang.

Etwa drei Generationen jünger war PETRUS VON EBOLI, dort (östlich von
Salerno) um 1160 geboren, Lehrer in Salerno (1219/20†); er stand in näheren Beziehungen zu Kaiser Heinrich VI. Von den drei Gedichten, die er
selbst als sein Eigen nannte, ist das auf die *mira gesta* Friedrichs I. verloren.
Im ›Liber in honorem Augusti‹ (898 Distichen, 8 Hexameter), dessen drei
Bücher er 1194/96 verfaßte, ging er von der Verleihung des Königstitels
an Roger II. (1130) über den eingehend geschilderten Thronstreit nach
dem Tod Wilhelms des Guten (1189) zum eigentlichen Thema, dem Preis
Heinrichs VI., über und verherrlichte, obwohl Italiener, in jenem schwär-
merisch das Kaisertum und seine Mission der Weltmonarchie; dieser Parteinahme entsprechend setzte er den Gegner, den Normannen Tankred,
mit haßvoller Beschimpfung herab. In dem 36 Gedichte umfassenden Zyklus ›De balneis Puteolanis‹ (überwiegend zu je 6 Distichen) führte er die
35 Bäder von Pozzuoli (bei Neapel) mit ihren Heilkräften, -kuren und
-wirkungen genau und eindringlich vor. Auch diese Dichtung widmete er
Heinrich VI. und empfahl sich im Nachwort seiner spendenden Huld, damit er auch den Sohn (Friedrich II.) besingen könne.

In der Literatur dieses Gebietes hebt sich eine dritte Gruppe heraus, namentlich wegen ihrer nachhaltigen Wirkung weit über jenen Raum hinaus;
dabei handelt es sich nicht um Literatur im engeren Sinn, sondern um
Übersetzung, um Rezeption und Assimilation in Philosophie-Theologie
und Naturwissenschaften, besonders in der Medizin, um Vermittlung von
griechischer Antike und Arabismus, nicht zuletzt um charakteristisches
Miteinander von Orient und Okzident (vgl. S. 175). Die griechische Sprache hatte sich ja bereits im Zuge der 'Griechischen Kolonisation'
(c. 750–c. 550 v. Chr.) in Küstenstädten des westlichen Mittelmeeres und
darüber hinaus verbreitet; damit waren auch Süditalien und Sizilien in die
griechische Welt und Kultur einbezogen worden. Vom 3. Jahrhundert
v. Chr. an waren jene Gebiete unter die Herrschaft der Römer gekommen;
diese waren aber bald bereit, sich der als höher erkannten Kultur der Grie-

chen zu öffnen und dazu deren Sprache zu lernen; die Gebildeten wurden zweisprachig, ebenso die Literatur – die historiographische setzte griechisch ein, desgleichen später noch insgesamt die christliche. Auf diesem Wege gelangte die römische Literatur dann zu immer selbständigerer Ausprägung, zu klassischer Höhe. Doch am Ende der Antike hatte das Griechische in den lateinischen Landen an Geltung verloren, so daß im mittelalterlichen Abendland seine Kenntnis recht beschränkt war, außer in Süditalien und Sizilien. Viel trugen dazu der Untergang des Imperium Romanum bei und seine schon davor eingetretene Spaltung in einen lateinischen Westen und einen griechischen Osten. Die Rückeroberung Italiens und Siziliens durch den byzantinischen Kaiser Justinian I. (527–565) wurde im wichtigsten Stück schnell beendet: Schon 568/572 eroberten die Langobarden, dann Karl der Große (773/4) den Norden Italiens; er blieb bis über die Mitte des 13. Jahrhunderts mit den Fränkischen bzw. Deutschen Reich vereinigt. Mittelitalien entriß der Langobardenkönig Aistulf (749/56) den Byzantinern. Am längsten hielten sie sich im Süden, besonders in Apulien und Kalabrien, bis sie im 11. Jahrhundert von den Normannen vertrieben wurden; Sizilien aber wurde ihnen von den Arabern (827–902) genommen und kam 1061–1091 in die Hand der Normannen (S. 101). Damit waren Süditalien und Sizilien zum ersten Mal in einem eigenen, selbständigen Reich zusammengeschlossen; und dieses blühte trotz der dreifachen Verschiedenheit in ethnischer wie religiöser Hinsicht (S. 174 f.) bereits während des einen Jahrhunderts unter der normannischen Dynastie auf.

Zu den ersten Übermittlern des griechisch-arabischen Wissens zählt CONSTANTINUS AFRICANUS (1087†), der zum Monte-Cassino-Kreis gehörte, von Zeitgenossen als *orientis et occidentis magister* gepriesen; fast 40 Jahre hatte er als Händler das Mittelmeer und Vorderasien bereist. Medizinliteratur des Arabischen bearbeitete er lateinisch in erstaunlicher Fülle, darunter Kompendien, auch für die Schule von Salerno, wo er sich um 1075 aufhielt. Mehrere dieser Bearbeitungen, verbunden mit Übersetzungen anderer, wurden, schon in Handschriften aus der Mitte des 12. Jahrhunderts erhalten, zum ersten Medizinlehrbuch ›Articella‹ zusammengestellt, das den europäischen Universitäten bis zum Ende des Mittelalters das Fundament der Medizinausbildung bot. – Von Alfanus, dem Dichter des Monte-Cassino-Kreises, der mit Constantinus Africanus etwa gleichaltrig war, ist die Übersetzung der theologischen Schrift des Nemesios schon erwähnt (S. 175).

Zu dem überaus regen Kreis (S. 174 ff.) mit den beiden genannten Vorboten ist etwa zwei Menschenalter später der Normannenhof in Palermo zu stellen, an dem durch Roger I. und Wilhelm I. sowie dessen Minister Majo aus Bari wissenschaftliches Tun gefördert wurde. So übersetzte, auch vom dortigen Erzbischof Hugo angeregt, der Archidiakon HENRICUS ARISTIPPUS von Catania (1162†), in Severina / Kalabrien geboren, die ›Meteorologika‹ (IV) des Aristoteles, wohl auch dessen logische Schriften, und Platos ›Menon‹ und ›Phaidon‹; er sprach auch von den patristischen Werken des Gregor von Nazianz und von ›De vita philosophorum‹ des Diogenes Laertius.

Hier angefügt zu werden verdient BURGUNDIO (c. 1110–1193), auch wenn er aus dem oberen Italien (Pisa) stammte: Er übertraf die anderen Übersetzer quantitativ, durch die Breite des Stoffes und auch qualitativ. Er war Richter und Gesandter, der für seine Vaterstadt nach Sardinien und Konstantinopel reiste, und war wegen seiner griechischen Sprachkenntnisse bekannt und gesucht. Der Theologie half er wesentlich mit der Übersetzung griechischer Kirchenväter, so mehrerer Homilienbücher des größten Predigers in der griechischen Kirche Johannes Chrysostomos, zuerst der zum Matthäusevangelium (1151), womit ihn der ebenfalls aus Pisa stammende Papst Eugen III. beauftragt hatte; die von jenem angeregte Übertragung ›De fide orthodoxa‹ des Kirchenlehrers Johannes Damaskenos fand weite Verbreitung und regte die frühe Scholastik nachdrücklich an. Seine Übersetzung des Nemesios (vgl. zu der des Alfanus S. 175) widmete er Barbarossa 1165. Er holte auch verschiedene Schriften der Landwirtschaft und der Medizin aus dem Griechischen ins Latein; Galens ›De sectis medicorum‹ widmete er einem König Heinrich, wohl Heinrich VI. Der scholastischen Juristik diente er mit der lateinischen Wiedergabe der griechischen Stellen in den Digesten (Corpus iuris civilis). Rühmenswert ist die Art seiner Arbeit, gewissenhaft, *de verbo ad verbum* und doch klar.

Auf der Iberischen Halbinsel stand um 1200 noch der Südosten und damit immer noch fast ein Drittel von ihr unter arabischer Herrschaft. Erst 1212 wurde gegen sie, die Almohaden, der entscheidende Sieg dadurch errungen, daß sich die Heere der drei Könige von León-Kastilien, Navarra und Aragón vereinigt hatten. König Ferdinand III. (1217–1252), der León und Kastilien endgültig zusammenfügte, eroberte die restlichen moslemischen Gebiete bis auf das Nasridenreich Granada und verschaffte seinem Königreich die Hegemonialstellung in Spanien.

In der mittellateinischen Historiographie könnte man wohl dazu eine gewisse Parallele insofern sehen, als sich auch ihr Horizont weitete. Das vorausliegende, in mehrfachem Wortsinne kleine Werk des Bischofs Sampirus von Astorga (1040†), eine Chronik der Könige von León 866–982 in nur 29 Kapiteln, wurde von Bischof Pelagius von Oviedo Anfang des 12. Jahrhunderts mit den nächsten Königen bis Alfons VI. (1109†) nicht belangvoll fortgesetzt. Dagegen befaßte sich ein Kleriker in einem viel umfänglicheren Werk mit nur einem König, Alfons VII. von León-Kastilien, noch vor dessen Tod (1157†) in den 102 Kapiteln der ›Chronica Aldefonsi imperatoris‹; im 99. Kapitel begann er, die Belagerung der Seeräuberfeste Almeria zu schildern, und fügte an das 102. die darin angekündigten Verse, gereimte Hexameter, an, in denen er jene Belagerung weiterführte; sie brechen mitten im 372. Vers ab und zeigen durch viel Beschreibung und Aufzählung, durch Eintönigkeit, Ungeschick u. a. die Unbedarftheit des Autors. Höher steht die ›Historia Compostellana‹, die wegen ihres reichen Inhalts zu Recht die bedeutendste Kirchengeschichte (dieses Landes damals) genannt wurde, deren Formung aber dem nicht entspricht; der Auftrag zu ihr wurde drei hohen Geistlichen von Erzbischof Diego II. Gelmirez (1140†) erteilt; der gab sich alle Mühe, seinen Sitz zu erhöhen, selbst durch Reliquienraub und Urkundenfälschung, und nahm die Apostolizität seiner Jakobskirche zur Grundvoraussetzung. Die ›Historia‹ sollte seine entsprechenden Aktivitäten dokumentieren und juristisch sichern und ist vornehmlich auf ihn eingestellt, auf ihn als Bischof in Buch I und als Erzbischof in II und III – erst er hatte die Metropolitanwürde für seine Kirche 1124 auf Dauer erreicht; die Landesgeschichte wird zunehmend mithineingezogen.

Der politischen Entwicklung entsprechend wurde dann bereits um die Mitte des 13. Jahrhunderts in den Geschichtswerken der Rahmen viel weiter gespannt; dafür brauchen nur zwei Titel zitiert zu werden: ›Res in Hispania gestae‹ des Erzbischofs Rodrigo von Toledo (1247†), der von der Ankunft der Römer bis 1243 ging, und das ›Chronicon Hispaniae‹, in dem Bischof Lukas von Túy (1249†) eine Weltchronik bis 1236 führte.

Die Geschichtsschreibung wurde an Quantität, innerem Gewicht und weiter Wirkung durch den größten Teil der Lateinliteratur dieser Halbinsel eminent übertroffen, durch Übersetzung des Geisteserbes griechischer Antike in ursprünglicher oder bearbeiteter Gestalt, in Kommentierung oder Weiterführung; die Übersetzung erfolgte aus dem Arabischen, auch dem Griechischen und betraf denselben Literaturbereich, wie in Süditalien-Sizilien (S. 178 f.).

Nicht unerwähnt bleiben darf Córdoba, schon deswegen nicht, weil ganz anders als in jener Mitte des europäischen Südens hier die jahrhundertelange Herrschaft der Araber viele eindrucksstarke Denkmäler ihrer Kunst hinterlassen hat, so die Moschee (S. 23); in dieser Stadt, in der wohl schließlich so viele Menschen wohnten wie in Konstantinopel und Bagdad, lebten bedeutende arabische Dichter und Gelehrte gerade im 11.–13. Jahrhundert, in der Zeit des Verfalls, darunter der Philosoph AVERROES (1126–1192). Vom almohadischen Regenten Yūsuf beauftragt, kommentierte er den ganzen Aristoteles dreifach: Im kleinen Kommentar, dann ›Epitome‹ oder ›Summa‹ genannt, faßte er die Lehren des Aristoteles zusammen; das Ganze wurde größtenteils ins Hebräische, dann Lateinische übertragen. So nahm er sich auch den ›Staat‹ Platos vor und verfaßte außerdem eigene Schriften; er sah in Aristoteles die Vernunft verkörpert. Er galt bereits vor der Mitte des 13. Jahrhunderts als der 'Kommentator' des *Philosophus* und darf als der 'aristotelischste' der arabischen Philosophen des Mittelalters bezeichnet werden.

In Toledo, das in seiner arabischen Zeit (712–1085) am hellsten glänzte – davon zeugen nicht wenige Bauten, besonders Kirchen, Brücken, Stadttore, noch heute –, waren so viele Übersetzer des genannten Themenbereichs in mehr oder weniger vorhandenem Miteinander tätig, daß man von einer 'Toledaner Übersetzungsschule' gesprochen hat, die freilich keine Schule im eigentlichen Sinne war. Vom Erzbischof Raymund (1126–1151) aufgefordert, nahm man sich besonders die vielen Schriften des persischen Universalgelehrten AVICENNA (973/80–1037) vor, der hauptsächlich in arabischer Sprache das gesamte griechische Wissenserbe, durch die Araber seit dem 8. Jahrhundert vermittelt, übersetzt bzw. bearbeitet hatte; fast die Hälfte seiner Schriften galt der Medizin; mit ihnen, vor allem den fünf Büchern ›Qanūn‹ (›Canon medicinae‹), deren Inhalt er in den 1326 Versen ›Urǧūza‹ (›Cantica‹) zusammenfaßte, errang er lange währenden Ruhm. Schriften dieses wirkungsreichsten Philosophen des östlichen Islam übertrugen in jenem Kreis JOHANNES HISPANUS (Avendeath) um 1150 und DOMINICUS GUNDISSALINUS (1110–nach 1181), z. T. gemeinsam; beide befaßten sich auch mit anderen arabischen Werken. Der zweite schrieb darüber hinaus wichtige Werke, so ›De divisione philosophiae‹; in dieser Einleitung in das Studium der ganzen Philosophie stellte er über den frühscholastischen Schulbetrieb mit Trivium und Quadrivium Aristoteles 'Organon' und die neuen Disziplinen (Metaphysik – Ethik) mit dessen entsprechenden Schriften in geschickter Kompilation, in der er auch Avicenna verwandte, das Fundament aber ganz aristotelisch hielt. GERHARD VON CREMONA (1114–1187), der mit dem Umfang seiner Übersetzungstätigkeit überragte, übertrug nicht nur den 'Canon', sondern auch von Aristoteles namentlich die naturwissenschaftlichen Traktate sowie Schriften anderer. Zu seiner Gruppe gehörten zwei aristotelisch-scholastische Naturphilosophen, die den 'neuen Aristoteles' in die Schulen und nach England trugen, DANIEL VON MORLEY (c. 1140–1210) und ALFREDUS ANGLICUS (A. von Sareshel) aus der nächsten Generation.

Unter den Übersetzungen aus dem Arabischen steht für sich die ›Disciplina clericalis‹, nicht nur, weil sie zur Literatur im engeren Sinn gehört, weit mehr, weil ihr eigentlicher Inhalt letztlich nicht aus der Welt des Abendlandes stammt, sondern aus der des Orients und allgemeine Lebensweisheit in abwechselnder, besonderer Formung anbietet; novellistische Erzählungen geringen Umfangs mit jeweils entsprechenden Sprüchen und Ratschlägen werden – auf typisch orientalische Art – durch eine Rahmenerzählung zusammengehalten. Der spanische Rabbi Moise, der sich nach seiner Taufe am Peter-Paul-Tag (1.I.) 1106 Petrus Alfunsi nannte (als Leibarzt des Königs Alfons VI. hatte er diesen zum Taufpaten), hatte einige Zeit danach, um die Angriffe seiner früheren Glaubensgenossen gegen seinen Übertritt abzuwehren, im ›Dialogus contra Judaeos‹, seiner ersten Schrift, einem fingierten Zwiegespräch mit seinem Jugendfreund, die Irrtümer des Judentums ruhig und sachlich herausgestellt, auch weswegen er nicht zum Islam übergewechselt sei, und das Christentum sowie Christus als Messias verteidigt. Jene ›Disciplina clericalis‹ errang, obwohl sie nur eine kleine Prosaschrift bildet und in Stil und Sprache keine Anerkennung verdient, eine ungewöhnliche Verbreitung und Wirkung; das ist auf die Neuheit und Anziehungskraft des Sujets zurückzuführen, nämlich Menschen in ihren Schwächen zu sehen (darunter den Städter und Kaufmann, den Diener und Lehrjungen, den Spanier und Araber) und zu zeigen, wie das Leben zu meistern ist.

Die ›Disciplina‹ stand in der internationalen Vermittlung solcher erzählenden Literatur keineswegs allein, aber wohl am Anfang; darauf sei hier wenigstens hingewiesen, auch wenn die ältesten Wiedergaben des zugehörigen orientalischen Gutes in Latein nicht in Spanien geschaffen wurden. Etwas später, aber noch im 12. Jahrhundert wurden in Frankreich, das nach Süditalien-Sizilien und Spanien in bezug auf die Weitergabe orientalisch-griechischer Philosophie (S. 178 f.) herausgehoben zu werden verdient, zwei Fassungen der ›Sieben weisen Meister‹ durch das Mittellatein dem Okzident gewonnen, damit wiederum novellenartige Geschichten in eine Rahmenerzählung eingebunden; in beiden Versionen haben sie andere Füllung als die ›Disciplina‹ und erreichen zusammen nicht deren Zahl der 'Exempla' trotz des größeren Umfangs. Die ›Historia septem sapientum‹ einer oberitalienischen Handschrift zeigt die orientalische Fassung ›Mischle Sendabar‹ (Syndebar heißt der darin auftretende Weise, die *septem sapientes* erzählen je zwei *historiae*) in deren ältester Latein-Übersetzung, für die dem Verfasser eine in Anfang und Ende verstümmelte hebräische Handschrift vorlag (die Fassung war letztlich persisch). Im Gegensatz dazu gehört der ›Dolopathos‹ zum okzidentalen Zweig der ›Sieben weisen Meister‹ und zu dessen frühesten Zeugen. Der Mönch Johannes aus der Zisterzienserabtei Alta Silva (Haute-Seille) im Bistum Nancy widmete sein *opusculum de rege et septem sapientibus* dem Bischof Bertrand von Metz (1179–1192); er führte die acht *Historiae* breit aus, noch mehr die Vorgeschichte zur Rahmenerzählung, behielt in beidem die heidnische Färbung bei und fügte im Schluß eine lange Apologie des Christentums an, in der er die Hauptvertreter des Heidentums, voran Plato und Aristoteles, aufführte. Den ›Dolopathos‹ verwandelte Herbert, der sich am Hof des Königs Philipp II. Augustus aufhielt (1223†), zu 12901 altfranzösischen Achtsilblern. Wie weit sich diese ›Meister‹ in den Literaturen des Abendlandes einbürgerten, dafür mögen folgende Hinweise genügen. Der französische Dominikaner Johannes Gobbi Junior nahm in seinem Exempelwerk ›Scala celi‹ (um 1300) eine Fassung mit 15 Nummern auf; damit stimmen mehrere englische Versübersetzungen sowie eine italienische Prosa überein. Mittelhochdeutsch entstanden im 14./15. Jahrhundert eine Prosa- und zwei metrische Übertragungen.

Die Anfänge sowohl mündlicher wie schriftlicher Literatur in iberoromanischer Volkssprache stehen einzig da. Zuerst gab es mündlich tradierte Lyrik; die Belege dafür wurden erst vor kurzem entdeckt und publiziert, nämlich 'Khardjas', jeweils mehrere Verse oder Strophen umfassend, 20 an hebräische und mehr als 30 an arabische Gedichte angehängt; sie enthalten einfache, anmutsvolle Lyrik liebender Mädchen, z. T. in der ersten Hälfte des 11. Jahrhunderts in archaisch-andalusischem Dialekt verfaßt, sie beschließen hebräische bzw. arabische Gedichte. Die 'Khardjas', für sich schon kleine, selbständige Kunstwerke, wurden von Arabern und Juden als Ziel und Schwerpunkt für neue Gedichte genommen; sie offenbaren in ihrer Mischung von Fremd- und Muttersprache, die sich auch etwas in arabischen Wörtern der Schlußverse niedergeschlagen hat, die besondere Beschaffenheit des Kulturlebens damals und dort.

Zum andern setzte die muttersprachliche Dichtung mit einem großen Epos ein, dem ›Poema de Mio Cid‹, dessen c. 4000 Alexandriner ein Anonymus um 1140 dichtete. Das Einzigartige und Monumentale wird schon durch seinen literarhistorischen Hintergrund deutlich: Der wird namentlich durch die Fülle des in arabischer und hebräischer Sprache Geschriebenen bestimmt; das Mittellateinische, das sich demgegenüber kümmerlich ausnimmt, begann damals erst wieder aufzuleben (S. 98) – es hat immerhin einen Hymnus auf Cid zu bieten. Ferner ist in der Epik-Überlieferung das zeitlich Nächste fast ein Jahrhundert nach dem ›Cid‹ zu datieren, das Roncesvalles-Fragment (vgl. auch S. 185); und was man aus gewissen Geschichten und Erzählungen in den Chroniken an Epen glaubte erschließen zu können, wie z. B. die ›Leyenda de los Infantes de Lara‹, ist zu hypothetisch bzw. zu wenig greifbar. Schließlich darf man nicht vergessen: Jene Gattung pflegte zwar auch Frankreich, nicht aber die übrige Romania.

Daß zwischen dem Tod des Cid und der Niederschrift des Epos kaum 50 Jahre lagen, also ein relativ kleiner Zeitraum, in dem die Hauptzüge der Historie gewöhnlich erhalten bleiben, ist oft in der Faktizität des Geschilderten zu spüren, so in den Ortsangaben, in denen das Geographische meistens genau ist, bei den Personen und Personennamen. Anderes geht darüber hinaus: Es sind bei dem Cid z. B. die Verbannung durch den König, seine Siege und Eroberungen, so die Valencias historisch. Im wesentlichen wollte sich der Dichter jedoch nicht zu historischer Treue verpflich-

ten; er schilderte seinen Cid als den immer treuen Vasallen des Königs, obwohl er 1092 mit den Mauren gegen seinen König kämpfte, und erfand
den gewichtigen Schluß, den Reichstag von Toledo. Sein Cid zeichnet sich
nicht nur durch heroische Tapferkeit aus und damit durch angestrengten
Dienst für seinen König, sondern weit mehr dadurch, daß er das ihm vom
König widerfahrene Unrecht, die Verbannung, geduldig hinnimmt und
darin das ihm unerschütterlich Höchste bewährt, die Vasallentreue, daß er
zum andern schlimmste Beleidigung in der Schändung seiner Töchter
durch die Schwiegersöhne zu ahnden der Gerechtigkeit des Königs bzw.
der von jenem gehüteten Rechtsordnung überläßt. Diese fast übermenschliche, doppelte Selbstüberwindung, durch die er die Feudalordnung be-
kräftigt, macht recht eigentlich erst seine Größe und Vorbildlichkeit aus –
das wird nicht christlich ausgelegt, obwohl z. B. Gott, Maria und die Heiligen oft angesprochen oder Gebote eingeflochten werden (das Gebet von
Cids Gattin erstreckt sich über 36 Alexandriner). Auf dieses Ziel eines eli-
tären Heldentums hin richtete der Epiker die Handlung aus und baute sie
kunstvoll auf. Der mittlere der drei 'Gesänge', die er etwa gleich groß
hielt, schließt mit dem Gipfel der bisherigen Handlung, mit der Aussöhnung von König und Vasall sowie der Heirat der beiden Cid-Töchter,
bringt aber zugleich die verschiedenen Voraussetzungen für den dritten
Teil, wenn auch mehr latent; in ihm folgt auf den Sturz des Cid (und seiner
Familie) und auf die schimpflichste Behandlung der Töchter durch Hofgericht und König die vernichtende Bestrafung der Gegner und damit sowie
durch die zweite Heirat der Töchter mit viel angesehenerem Adel eine Erhöhung, durch welche die erste übertroffen wird: Die Könige von Spanien
werden Cids Verwandte (V. 3724).

Zu solcher Idealisierung im gewissen Gegensatz steht eine Realistik, die
sich gelegentlich bis zur Brutalität steigert. Zu häufig wird von Geldbeträ-
gen, Beute und dadurch gewonnenem Reichtum gesprochen; so werden
gleich im Anfang die *marcos* beziffert, die der Cid dem Abt zur Versorgung
seiner Familie zahlt, und die, mit denen sein Beuteanteil vergütet wird; um
schnöden Gewinnes willen planen Adlige bedenkenlos Meuchelmord und
schlagen ihre angetrauten Frauen blutig und bewußtlos. Darin wie überhaupt in der eigentümlichen Verbindung von Kunst und Ungeschliffen-
heit, die sich auch in der äußeren Form findet, spiegelt sich die damalige
Befindlichkeit der iberoromanischen Kultur.

Von dem Altertümlichen, Autochthonen und Nationalen, das nicht
zuletzt die ungewöhnliche Leistung des Epikers kennzeichnet, von dem
historisch Einmaligen heben sich die nächsten Dichtungen, die erst nach
einiger Zeit zustande kamen, schon durch ihren christlichen Stoff ab; es
genügt, die Titel bzw. den Inhalt zu nennen. Die ›Vida de Santa Maria
Egiptiaca‹ (um 1200; 1445 Neunsilber) ist der altfranzösischen ›Vie‹

nachgedichtet. Viel größere poetische Kraft eignet dem Kleriker GONZA-
LES DE BERCEO. Dieser älteste mit Namen bekannte spanische Dichter,
dessen Schaffen in die Zeit von etwa 1230–nach 1264 fällt und damit bereits außerhalb der Phase der 'Vollendung' liegt, fällt durch reiche Produktion auf, aus der nur einiges erwähnt sei: über den Gründer des Klosters, in dem er seine geistliche Bildung erhielt, die ›Vida de San Millán‹
(2 Bücher), je eine 'Vida' über zwei Heilige seiner Heimat, 25 Marienle-
genden, 297 Strophen über das Meßopfer ...

3. FRANKREICH – ENGLAND

a) Englands kontinentale Rolle

Wie sich aus der politischen Lage in Frankreich und England leicht versteht (S. 152), sind auch im Bereich der Literatur während der 'Vollendung' die beiden Länder in historisch einmaliger Weise miteinander verbunden gewesen. Dementsprechend war in England das vorherrschende Mittellatein dadurch ausgezeichnet, daß es nun weit mehr als früher vom Kontinent bestimmt wurde. Für die volkssprachliche Literatur ergab sich dort Einmaliges: Die englische Sprache verstummte weithin, für sie diente die französische als Schriftsprache – dabei darf nicht vergessen werden, daß der Osten und Nordosten Frankreichs von der Vereinigung mit England ausgeschlossen blieben und weiter unter der Herrschaft des Kapetinger-Königs standen; das wirkte sich jedoch nicht dahin aus, daß die beiden Teile Frankreichs kulturell auseinanderfielen.

Schon bald nach Hastings setzten Neues, Kontinentales zwei aus der Normandie gekommene Erzbischöfe von Canterbury durch, jeder auf seine Art und beide sich aufs beste ergänzend. Der aus einer angesehenen Familie Pavias stammende LANFRANC (c. 1008–1089), anfangs Jurist, trat erst mit 40 Jahren ins Kloster Bec / Normandie ein und wurde bereits um 1050 durch seinen Kampf gegen Berengar von Tours berühmt, dann auch als Lehrer. Wilhelm, damals noch Herzog der Normandie, machte ihn, der doch gegen dessen unkanonische Ehe scharf Stellung genommen hatte und von ihm eine Zeitlang verbannt worden war, zum Abt des von jenem gestifteten Stephansklosters in Caen; als Wilhelm König von England geworden war, erhob er ihn 1070 zum Erzbischof von Canterbury. Dadurch, daß dieser zum stärksten Mann nach dem König emporwuchs, Kirche und Mönchtum reorganisierte und die kirchliche Vormacht für Canterbury erkämpfte, schuf er grundsätzliche Voraussetzungen für seine Nachfolger, zunächst für seinen Schüler ANSELM (S. 162), der aus (Aosta über) Bec durch König Wilhelm II., den Sohn und Nachfolger Wilhelms des Eroberers, nach Canterbury geholt worden war. Der, Haupt der abendländischen Philosophie damals, mußte freilich einen beträchtlichen Teil der Erzbischofszeit (1093–1109) in der Verbannung verbringen; er kämpfte im Investiturstreit für die Rechtsansprüche der Kirche und damit für die neue hierarchische Ordnung mit fester Hartnäckigkeit, bis König und Papst einen Kompromiß schlossen – während des Streites mit dem Erzbischof von York über das Vorrecht Canterburys starb er. Von der Stärke seiner Denkkraft überzeugt und dazu getrieben, ihr möglichst viel Raum zu sichern, vertraute er die Erledigung der weltlichen Geschäfte anderen an und erreichte, daß er theologische Grundwerke vollendete, die über Zeit und Land hinaus wirkten, und Problemlösungen aus ihnen in die kirchliche Glaubenslehre aufgenommen wurden.

Auch in der Poesie machte sich die Wendung in der Nationalität bemerkbar; es griffen vor oder kurz nach 1100 zwei aus Frankreich nach England übergesiedelte Geistliche erst in der neuen Heimat zur Feder. REGINALD VON CANTERBURY (c. 1040–nach 1100), in Frankreich (im Poitou) geboren und erzogen, gelangte erst im 50. Lebensjahr auf die Insel und ins Kloster St. Austin's von Canterbury und begann hier zu dichten, kurze Carmina über die ersten sieben Erzbischöfe, die dort begraben liegen, oder drei an Anselm; er äußerte darin auch Heimweh und Stolz auf Frankreich. Freundschaft verband ihn mit Hildebert von Lavardin (S. 205), den er bewunderte; ihm gestand er, manches Formale aus dessen Versen übernommen zu haben; ihm widmete er sein Epos ›Vita s. Malchi‹ (c. 4000 Verse, bald nach 1100 verfaßt) und bekam nicht geringes Lob von ihm zu hören. – GOTTFRIED VON WINCHESTER (in Cambrai c. 1050 geboren, 1107†) trat ins Kloster St. Swithin zu Winchester ein und war dort 1082–1107 Prior. Seine 237 in Distichen abgefaßten Epigramme wurden später Martial zugeschrieben, an den ja die moralhaltigen, z. T. durch kurzen und pointierten Stil gekennzeichneten Verse erinnern konnten, nicht zuletzt durch die reiche, merkwürdige Namengebung – mit dem antiken Autor konnte er sich künstlerisch nicht messen. Außer dem ›Liber proverbiorum‹ verfaßte er andere Gedichte, z. B. eine Reihe *Epigrammata historica* auf englische Fürsten, so auf die Königin Emma, und auf hohe Geistliche.

Neben die über den Kanal gekommenen Schriftsteller traten bald heimische Angelsachsen, z. B. die folgenden drei. EADMER VON CANTERBURY (vor 1066–vor 1134?) war Schüler und engvertrauter Gefährte Anselms, der mit ihm reiste und im Exil an seiner Seite blieb; auch mit dessen Nachfolger stand er sich gut und lebte, selbst als er zum Bischof von St. Andrew's / Schottland gewählt war, weiter in Canterbury. Nach Anselms Tod schrieb er zwei Bücher über Anselm, zunächst ›Historia novorum in Anglia‹; er begann das Werk zwar mit Dunstan, Erzbischof von Canterbury (988†), und danach bald mit Hastings und beschloß es mit Anselms Nachfolger Radulf (1122†) in Buch V und VI sowie dem kirchenpolitischen Geschehen dieser Zeit, nahm sich aber hauptsächlich Anselms Episkopat (1093–1109) vor. Ergänzend fügte er auf Bitten von Freunden das Memoirenwerk ›De vita et conversione Anselmi‹ hinzu, in dem er den Blick zur Hauptsache auf das Persönliche richtete; so redete er hier wenig von den

Reformbemühungen, während er sie dort urkundlich belegt ausführte, und gab Hinweise auf das Ausführliche dort; nur durch beide Schriften zusammen könnten, so äußerte er selber, Person und Handeln voll erkannt werden. Dadurch, daß er sich meistens auf Mitteilungen Anselms stützen konnte, dieser sogar den Text z. T. korrigiert hatte (einzelne Stücke waren schon zu Anselms Lebzeiten gleichzeitig mit dem Geschehen niedergeschrieben), und Eadmer natürliche Anlage besaß, um Entsprechendes aufzunehmen und zu bewahren, gelang es ihm, Anselm so vorzuführen, wie er leibte und lebte. Die vielen legendarischen Erzählungen, Wunder, besonders Heilungen, mit Namen von Zeugen bestärkt, auch Prophezeiungen sollten Anselms Wesen ins Übermenschliche erheben und seine Heiligkeit beweisen helfen.

In der Historiographie gelangte bald die unterschiedliche Einstellung zur jüngsten Vergangenheit schon im Titel zum Ausdruck; Wilhelm von Jumièges verwandte *Normanni* (S. 192), Eadmer, Heinrich von Huntingdon und Wilhelm von Malmesbury dagegen *Anglia, Angli*. HEINRICH (1155†), in HUNTINGDON geboren (nordwestlich von Cambridge), schließlich Archidiakon von Huntingdon und Hertfort, widmete die letzte Ausgabe (1154) seiner ›Historia Anglorum‹ Heinrich II. und ließ sie in Versen auf seine Krönung ausklingen, war aber in keine näheren Beziehungen zum Hof getreten. Er trug das Ringen der Völker um England seit den Römern gut eingeteilt und anschaulich vor, sah den angelsächsischen Staat untergegangen, die alte Dynastie mit der normannischen in rechtmäßiger Verbindung und betrachtete die Normannen als die regierende Schicht und das englische Volk als fortbestehend. Viele Handschriften bezeugen verdiente Wirkung. Erwähnt sei, daß vier von den zwölf Büchern mit anderem gefüllt sind, z. B. mit meist kleineren Gedichten. – WILHELM VON MALMESBURY (c. 1080–nach 1142), in Südengland geboren und früh ins Kloster Malmesbury gekommen (östlich von Bristol), wurde durch den tüchtigen Abt Gottfried und den Bibliotheksdienst bestens gefördert. Er machte sich durch Abschreiben, Exzerpieren und Zusammenstellen verdient und verfaßte einen Kommentar zu den Threni und mehrere Geschichtswerke; sie bekunden eifriges Bemühen um gute Unterlagen und kritisches Bearbeiten des Stoffes, zeichnen sich durch hohen Quellenwert und ansprechenden Stil aus. Am bedeutendsten sind die fünf Bücher ›Historia rerum Anglorum‹ (1120), die er zweimal verlängerte (1128, 1140); sie übertrafen die ›Historia‹ Eadmers durch mehr Weite und Tiefe. Er richtete die Widmung an ein Mitglied des Königshauses, Heinrichs I. Sohn, Graf Robert von Gloucester (1147†). Von den übrigen vier Schriften seien die ›Gesta pontificum Anglorum‹ genannt, in deren fünftem Buch er das Leben Aldhelms behandelte, und ›De antiquitate Glastoniensis ecclesiae‹, wo unter den vielen Sagen und Heiligen auch König Arthur begegnet.

So kann bei Heinrich und Wilhelm wie erst recht bei dem etwas jünge-
rem GEOFFREY VON MONMOUTH offenkundig werden, wie sehr sich Angelsachsen und Normannen in zwei Menschenaltern zusammengelebt hatten
und wie selbstverständlich es den Normannen, zu denen Geoffrey gehörte, geworden war, in den angelsächsischen Königen Vorgänger ihrer
eigenen zu sehen. Dieser Geoffrey (c. 1100–1155), der aus einer normannischen Siedlerfamilie in Wales stammte, vollendete 1136 sein Hauptwerk
›Historia regum Britanniae‹. Wie er im Widmungsbrief an einen Oxforder
Mitkanoniker erklärte, wollte er die Geschichtsschreibung ergänzen und
über die Britenkönige vor Christi Geburt, über Arthur und seine Nachfolger berichten. Er begann mit ihrer Abkunft von den Trojanern, mit
Aeneas, und betont mit dessen Urenkel Brutus – der landete nach langer
Seereise von Griechenland aus schließlich auf der Insel Albion, die er nach
sich selber *Britannia* nannte (seine Gefährten *Briti*), er erschlug die wenigen Einwohner, Riesen, und baute als Hauptstadt an der Themse Troia
Nova auf, später Kaerlud, Kaerlundein … London geheißen; es endete die
sich etwa über zwei Jahrtausende ausdehnende Reihe britischer Könige
mit Cadwalladar (689†), der in die Bretagne fliehen mußte und sich durch
eine Engelsstimme von der Rückkehr abhalten ließ; danach brachte der erste König der Sachsen, Ethelstan (894–939), ganz Britannien in seine Ge-
walt. Wie damit angedeutet, ist die ›Historia‹ ein wunderliches Gemisch
von Geschichte, Sage und Mythos (Merlins Prophezeiungen füllen das
7. Buch – später von Geoffrey versifiziert in einem kleinen Teil der ›Vita
Merlini‹) sowie eigener Erfindung, womit der Verfasser ein besonderes
Ziel erstrebte: Siegern und Besiegten, Normannen und Angelsachsen, die
beide in den gut zwei Menschenaltern seit Hastings nicht wenig zu-
sammengewachsen waren, sollten in der Königsreihe verschiedene ermuti-
gende Vorbilder nahegebracht werden; das Volk sollte an frühere Helden-
zeiten erinnert werden und die Regierenden daran, auf welch ruhmvollem
Thron sie säßen; beiden sollte bewußt werden, wie schicksalhaft und
glücklich ihre Einheit wäre (oder werden könnte), die Einheit von troja-
nisch-römisch-britischer Vergangenheit und anglonormannischer Gegenwart – dabei könnte mitgespielt haben, daß Englands Könige durch Arthur als Ahnen den Königen Frankreichs, den Kapetingern, gleichrangig
oder gar überlegen erscheinen sollten.

Geoffrey pries in jener Reihe zwei am meisten, Brutus als den Urahn
und Heros eponymus und dreimal stärker Arthur. Bei ihm sind schon Anfang und Ende geheimnisumwittert. Seine Empfängnis gelang durch Merlin und dessen Zaubermittel, zuletzt wurde der Schwerverwundete zur Insel Avalon fortgeschafft, zum keltischen Elysium, wo sein berühmtes
Schwert Caliburn geschmiedet worden war. Er siegte in vielen Schlachten,
auch im Zweikampf mit römischem Tribun und einem Giganten, und er-

oberte ganz England sowie die sechs umliegenden Inseln und Gallien. Von der Überwindung des letzten Hemmnisses zur Herrschaft über Europa, vom Kampf mit Rom und Kaiser Leo, hielt ihn der Abfall seines Statthalters in Britannien ab; er tötete jenen, wurde aber dieser Erde entrückt. Daneben begegnet, wenn auch nur in drei Kapiteln, so doch deutlich gezeichnet, ein ganz andrer Arthur, ein Herr des Friedens (12 Jahre lang) und der exemplarischen Kultur. Bei der Krönungsfeier mit den Würdenträgern Britanniens und Galliens wurden königliche Pracht und Arthurs Freigebigkeit demonstriert, in Gottesdienst und Mahl, Kleidung und Spiel (Turnier), Minne und Frauendienst die feinere Lebensart des Hofes gekennzeichnet und ihre Wirkung auf die anderen Reiche betont. Auch damit, daß Arthur hier bereits der Mundschenk Bevedere und der Seneschal Kay, ferner Hoel, Gawain und Ywain zur Seite standen, war der Grund für die volkssprachliche Artusepik gerichtet, welche französische und deutsche Dichter in z. T. klassischen Werken ausformten.

Die Voraussetzung dafür wurde zum einen durch die enorme, sofort einsetzende Verbreitung der ›Historia‹ hergestellt: Von über 200 Handschriften stammt ein Viertel noch aus dem 12. Jahrhundert; dazu half auch der Stil mit seiner schlichten und klaren, lebendigen und gewinnenden Art. Zum anderen hielten Arthur und seine Ritter, direkt oder indirekt von Geoffreys ›Historia‹ aus, ihren Einzug in die europäischen Literaturen; abgesehen von lateinischer Versifizierung wie in der ›Historia Britannorum versificata‹ (Mitte des 13. Jahrhunderts) verarbeiteten altfranzösisch Geoffrey Gaimar c. 1140 bereits jenes Werk in der Reimchronik ›L'estoire des Englès‹ und bald danach Wace von der 'variant version' aus zum ›Roman de Brut‹ (aus c. 6000 Verse zu fast 15000), in dem zum ersten Mal die Tafelrunde mit den gleichrangigen Rittern bezeugt ist. Auf ihm beruht der mittelenglische ›Brut‹ des Layamon (c. 1200–oder 1165?), der sich in seiner Übertragung weit über die französische Quelle erhob (S. 228).

Die historische Entwicklung in diesem Großraum beiderseits des Kanals rief in der Literatur auch verschiedene Gruppierungen hervor. In dem neuen Reich fand verständlicherweise schon während seiner ersten Jahre die Begeisterung für seinen Schöpfer in drei Werken solchen Niederschlag, daß man es zwar nicht beweisen, aber doch vermuten kann, König Wilhelm I. hätte zu ihnen die Anregung, vielleicht sogar den Auftrag gegeben; sie waren ja geeignet, für ihn Propaganda zu machen, wie der Staatsmann sie für seine kühne Neuschöpfung nötig hatte.

Sicherlich bald nach 1066 feierte der Normanne Wido (1076†), der 1058 Bischof von Amiens geworden war, den König wegen seines entscheidenden Sieges: ›De Hastingae proelio‹. Der Schilderung der Schlacht widmete er weniger als die Hälfte der 835 Verse und schloß sie mit der Krönungsfeier; er schmiedete sie so ungeschickt und schwunglos, daß es nicht verwundert, wenn die Überlieferung spärlich blieb. – WILHELM VON JUMIÈGES (im normannischen Nordfrankreich, Département Seine-Maritime), *Guilelmus cognomento Calculus*, wollte mit den sieben Büchern ›Gesta Normannorum ducum‹ (1070/71), die er Wilhelm I. widmete, *virtutes optimorum virorum* darstellen, d. h., er bemühte sich, durch die ruhmvollen Taten von dessen Vorfahren seit 851 und schließlich durch den panegyrischen Preis offenbar dessen Recht auf das englische Königtum zu erweisen. Die ›Gesta‹ fanden großen Beifall, wohl auch durch den kurzen, nüchternen Stil und die eine gute Übersicht bietende Einteilung; die relativ vielen Bearbeitungen und Zusätze (ein 8. Buch über Heinrich I. fügte ROBERT VON TORIGNI c. 1149 an) stärkten, obwohl das Werk an sich mit nicht unerheblichen Mängeln behaftet ist, die Verbreitung wesentlich, durch die es die anderen Normannengeschichten seiner Zeit übertraf. – Ihm zur Seite trat bald WILHELM VON POITIERS, um 1030 in ritterlichem Haus zu Préaux / Normandie auf die Welt gekommen; aus der Schulung in Poitiers zurückgekommen, leistete er zunächst weltliche Dienste, wurde aber schließlich Archidiakon im Bistum Lisieux / Normandie. Die ›Gesta Guilelmi Conquestoris‹ (vielleicht 1071/72) stellte er ganz auf den Preis des Königs ein und unterschied sich außerdem von dem Werk des Wilhelm von Jumièges, das er als Quelle benutzte (zu ihr brachte er viel Selbsterlebtes und Gehörtes hinzu), durch höhere Auffassung und Ausführung, durch antike Tönung sowie prägnanteren und gepflegteren, geistreicheren und lebendigeren Ausdruck.

Zu diesen drei gehört, obwohl mehr als ein Menschenalter jünger, ORDERICUS VITALIS (1075–c. 1143): Zum einen vollbrachte er, der die Werke der drei benutzte und auch angab, ein größeres Opus ähnlichen Themas als sie; zum andern zeigte sein individuelles Schicksal mindestens im Zusammenspiel von England und Normandie Typisches – das kam schon in seinem Namen zum Ausdruck, im angelsächsischen *Ordericus*, worauf ihn der Priester in Wales taufte, und dem Klosternamen *Vitalis* (nach einem Begleiter des hl. Mauritius), noch stärker in *Vitalis Angligena*, wie er sich selber meistens nannte, damit eine tiefere Gegensätzlichkeit in sich andeutend. Von seinem Vater Odelerius, der durch die Teilnahme am Siegeszug 1066 von der Normandie auf die Insel gelangt war, wurde der Elfjährige in die Normandie zurückgebracht und dem Kloster St. Evroul zu Ouche übergeben, wurde dort 1107 zum Priester geweiht. Zunächst fühlte er sich als Verbannter, zumal er die Sprache dort nicht verstand; doch führten ihn Ergebenheit in den Willen Gottes und die Geborgenheit des Klosters dann dazu, den Vater zu preisen, was in Form von biographischen Ausführungen – wie sie seine Zeit kannte – (hier im Prolog und Epilog) einzig dastand, ja ihn das Mönchsein loben zu lassen. Von seinem Abt Roger (1096–1123) beauftragt, schrieb er die Geschichte des Klosters, erweiterte sie zu einer Historie über die Normannen und darüber hinaus zur Weltchronik (Buch VII–XIII der ›Historia ecclesiastica‹ über 1087–1141), fügte auf Aufforderung hin die davorliegende Zeit vom Aufbruch der Normannen zum Kontinent hinzu (III–VI), schließlich in I–II das Leben Christi, Chronographie der römischen Kaiser, Kirchengeschichte von den Anfängen an u. a. Dieses voluminöse Werk litt zwar, wie nach der Entstehung zu erwarten, an zu schwacher Gliederung und Systematik, wurde aber zur reichsten Normannengeschichte, wenn man sie als den Kern ansehen darf, die schon durch die Fülle des Stoffes imponiert; er betrachtete ihn mit einem fürs Reale offenen Blick, voller Anteilnahme, kritisch und originell, schrieb ein gutes, klares Latein und fügte viele, meist eigene Gedichte ein – unter den längsten sind die 44 Hexameter Klage auf den Tod Heinrichs I. und 55 auf den Lehrer Johannes.

Schon weil WILHELM DER EROBERER seine ganze Kraft einsetzen mußte, um sein großes Wagnis, sein nicht nur geographisch durch den Kanal getrenntes Reich fest zu untermauern und aufzubauen (S. 152), war ihm in der Kultur nur einiges möglich; immerhin schuf er zum einen die Voraussetzung für deren Aufleben und damit den Anschluß der Literatur auf der Insel an die des Kontinents (S. 187 f.), zum andern mobilisierte er sich durch wohl direkte Anregung historiographische Hilfe (S. 191), zum dritten erfuhr er Unterstützung durch Lanfranc (S. 187), den er in höchste Kirchenstellen gehoben hatte, zuletzt in die des Erzbischofs von Canterbury: Der bewerkstelligte den Neubau der englischen Kirche nach festländischem Vorbild, wodurch bald Männer der Kirchen und Klöster in die Lage versetzt wurden, sich an der 'Vollendung' zu beteiligen. Des Eroberers Sohn, WILHELM II. der Rote, besaß keine Neigungen für irgendwelches Einwirken auf jenem Gebiet, um so mehr aber der andere Sohn HEINRICH I. (1100–1135); er setzte sich bewußt für die Pflege der Literatur ein, machte seinen Hof zum Kulturzentrum und wurde darin von mehreren Damen am Hofe kräftig unterstützt. Über politische Fähigkeiten (*leo iustitiae*), über Gelehrsamkeit und Beredtheit verfügend, war er kulturell interessiert und für das Schöne in der Literatur empfänglich, so daß er den Beinamen Henry 'Beauclair' erhielt. Mehr Gewicht besaß das Patronat der Damen, mit denen Frankreichs Kultur über den Kanal getragen wurde; das erste dieses Hofes übte bereits MATHILDE von Schottland aus, die erste Gemahlin Heinrichs I., die sich schon im Kloster um Literaturpflege bemüht (davon zeugen ihre gutstilisierten Briefe) und mit Dichtung und Musik eifrig beschäftigt hatte und selber dichtete. In der Bildungspflege rivalisierten mit ihr Heinrichs I. Schwestern ADELE und Cäcilie. Die erste, mit Graf Stephan II. von Blois (1102†) verheiratet, als Regentin, während ihr Gemahl auf Kreuzzugsfahrt war, energisch zupackend, hielt sich Poeten und Spielleute (nicht ständig) am Hof und verkehrte brieflich mit den

geistigen Größen sehr eifrig, zumal mit Hildebert von Lavardin (S. 205 ff.).
Er kann wohl als Hofpoet gelten, weil viele seiner Schriften für Mitglieder
des Königshauses bestimmt waren, s. etwa den emphatischen Preis Anglias
und der Herrschaft Heinrichs I. oder den Trostbrief an ihn, als sein Sohn
Wilhelm Etheling durch ein Schiffsunglück umgekommen war.

Die Literatur, die bisher hier genannte wurde, war lateinisch abgefaßt.
Aber ADELIZA von Löwen, die Heinrich I. 1121 nach dem frühen Tod der
Mathilde ehelichte, brachte aus Brabant ein neues Element hinzu, Lite-
ratur in der Volkssprache, der französischen; so widmete ihr Philippe de
Thaon drei Sachbücher in Versen dieser Sprache, ›Compoz‹, ›Bestiaire‹
und ›Lapidaire‹, und der Mönch Benedictus 1121 seine Übersetzung der
lateinischen Brendanlegende in Achtsilblerpaaren; sie protegierte Gaimar
(S. 191). Nach dem Tod Heinrichs I. schied der englische Hof für fast zwei
Jahrzehnte in kulturellem Einsatz aus; Stephan von Blois (1135–1154) war
bald in Bürgerkrieg verwickelt und konnte sich gegen die Gegenkönigin
Mathilde behaupten, aber keine eigene Dynastie gründen, sondern mußte
deren Sohn HEINRICH II. als Nachfolger anerkennen. Doch unter diesem
(1154–1189) und besonders durch seine Gattin ELEONORE, die von König
Ludwig VII. von Frankreich geschieden war, stieg der Hof zum kulturellen Hauptzentrum Europas empor. Daß der anglonormannische Hof
Schriftsteller des Kontinents anzog, versteht sich auch daraus, daß er nicht
an England und an einen Ort gebunden war, sondern auch in Frankreich
residierte, in Avranches, Chinon, Le Mans, Poitiers, Rouen. Aus der
großen Schar lateinisch schreibender Autoren, die mit Heinrich II. in irgendeine Beziehung traten, seien markante herausgehoben.

PETRUS VON BLOIS (nordöstlich von Tours, 1135?–1204?), der in Tours
(Artes), Bologna (Jura), in Paris (Theologie) bestens geschult wurde, holte
sich Heinrich II. wegen dessen diplomatischer Befähigung für längere Zeit
nach England; er diente nach dessen Tod der Witwe Eleonore (1204†).
Der König forderte ihn auf, seine Briefe (mehrere hundert) zu sammeln;
für deren Wert spricht die ungewöhnlich starke Überlieferung. Mit dem
Herrscher hängen unter den zahlreichen kleinen Opuscula, die vorwiegend geistlichen Inhalts und oft moraltheologisch sind, die allegorische
Erklärung des Buches Job, die jener gewünscht hatte, und die verlorene
Schrift ›De praestigiis fortunae‹ zusammen, in der Petrus den Herrscher
pries; im Dialog mit dem Abt von Bonval beklagt sich jener, wie undank-
bar die Untertanen wären. Von der Lyrik des Petrus, mit der er schon früh
in Tours begann, ging nicht wenig verloren, manches wurde ihm fälschlich
zugeschrieben; jedenfalls wurde er von seinem Zeitgenossen Walther von
Châtillon zu dem Quartett *rithmice dictantium* gerechnet, *qui ... retinent
sibi privilegium.*

Zwei Engländer brachten im Stoff Besonderes in die Literaturgeschichte

ein, zunächst der WALTER, der Kaplan Heinrichs II. war und Lehrer seines
Schwiegersohnes, des Königs Wilhelm des Jüngeren von Sizilien – er hatte
dafür von jenem das Erzbistum Palermo erhalten; der setzte den spätlateinischen ›Romulus‹ sprachlich frei, aber inhaltlich getreu kurz vor 1177 in
Verse um; seine Wiedergabe fand solchen Anklang, daß sie nach einigen
Jahren zum Äsop des Mittelalters wurde. – Ein anderer WALTER mit dem
Spottnamen für Waliser MAP (c. 1140–c. 1204), der aus einer Heinrich II.
treu dienenden Familie stammte, war Kleriker an dessen Hof, begleitete
ihn mehrmals auf den Kontinent und wurde von ihm auch zum Lateran-
konzil nach Rom geschickt. Gewiß war seine kleine Prosaschrift ›Dissua-
sio Valerii‹, in der er Antifeministisches aus Bibel und Antike zusammenstellte, in mehreren Handschriften überliefert, gewiß war er als Lyriker,
dessen Eigentum heute schwer abzugreifen ist, so bekannt, daß ihm in
Handschriften vieles fälschlich zugeschrieben wurde; doch sein historisch
bedeutendstes Werk ›De nugis curialium‹ wurde nur einmal erhalten, in
einer englischen Handschrift des 14. Jahrhunderts. Was er an Unterhaltsa-
mem in langen Jahren am Hof Heinrichs II. vernommen hatte, notierte er
jeweils hastig auf Zetteln (*raptim in scedulis*). Dem entspricht auch das
Überlieferte weithin, indem es zwischen kurzer und novellenhafter Ausführung schwankt und das Ganze einer wirklichen Disposition entbehrt;
es präsentiert sich auch im Inhalt sehr bunt, spricht von normannischem
Herzog, britischem König oder byzantinischem Kaiser, aber auch vom
Kaufmann und Schuster, von Mönchen, Eremiten und Orden. Dichtung
und Wahrheit sind aus Mythos, Sage und Fabel, aus Vergangenheit und
Gegenwart geschöpft; hart wird gegen das höfische Leben und die Laster
der Zeit gewettert. Da sich der Verfasser belesen und geistreich, witzig
und kritisch, auch boshaft und schonungslos geriert, bietet er ein im ganzen bezeichnendes Bild von dem Unterhaltungsbedürfnis am Hof, darüber
hinaus ein einmaliges Kulturdenkmal.

Ein dritter Engländer war der Prototyp des antik gebildeten, mit dem
damaligen Wissen voll ausgerüsteten Schriftstellers und damit auch der re-
präsentativste Verkörperer des damaligen 'Humanismus', JOHANN VON SA-
LISBURY (1110/20–1180); er wurde nach über zehn Jahren gründlichen
Studiums in Paris und Chartres (zuletzt war er 1176–1180 Bischof von
Ch.) wegen seiner Gelehrtheit und praktischen Befähigung Sekretär des
Erzbischofs Theobald von Canterbury und fand sich mit dem Kanzler
Thomas Becket freundschaftlich zusammen, als dieser zum Primas der
englischen Kirche designiert war. Um ihm für das Leben jetzt, wo er sich
dem weltlichen Treiben am Königshof zu sehr hingab, und in Zukunft von
philosophisch-theologischem Fundament aus Rat und Mahnung zu erteilen, richtete er zwei Schriften an ihn, 1157 das Lehrgedicht ›Entheticus
de dogmate philosophorum‹ (926 Distichen) und in weiter ausgeführter

Prosa ›Policraticus‹, sein Hauptwerk: In sechs Büchern betrachtete er die höfische Gesellschaft mit moralisch-satirischer Kritik und die Herrscherpflichten, gab dann in zwei Büchern ›De vestigiis philosophorum‹ Anleitung zu Tugend und wahrem Glück mit geschichtlicher Übersicht über entsprechende Lehren der Philosophie von Pythagoras bis Apuleius, schilderte auch die kirchlichen Zustände Englands in der Gegenwart eindringlich. Im ›Metalogicus‹, der im selben Jahr folgte, verteidigte er das echte Wesen und die wahren Funktionen der Logik gegen die karikierende Sophisterei des Cornificius (Pseudonym) und betonte das Studium der Logik als unerläßlich für Kleriker und überhaupt ihre Bedeutung als Methodenlehre für die ganze Wissenschaft – als erster im Mittelalter analysierte er das ganze aristotelische Organon und operierte mit seinen Argumenten.

Von Thomas Becket gebeten, stellte er für das Konzil von Tours 1163 eine gekürzte, stilistisch gebesserte Fassung von Eadmers Anselm-Vita (S. 187 f.) her und fügte ein Vorwort über Anselms Persönlichkeit und Wirken hinzu. Nach der Ermordung des Thomas schrieb er dessen Vita und bewies, wie gut er dafür vorbereitet war, da er den Konflikt mit Heinrich II. von Anfang an kannte, und wie geeignet, darüber zwar vom kirchlichen Standpunkt, aber doch sachlich und ernst zu berichten.

In dem Geschichtswerk ›Historia pontificalis‹, zu der er sich 1162 veranlaßt fühlte, um die von anderen bis 1148 fortgesetzte Chronik des Sigebert von Gembloux weiterzuführen, behandelte er die Geschichte Eugens III. (1145–1153), dabei auch die damalige Theologie; das Fragment endet mit 1152. Er zeichnete unter unmittelbarem Eindruck des Geschehens Selbsterlebtes memoirenhaft auf. Bei der Behandlung des Konzils von Reims (1148), dem er das erste Drittel einräumte, lieferte er im Doppelporträt des großen Heiligen und kirchlich orthodoxen Abts Bernhard von Clairvaux und des großen Gelehrten und rationaltheologischen Bischofs Gilbert von Poitiers wahre Meisterstücke. In ihnen traten seine durch nichts belastete Objektivität hervor (er verfocht die Lehre Gilberts, gegen den man den Vorwurf der Ketzerei erhoben hatte, als auf Rechtgläubigkeit gegründet), noch mehr die Richtung des Blickes darüber hinaus auf die von den beiden Gegnern verkörperte geistige Bildung und auf jene sowie auf das Menschliche, d. h. auf einen Humanismus, der sich nicht mit dem der beginnenden Neuzeit verbinden läßt; in ihm brach aus der antiken Tradition innerhalb der christlichen Rechtgläubigkeit hervor, was dem Menschen persönliche Lebenskraft und geistige Nahrung zu spenden vermochte.

Von da aus versteht sich auch die Haltung des Johannes zur höfischen Kultur; er sah in ihr zu sehr Schlechtes und lehnte sie als nicht echte Kultur ab. Auch den Volkssprachen wurde er, nicht zuletzt von seiner ästhetischen Einstellung aus, nicht gerecht; in ihnen sei die Sprache der Gebildeten verdorben, so meinte er, und er hielt ihnen gegenüber das Latein hoch.

GIRALDUS CAMBRENSIS (1147–1223), von hoher normannischer und keltischer Abstammung aus Südwest-Wales (Herrensitz Manorbier bei Pembroke), ging zur Vertiefung seines Wissens dreimal mehrere Jahre nach Frankreich; als seine Wahl zum Bischof von St. David's 1176 nicht zur Ernennung führte, kehrte er als Professor des kanonischen Rechts nach Paris zurück; 1180 wieder in England, wurde er zunächst Administrator jenes Bistums, wurde aber bald von König Heinrich II. an den Hof geholt und wegen seiner diplomatischen Fähigkeiten als Berater von ihm und seinen Söhnen auf wichtige Reisen mitgenommen. Nachdem er sieben Jahre Lehrer der Theologie an der Kathedralschule von Lincoln gewesen war, wurde er 1203 nach wiederholter Wahl endlich als Bischof von St. David's anerkannt.

Seine Schriftstellerei hebt sich schon an Zahl und durch die Vielfalt der Themen heraus. Zu einer größeren Zahl kleiner Gedichte gehören zwei aus *iuvenilibus annis* (›Descriptio cuiusdam puellae‹, ›De subito amore‹), auch eins an Walter Map; in dem Lehrgedicht ›De mundi creatore‹ ging er über die Bibel hinaus und flocht im Anfang platonische Gedanken ein (133 Distichen). Zu Heiligenviten ließ er sich mehrmals aus seiner Umwelt anregen, so durch die des Hofes zur ›Vita Galfridi‹ (Erzbischof G. von York war ein Sohn Heinrichs II.), durch den Aufenthalt in Lincoln zu den Viten der dortigen Bischöfe Remigius und Hugo sowie durch seine letzte Wirkungsstätte zur ›Vita s. Davidis‹ und zur Vita des dorthin gehörigen Eremiten Caradocus. Die ›Vita Engelberti‹ befaßte sich mit dem König von Kent, der vor 600 vom Benediktinermissionar Augustinus getauft worden war.

Viel mehr von Giralds Wissen, Können und Wesen als diese Opera künden die anderen Schriften, so bereits die vier Sachbücher. Zu ihnen wurde er bereits 1185 angeregt, als er Prinz Johann, einen Sohn Heinrichs II., als Berater nach Irland begleitete; in der ›Topographia Hibernica‹ (c. 1187) beschrieb er Geographie, Flora, Fauna, Sagen, Sitten, Geschichte u. a. und in der ›Expugnatio Hibernica‹ etwas später die Eroberung der Insel seit 1166; darin fügte er Charakteristiken bedeutender Männer ein, namentlich Heinrichs II. – Seine hochmütige Einstellung rief damals und später Entrüstung hervor; seine hohe Selbsteinschätzung und sein Selbstgefühl äußerten sich darin, daß er die ›Topographia‹, mit der er literarisch Neues gewagt hatte, an drei Tagen in Oxford vorlas und das jeweils verschiedene Publikum bewirtete. Dann nahm ihn Erzbischof Balduin von Canterbury auf seine Reise nach Wales mit, 1189 gelangte er durch Heinrich II. nochmals in seine Heimat, wo er dem englischen Oberrichter als Helfer beizustehen hatte; darüber berichtete er im ›Itinerarium Kambriae‹ aufgrund von Tagebüchern, wohinein er viele Exkurse, auch sprachliche Bemerkungen flocht; in der ›Descriptio Kambriae‹ ging er auf Land und Leute, deren Fehler und Schwächen ein und fügte sogar ein keltisches Gedicht in angelsächsischer Sprache ein.

An der Spitze der moraltheologischen Werke steht die ›Gemma ecclesiastica‹ (1197); sie handelt von Reliquien, Taufe und der Macht des Kreuzes, dann von sexueller Enthaltsamkeit und mangelnder Bildung des Klerus. Zum Fürstenspiegel ›De principis instructione‹ hatte Girald am Hof und als Weltgeistlicher lange Material sammeln können. Im ersten Buch sprach er hauptsächlich von den Tugenden des Fürsten und holte belehrendes Material namentlich aus der römischen und deutschen Geschichte herbei; im zweiten und dritten Buch betrachtete er vor allem Heinrich II. und zitierte dazu viele Briefe und Werke der Zeit; er malte hier ein völlig anderes Bild des Königs als einst im Irlandbuch, das Bild eines Tyrannen, der drei schwere Vergehen auf sich lud, und versuchte eine religiöse Deutung. In seinem letzten Werk, ›Speculum ecclesiae‹, hielt er der Kirche einen Spiegel vor und wies auf die vielen Mißstände in ihr hin, bei den Orden, den Mönchen und am umfänglichsten auf die in Rom, wozu er z. B. den Primas und Archipoeta zitierte.

Es wäre verwunderlich, wenn er zu den langwierigen Kämpfen um sein Bistum geschwiegen hätte. In ›De invectionibus‹ I schloß er an den Brief, in dem Erzbischof Hubert ihn vor dem Papst anklagte, seine entgegnenden Reden, in II/III andere Dokumente, namentlich Briefe von Innozenz III. (zu seinen Gunsten), auch Zeugnisse für den Erzbischofsrang des Bistums St. David's an; er führte in IV ihn preisende Äußerungen an und betonte in V, daß es in seinem Kampf darum ging, Rechtsansprüche der verarmten Kirche durchzusetzen und früher verschleuderte Ländereien zurückzuholen. Nachdem er in V, 5–11 die Ereignisse von seiner Nominierung zum Bischof bis zum Prozeßausgang juristisch-straff zusammengefaßt hatte, zeigte er sich in c. 12 und 13 als frommer Christ, der allen kirchlichen Besitz dem Papst zurückgab. Und im letzten, dem 23. Kapitel verkündete er emphatisch seinen Entschluß zur Vita contemplativa, so daß man es 'Giralds Gebet' nannte. Im VI. Buch häufte er die Visionen seiner Anhänger, die auf die kommende Erhebung zum Bischof gedeutet werden konnten. – ›De iure et statu Menevensis ecclesiae‹ sollte im Dialog zwischen einem Quaerens und einem Solvens aus der Geschichte des Bistums St. David's erweisen, daß es nie der englischen Kirche untergeordnet war – dabei ging Girald auf seine Wahlen zum Bischof und deren Hindernisse ein und gab urkundliches Material bei.

Von seinen autobiographischen Schriften, zu denen auch drei Autobibliographien und drei eigene Epitaphien gehören, wie überhaupt von seinen Werken sind die drei Bücher ›De rebus a se gestis‹ (etwa 1204–1205) am wichtigsten, die freilich nur fragmentarisch auf uns gekommen sind, so vom dritten Buch nur 19 von 238 Kapiteln. Die natürliche Einteilung nach

Lebensaltern begegnet in dieser Gattung hier zum ersten Mal: I Herkunft, Knaben- und Jugendzeit, II Mannesalter, III Taten der Reife; sie ist sehr ungleichmäßig: I umfaßt nur 11 Kapitel, jedoch 30 Jahre, II nur 20 mit 20 Lebensjahren und III 240 Kapitel mit nur 8 Jahren, worin der kirchenpolitische Rechtsstreit um das Waliser Bistum überwiegt. Dadurch, daß er hiermit diesen Kampf zum Schwerpunkt des ganzen Werkes machte, brachte er zum Ausdruck, daß er in ihm den Gipfel seines Lebens sah. Wie die früheren Autobiographen vermochte auch er keine wirkliche Lebensgeschichte zu gestalten, nicht in seiner Person die zentrale Einheit darzustellen. So hatte er auch die Bücher oberflächlich nach Lebensjahren eingeteilt, nicht aber nach den damit zusammenfallenden Wechseln zwischen Vita activa und Vita contemplativa. In diesen 'Gesta' sind vielfältige Zeugnisse (auch reichlich viele Akten) über eine markantes, historisch bedeutsames Leben zusammengestellt. Sie präsentieren sich memoirenhaft, viel in Details und Anekdoten; sie zeichnen sich durch Echtheit, Nähe zur Wirklichkeit und Anschaulichkeit aus. Der Verfasser bewies darin seine angeborene Begabung im Erzählen und Fabulieren und besticht durch seine zahlreichen Menschenporträts, die psychologische Sehkraft voraussetzen.

Im Vorwort der ›Expugnatio Hiberniae‹ forderte er für das Latein eine klare, ungekünstelte, belebte Sprache; das damit verbundene Streben nach möglichst breiter Wirkung ließ sich nicht durch die traditionellen Mittel, d. h. durch das Mittellatein erreichen; das war dem volkssprachlichen Schrifttum beschieden, dem er kein Verständnis entgegenbrachte, obwohl er sich seiner Herkunft nach als Glied der höfischen Gesellschaft fühlte.

Er erlebte das Emporwachsen der altfranzösischen Dichtung zur klassischen Höhe, damit auch, wie gerade der englische Hof zum größten Kulturzentrum wurde, freilich ganz weltlichen Gepräges, und wie er die Schaffenden förderte. Mit dem Oxforder Fest (S. 197) wollte er die Dichterehrungen alter Zeiten wiederbeleben und dachte dabei schwerlich nur an die der augusteischen Periode, sondern auch an die Musenhöfe seiner Zeit. Er beklagte, daß die Fürsten nicht für die lateinisch Schaffenden sorgten, und sprach dabei das bei ihm allgemeiner erörterte Problem der 'Alten' und der 'Neueren' an; auch er betonte die Abhängigkeit der *moderni* von der griechisch-römischen Bildungstradition, gestand jedoch den 'Alten' nicht wie Bernhard von Chartres u. a. Riesenhaftigkeit zu und legte bei Betrachtung der Motive zum Schreiben den Finger auf den Willen zur Größe (*magni fieri possumus si magnanimi*).

Für den Schluß in dieser Auswahlreihe empfiehlt sich NIGELLUS VON LONGCHAMPS (c. 1130 in L. [bei Rouen?] geboren, † bald nach 1200 in Canterbury). Sohn einer normannischen Familie, die nach England übersiedelte, wurde er vor 1170 Mönch in Christ Church / Canterbury und dann Priester. Unter seinen meist theologischen Prosaschriften ist der ›Tractatus contra

curiales et officiales clericos‹ (1193) am gewichtigsten, eine Anklagepredigt
gegen die Laster der Kirche, für die er die Belege aus seiner Zeit und aus
verschiedenen Gegenden des anglonormannischen Reiches beibrachte. In
den zumeist davor gedichteten Versen geistlichen und moralischen Inhalts
tadelte er die Mönche wegen Habgier und Heuchelei und prangerte den
Reichtum auch in seiner Unbeständigkeit an. Weite Verbreitung und größten Ruhm trug ihm das vor 1180 verfaßte Epos ›Speculum stultorum‹ (1949
Distichen) ein. Darin geht es zum einen um die kuriose Geschichte eines
Esels namens Burnellus und damit eines Narren, der in unbezähmbarer Gier
immer wieder nach Höherem und Unmöglichem trachtet und dabei noch an
seinem schon an sich geringen Eigengut Schaden leidet; zum andern wird
die Haupthandlung in fünf Fabeln von jeweils mehreren hundert Versen
verdeutlicht und erläutert; in beidem soll menschliches Fehlverhalten auf
vielerlei Art und Weise deutlich werden; dazu tritt als dritter und kleinster
Hauptteil die Musterung der Orden und die Anklage gegen die weltlichen
und geistlichen Herrscher; diese 960 Verse sind etwa in die Mitte des Ganzen eingefügt und mit ihm verbunden.

Der Dichter, ein aufmerksamer Menschenbeobachter und engagierter
Moralist, wollte, wie er im Brief an seinen Confrater Wilhelm aussprach,
die Schwächen der Menschen, die ihm offenbar zu schaffen machten, in
poetischer Form vor Augen führen und sein Publikum aufwecken; dazu
schuf er eben das ›Speculum‹ und führte darin sein Vorhaben eindrucksvoll und wirkungskräftig aus. Die Handlung, zur Hauptsache original,
baute er überlegt auf, stärkte durch verschiedene Fabeln die höhere Einheit des Ganzen im Thema menschlicher Unzulänglichkeit – ihre letzte
bildet ihren Gipfel, indem sie mit ihrem Thema die übrigen übertrifft (mit
der Undankbarkeit, die ja allgemein die zwischenmenschlichen Beziehungen belastet); sie hat die Hauptträger ihrer Geschichte aus der Haupthandlung. Daß verschiedentlich der engere Burnellus-Tierbereich zum
Allgemein-Menschlichen überschritten wird, dient der Weitung und Vertiefung des Ganzen. Anziehend wirkt die Buntheit der Handlung und der
Erzählweise; so folgt z. B. auf die stärkste Aktion, den Überfall durch die
Bulldoggen, die stille Meditation des zuvor Angegriffenen, in deren über
100 Versen sich jener zum Studium entschließt. Attraktiv sind der ständige
Wechsel zwischen Mensch und Tier im Verhalten des Burnellus, sind Iro-
nie und Parodie, Geist, Witz und Humor.

Das Moral-Engagement tritt kräftig auf, bleibt aber gezügelt; der Autor
wollte ja nach seinen eigenen Worten das Kranke nur mit Salbe heilen. Nigellus, der sich natürlich auch als in seinem Milieu verhaftet zeigte, malte
den Esel nicht als typischen Mönch, ließ die Handlung nicht im Kloster
spielen und hatte es nicht auf das Mönchische abgesehen, sondern auf das
Umgreifende, das Menschliche, und strebte, auf alle Menschen zu wirken.

So ragt diese vielfältige Ständesatire, deren Verfasser Herr der Sprache und des Verses war, durch ihre Kunst außen wie innen nicht nur aus ihrer Gattung, sondern auch aus ihrer Zeit heraus.

b) Frankreich

α) Der Loire-Kreis

Während England im Gefolge der normannischen Eroberung immer mehr zum Mitgestalter der von Frankreich lateinisch und französisch ausgeführten Literatur wurde, kam das Mittellatein in Frankreich durch den Kulturwandel in der 'Vollendung' zu Schöpfungen, von denen das Charakteristische nur in einigen Gruppen verschiedener Art vorgestellt zu werden braucht. Am frühesten erwuchs das Neue im sogenannten Loire-Kreis, zu dem vor allem drei Dichter zählten, Baudri von Bourgueil (1046–1130), Marbod von Rennes, geboren und begraben in Angers (c. 1035–1123), und Hildebert von Lavardin (c. 1056–1133), zuletzt Erzbischof von Tours.

Zunächst fallen in der Dichtung der drei die relativ starken Beziehungen zur Antike auf, schon in der äußeren Form; man bevorzugte die quantitierenden Versmaße und mied in ihnen den Reimschmuck. Man nahm sich antike Stoffe, so namentlich Baudri; doch wenn er Ovids ›Heroides‹ umdichtete und fortsetzte, so bildete das in seinem Gesamtschaffen kein größeres oder wesentliches Stück. Über die Stellung zur antiken Literatur informiert ein Distichon aus dem Nachruf des Abtes Ulgerius von Angers auf Marbod trotz der Übertreibung:

Ihm steht Cicero nach, Vergil mit Homer muß ihm weichen;
  Daß ich zusammen es faß': jener hat beide besiegt.

Daraus spricht ein Selbstbewußtsein, das sich von der Antike nicht bedrükken läßt; man arbeitete sich mit Eifer in die Antike ein, nicht um sie objektiv zu verstehn oder auf gleicher Ebene mit ihr zu wetteifern, sondern meistens, um antike Stoffe mit verwandter oder eben antikisch geschulter Feder darzustellen.

Ihrer inneren Haltung eignen deutliche Konturen. Sie waren keine Eiferer oder Asketen, sondern trachteten nach Maß, Ausgeglichenheit und Würde, pflegten edle Formen und pflegten Freundschaft, freuten sich an Schönheit in Natur und Kunst. Sie wünschten, heiter und harmonisch zu leben, sich an geistiger Arbeit zu ergötzen. Wie sich das mit christlichem Wesen überbringen läßt, sagen Hildeberts Worte: Unklug sei es, sich im Glück zu verlieren oder im Unglück sich von Trauer begraben zu lassen, ... dem jeweiligen Geschick entsprechend hierhin und dorthin zu schwan-

ken, sei nicht Natur, sondern deren Versagen; denn alle Natur sei gut, da
ja Gott alles sah, was er gemacht hatte, und es sehr gut war. Vernünftiges
Entsagen und Hingabe an die göttliche Harmonie, so glaubte man weiter,
führe dazu, sich von Sünde und Gericht zu lösen; die christliche Religion
gäbe das heilige Maß.

Das Verhältnis von Antike und Christentum zueinander sah jeder etwas
anders; Baudri ließ es fast beim Nebeneinander, Hildebert ordnete das
Antike stärker als Marbod dem Christlichen unter. Das kann bei Hildebert
fast verwundern, da ihm wie keinem andern die Größe und Herrlichkeit
der Antike aufgegangen waren, s. seine Verse auf Rom:

> Nichts ist, Rom, dir gleich, liegst du in Trümmern fast gänzlich,
> Lehrst zerstört, welchen Glanz unversehrt du besaßt ...
> (Rom:) Welcher Kaiser hat mir mit dem Schwert, welch' Konsul mit Mü-
> hen,
> Welcher Redner beredt, was für ein Krieg mit Gewalt
> Derart Großes verschafft? Mit deren Gesetzen und Eifer
> Nahm ich die Welt, doch ein Kreuz hat mir den Himmel ver-
> schafft.

BAUDRI, in Meung-sur-Loire geboren, dort und in Angers / Loire geschult, wurde nach dem Besuch von Cluny 1089 Abt des Benediktinerklo-
sters St. Peter in Bourgueil und erhielt 1107 das Erzbistum Dol in der Bretagne. Die Bretonen waren ihm nicht zivilisiert genug, daher reiste er gern
in die schöne Normandie, zumal die Kirche von Dol dort größere Güter
besaß, und suchte wissenschaftlich hochstehende Klöster wie Bec, Jumièges ... auf. In Dol behielt er Klostergewohnheiten bei und erging sich im
Garten dichtend, rezitierend, parlierend, nicht zuletzt sich an den dort ge-
botenen Freuden delektierend.

Die wenigen Prosaschriften haben geringeren Umfang und leichteres
Gewicht (hagiographische, eine Bearbeitung einer anonymen Geschichte
des 1. Kreuzzugs; am interessantesten das Brief-Itinerarium, das er im
Alter an das öfter aufgesuchte Normandie-Kloster Fécamp richtete); im
Vordergrund stehen seine Gedichte, von denen sehr viele (c. 250), aber
nicht alle in einer Vatikan-Handschrift des 12. Jahrhunderts in einer nicht
ursprünglichen Sammlung überliefert sind. Fast die Hälfte bilden Tituli für
christliche Gemälde, mehr aber Rotuli und Epitaphien namentlich für Kleriker; nur in wenigen ist das Traditionelle durch Individuelles abgelöst.

Erst in den übrigen Gedichten, weit über hundert, liegt der Kern seines
Schaffens vor, und offenbart sich seine innere Seinsart sowie das Neue
dieser Periode. Das wird in den antikischen Gedichten am wenigsten deutlich, wie etwa in den sechs Epitaphien auf Cicero (mit je drei Distichen),
oder auch in dem umfänglichsten Gedicht, den 621 Distichen der anti-

ken Götterlehre (nicht vollständig erhalten), worin er zur Hauptsache nur
die ›Mitologiae libri tres‹ des Fulgentius (Ende des 6. Jahrhunderts) versifizierte. In Nacheiferung Ovids aber dichtete er das Paar 15/16 der
›Heroides‹ (Paris/Helena) um und fügte ein neues Paar (Florus/Ovid)
hinzu. Diese genannten elf antikischen Gedichte machen nicht mehr als
4 % des erhaltenen Poesie-Ganzen aus. Wie sehr er sich in Ovid und die
römische Dichtung vertieft hatte, geht aus seiner Sprache und Metrik hervor, am klarsten daraus, daß er ein neues Strophenmetrum erfand, bezeichnenderweise in ›De magistro suo planctus‹. – Daß die Gelegenheitsgedichte, aus denen sich das Gros zur Hauptsache zusammensetzt, bunter,
eigenartiger, persönlicher gehalten sind, besagt schon ihr Inhalt. In der
Gruppe über das Schreiben, die Schreiber u. dgl. weiß er köstlich und humorig in 28 Distichen den zerbrochenen Griffel zu beklagen, in den vielen
Briefgedichten, in denen sich sein lebhafter Schreibverkehr ganz verschieden niederschlug, zu bitten und zu ermahnen, Literarisches zu erörtern so
wie andere Poeten zu preisen oder um Kritik der eigenen Verse anzugehen
– so spendete er Hildebert, sobald er zum ersten Mal ein Gedicht von ihm
las, hohes Lob und ging ihn um Freundschaft an. Auch Dichterinnen bezog er in diesen Verkehr ein, so Muriel, die Nonnen Emma und Constan-
tia. In den 71 Distichen ›De sufficiencia votorum suorum‹ malte er sich
sein Sabinum aus, in dem seine Schwester schalten und walten, was Ruhe
und Freude störte, fernbleiben und Schönes ihn umgeben sollte; zum
Schluß bat er Gott, ihm ein bescheidenes Dasein zu gewähren, das ihn seinen Neigungen nachgehen ließe, und ein angenehmes Alter. Aufs Ganze
gesehen, nahm er es mit dem christlichen Glauben wie mit den kirchlichen
Amtspflichten ernst; ihm vertrugen sich aber damit die Neigung zu heidnischen Autoren, das weltliche Dichten und die Hingabe an harmlose irdische Genüsse, auch an starke platonische Liebe. Er besaß kein geringes Ta-
lent, besaß vorzügliche Technik und poetische Geschicklichkeit; er zieht
durch seine liebenswerte Menschlichkeit an, auch durch seine nicht leer-
laufende Plauderhaftigkeit. Damit war er zum Hauptträger des damaligen
Humanismus wie ausersehen.

MARBOD, in Angers geboren und unterrichtet, stieg dort zum Vorsteher
der Schule und Archidiakon auf, wurde 1096 Bischof von Rennes und ging
mit 88 Jahren ins Kloster nach Angers zurück. In seiner vielseitigen
Schriftstellerei findet sich wenig Prosa, eine Predigt, sechs Briefe und
4 Heiligenleben, in Versen um so mehr, und zwar bereits vier Stücke über
Bibelstoffe (zwischen 98 und 220 Hexametern) und sechs Hagiographica
(5 zwischen 158 und 642 Hexametern, 1 mit 136 Fünfzehnsilblern). Das
Lehrgedicht ›De ornamentis verborum‹ (127 Hexameter) schrieb er für
einen Schüler, dem er die Figuren theoretisch erklären und deren prakti-

sche Anwendung lehren wollte, es wurde oft abgeschrieben; viel mehr Beifall fand er mit dem größeren Lehrgedicht ›Lapidarius‹, darin beschrieb er
60 Edelsteinarten auch nach ihren Heil- und Zauberkräften (23 + 734
Hexameter) und errang, obwohl er den drei Quellen nichts hinzufügte,
breite und begierige Aufnahme; das Gedicht wurde ins Französische
mehrmals, sonst ins Englische, Dänische und Italienische übersetzt. Unter
den über 100 Carmina varia, bei denen nicht selten das Verfasserproblem
noch zu sichern ist, gibt es einige religiöse (Hymnen und Gebete, eine
Compunctio peccatoris oder zwei carmina über das Thema der *virgo Deo
dicata*, fünf über den Tod und mehrere moralisch-satirische (über das ver-
derbliche Geld, *amor lascivus*, auch über einen eitlen Abt und am ausführ-
lichsten über das Wohlleben der höheren Geistlichkeit im Gegensatz zu
den Mönchen, 199 Verse).

Heraushebung verdienen die zwanzig Hexameter ›Descriptio vernae
pulchritudinis‹ und von den Briefgedichten, die an hohe Persönlichkeiten
gerichtet sind, eins an Hildebert (15 nur preisende Hexameter), das an die
Herzogin Ermengardis von der Bretagne und das an die Königin (Mathilde) von England; in 20 bzw. 15 Distichen sang er das Lob ihrer Schönheit in vollen Tönen:

Tilgen können dies Lob weder Alter noch Tod.

Wenn er hier auch vom sinnlichen Reiz der verborgenen Schönheit spricht,
so stimmt das zum Tenor der elf Liebesgedichte, die er Schülerinnen des
Klosters Le Ronceray in Angers zudachte, zu je 4–26 Versen: Erotisches
wird wie wahr ausgesagt, lebhaft und weitergehend, als es Begegnung und
Sitte zuließen, aber ins Geistige erhoben.

Am umfänglichsten und gewichtigsten ist sein Hauptwerk ›Liber decem
capitulorum‹; in dessen 1331 Hexametern trug er seine Lebenserfahrung
und Weltanschauung vor und hob das von der *materies inhonesta levisque*
seiner Jugend ab – er wolle jetzt von den *seria* reden – und nahm sich vor
allem das Menschliche vor. So schilderte er die Altersstufen, insonderheit
das Greisenalter, dessen Leiden aber die Früchte aus der Jugend-Ernte
gegenüberstünden, hielt Freundschaft für notwendig, kennzeichnete das
böse Weib als die schlimmste Verlockung, das gute Weib jedoch als das
Schönste des von Gott Gegebenen und widersprach Epikur, dessen Lehre
er nur annehmen könnte, wenn er ohne Sorge glücklich leben dürfte – er
malte ein opulentes Mahl mit herrlicher Musik, teuren Wohlgerüchen
u. dgl. aus, als Folgen jedoch Krankheit, frühen Tod …; dagegen würde
Mäßigkeit Schaffenskraft und Leben erhalten. Sich vor dem Tod zu
fürchten wäre töricht, da er von der Natur bestimmt werde. Doch wandte
sich Marbod von der allgemeinen Meinung ab, daß Fatum und Himmels-
konstellation das Schicksal der Menschen bestimmten; das hing ihm vom
Wort Gottes ab. Im letzten der zehn Kapitel bekannte er, daß Christus

mehr lehrte als die alten Naturphilosophen, nämlich die Wiederauferstehung. In der angedeuteten Verbindung von weltlicher Antike und christlichem Mittelalter dominiert letztlich das zweite. Ein Humanist, der die Antike in die Breite und Tiefe studiert hatte, brachte das daraus Gewonnene und dazu Erlebtes in sein Werk ein, ein Bischof stellte ernste Menschenprobleme nicht nur neben, sondern auch unter das Christentum, das ihm offenbar Herzenssache war. So manches holte er aus antiken Schriftquellen wie Cicero oder Firmicus Maternus und aus christlichen, namentlich der Bibel, das Eigentliche aber aus sich selber, so die Grundidee mit den zehn Kapiteln, deren Ausführung. Wenn es auch öfter an Ordnung im einzelnen wie ganzen fehlt, so zieht doch der nicht konventionelle Stoff an.

Gegenüber Baudri fällt auf: Nur wenige Gelegenheitsgedichte und keine so ergötzlichen, doch eine ganze Zahl reiner Versifikationen, darunter Lehrgedichte, nichts von Sehnsucht nach idyllischer Zurückgezogenheit, aber mehr geistliche, auch moralisch-satirische Themen.

HILDEBERTS geistige Überlegenheit wurde Baudri und Marbod bewußt, sie deutet sich schon im Lebensabriß an. Um 1056 in dem kleinen Ort Lavardin (zwischen Le Mans und Blois) geboren, wurde er in Le Mans 1085 Leiter der Domschule, 1091 Archidiakon und 1096 Bischof. Zu solchem Aufstieg verhalfen ihm nicht Abstammung oder politische Gewichtigkeit, sondern, wie Ordericus Vitalis (S. 192) bezeugt, Bildung und beeindruckendes Wesen (*scientiae et honestatis*), dazu wohl auch sein früher Ruhm als Dichter. Der Zwangsaufenthalt in England – König Wilhelm II. hatte ihm vergeblich befohlen, den Turm bei der Kathedrale einzureißen, weil daraus dessen Truppen beschossen worden sein sollten – gab ihm Muße zum Dichten und zum Kontakt mit vielen hohen Persönlichkeiten, auch Angehörigen des englischen Königshauses. Als er durch den Tod des Königs frei wurde, gestattete ihm der Papst nicht, Mönch in Cluny zu werden; um 1125 mußte er die einstimmige Wahl zum Erzbischof von Tours auf Geheiß des Papstes und auf die Zustimmung des Königs hin annehmen. Gekrönt wurde sein Leben durch die Leitung des von ihm einberufenen Reformkonzils von Nantes 1127.

Nachdem er von der Romreise 1101 zurückgekehrt war, zu der ihn dringende Amtsgeschäfte veranlaßt und von der aus ihn die Pflege wichtiger Beziehungen ins süditalienische Normannenreich geführt hatte, kam er zu fruchtbarster Tätigkeit, gewann ein gutes Verhältnis zu König Heinrich I. (S. 193), sogar die Freundschaft seines eigenen Gegners, des Grafen Helias von Le Mans; er führte den vor ihm begonnenen Neubau der Kathedrale durch (weihte sie 1120), baute einen fürstlichen Bischofspalast und konnte durch Spende jenes Helias das Grabmal des hl. Julian mit kostbarem Schmuck ausstatten und ein selbstentworfenes großes Kreuz anfertigen lassen. In diesen Jahren schrieb er die meisten Gedichte und den ›Liber de querimonia‹. So war er zum angesehenen Kirchenfürsten geworden, der viel Anfeindung und Unbill ertragen mußte, aber selbst in der Kirche Achtenswertes erreichte, und hatte daneben im Schreiben und Dichten Erstaunliches an Umfang und Tiefe vollbracht.

Von seinem Format sagen bereits die Briefe manches aus, von denen über hundert ohne Ordnung erhalten sind (er hatte sie selbst 1127 geordnet). Wie sich versteht, sind sie eine Goldgrube für Kirchen- und Kulturgeschichte; wie aus der starken Überlieferung hervorgeht, wurden sie als Muster der verschiedenen Stilarten gesucht – ein Peter von Blois lernte sie sogar (*styli elegantia et suavi urbanitate*) auswendig. Zur Prosa gehören außer neun Predigten ein paar Heiligenleben, d. h. Überarbeitungen in Hildeberts geschulter Sprache und modifiziert in einen ihm gemäßeren Inhalt. Von ihnen darf schon wegen des Umfangs (899 Hexameter in 11 Cantus) die ›Vita beatae Mariae Egyptiacae‹ genannt werden; den spannenden Stoff, zu dem sich Hildebert hingezogen fühlen mußte, setzte er wirkungskräftig in Dichtung um, was er durch mehrere Arten des Reims und gewisse Stilmittel unterstrich; vor allem hob er den tiefen Fall des Weiblichen und seine ungewöhnliche Erhöhung und Begnadigung durch die damit verherrlichte Tröstermutter Maria heraus.

Fast den Gegenpol zu ihnen bildet der kleine ›Liber de querimonia et conflictu carnis et animae‹ durch ungewöhnliche Originalität. Im Genos der Streitgedichte fällt er bereits durch die Form auf, den Wechsel von Prosa verschiedener Stilweise mit Versen mannigfacher Metra (Hexameter, Distichen, Asklepiadeen teils mit, teils ohne Reim). Dabei ist es eine Lehrschrift voll theologischen Wissens; das Leib-Seele-Problem wird mit viel Esprit, durch Bilder und Dramatik belebt und im Dialog von beiden Seiten mit gleicher Dynamik ausgeführt. Bezeichnend ist der Anfang darin, daß die aus dem Leben genommene Beschäftigung des Dichters mit dem Neubau seines Bischofspalastes als Motiv weiter ausgestaltet wird, und darin, daß der Verfasser die Rolle des Körpers spielt und erst spät in seiner Gesprächspartnerin seine *anima* erkennt. Ihm eigen ist die Hauptthese: Der Körper ist ein mit der Seele innig verbundenes Organ und wird von der Seele wie das Werkzeug vom Künstler verwandt; beide sind freundschaftlich miteinander versöhnt, gehen jedoch nicht ineinander auf. In der Antwort des Körpers auf den Angriff der Seele tritt Hildebert überzeugend für den der Welt freudig zugewandten Menschen ein.

Der Ruhm des Dichters gründet sich namentlich auf der Lyrik; etwa 60 Carmina und etwa 70 biblische Epigramme konnten als sein Eigentum gesichert werden; es genüge, nur in wenigen sein Klassiker-Format anzudeuten. Im Trinitätshymnus (204 gereimte Achtsilber) legte er das Fundament des rechten Glaubens an Gott-Vater, seinen Sohn und ihren Tröster-Geist und baute darauf die Hoffnung auf Gnade und Erlösung vom Bösen sowie die Bitte, das strahlende Paradies schauen zu dürfen. Der zweite Teil bot von sich aus mehr Möglichkeit zu poetischer Ausschmückung, weil in ihm mehr Raum für das Menschliche und das Gefühl gelassen ist (s. etwa die drei in je acht Versen gemalten Bilder für den Schuldbeladenen, V. 104 ff.). Obwohl der erste Teil (1–93) durch sein Thema (Wesen der Trinität) vor allem über Dogmatisches zu belehren hatte, gelang es Hildebert, das theologische Grundproblem, im Inhalt auf das Wichtige beschränkt, im Wort klar, lebendig und eindringlich nahezubringen. In gewagter Häufigkeit der Repetitio hämmerte er die Allmacht und Totalität Gottes ein durch achtmaliges *totum/us* und achtmaliges *cuncta* (V. 3 f., 7–16, 31 f.) und durch deren Verbindung mit je dreimal *super/subter* und *intra/extra*; der durchaus Wort- und Reimgewaltige schreckte sogar nicht davor zurück, dieselben Wörter um der Betonung willen miteinander reimen zu lassen (v. 5 ff. *bonum* und *cuncta*). Wie sehr Ichbezogenheit und Affekt mitschwingen, wird direkt ausgesprochen (*Sicut dico, sic et credo* 93, *Flens hoc loquor* 127). Dieser Lobgesang, der eigene Würde ausstrahlt, ist frei von mystischer Glut, aber von inniger Sehnsucht nach Gott getragen, den der Dichter nicht von Angesicht zu Angesicht erblicken will, der für ihn vielmehr eine transzendente Herrlichkeit ist.

In dem noch berühmteren Poem, dem Gedichtpaar auf Rom, zu dem ihn die tiefe Ergriffenheit auf der ersten Reise dorthin 1171 trieb, schloß er sich zwar im Thema an eine bis zu den Kirchenvätern zurückreichende Tradition an, äußerte aber in dessen Ausführung so neue Gedanken, daß ein Kunsthistoriker sie als revolutionär bezeichnet hat. Von der durch die Römer geschaffenen Herrlichkeit Roms (V. 5–18) blieb trotz Wüten des Schwertes und Feuers, auch der Zahl der Jahre so viel zurück, daß man auf ihm nicht das Alte wiederherstellen könnte (V. 23–28); ja selbst Götter könnten das von Menschen Geschaffene nicht vernichten, sie bestaunten ja sogar ihre Bilder, deren Schönheit weder Götter selber noch die Natur nachzuschaffen vermöchten. Darin ist nichts Renaissancehaftes enthalten, da das Vergangene – nach Hildebert – unwiederbringlich dahin ist und bei ihm von keiner Hoffnung auf Erneuerung die Rede ist, von nichts Derartigem auch sonst: In dieser in sich ruhenden Kunst vollendet sich der Mensch selber, wird Menschenmaß für sich gesetzt und Körperschönheit durch sich selbst gerechtfertigt. Doch in den Schlußversen bezeugte Hildebert seine ins Jenseitige gehobene Stimmung und seinen wahren Glauben: Während Rom früher nur die Welt gewonnen habe, bringe ihm jetzt das Kreuz den Himmel (S. 208). Als er die beiden gewaltigen Mächte der Antike und des Christentums in Rom, im Zentrum der beiden, gegenüberstellte, führte er das in eigenen Gedanken und kühnen Bildern lebendig, kraft- und phantasievoll aus und demonstrierte, wie ein vom Glauben durchdrungener Kirchenfürst die Antike lieben und doch das Christentum darüber stellen konnte. Daß er auch hier die Kunst des Wortes und Verses meisterte, versteht sich; weder Baudri noch Marbod haben etwas vorzuweisen, was sich in Gehalt und Gestalt mit jenen zwei Carmina Hildeberts vergleichen läßt.

Wie sich aus seinen Äußerungen auch sonst ergibt, gehörte für ihn die natürliche Moral der Antike zur christlichen Vollkommenheit in sein Weltbild, dessen Zentrum humanisiertes Christentum genannt werden kann. In seiner Ethik stand der Mensch in der Mitte, der Gott mehr als sich lieben soll, die Dinge aber weniger, die Nächsten jedoch wie sich selbst, und stand das rechte Maßhalten in der Vollendung des Menschseins am höchsten. Was die Ehe betrifft, so warnte er vor ihren Gefahren, sah jene aber als gut an und stärkte ihre Moral; als Humanist sah er freilich die Gemütsruhe durch sie gestört. In den Briefen, in denen er im übrigen seine Leitsätze des Wohltuns vertrat (Bezeugen von Freundschaft, angenehmer Umgang, kleine Geschenke u. dgl.), machte er den adligen Damen kräftige Komplimente, feierte ihre körperliche und geistig-seelische Schönheit, ihre Abkunft. So erhob er die Frau um ihrer selbst willen und gerierte sich wie ein Hofmann.

Er bereitete also mit anderen 'humanistisch' eingestellten Klerikern, die mit weltlichen Höfen in Verbindung standen, die Ideale der Höfik entscheidend vor – an kausale Zusammenhänge mit der späteren Ritterkultur ist freilich kaum zu denken – und zeigte sich daneben noch in der älteren Tradition verhaftet. Er stand eben mit seiner „Humanitas an der Schwelle des höfischen Zeitalters".

β) 'Comediae'

Gegen die Mitte des 12. Jahrhunderts schlug sich das Neue der 'Vollendung' sogar in zwei neuen Gattungen nieder, in den 'Comediae' und der Vagantendichtung. In der ersten erfuhr die antike Komödie ihre erste, wirkliche Fortführung im Mittelalter – Hrotsvitha von Gandersheim (S. 133) verfolgte mit ihren sechs dramatisierten Legenden einzig und allein die Absicht, die sechs Hetären-Komödien des heidnischen Terenz durch christliche Stücke aus dem Felde zu schlagen, nicht aber ein antikes Genos wiederzubeleben, und hatte keine Nachfolge. Nun knüpfte man bewußt an die Antike an, am frühesten und stärksten in Frankreich eben um 1150 in der Gegend des Loire-Kreises. VITALIS VON BLOIS, von dessen Person sich nichts weiter sagen läßt, als daß er in den Artes trefflich geschult und überhaupt sehr belesen war, dichtete ›Geta‹ (oder ›Amphitryon‹) und ›Aulularia‹ (oder ›Querulus‹); er nannte im Vorwort des zweiten Werks

Plautus als Quelle, den er freilich nicht im Urtext benutzte, sondern in einer spätlateinischen Prosaversion – eine solche ist für das zweite im Prosa-›Querulus‹ erhalten. WILHELM VON BLOIS, der an der Pariser Universität studierte, Abt des Klosters Matinum / Sizilien war und 1169 nach Frankreich zurückkehrte, gab als Vorlage für die ›Comedia de Alda‹ Menanders ›Androgynos‹ in lateinischer Übersetzung (*mascula virgo* V. 10) an – erhalten ist von ihm ein Streitgedicht von Floh und Fliege, nicht aber seine ›Tragedia de Flauro et Marco‹ sowie theologische Schriften. Bei der ›Aulularia‹ läßt sich – und das paradigmatisch für alle drei Stücke – zeigen, wie Vitalis die antike Komödie im Stoff neu bearbeitet hat: Er behielt ihn im wesentlichen bei (*res ... una habet* V. 16), führte aber, ihn kürzend und erweiternd, die Handlung straffer, motivierter und klarer aus und erreichte durch derartige, doch erhebliche Eingriffe eine kunstvollere Fassung, in deren Vorwort er sich selbstbewußt zu ihr, jetzt s e i n e r *comedia* bekannte (*hec ... comedia ... mea est* V. 25 f.). Desgleichen sah sich auch Wilhelm in der antiken Nachfolge (*vice Menandri, pro Menandro* V. 18 f.); ihr gemäß sind in den drei 'Comediae' Argumentum – erst C. Sulpicius Apollinaris hatte im 2. Jahrhundert Periocha (= Argumenta) zu je 12 Versen vor dem Prologus hinzugefügt – und Prolog vorausgeschickt und ist eine Schlußfloskel der antiken ähnlich angeschlossen.

Sonst aber hoben sich Vitalis und Wilhelm von ihren antiken Vorlagen erheblich ab: Sie bestimmten ihre 'Comediae' nicht zur Aufführung – eine Einteilung in Akte und Szenen ist nicht möglich – und schoben ja auch erzählende Partien ein, Vitalis beidemal zu etwa 20 %, womit er die Dialoge verband, vorbereitete und kommentierte, und Wilhelm sogar zu über 50 %; vor allem nahmen sie sich in Sprache und Stil, im Stofflichen u. a. einen anderen römischen Autor zum Vorbild, Ovid, besonders in dessen erotischen Elegien. So schufen sie eine eigene Form der Komödie, die elegische oder epische, die in der 'Vollendung' blühte und noch vor der Mitte des 15. Jahrhunderts einen Nachzügler hatte. Bereits ihr ältester Vertreter, der ›Geta‹, der am stärksten von allen 'Comediae' verbreitet war, wirkte beispielhaft auf die ganze Gattung, so schon auf die nur wenig jüngere ›Alda‹ (s. Prolog V. 11–28, wo er freilich nicht direkt genannt ist) und auf vier andere 'Comediae', zumal auf den ›Babio‹, bei dem an mehreren Stellen zu spüren ist, daß der ›Geta‹ Modell gestanden hat. Obwohl demnach die 'Comediae' bereits zu Anfang weit von der antiken Komödie entfernt geblieben waren und sich etabliert hatten, fand ihr Studium in späteren 'Comediae' direkten, wenn auch nicht bedeutsamen Niederschlag, durch den Zusatz von Argumentum und Prolog in zwei Fällen, durch Übernahme von Personennamen aus Terenzstücken in zwei weiteren. Vielleicht darf man ferner auf eigenes Terenzstudium zurückführen, daß ›Pamphilus (de amore)‹

und ›Babio‹, die vermutlich erst Ende des 12. Jahrhunderts gedichtet wurden, ganz dialogisch abgefaßt worden sind.

Von 'Comediae' sprachen schon Vitalis und Wilhelm selbst, von *mea*, bzw. *nostra comedia* (›Aulularia‹ V. 23 und ›Alda‹ V. 23); *comedia* findet sich im Incipit und Explicit ihrer Handschriften, ferner an diesen beiden Stellen bei ›Lidia‹, ›Milo‹, ›Miles gloriosus‹ und ›Babio‹. Außer diesen 'Comediae' gehören zu jener Gattung ›Pamphilus (de amore)‹, ›Pamphilus, Gliscerium, Birria‹ und ›Baucis et Traso‹ nach Gehalt und Gestalt, schwerlich aber noch fünf Dichtungen, die in die Sammlungen von Gustave Cohen (›La 'Comedie' Latine en France au XIIe siècle‹, 1931) und von Ferrucio Bertini (›Comedie Latine del XII e XIII secolo‹, 5 Bände, 1976–1986) aufgenommen wurden: Bei dreien spricht schon der geringe Umfang (22–124 Verse) dagegen, zwei geben sich als vom Verfasser erzählt; zwei der fünf sind überdies in Hexametern abgefaßt. Die zwölf 'Comediae', wenn man die nach 1200 entstandenen ›De Paulino et Polla‹ des Richard von Venosa und Donisius' ›Comedia Pamphile‹ dazurechnet, schließen sich deutlich durch Gemeinsamkeiten zusammen. Doch die von Bertini dazugestellten Dichtungen ›Asinarius‹ und ›Rapularius‹ empfehlen sich nicht einmal durch ihre dialogische Form (nur c. 50 %) und sondern sich im übrigen durch ihre höfische Färbung und ihre Märchenhaftigkeit ab, derentwegen sie in entsprechender Nacherzählung von den Brüdern Grimm in die Kinder- und Hausmärchen eingereiht wurden – ihre Verfasser stammten wahrscheinlich aus Süddeutschland. Dagegen entstanden 10 von den 12 im Kulturbereich Frankreich / England (in England wohl ›Babio‹), die restlichen zwei hatten italienische Verfasser: Richard aus Venosa in Süditalien; Donisius, d. i. Johannes Baptista de Dyonisiis aus Verona, dichtete in Wien und widmete seine 'Comedia' dem Humanisten Johannes Hinderbach aus Rauschenberg / Kassel.

Im ganzen bleibt die mittellateinische Komödie vom Schwank / Fabliau abzugrenzen und ihre geschichtliche Entwicklung zu klären. Schon der Umstand, daß mehr als eine 'Comedia' nur in einer einzigen Handschrift überliefert ist, läßt vermuten, daß mehrere verlorengingen, und hoffen, daß einige noch wiedergefunden werden. Auf jeden Fall berechtigen die zwölf 'eigentlichen', dem Genos nicht geringen Wert zuzuerkennen, zunächst wegen ihrer Stellung in der Literaturgeschichte des Mittelalters: Außer dem ›Geta‹ fällt auch der ›Pamphilus (de amore)‹ durch exzeptionelle Verbreitung (64 Handschriften …) auf und durch vielfache Übersetzung und Bearbeitung in den Volkssprachen. Eine Liebesgeschichte wird recht gradlinig geschildert; der arme Pamphilus, der ein reiches, vornehmes Mädchen liebt, kommt durch Anruf der Venus, die ihm eine Ars amandi (V. 71–142) gibt, und mit der Hilfe einer alten Kupplerin langsam, aber sicher ans Ziel. Nicht nur in der Handlung im ganzen wie im einzelnen, sondern auch sonst in Sprache und Stil, Phraseologie und Motivik übertrifft diese 'Comedia' die andern durch den Einschlag Ovids, den der Dichter eingehend studiert haben muß. Er ließ sich von ihm vielfach anregen, arbeitete aber alles eigen und frei um und ein; so hielt Ovid die Liebeslehre viel ausführlicher und allgemein, der ›Pamphilus‹-Dichter jedoch auf seinen Fall eingeschränkt und ihm angepaßt. Viel Geschick präsentierte er in Anlage und Ausführung, im Durchhalten und Differenzieren des Dialogs, in der Liebeszene. Die Sprache ist klar, der Dialog gewandt. Das Leichte und Graziöse Ovids fehlt; manches ist zu breit ausgeführt, z. B. sind die Reden der Alten zuviel mit Sprichwörtern u. ä. ausstaffiert. Es ist ein attraktives Poem von Niveau, dessen großer Beifall verdient war.

γ) Lyrik

Die Vagantendichtung, ein typisches Produkt des 'Kulturwandels' und eine markante Gattung der europäischen Poesie damals, brach Ende des 11. Jahrhunderts auf, erreichte im 12. Saeculum ihre Höhe und endete im 14. Was von der Lyrik dieser Zeit zu ihr zu rechnen ist, bleibt namentlich wegen der Thematik zu klären; andere Schwierigkeiten bereitet auch, daß sie vorwiegend anonym überliefert ist.

Unter *clerici vagantes* oder *vagi* – so lautet unter den mittelalterlichen Bezeichnungen ihrer Autoren die bekannteste – verstand man die fahrenden Scholaren und Kleriker, Studierenden und Studierte, die aus verschiedenen Gründen, oft ohne feste Bleibe einherzogen. Seit dem 11. Jahrhundert war es immer mehr Sitte geworden, zum Studium nach Frankreich, wo die Hochschulen zu den besten des Abendlandes emporwuchsen, zu ziehen, auch wenn viele nicht über das dazu nötige Geld verfügten; nach dem Studium konnten viele kein Amt finden, weil die Zahl der Bewerber ständig wuchs; viele vollendeten das Studium nicht und hatten am Vagieren ihre Freude. Auch diese akademische Jugend drängte es zum Singen; sie brauchte Lieder, in denen zum Ausdruck kam, was sie bewegte und quälte, und hatte solchen Gesang nicht zuletzt dazu nötig, um sich mit ihm Angerufene und Geber zu gewinnen oder ihnen zu danken. Derartige Lieder und dazugehörige Melodien schufen auch damals Ältere in Amt und Würden, deren Herzen jung geblieben waren.

Auf die Frage, was zu dieser Dichtung zu rechnen ist, kann man sich aus den Handschriften keine befriedigende Antwort holen, selbst nicht aus dem Codex Buranus, clm 4660 und 4660 a, der um 1230 an der Südgrenze des bayrischen Sprachgebiets, wohl in Kärnten, geschrieben wurde; ihm fehlt u. a. der erste Part (mit Hymnen und Sequenzen?). In ihm ist zwar die größte Sammlung Vagantenlieder überliefert, stehen aber auch sechs geist-

liche Schauspiele; im ersten Teil mit den moralisch-satirischen Gedichten –
der zweite, der umfangreichste, umfaßt Liebeslieder, der dritte Trink-,
Spiel- und andere vagantenhafte Lieder – finden sich am Schluß elf mit anderen Themen (so 7 über den Kreuzzug); zu zwei von ihnen ist je ein Lied
mit dem gleichen Versmaß gefügt, je eins davon hat ein moralisch-satiri-
sches Thema. Selbst von den 33 Liedern Walthers von Châtillon, die in der
Handschrift St. Omer 351 gesammelt vorliegen, sind die 14 geistlichen
(meistens Weihnachtscantus), vier satirischen, zwei historischen und 13
Liebes- und Frühlingslieder (S. 215) zwar etwas gruppiert, aber nicht rein-
lich voneinander geschieden. Unter den Vagantenliedern selber sagt eins
über ihre Thematik das meiste aus, die ›Vagantenbeichte‹ des Archipoeta;
darin bekannte er sich zum Vagantentum, d. h. zu den drei Sünden, zum
Venusdienst, Würfelspiel und Weingenuß; er liebe das Heitere und die
Pflege des Leibes, lasse sich von Unrast durch die Lande treiben und fühle
sich zu seinesgleichen gezogen. In dieser 'Beichte' werden zwar auch „heilige Engel" das Requiem singend zitiert, doch ist allgemein das Christliche
in solcher Dichtung weithin ausgeschaltet, was sich bei den Hauptthemen
Weib, Wein, Würfelspiel von selber versteht.

Wenn man auch das Diesseits und die irdischen Freuden feierte, so
wollte man dem Christlichen keine Absage erteilen; es trat nur im Zuge
des 'Kulturwandels' eine geistige Überlegenheit dem Religiösen und dem
Klerus, auch dem höchsten, gegenüber bewußt oder unbewußt zutage; sie
ist heute in der damals hierbei angewandten Parodie fast unvorstellbar, in
der man mit Bekanntem, selbst Christlichem in verzerrender oder umkeh-
render Imitation spielte, um komisch zu wirken. So parodierte z. B. der
Archipoeta in der 'Beichte' dieses kirchliche Sakrament, gestand seine
Sündhaftigkeit und Schuld (*pravitas* und *culpa*) und bat den zum Erzbischof Erwählten um Bestimmung der Buße (*da penitenciam*) – er wußte
sich freilich so zu verteidigen, daß seine Ein- und Umkehr keiner erwartete. Das Bacchuslied *Bacche, bene venies* (Carmen Buranum 200) ist Ge-
betsparodie und Bundeslied der Vaganten (C. B. 210: *Cum 'In orbem uni-
versum'*) eine Ordensparodie; die bekannteste Parodie 'Der Anfang des
Evangeliums der Mark Silbers' (C. B. 44 *In illo tempore*) ist vordergründig
die tollste, will aber letztlich die Verderbtheit der Geistlichkeit und der
Kurie, die Simonie und die Herrschaft des Geldes anprangern und bekämpfen, erreichte damit wohl die stärkste Wirkung.

Dieses damals beliebte Thema fand seine direkte Behandlung in vielen
Carmina – sie bilden den ersten Teil der Carmina Burana und die Hauptgruppe in der Lyrik des Walther von Châtillon (S. 216). Wo liegt die
Grenze zwischen moralischer Satire und Vagantendichtung? Jener Dichter forderte in einer einzigen seiner zahlreichen Satiren (*Missus sum in vi-
neam*, 20 Vagantenstrophen mit 'Auctoritas' W 6) dazu auf, vom nichts

einbringenden Studieren, das nur aufgeblasen mache, und vom Verzicht auf Irdisches zu lassen, vielmehr nach Geld zu streben, das die Welt regiere, und nach Lebensgenuß oder wenigstens die Mitte zu wählen. Sind derartige Lieder sowie Satiren gegen den Geiz, unter dem die Vaganten oft genug zu leiden hatten, zur Vagantendichtung zu rechnen oder etwa alle damaligen Satiren?

Auch wenn die Vagentenlieder größtenteils anonym und zeitlich kaum einmal festlegbar sind, hat man doch Grund, den Magister Hugo von Orléans, den die Zeitgenossen als Primas feierten, zu den ältesten Vertretern dieser Gattung zu rechnen, nicht nur wegen seiner Lebenszeit (vor 1095–c. 1150), sondern auch wegen einiger Eigentümlichkeiten seiner Poesie, die man als typisch für ihn ansehen darf, selbst wenn man den Blick nur auf die Oxforder Sammlung von 27 Gedichten richtet. Im Gegensatz zu dem, was im allgemeinen für jene Gattung charakteristisch war bzw. werden sollte (S. 215), überwiegen bei ihm die Quantitätsmetra (Hexameter, auch Pentameter); unter den Akzentmetra fehlt die spezifische Vagantenstrophe; statt dessen verwandte er die Stabat-mater-Strophe, die doch „das wichtigste Strophenmaß der geistlichen rhythmischen Dichtung" (Wilhelm Meyer) war. Er gebrauchte sie regelgerecht in Gedichten außerhalb der Oxford-Sammlung, so in der 'Kleidermetamorphose' (*Ego dixi, dii estis*), jedoch in Oxford XV ('Treppensturz') einzigartig umgewandelt, indem er zwar das für diese Strophe hauptsächlich Kennzeichnende beibehielt, aber die Zahl ihrer Achtsilbler mehrfach änderte (aus je 2 + 2 in der Strophe zu einmal 3 + 3, dreimal 4 + 4, auch zu ungleich viermal 5 + 4 bzw. 4 + 5 und einmal 6 + 4), so daß die Verszahl in der Strophe zwischen je einmal 8 und 12 schwankt, sonst dreimal 10 und viermal 11 beträgt. Für das gewollte Abweichen vom Regelrechten spricht hier am lautesten die erste Strophe mit neun am Ende durchgereimten Hexametern. Schließlich ist für seine Vagantenlyrik und doch wohl auch für deren Jugend typisch, daß sie am häufigsten in die Form des Epigramms gegossen ist.

Der Primas war Magister, hielt sich wenig in Amiens und Sens, länger in Reims, Beauvais und Paris auf und führte im ganzen ein unstetes Leben, war übrigens auch in England. In einer Chronikerweiterung von c. 1171 wurde er gerühmt, „vom jugendlichen Alter an in den weltlichen Wissenschaften gebildet und von Witz und Literaturkenntnissen strahlend" und in zahlreichen Landschaften weit bekannt (*fama ... per diversas provincias divulgata*) zu sein. Von seiner Poesie ist natürlich nur ein Teil vagantisch; das versteht sich von selber und belegen z. B. sogar die Gedichte des Archipoeta, obwohl von ihnen nur neun vollständig erhalten sind. Was beim Primas am stärksten vagantenhaft erscheint, sind Epigramme mit je zwei und kleinere Gedichte mit je 6–16 Hexametern, auch Distichen, im ganzen höchstens 12. In ihnen geht es um Dank für kostbare Gabe, um Bitte an zwei Fürsten und besonders um Mantel und Pelz, über Vor- und Nachteile des letzten, um Verfluchung des geizigen Bischofs, der den Mantel nur pelzlos schenkte, um Gespräche über einen und mit einem solchen Mantel. Wenn dabei die Dirne und der sexuelle Akt einbezogen werden (der Pelz mindert ihr den Druck aufs Fleisch; mehr als der Dichter erhält sie, weil sie ein 'Schwergewicht' zu tragen hatte) oder wenn das Abweisen eines schwärenbedeckten, fast nackten Armen durch einen erbarmungslosen Reichen auf Erden und die umgekehrte Behandlung der beiden im Himmel gegenübergestellt werden, so ist kaum ein Zusammenhang mit dem Vagantischen zu spüren, am ehesten noch durch den Motivträger, den armen Dichter. Vagantisch klingen dagegen die drei Gedichte mit 5, 6, 38 Versen über Wein und Würfelspiel. Eigner Art sind hinwiederum die drei Gedichte von 30, 49, 51 Hexametern über das dritte W(eib), die vom Primas geliebte Flora, eine Dirne; wenn der Dichter in Tränen aufgelöst klagt, daß sie von ihm gerade im Wonnemonat Mai zu einem andern fortgelaufen ist, wenn ein anderer ihn damit tröstet, daß sie eben ständig beschenkt sein will, wenn ausgemalt wird, wie geziert und albern sie sich beim Besuch aufführt, wie kärglich sie jedoch zu Haus lebt und wie sie sich um kleinstes Entgelt verkauft, so steht das im Gegensatz zu den gewöhnlichen Liebesliedern sonst (S. 212). In dem längsten Carmen (XXIII) findet sich zwar ein klares Bekenntnis zum Vagabundieren (*Domus mea totus mundus, Quem pererro vagabundus* V. 72 f.), damit ist aber kein wirkliches Vagantentum gemeint; denn es betrifft nur eine Zwangslage, in die der Primas durch Hinauswurf auf die Straße gestoßen wurde, und betrifft einen alten Mann, durch *senectus* (V. 3) gekrümmt, einen *veteranus* (V. 14) – damit ist XVIII den letzten Gedichten des Primas zuzuordnen. Aus dem berührten Abstand zum eigentlichen Vagantenlied spricht zweierlei: Diese Lyrik befand sich damals noch in der Entwicklung zur eigenen Gattung, zum andern war der Primas eine zu starke Persönlichkeit, als daß er sich Regelgemäßem zu unterwerfen vermochte – davon legt schon die äußere Form in XV (S. 213) beredtes Zeugnis ab, sonst auch besonders in XVI (S. 215).

Aufs Ganze gesehen nahm er geistesgeschichtlich durch seine prononcierte Individualität eine Sonderstellung ein, zum einen menschlich durch Temperament und Leidenschaftlichkeit, durch Schärfe und Bissigkeit – damit griff er selbst einen Hochgestellten wie den Bischof schikanös an und malte ihn als potentiellen Teufel schlimmer Laster, sogar der Päderastie, mit schwärzesten Farben; mit solchem Vortrag in der Öffentlichkeit fand er zwar Beifall der Zuhörer, verscherzte sich aber sein Glück und schuf sich Feinde. Der Poet, hochgebildet und sehr begabt, meisterte Sprache und Metrik. In seinen Sätzen, die er leicht überschaubar hielt, betonte er das Wichtige mit Rhetorik, verband gern Alliteration mit Häufung von

Synonyma und Ähnlichem (*lentos et lenes, sine nimbis et sine nube* IV, Anfang) und gebrauchte gern die Antithese (*hic est victus, ille vicit* XVIII, 62). Noch stärker wirkte er durch häufige Anreden, Dialoge (IIC Dichter und Mantel) und direkte Reden. In XVI (An die Kleriker von Sens) ließ er einen Zuhörer, einen Bürger von Beauvais, in eingeflochtenen sechs Versen Beifall spenden, füllte fast ein Drittel der Langzeilen mit französischen Wörtern; seine Erregtheit (*concitatus* V. 1) spricht noch stärker daraus, daß er seine Wut durch die Länge der ersten Tirade (37 Verse) einzuhämmern suchte.

Mit seiner Gelehrsamkeit hielt er nicht hinter dem Berge und das nicht nur in den drei antiken Gedichten, schilderte aber die Vorgänge, Schauplätze, Personen, als ob sie seiner Zeit zugehörten, schilderte allgemein verständlich und voll Menschlichkeit. In der Vitalität, die noch heute in jedem Vers zum Aufhorchen zwingt, äußerte sich ein Temperament, das er nicht immer zu zügeln vermochte, so daß es ihn zu leidiger Übertreibung, ja bis zum Grotesken verführte. Mitten in XVI, 109 ff. rief er in nicht weniger als 14 Langzeilen drei der Musen nur darob an, daß er die Bitte nur um Heu fürs Pferd richtig vorbrächte, und ließ 126 ff. einen Bürger seinen Sang rühmen, daß er die Sirenen, Orpheus, die Nachtigall und das Sterbelied des Schwans überträfe. Im Sexuellen überschritt er die Grenze der Poesie und wurde nicht nur zu deutlich, sondern wurde gemein und grotesk (XVI, 49 ff., VIII, 19).

Dieser kleine, häßliche Mann war ein eigengearteter, doch wohl genial zu nennender Poet, der in beredte Verse zu gießen verstand, was ihn beeindruckte und ihm zu schaffen machte; er sprach es vor Leuten aus, die ihn umstanden, klar und eindringlich, oft erregt und auch schreiend. Gewiß verstehen wir heute viele Anspielungen nicht, die den Zuhörern damals eingängig waren, erfassen aber meistens doch das Wesentliche und werden doch ergriffen, etwa durch das, was er in XVII über Not und Leid im Greisenalter ausführte, und haben sofort Zugang zu so manchem Überzeitlichen, das er treffend formulierte (*Doctor totum contradicit* XVIII, 63).

Von der Lyrik des Primas unterscheidet sich die des WALTHER VON CHÂTILLON (S. 222) erheblich, der über ein Menschenalter nach jenem geboren wurde und mit dem Archipoeta etwa gleichaltrig war (c. 1130–gegen 1200); in der aus der 1. Hälfte des 13. Jahrhunderts überlieferten Sammlung seiner Lieder (St. Omer 351 = O) stehen elf Frühlings- und Liebeslieder, zwei Pastourellen und zwei historische Lieder, außerdem stellte Karl Strecker 18 'Moralisch-satirische Gedichte' (W) zusammen (S. 216). Seiner Generation entsprechend verwandte Walther fast ausschließlich Rhythmen, in Strophen gebündelt, und zwar für die Satiren überwiegend die Vagantenstrophe, weniger die Stabat-mater-Strophe. Wenn er die erste

sonst nicht gebrauchte (sie ist in der starken Umwandlung O 24 kaum wie-
derzuerkennen), sondern andere Strophenarten, die sich meistens voneinander unterscheiden und nicht selten von ihm gebaut waren, darunter
recht komplizierte (so für die Frühlings- und Liebeslieder O 22, 28 32),
wenn er sie mit raffinierter Reimung ausstattete, so diente das, beabsichtigt oder nicht, dazu, dem Mangel an Gehalt aufzuhelfen, was z. B. die
eine Pastourelle deutlichst (O 17) belegt: Von sieben Strophen beschreiben
drei den Frühlingsmorgen schablonenhaft, die 4. das Kleid der Geliebten,
in den folgenden zwei Zeilen sind ihre Stirn und Lippen mit je einem Ad-
jektiv geschmückt, die folgende Werbung ist in mehrfacher Hinsicht un-
glaubwürdig, in der letzten Strophe gibt 'sie' sich prompt und wortlos hin
(*Pedicatus vincitur!*). Diesem Dichter lag nicht das eigentlich Lyrische, in
dem sich das Ich persönlich oder fiktiv ausspricht, seine dichterische Kraft
entfaltete er in moralisch-satirischen Poemata – am berühmtesten ist seine
Romsatire *Propter Sion non tacebo* (W 2), noch wuchtiger *Utar contra vicia*
gegen die Käuflichkeit der Kurie (Carm. Bur. 42) – und in der ›Alexandreis‹, S. 222.

Auch in der traditionellen, der religiösen Lyrik ragte Frankreich hervor, und zwar während der zweiten Hälfte des 12. Jahrhunderts durch die
Sequenz; während in der ersten Periode St. Gallen mit Notker Balbulus
den Ton angab, tat dies in der zweiten Adam von St. Viktor (c. 1192†). Er
hatte im Pariser Kanonikerstift St. Viktor in Hugo (c. 1097–1141) einen
ausgezeichneten, universal gebildeten Lehrer, dessen Wissen und Begabung viele Schriften bekunden. Adam, der dort Kanonikus blieb, erwarb
größten Ruhm durch die Sequenzen, von denen mehrere Dutzend erhalten sind; wenn bei einer größeren Zahl seine Autorschaft ungewiß ist bzw.
bleiben muß, so zeugt auch das dafür, daß er Schule machte. Die Melodie
bleibe beiseite! Zur Antistrophik der ersten Periode (S. 124), d. h. zur
Übereinstimmung des Zeilenbaus in Strophe und Gegenstrophe, kommt
jetzt die in den Zeilen jeder dieser beiden Strophen; die Verse werden mit
Endreim versehen, gelegentlich auch mit Binnenreim. Wenn Adam das
Strophenschema 8◡a + 8◡a + 7b 8◡c + 8◡c + 7b liebte und nicht selten
dessen Verszahl durch das ganze Lied beibehielt, fällt diese Struktur mit
der Stabat-mater-Strophe des Hymnus zusammen. Mit solcher vorherrschenden Gleichförmigkeit, deren Schema nun ausgebaut wurde, hing
auch ein anderer Stil zusammen, so daß sich etwa Notker und Adam (auch
aus anderen Gründen) kaum miteinander vergleichen lassen. Die Lieder
des zweiten besitzen größeren Umfang; ihr Ausdruck ist lockerer und ein-
gängiger, nicht zuletzt durch verbale und variierende Fügung; die Sprache
gefällt durch Klarheit, Gewandtheit und Anmut; die Gedanken erreichen
hohen, jedoch nicht höchsten Schwung.

δ) Epik

Die lateinische Epik Frankreichs erreichte in der 2. Hälfte des zwölften Jahrhunderts zwei Gipfel, den einen durch die allegorische, philosophisch-theologische Epik des Bernardus Silvestris, Alanus ab Insulis und Johannes de Auvilla. Die Schule von Chartres, zu der die drei direkt oder indirekt gehörten, war damals zu einem tiefwirkenden Geisteszentrum geworden, von seinen Kanzlern rühmte man Bernhard (c. 1126†) als den kundigsten Platoniker und Thierry/Theoderich (c. 1150†) als hervorragendsten Philosophen, der in seinem Genesis-Kommentar zur Erklärung der Schöpfung die Naturwissenschaften und die Philosophie Platons heranzog. Thierrys Schüler oder mindestens Freund war BERNARDUS SILVESTRIS aus Tours (nach 1159†), der u. a. Kommentare zur ›Aeneis‹ I–VI und zu Martianus Capella verfaßte und darin den Text grammatisch und den Inhalt platonisch erklärte; jenem Thierry widmete er sein prosimetrisch abgefaßtes Hauptwerk ›De universitate mundi‹; bezeichnenderweise erbat er im Prosavorwort dessen *vel egrediendi sententiam vel latendi* – der Inhalt konnte als ketzerisch angesehen werden, in dem hier von Bernhard ausgemalten System der Naturphilosophie hatte Christliches kaum Platz. Im ersten Buch (*Macrocosmus*) bildet Noys (νοῦς), der Intellekt der Gottheit, die Welt aus der ungeformten Materie (*silva*, davon *Silvestris*), scheidet die vier Elemente, bringt die Engel in neun Ordnungen in den Himmel usw., ein Katalog beschreibt die Erde bis hinab zu den Kräutern, Fischen und Vögeln. Aus ewigen Ursachen hervorgegangen, ist der Kosmos ewig und gut konstruiert. Im zweiten Buch (*Microcosmus*) beabsichtigt die Natura, ihr Werk mit der Schaffung des Menschen zu krönen. Mit Hilfe der Königin der Gestirne Urania und der alles kennenden Physis, die sie auf Rat der Noys hinzugezogen hat, gelingt das Werk. Wenn am Schluß der Mensch, seine Organe und ihre Bestimmung poetisch geschildert sowie seine Zeugungswerkzeuge gepriesen werden, welche die Natur wiederherstellen und seine Gattung fortsetzen, greift das Werk auf den Anfang zurück und zeigt den Macrocosmus im Microcosmus. Das in produktiver Synthese der Ideen originelle Opus, in dem das Thema belebt, fast dramatisch gestaltet ist, wirkte nicht zuletzt durch seine poetische Potenz lange nach, die sich auch darin ausdrückt, daß die neun Gedichte an den dazu geeigneten Stellen plaziert sind.

ALAN VON LILLE (c. 1128–1203), nach Besuch der Schule von Chartres Magister der Artes liberales und Theologie namentlich in Paris, verfaßte u. a. den ›Rhythmus de incarnatione et septem artibus‹, in dem er von den Artes aus theologisch Grundsätzliches erörterte, und führte das weiter und tiefer in den ›Regulae caelestis iuris‹ aus, die man als die wichtigste seiner theologischen Arbeiten ansehen darf. Seine Hauptwerke sind das Prosimetrum ›De planctu naturae‹ und das Hexameterepos ›Anticlaudianus de Antirufino‹, deutlich in der Nachfolge ihres Prototyps stehend: Das erste nahm schon im Titel Bezug auf Bernhards Dichtung. Im Titel des zweiten aber machte Alan klar, daß er nicht wie der weströmische Hofdichter Claudius Claudianus (um 400) ein teuflisches Scheusal (in Gestalt des oströmischen Herrschers Rufinus) als Schreckbild malen, sondern positiv das Idealbild eines Menschen vor Augen halten wollte. Und im Prosavorwort bekannte er sich dann zu dem damals selbstverständlichen Generationenkonflikt, und zwar als Vertreter der Alten gegen die *moderni*; sein Werk sei Wissenschaft, Summe der Septem Artes und der himmlischen Offenbarung; er wünschte sich Leser, die sich zur Vernunft und durch sie zu göttlichen Ideen führen ließen – damit verkündete er das Programm der neuen Gattung, eben dieser Epik.

Im ›Planctus‹ erscheint dem über die Sodomie klagenden Dichter die Natur in herrlichster Schönheit, Freude ausstrahlend und zur Liebe treibend; sie klagt, daß der Mensch als einziges ihrer Geschöpfe ihr Widerpart biete, zitiert viele Fälle ungeordneter Liebe, beklagt den Verfall der Sitte und schildert verschiedene Laster; als Hymenaeus mit einigen Tugenden auftritt, heißt die Natur ihn, den Genius zu holen, daß er die Menschen banne, die sich an den Tugenden vergangen haben; er verkündet im Namen der überirdischen Usia, daß die von den Naturgesetzen Abtrünnigen keine göttliche Liebe empfangen. Damit endet der Traum des Dichters, dem sich diese Visionen mitteilten.

Daß es einen des Wortes und der Gedanken so mächtigen Mann wie Alan drängte, ein gleiches Thema noch einmal und positiv, nun in 4361 Versen auszugestalten, wird aus dem viel gewichtigeren ›Anticlaudianus‹ einsichtig. Hier ruft Natura ihre himmlischen Schwestern (von der Eintracht bis zum Adel) in ihr vom Garten ewigen Friedens umgebenes Haus, an dessen Wänden zwölf Beispielfiguren gemalt sind (von Aristoteles bis zu Cytherea); sie unterbreitet ihnen ihren Plan, den vollkommenen Menschen zu schaffen, und erbittet ihre Hilfe, weil ihre Kräfte dazu nicht ausreichen. Die Phronesis (Sophia) befiehlt ihren schönen Jungfrauen, den Septem Artes, einen Wagen zur Fahrt in den Himmel und damit zur Noys (voũs) und zum höchsten Meister, zu Gott zu bauen. Unterwegs hilft die Theologie, die das Wasser des göttlichen Geistes zu trinken pflegt, auf den Weg zum höchsten Himmel, wo sich die Engelchöre, die Seligen (Abraham, Petrus, Paulus …) sowie Maria befinden. Gottes Palast zeigt Abbildungen der ewigen Ideen, Ursachen und Gründe der Dinge, auch der Kulturleistungen des Odysseus, Cicero, Ovid … Gott stimmt der Bitte der Phronesis zu, läßt Noys die Idee der vollkommenen Seele formen. Phronesis schützt sie durch Salben vor den Gefahren der Rückreise. Natura bildet dann den Körper für die Seele, ihre Schwestern tragen ihre Gaben hinzu. Als Allecto die Laster und Plagen dagegen mobilisiert, besiegt der neue Mensch zusammen mit den Tugenden jene, so daß sie in die Unterwelt entweichen.

Aufs Ganze gesehen: Hier sprach Alan nicht wie im ersten Epos von Zeugungsorganen und Fortpflanzung und bemühte keinen Genius; wenn er hier dem Christlichen etwas mehr Raum gewährte, so ist doch für beide Werke entscheidend, daß das Heil im Schaffen eines neuen Menschen erblickt wird, nicht aber in der Erlösung durch Christus. Alan gehörte nicht nur in theologisch-philosophischer Spekulation zu den Großen seiner Zeit, sondern auch durch seine poetische Formung, man hat ihn „ein Sprach- und Stilgenie" genannt.

JOHANNES DE AUVILLA, in Hauville-en-Roumois, Dép. Seine-Maritime / Normandie geboren c. 1150 (nach 1200†), nach Studium in Paris Magister an der Kathedralschule von Rouen, verfaßte nach zwei kleineren mythologischen Dichtungen in Distichen, die im Ganzen nicht erhalten sind, den ›Architrenius‹, das vierte der theologisch-philosophischen Epen, das er vor Februar 1185 seinem Erzbischof Walter von Coutances überreichte. Daß Johannes die beiden Epen des Alan kannte, zeigt sich bereits betreffs des ›Planctus‹ verschiedentlich, besonders in der Gestalt der Natur; stärker ist der Einfluß des ›Anticlaudianus‹, wofür schon Äußeres spricht; die Verszahl ist fast gleich (4354–4361), die Zahl der Bücher gleich (9) – dabei ist zu bedenken, daß das jeweils im letzten Vers der Libri angebrachte Akrostichon JOHANNES nur für deren acht ausreicht; der Bucheinschnitt zerreißt nicht weniger als viermal den Inhalt (I/II, VI/VII, VII/VIII, VIII/IX); überdies hielt, was ungewöhnlich ist, Johannes die Bücher fast gleich groß (deren Verszahl schwankt nur zwischen 470 und 496, während sie z.B. im ›Anticlaudianus‹ zwischen 369 und 543 liegt). Gewisse Ähnlichkeiten sonst sind, für sich genommen, weniger beweiskräftig; doch anderes spricht sogar dafür, daß Johannes im Kern ein Gegenstück zum ›Anticlaudianus‹ herzustellen trachtete. So beginnt bei Alan die Handlung am Sitz der Natur, bei Johannes endet sie an dieser Stelle dort; steht entsprechend die Schöpfung des Menschen bei Alan am Ende, ist sie hier bereits vor dem Anfang erfolgt; dort führt die Himmelsreise zu diesem Ziel, hier aber dahin, daß der Mensch aus seiner bedrükkenden Hilflosigkeit befreit wird; dort bildet Natur nur den Leib für die Seele, hier aber sorgt allein die Natur, die dort den Schöpfer des Makrokosmus gepriesen hat, dafür, daß der Mensch, von Kummer und Weinen, Sünde und Schuld befreit, sich verpflichtet, aus dem Gefolge der Natur die Moderantia, die Penelopes und Helenas Vorzüge vereint, zu heiraten und das Menschengeschlecht fortzusetzen.

Architrenius, ein Jüngling auf der Schwelle zum Mannesalter, fragt sich, ob die Mutter Natur den Menschen zur Sünde geschaffen habe, und

ist entschlossen, zu ihr zu eilen und sie um Hilfe zu bitten. Seine Wande-
rung, die sich fast über das ganze Werk hinzieht (I, 334–VIII, 289), führt ihn
über den Palast der Venus, wo er die breit beschriebene Schönheit eines Mädchens aus ihrem Gefolge und die Amors bewundert, über den Ort der *gulosi*,
der Genußsüchtigen, über Paris, wo das Unglück des Guten herrscht und die
philosophi (Studierenden) erbärmlich leben, über die Burg des Ehrgeizes mit
den in Luxus schwelgenden Mächtigen und den heuchlerischen, treulosen
Höflingen, über den Hügel der Praesumptio mit den Verkehrtheiten der
Welt und der Cupiditas zum Schauplatz des Kampfes zwischen Avaritia und
Largitio. Auf der nächsten Station, der Insel Tylos mit ewigem Frühling, reden 13 antike Philosophen über die Laster, z. B. Plato über den Neid, oder gewisse Schattenseiten des Lebens, z. B. des Reichtums oder zu großer Freigebigkeit, aber gelegentlich auch lobend über Armut und einfaches Leben. Der
letzte, Pythagoras, zieht die Summe aus den Beschreibungen der Laster und
heißt die Welt, die er *res immundissima ... exundans viciis* (VII, 203 f.) nennt,
die jetzt auftretenden Sieben Weisen Griechenlands zu Führern aus dem
Taumeln und dem blinden Umherirren zu nehmen. Die Sieben preisen Gottesfurcht (Thales), Liebe zu Gott (Bias), Christi Humilitas und Mansuetudo
(Psittakos) ..., und schließlich empfiehlt Solon Praemeditatio und einige
Lebensregeln. Endlich (VIII, 289) erblickt Architrenius die Natur auf blu-
menumranktem Thron. Sie fordert, sofort redend, vom Menschen Dankbarkeit gegen Gott, der doch für ihn die Welt erschaffen und im Makrokosmus
seine grenzenlose Macht bekundet habe, und veranlaßt ihn zur Heirat und
Fortpflanzung (s. o.) – er hatte übrigens bereits auf die Aufforderung des ersten Weisen hin vom Weinen gelassen, mit dem er, der 'Erzweiner' (*Architrenius*, d. h. genauer 'Erzklager'), jeweils auf den Anblick der Laster reagiert
hatte.

Was in den Versen sofort auffällt, ist der kräftige Einschlag des Antiken,
schon im Incipit *Velificatur Athos*, ferner in den Namen, die fast alle aus jener Zeit stammen, oder am Schluß in den beiden Schmuckstücken des
Brautpaares, auf denen keusche Frauen und keusche Männer der Antike
abgebildet waren; bei den vielen Tugenden der Moderantia-Mitgift wird
deren antiker Charakter durch IX, 404 unterstrichen: *Nestoris examen, po-
lientis lima Catonis.* Für die Grundeinstellung im Epos genüge ein Hinweis: Das Heil des Menschen wird aus jener Quelle, aus der Antike, er-
wartet, s. etwa VIII, 1: *Omne bonum veterum labiis distillat.* Dementsprechend wird nirgends von der Erlösungstat Christi gesprochen; dabei wird
sein Name siebenmal genannt, viermal von denjenigen griechischen Weisen, die von Gott sprechen und von der Humilitas und Mansuetudo Christi (s. o.), der Menschengestalt annahm, in die Unterwelt hinabstieg und
den Himmel wieder öffnete (VIII, 41 ff.). Die Philosophen und Weisen
lehren vor allem antike Ethik und das ihr gemäße Leben.

Über die literarische Formung gibt die Komposition Aufschluß. Bei ihr war für Johannes anderes als das innere Gewicht entscheidend; das ging ja schon aus der erwähnten Art der Bucheinschnitte hervor: Am Schluß von I führte er die 'Descriptio puelle' ohne Zwischenbemerkung mit 'De residuo descriptionis puelle' in II fort. Die Dutzende von Stücken der Haupthandlung verband er hauptsächlich nur äußerlich durch die Himmelsreise miteinander; bei ihrem Ausbau verlor er nicht selten das Ganze aus dem Blick, so in den 193 Versen, in denen er die Schönheit eines für die Handlung bedeutungslosen Mädchens vom Scheitel bis zur Sohle ausmalte (S: 220), oder gar im Lob des Bacchus (II, 264–304), das nicht in seine Umgebung paßt, in der Anklage der *gulosi*. Auch im eigentlichen Bereich des Werks macht sich die Liebe des Autors zur Weitung bemerkbar; zweimal füllte er ein ganzes Buch mit der variierenden Behandlung eines einzigen Themas, das dritte mit Leben und Kämpfen der Studierenden, der *philosophi* in Paris und das vierte mit dem Ehrgeiz und Treiben der Mächtigen und Höflinge – im letzten setzen sich die 70 Verse mit der Beschreibung eines Wandteppichs (darauf ovidische Liebesgeschichten) als Einheit ab und ist etwa die Hälfte der unterschiedlichsten *descriptio loci* gewidmet, so daß sich davon das dritte Buch als geschlossenes Gebilde vorteilhaft abhebt.

Wichtiger als das Negative solcher Kritik, deren Auswahl hier genüge, ist das begründete Gefallen, das an dieser Dichtung das Mittelalter fand. Sie führte ja eine recht junge Gattung weiter, konnte durch die Buntheit und Verschiedenartigkeit des Stoffes, das antike Element und die ethische Tendenz auf größeres Interesse rechnen, aber auch durch die Eloquenz und den Glanz der Sprache; für deren Breite sei ein nicht einmal maximales Beispiel angeführt: Paris erhält II, 483 ff. dreißig zweigliedrige Epitheta ornantia.

Wie hoch das Mittelalter die vier Dichtungen schätzte, läßt sich leicht ihrer Überlieferung entnehmen. Vom Werk des Bernhardus Silvestris sind 35 Handschriften nachgewiesen, von den zwei Werken des Alanus 103 und 111, vom ›Architrenius‹ 25 – in 7 mit je einem oder zwei der verwandten Epen zusammen. Die Zahl bei Johannes ist zwar die niedrigste unter den vier, zeugt aber an sich, in der gesamten Überlieferung des Mittellateins betrachtet, dennoch für erhebliches Ansehen. Der ›Architrenius‹ stand im 13. und 14. Jahrhundert in hohem Ansehen, fand sogar Aufnahme in den Kanon der Schullektüre, wurde noch von den Humanisten empfohlen und noch 1517 wegen seines Stils und seiner enzyklopädischen Art gelobt. – Erwähnt sei, daß die Gattung im 13. Jahrhundert fortgesetzt wurde, um 1250 durch Pseudo-Ovidius ›De vetula‹ und um 1298 durch Matheus bzw. Matheolus ›Lamentationes‹.

Den zweiten Gipfel im Bereich der Epik erstiegen die beiden Epen über

Alexander den Großen und die Trojasage, die über die anderen mittelalterlichen Dichtungen dieser Stoffe hinausragten, die ›Alexandreis‹ des
Walther von Châtillon und ›Frigii Daretis Ylias‹ des Joseph Iscanus. Walther
dichtete sein Werk in Reims zwischen 1176 und 1182, publizierte es 1185
und widmete es dem dortigen Erzbischof Wilhelm; Joseph vollendete
ebenda die ›Ylias‹ c. 1189. Die Vermutung liegt nahe, daß sich die beiden
Autoren begegneten; vielleicht ließ sich Joseph durch die nur wenige Jahre
zuvor abgeschlossene ›Alexandreis‹ zu seinem Opus anregen. Jedenfalls
gehören die zwei Epen mindestens durch ihre antiken Themen zusammen.

WALTHER, c. 1130 bei Lille geboren und daher auch Gualterus ab Insulis
genannt, leitete nach Studium in Paris und Reims die Schulen in Laon und
Châtillon-sur-Marne, dazwischen war er für kurze Zeit in der Kanzlei
König Heinrichs II. tätig gewesen; nachdem er in Bologna Rechtswissen-
schaft studiert hatte, holte ihn Erzbischof Wilhelm von Reims als Notar
und Orator zu sich und verschaffte ihm danach ein Kanonikat in Amiens;
dort starb er gegen 1200.

Walther schrieb die wenig bedeutsame Prosa ›Tractatus contra Judaeos‹, deren drei Bücher die Judenmission fördern sollten; Vagantenlyrik
lag ihm nicht, vortrefflich aber moralische Satiren (S. 216). Mit seinem
Hauptwerk, der ›Alexandreis‹, fand er schnell außergewöhnlichen Beifall:
Sie verdrängte in der Schule z. T. die ›Aeneis‹.

Wie er in den ersten Versen ankündigte, wollte er die Taten Alexanders
auf der ganzen Welt (*totum per orbem*) sowie dessen Siege über den Perser-
könig Darius und den Inderkönig Porus besingen; daß er sich damit ein an
sich historiographisches Ziel setzte, wird durch seine Hauptquelle bestätigt, die ›Historiae‹ des Q. Curtius Rufus, die er zwar nicht nannte, an die
er sich aber – an einer Reihe von Stellen sogar im Wortlaut – anschloß.
Daß er aus überlieferten Fakten Dichtung schaffen wollte, davon zeugt
schon der Anfang durch die thematische Auswahl; er stellte sofort den
Zwölfjährigen mit einem Hauptmotiv vor, Alexanders Drang zu den Waffen; Aristoteles belehrte ihn über sein Verhalten im Kampf und beim Regieren und richtete damit schon den Blick des Schülers auf die Bezwingung der Welt. Der Dichter unterstrich das z. B. dadurch, daß er nicht den
bedeutenden Sieg am Granicusfluß gebührend herausstellte, sondern die
kleine Szene an Achills Grab; beim Opfer dort wünschte sich Alexander
dessen durch Homer gewonnenen Ruhm; zu solchem Selbstvertrauen
habe ihm, so bekannte er, ein Traumgesicht nach des Vaters Tod geholfen,
in dem ihm der Hohepriester von Jerusalem die Unterwerfung der ganzen
Welt (*omnem terram*) in Aussicht stellte.

Dem Asienfeldzug, der etwa drei Viertel von Alexanders Regierungszeit in Anspruch nahm, gab Walter den weitesten Raum (I, 349–IX, 580),
aber in ihm dem kriegerischen Geschehen nur zwei Fünftel, nur drei

Schlachten und einer Stadterstürmung – so drängte er z. B. die schwierige Bezwingung von Tyrus, die doch Alexander sieben Monate zu schaffen machte, auf einen Tag und 57 Verse (III, 278 ff.) zusammen. In jenen vier Szenen wird die Aristie Alexanders in den direkten Schilderungen variiert. In der Schlacht bei Issus (III, 1–214) setzte er, der Darius sofort zu stellen trachtete, durch den Einzelkampf mit dem syrischen Präfekten Aretas ein anspornendes Vorzeichen und zeigte sich später als Edelmann, der sich lieber verwunden ließ, als daß er einen so trefflichen Astrologen wie Zoroas tötete, wie der es wünschte. Zu Beginn der zweiten Schlacht (bei Arbela V, 1–375) begeisterte er seine Krieger, indem er einen Elefanten, mit dem ihm ein Inder zusetzte, durch Pfeilschuß zu Fall brachte, und sogleich einen schwarzen Riesen besiegte; dann griffen Götter ein (205–312), indem Mars durch Bellona ihn vergeblich davon abzubringen suchte, Darius töten zu wollen. Im ersten Kampfgeschehen des 9. Buches (48–325) erfand er und wandte er beim Überqueren des sehr breiten und tiefen Hydaspesflusses eine Kriegslist erfolgreich an und sorgte für den schwerverwundeten Hauptgegner, König Porus, den er dann unter seine Freunde aufnahm; bei der anschließenden Eroberung der Sudraker-Stadt (344–425) wurde das Letzte an Kraft und Mut von ihm gefordert, als er, allein über die Stadtmauer gesprungen, sich lange mit schweren Wunden gegen Übermacht behaupten mußte – und dem Arzt sprach er dann noch Mut zu, den tief sitzenden Pfeil herauszuziehen.

Damit erreichte der übermäßige Anforderungen stellende, langwierige Asienfeldzug seine Krönung; in ihm gab es genug Gelegenheiten, die Qualitäten Alexanders als Einzelkämpfer, Feldherr und König an Körper, Geist und Seele noch sichtbarer werden zu lassen. Hierbei achtete der Dichter wenig auf Äußeres, so daß die geographischen Angaben öfter durch ihre Dürftigkeit verwundern.

Im 10. Buch gelang es ihm, das Vorhergehende zumeist kraft eigener Phantasie deutlich zu überhöhen und die Gipfelung des Ganzen zu erwirken, das schon dadurch, daß er das Buch auf den Tod Alexanders konzentrierte und mit ihm abschloß, z. B. nicht mehr anfügte, was Curtius X, c. 6–10 über die Nachfolger berichtete. Dem ersten Drittel verlieh er in Ort und Personen ein überweltliches Gepräge (V. 6–167); die Handlung verlief zunächst für kurz über der Erde, dann hauptsächlich unter ihr, in der Unterwelt, der Hölle, und wurde nicht mehr von Menschen, sondern überirdischen Wesen getragen, außer der Natura von den Lastern Habgier, Hochmut usw. unter Regie des Schlangenherrschers, des Teufels Leviathan. Mutter Natur stieg hinunter und gewann die Mächtigen zur Vergiftung Alexanders. Curtius hatte die Giftversion nur als Annahme hingestellt, die er nicht einmal am richtigen Platz einfügte, und sie durch eine zweite Version relativiert.

Im zweiten Drittel (168–329) erstrebte Alexander die Heimkehr nach Babylon und befahl den Bau einer Flotte in Syrien, um die Herrschaft über die Reiche in Nordafrika und im Okzident zu gewinnen; zur Hauptsache (216–329) nahm er in Babylon, im Ornat als *monarcha* auf dem Thron sitzend, die Huldigung der genannten Reiche an, die sich zu diesem Akt durch den Orient-Triumph Alexanders getrieben fühlten. – Das letzte Drittel, kürzer als das erste und zweite, d. h. noch sublimierter (und kräftiger) gezeichnet, ist so sehr auf den Tod eingestellt, daß für die fast den ganzen Tag dauernde Siegesfeier kaum sechs Verse gelassen sind; es beginnt mit Vorzeichen, bei denen an die zur Geburt Alexanders erinnert wird, und endet mit den letzten Worten des Sterbenden und der Ankündigung, die Leiche werde in die Stadt seines Namens überführt werden.

Aus der bisherigen Betrachtung, die auf den Inhalt nur oberflächlich einging, ist das Wichtigste zum Urteil über die poetische Leistung fast ausgespart, nämlich weswegen die Götter beschließen, ein solches Heldenleben (schnell und durch Vergiftung) auszulöschen. Die Hauptquelle Curtius bot dazu wenig; der betonte zunächst die guten Eigenschaften, wobei er durchaus schlechte erwähnte, schilderte in Alexander seit dem Tod des Darius einen durch seine Erfolge unheldenhaften, widerwärtigen, grausamen Tyrannen und listete erst nach seinem Tod die Tugenden auf, die er in seinem ganzen Leben besaß. In der ›Alexandreis‹ haben dagegen Götter den König unterstützt – von ihnen sprach Curtius überhaupt wenig. So schickte die Königin und Göttin Victoria vor der entscheidenden Schlacht von Arbela den Schlaf, weil Alexander in der Nacht davor nicht zur Ruhe kam; vor allem spendete die Göttin Fortuna Beistand, so daß er vor der Schlacht von Issus seine Krieger ermutigte, sie hätte ihm stets geholfen und böte ihm jetzt den Sieg und die Weltbeherrschung an; sie machte ihn noch vor dem Tod zum *monarcha*. Entsprechend lauten seine Epitheta, z. B. *ultio divina* oder *caelestis*. Doch als er am Schluß des Asienfeldzugs erklärte, weil ihm diese Erde zu klein sei, werde er jetzt die andere (*alium orbem, alias terras* etc.) erstreben, sah das die Göttin Natura, die Mutter alles Geschaffenen, als Schändung an, weil er in ihre besonderen Bereiche vordringen wollte, und wiegelte die Hölle, den Teufel samt den Lastern, auf, weil er ihnen allen zur Pest geworden sei und schließlich durch die Hölle zu erobern gedächte. Gegen deren Entschluß und das Fatum gäbe es kein Aufbegehren: Fortuna könnte nicht einmal Vergiftung in Schwerttod umwandeln, auf ihre immer wieder gereichte *medicina* bestünde jetzt keine Hoffnung mehr. – Und Alexander, der von der tödlichen Gefährdung nichts erfuhr? Er dachte nicht, daß er mit dem Hinausgreifen über diese Erde das Mißfallen der Götter erregen könnte (IX, 563 f.), und wollte dort auch sterben, *si Fortuna ferat* (IX, 577). Noch deutlicher wurde der Sterbende: Er werde nun auf Ratschluß Jupiters und der Überirdischen auf den Thron in den Sternen gezogen, obwohl er selber nicht wolle und sich sträube (X, 416 f.).

Die beiden Erzählgruppen, Alexander mit seinen Leuten und die Überirdischen, sind vom Epiker wohlbedacht abgegriffen, charakterisiert und aufeinander bezogen sowie in den Raum der heidnischen Antike eingepaßt. Die Einzigartigkeit Alexanders und seines Lebens bildet von Anfang bis zum Schluß die Mitte und tritt noch zuletzt dadurch auffällig hervor, daß die Götter für seinen Tod nur hinterlistiges Gift anzuwenden wagten und daß Alexander noch auf dem Sterbelager phantastische Pläne äußerte. Das ist kühn, aber folgerichtig gesehen, so daß ein solches Ende eines solchen Lebens überzeugen kann.

Wohl nicht übergangen werden darf ein gewisser christlicher Einschlag. So begegnen z. B. biblische Namen wie Jehenna und Leviathan, der auch alttestamentlich *antiquus serpens* genannt wird. Auf Christus Bezug genommen wird bereits im ersten Buch bei Jerusalem, auf den Tod des jungfräulich Geborenen dort, oder bei Tyrus auf dessen Wiedererrichtung *sub Christorum Christo*; in den auf 94 Verse ausgedehnten Bilddarstellungen auf dem Grabmal von Darius' Gattin nach dem ganzen Alten Testament (genannt ist die ›Genesis‹) werden jeweils die Hinweise auf das Neue Testament beachtet (in dem aus Daniel ausgehobenen Zitat steht *Christus*). Zwei Stellen fallen in dieser Hinsicht auf. Am Ende des 5. Buches wird zunächst Alexander bei der Feier seines Triumphes in Babylon weit über Cäsar, Stilicho sowie Honorius gestellt, in den letzten elf Versen aber die Ausbreitung des Christentums über die Erde in fast visionärer Art gefeiert, dabei fallen die Namen *Christus* und *Jesus*. Wenn in der Höllen-Partie des 10. Buchs c. 30 Verse auf die verschiedene Bestrafung der Sünden verwandt werden, so wird die Schauerlichkeit des unterirdischen Reiches, auf dessen Bewohner (der Erde *monstra*) die Mutter Natur einen schrägen Blick beim Abstieg dorthin wirft, kräftig unterstrichen und die Planung des feigen Giftmords durch entsprechenden Hintergrund charakterisiert. Allein mit der Handlung zu tun hat in jener Partie die Furcht des Teufels, daß jener Einzige, der in die Hölle verheerend einbrechen werde, Alexander sein könnte: Im Epos werden nur hier Alexander und Christus bzw. Christentum in Verbindung gebracht.

Ganz am Schluß, nach Alexanders Tod, meldet sich in 22 Versen der Seelsorger mahnend zu Wort, nicht äußeren Gütern wie Schätzen, Ruhm und Ehre nachzujagen, sondern an die unvergänglichen zu denken sowie an das Ende; das lehre beispielhaft Alexander, dem diese Erdenwelt nicht groß genug war und der sich nun mit einem fünf Fuß kleinen Grab bescheiden müsse.

Die christlich-mittelalterliche Einblendung, die sogar das Ende des 12. Jahrhunderts mit dem französischen König und dem Erzbischof von

Reims (V, 512 und 520) einbezog, blieb zwar knapp, zumal der Hauptheld nicht christlich oder höfisch modifiziert wurde, führte aber nicht zuletzt dazu, daß das Publikum diesem Epos so viel Beifall zollte – dabei konnte man in ihm auf den gewaltigen Abstand zwischen den Kulturen aufmerksam werden – und verstärkte das Interesse an einer schon damals recht fernen Welt.

Was zur ›Alexandreis‹ zog, war ferner die Höhe ihrer äußeren Gestalt. Aus ihr spricht intensives Studium der antiken Dichtung, besonders des Vergil, Lukan, Ovid; daraus resultiert volle Beherrschung des Lateins, die jedoch zu keiner spezielleren Anlehnung führte, sondern zur individuellen Formung, dementsprechend nicht zu ganz antiker Färbung, zwar zu derartiger Grundtönung, aber überall mit biblischen, mittelalterlichen Eigenheiten (*consul, quirites* oder *senatus* haben keine antike Bedeutung, es finden sich biblische Wörter wie *anathema* oder *baptismus*, mittelalterliche wie *diescere* oder *viella* – in der Syntax z. B. *quod*-Satz statt a. c. i.-Konstruktion, in der Metrik etwa oft eine kurze Silbe in der Arsis). Die Sprache zeichnet sich durch Gehobenheit und Schwung aus, der Vers durch Mühelosigkeit und Geschick.

JOSEPH ISCANUS (aus Exeter / Südwest-England), Neffe des Erzbischofs Thomas Balduin von Canterbury (1185–1191), lebte unter den Königen Heinrich II. (1191†), seinen Söhnen Richard (1199†) und Johann (1216†) und starb c. 1210. Wegen des von seinem Oheim erhaltenen Auftrags, den Dritten Kreuzzug zu beschreiben, begleitete er ihn nach Palästina; nur ein Fragment von 25 Hexametern ist von diesem Epos erhalten, ›Antiocheis‹ benannt nach dem zweiten Antiochus Epiphanes, dem damaligen Sultan Saladin von Ägypten und Syrien. Im Frühjahr 1190 dichtete er die Sequenz ›De beato Martino‹ (70 Verse) und die 75 Distichen ›De laudibus virginitatis‹.

Vor diesen drei Texten verfaßte er ›Frigii Daretis Ylias‹, ein Epos von 3673 Hexametern. Wie der Titel besagt, benutzte Joseph als Hauptquelle ›De excidio Troiae historia‹ des Dares Phrygius, eine Prosa mit 44 knappen Kapiteln, die an Trockenheit und Dürftigkeit in Inhalt und Sprache kaum zu überbieten ist; was in die Augen springt, sind zum einen unglaubliche Übertreibungen: die Kämpfe kosteten jeweils „viele tausend" Tote, insgesamt 676000 Trojaner und 886000 Griechen; zum andern sind ganze Kapitel mit aufgereihten Namen gefüllt, das 14. mit den griechischen *duces*, bei denen jeweils die Zahl ihrer Schiffe vermerkt ist, die Gesamtzahl: 1130, und das 18. mit den trojanischen Bundesgenossen und ihrer Heimat. Daß Joseph derartiges wegließ, im übrigen auch sonst so manches, versteht sich, da sein Ziel große Dichtung war. Das kann etwa in der Revue der Hauptpersonen im Kapitel ›Descriptio principum‹ (IV, 35–207) mit deren zwölf auf trojanischer und neunzehn auf griechischer Seite deutlich

werden, wenn man sie mit der Revue bei Dares C. 12 und 13 vergleicht.
Gewiß übernahm Joseph gelegentlich ein eben charakteristisches Epitheton wie *imperii cupidus* bei Paris, mied jedoch durchgehend, was solcher
Eigenschaft entbehrt, oder gab andere Epitheta versgemäß wieder (*fortis*
mit *strenuus armis* oder *velox* mit *pede praeceps*). Von den sieben Hexametern über Paris preisen die letzten dreieinhalb das Haar an Stirn, Wange
und Ohr und zu Beginn seinen Träger: *habiles prolatus in armos Siderea
vernat acie.* Dieser Vers läßt sich wohl als rhetorisch und maniriert interpretieren, aber nicht als ins Hohle, Überspitzte entglitten. Damit ist in
etwa das Niveau angedeutet, auf das Joseph Sprache und Stil gehoben hat:
Es ist doch wohl höher als das der ›Alexandreis‹. Daß die ›Ylias‹ nicht
leicht zu verstehen ist, weswegen sie dringend der Kommentierung bedarf,
dafür spricht anscheinend auch die Überlieferung: Es gibt nur fünf vollständige Handschriften, diese stammen alle aus dem 13. Jahrhundert.

c) Die volkssprachlichen Literaturen

α) Die mittelenglische Literatur

In der volkssprachlichen Literatur Englands dominierte seit 1066 die
französische Sprache, bzw. die anglonormannische, d. h. der französische
Schriftdialekt, der dort nach der normannischen Eroberung dreihundert
Jahre verwandt wurde und im 14. Jahrhundert dem Englischen weichen
mußte – wer noch Ende dieses Säkulums Französisch gebrauchte, nahm
das kontinentale. Das Englisch, das als das Heimische, Verwurzelte nur
zeitweise zurückgedrängt, durch das Fremde aber auch gestärkt werden
konnte, litt unter starker Dialekt-Differenzierung und durch Mangel an
zentraler Förderung; doch wurde in ihm Tradiertes bis ins 12. Jahrhundert
abgeschrieben, die angelsächsischen Annalen (›Anglo-Saxon Chronicle‹)
wurden fortgesetzt, die alten Balladen und Lieder weiter gesungen und
z. B. von Heinrich von Huntingdon (S. 189) einige von ihnen in seine ›Historia‹ eingefügt. Die mittelenglische Literatur hatte ein einfacheres, weniger geschultes Publikum als die in den beiden anderen Sprachen im Auge.
    Worin sie zunächst ans Altenglische anknüpfte, war Prosa und war nur
in geringer Zahl weltlich – so die ›Proverbs of Alfred‹, eine Sprichwörter-
sammlung mit allgemeinen Lebensregeln u. ä. –, um so mehr religiös, so
Predigtsammlungen wie die ›Bodley-‹ oder ›Kentish-Homilies‹, auch erbauliche Traktate wie etwa ›The history of the Holy Rood Tree‹. In dieser
christlichen Prosa trat um 1200 kunstvolle Gestaltung auf in der Meiden-
hard-Gruppe mit drei Heiligenleben, in ›Sawles Warde‹ (Verteidigung der
Seele gegen die Laster, die in ihr Haus dringen wollen) oder in der Non-

nenregel ›Ancrene Riwle‹ für drei höfische Damen, die ins Kloster gegangen waren, ein vorzügliches Erbauungsbuch, dessen Stil an lateinischer und französischer Literatur geschult einen eigenen Stil meisterlich geformt präsentierte – um 1230 für größere Kreise erweitert (›Ancrene Wisse‹), kam es zu großem Erfolg.

In Versen (c. 400), nicht mehr alliterierenden, sondern rhythmischen, gereimten Fünfzehnsilblern, wandte sich das ›Poema morale‹ (um 1170) an die Stände, stufte ihnen gemäß die Pflichten gegen Gott ab und mahnte besonders die Reichen an die Todes- und Höllenqualen; es ist streng gegliedert, hat einen am Latein geschulten, klaren Stil, befriedigt jedoch im Poetischen nicht recht (war jedoch sehr verbreitet). Noch weniger tut das die Evangelienharmonie des Mönches Orrm aus Lincolnshire ›Orrmulum‹; er paraphrasierte den Bibeltext gut verständlich, aber zu breit und nüchtern und fügte einen noch umfänglicheren Kommentar mit vierfacher Schriftauslegung hinzu. Er bemühte sich, die breite Masse der Ärmeren zu erreichen; doch blieb ihm die Verbreitung versagt.

An poetischer Mächtigkeit blieben in ihrer Zeit zwei Werke allein, beide um die Jahrhundertwende entstanden, zum einen das Streitgedicht von 897 Reimpaaren ›The Owl and the Nightingale‹: darin stehen sich die zwei Weltanschauungen gegenüber, einerseits Höfik und Humanismus des 12. Jahrhunderts, wonach erfreut, was Gott erschuf, und die Liebe, die sittliche Vervollkommnung ganz ermöglicht, andrerseits volle Einstellung aufs Jenseits und Askese; eine Lösung bleibt aus, sie scheint auch nicht möglich. Direkte Vorbilder schimmern weder im Stoff noch im Vers und in der Sprache durch; Poesie wird nicht durch Didaxe und Dialektik geschmälert, die höfische Lebensanschauung durch natürliches Sentiment überwunden. So entsteht nicht zuletzt durch Humor ein Bild voll des Menschlichen.

Der in Ernley (Arley) am Severn lebende Priester LAYAMON trachtete, mit ›Brut‹, einem Epos von 32 241 Versen seinen Landsleuten die Heldentaten der Vorfahren nahezubringen, und gestaltete Waces ›Roman de Brut‹ kräftig um, äußerlich (s. den doppelten Umfang und den vorherrschenden Stabreim) wie innerlich. So machte er Arthur, dem er ein Drittel der von Brutus bis 689 reichenden Chronik einräumte, zum grimmigen Helden, der sich vom 15. Lebensjahr an in stetem Kampf und Krieg heroisch bewährt. Am weitesten ab von der nüchternen, im Realen verhafteten Einstellung Waces, auch von der höfischen Welt liegt die mit Nachdruck eingebrachte Märchen- und Zauberwelt mit Merlin und seinen Weissagungen oder in der Entstehung der Tafelrunde; am eindrucksvollsten ist sie bei Arthurs Entrückung ausgeführt. Durch Belesenheit in französischer und lateinischer Dichtung, mit gefühlsstarkem Nacherleben und mit Phantasie vollbrachte Layamon mit dem größten Epos zwischen ›Beowulf‹

und Chaucers ›Canterbury Tales‹ eine ungewöhnliche Leistung; er legte die englische Formung einer Großerzählung vor, die aber durch das Übergewicht der französischen Epen ohne Nachfolge blieb.

Kaum Erwähnung verdienen die wenigen lyrischen Gedichte, c. 14 an Zahl bis zur Mitte des 13. Jahrhunderts, zumeist mit geistlichen Themen; sie waren in lateinische Prosa eingefügt. Ein einziges Stück ist weltlich, ein Liebeslied, und enthält auch höfische Motive.

β) Die altfranzösische Literatur

Wie sich von selber versteht, wuchs jetzt die religiöse Dichtung, die sich zuvor erst sporadisch geregt hatte (S. 116 f.), empor, wurde jedoch von der aufschießenden höfischen beiseite gedrängt. Der anglonormannische Dichter Wace von Jersey (c. 1100–c. 1175), der mit seiner epischen Poesie auf die höfische in Stoff und Form stark einwirkte (S. 191), verfaßte drei Heiligenlegenden in Versen, unter ihnen eine auf die Gottesmutter, deren Kult um die Mitte des 12. Jahrhunderts volkstümlich wurde; Benedictus fand mit seiner Brendanlegende (S. 194) großen Anklang. Die erbauliche Legende von der Bekehrung des indischen Königssohns Josaphat durch den Eremiten Barlaam übertrugen aus lateinischer Übersetzung um 1200 Chardry (2954 V.) und etwas später Gui de Cambrai besser in französische Verse. Eines wieder anderen Sujets nahm sich Marie de France (S. 230) in ›Expurgatoire de Saint Patrice‹ an, in der sie die Jenseitsfahrt des Ritters Owen aus dem Latein in gefällige Verse goß. Für sich steht die ›Vie de Saint Thomas le Martyr‹; Garnier de Pont-Saint-Maxence, aus innerem Erleben getrieben, schuf ein sehr eigenes, in manchem geradezu kühnes Gedicht auf Thomas Becket nach dessen Ermordung.

In der Periode der 'Vollendung' die anglonormannische Literatur von der übrigen französischen abzuheben oder die beiden nach ihrer Zugehörigkeit zu den beiden politischen Großräumen zu scheiden, ist nicht erforderlich. Die französische Produktion überwog gegenüber der anglonormannischen. Der englische Königshof hatte schon durch Heinrich I. und besonders seine zweite Frau Adeliza auf französisch schreibende Autoren anziehend gewirkt, auf Philippe de Thaon, den Mönch Benedictus und Gaimar (S. 194). Der Hof zog dann durch Heinrich II. und vor allem Eleonore mehr als die Hälfte der kontinentalfranzösischen Schriftsteller an und wurde zum europäischen Kulturzentrum. Dahin kamen nicht wenige Troubadoure, darunter Bernart de Ventadorn (S. 231); dort wurde Wace mit dem ›Roman de Brut‹ beauftragt (S. 191), einer Versbearbeitung der ›Historia regum Britanniae‹ Geoffreys von Monmouth (S. 190) und dichtete Marie de France, die ihren Lais (Versnovellen) Inhalt und Form der Höfik (1165–1175) gab und sie ihrer englischen Umwelt vermittelte. Von den zwei weltlichen Literatur-Neuschöpfungen, deren Mächtigkeit sich nicht zuletzt darin ausprägte, daß sie sich auf Europa ausbreiteten, entstand am frühesten die höfische Lyrik in Südfrankreich, später in Nordfrankreich die Matière de Bretagne, deren Werke sich in der Stärke des höfischen Gehalts aufs deutlichste von den anderen epischen Gattungen unterscheiden. Wenn dieses Neue vom Französischen in weitere Volkssprachen drang (jedoch so gut wie nicht ins Latein), so wird offenkundig, wie mächtig und selbständig jene in kurzer Zeit geworden waren, was für Energien ihnen innewohnten. Diese Literatur wurde kaum mehr von der Geistlichkeit getragen, sondern hauptsächlich vom Ritter, dessen vielgegliederter Stand die kulturelle Führung übernommen hatte. Daß der Ritter lateinisch gebildet und trotz der Muttersprache in Sinnen, Trachten und Fühlen universal gerichtet war, entsprechend auch seine Dichtung, führt am besten die Epik von König Artus und seiner Tafelrunde vor Augen; dieser höfische Roman per excellence wurde zum europäischen Roman.

Das Wesentliche dieser Standespoesie, das hier nur im Anfänglichen und Allgemeineren aus der altfranzösischen und mittelhochdeutschen Minnelyrik herausgeholt werden kann, bildete der Minnedienst, in dessen Mitte die höfische Liebe (*amour courtois*) stand, d. h. eine Liebe, für die die Höfik Voraussetzung war. Die Zentralmotive waren das Preisen und das Werben um die Gunst einer Dame, die hoch über dem Sänger stand und verheiratet war, was weniger ausgesprochen als still vorausgesetzt wurde, und deren Anbetung durch Dienen, das Geheimhaltung forderte und nur Decknamen erlaubte. Gegen das Werben erhoben sich Widersprüche; die Dame zeigte sich spröde, Hüter suchten sie zu beschirmen, Nebenbuhler und Verleumder ihr Mißtrauen zu wecken. Das Wesentliche bestand bei der Minne im Abstand, bei ihrem Lied in Freude und Sehnsucht, Klage und Schmerz. Der Minnedienst war ein mehr galantes, ein gesellschaftliches Spiel, zu dem das Minnelied erklang, und trug die Unterhaltung der höfischen Gesellschaft.

Diese Poesie ist im Grunde idealistisch, erscheint mehr traumhaft und zugleich fürs höfische Dasein vorbildlich. So bleibt manches in Spannung und wirkt fast paradox. Der Dienst hat strenge Regeln, der Minner trachtete jedoch, sich darüber hinwegzusetzen. Der Dienst zielte auf Lohn und war doch ohne wirkliche Aussicht; vor allem widerstritten sich körperliche Liebe und Vergeistigung schon in der von der Dame erwarteten Huld, daß nämlich der Liebesgenuß erstrebt wurde und es dabei blieb.

Die Vorgeschichte und die Quellen der höfischen Lyrik liegen weithin im dunkeln. Der Vergleich mit den Liedern anderer Völker in ähnlichem

Entwicklungsstand gibt zu Vermutungen Anlaß. So belegen z. B. die
Khardjas (S. 184) aus dem 11. Jahrhundert früheste volksmäßige Lyrik in
andalusischem Dialekt, die aus mündlicher Tradition zu hebräischen und
arabischen Kunstliedern gefügt wurde. Dann mancherlei Einschlägiges im
Mittellatein! Die Liebesdichtung Ovids und anderer römischer Autoren
gehörte zur ständigen Lektüre im Mittelalter, antike und christliche Elemente, dazu erotischer Einschlag wurden in Preis-, Freundschafts- und
ähnlichen Gedichten verbunden, von Venantius Fortunatus an, dessen Ly-
rika an Radegunde gute Beispiele hierfür darbieten; noch bessere gibt es in
dem Briefwechsel adliger Damen mit Geistlichen in einer Regensburger
Handschrift des 11. Jahrhunderts und in der Tegernseer Sammlung von
Liebesbriefen (12. Jahrhundert). Liedhaft ist diese mehr gelehrte Poesie
selten, ist aber die Vagantendichtung ganz, die sich von der Höfik allein
schon durch den Bacchuskult unterscheidet und in der Pastourelle durch
klarste Erotik.

Mit dem Rittertum wurde die Minnelyrik in Frankreich immer mehr ty-
pusartig ausgeformt, sie wurde in Deutschland bald aufgenommen und
ausgestaltet (S. 278). Bereits in den (elf überlieferten) Gedichten des ältesten Troubadours, WILHELMS IX., des Herzogs von Aquitanien und Grafen von Poitiers (1071–1127), sind, doch wohl schon vor 1100, die Grund-
motive des Minnedienstes angeschlagen sowie dessen Artung und Stil gefestigt, und zwar nicht in einem Dialekt, sondern in einer überregionalen
Kunstsprache, die für alle Troubadours verpflichtend wurde. Zu ihrer ersten Generation, etwa 1130–1150 dichtend, gehörten CERCAMON und
Marcabru, zugleich zum Hof von Poitiers – Cercamon dichtete einen
'planh' auf den Tod Wilhelms X. (1137†). In den Liedern der beiden sind
Form und Stil, Motivik und Einstellung jenes Genres ausgebildet; sie wurden dann verfeinert und variiert. Cercamon äußerte sich in den 7–8 überlieferten Liedern etwas steif und gefesselt, MARCABRU jedoch in seinen 45
temperamentvoll und in der Form gezügelt; er kam zu der neuen, dunkeln
Kunstart des *trobar clus* (dem Dichten in geheimnisvoller, verschlüsselter
Manier). Dieses sich rasch verbreitende Trachten nach Versteckspielen,
wodurch Kalkül und Fiktion in die Lyrik einzogen, äußerte sich in den
Versen des JAUFRÉ RUDEL, des Fürsten von Blaye, (gegen Mitte des
12. Jahrhunderts) dahin, daß er die Liebe zum Scheinbild einer Prinzessin
mit solcher Kunst darstellte, als ob es sich um eine leibhafte Person han-
dele. Bei BERNART DE VENTADORN (1125/30–c. 1195) sind reales Erlebnis
und poetische Eingebung in den c. 40 Liedern vereint, die er nur der Liebe
widmete; er baute sie streng nach den Gesetzen des *trobar leu* (des Klaren,
Einfachen, Aufrichtigen). Man hält ihn wohl nicht zu Unrecht für den
hervorragendsten Poeten in der ersten Periode jener Lyrik.

Diese älteste volkssprachliche Lyrik des europäischen Mittelalters fand schnelle Verbreitung – über 400 Troubadours sind mit Namen bekannt – und glitt in ihrer Masse zu Formelhaftigkeit, Schematisierung u. ä. ab. Früh gelangte sie nach Spanien; früh hielt z. B. König Alfons II. von Aragon-Katalonien (1196†), der ja auch Graf der Provence war, diese Dichter mit reichen Geschenken und festem Gehalt an seinem Hof; sie zogen bereits Ende des 12. Jahrhunderts an die Fürstenhöfe in Oberitalien, so an den des Markgrafen von Montferrat; dorthin wandten sich viele nach Ausbruch der Albigenserkriege. In der Toscana wurden fast alle großen Sammelhandschriften angelegt, in Südfrankreich dagegen nicht eine.

Natürlich wurde diese Poesie auch nach Nordfrankreich getragen, und zwar auf verschiedenen Wegen, nicht zuletzt durch Eleonore von Aquitanien (1122–1204), die 15 Jahre lang als Gemahlin Ludwigs VII. Königin von Frankreich war und nach der Vermählung mit Heinrich Plantagenet 1154 Königin von England wurde. Nachdem sie den französischen Hof verlassen hatte, lebte dort das Mäzenatentum weiter durch ihre Töchter Marie und Alice, auch durch Ludwigs dritte Gemahlin Adele. Für die Stärke des provenzalischen Imports zeugt die Überlieferung von über 100 provenzalischen Gedichten in französischen Liederhandschriften (umgekehrt sind es nur 20); der wohl fiktive Minnestreit in Buch I und II von ›De amore‹ des Andreas Capellanus, der am Hof von Champagne 1182/86 beurkundet ist, führt die für Nordfrankreich in Stoff und Themen neue Liebesauffassung in Traktatform lateinischer Prosa vom weltlich-aristokratischen Standpunkt aus vor und läßt um sie außer den genannten hohen Damen, von denen Alice fehlt, auch Eleonores Nichte Elisabeth kämpfen. Bezeichnend ist schon, daß die zwei Lieder des ältesten Trouvère HUON III. von Oisi / Picardie (1189†) ein Kreuzzugslied – dies Thema lag dem spröderen Norden näher – und eine fast schwankhafte Darbietung eines Frauenturniers sind. Und sein Schüler CONON DE BÉTHUNE (1219†) fertigte Minnelieder mit leichter, flotter Hand, ohne ihnen Tiefe zu geben, und karikierte einmal den Minnedienst recht witzig. Im ganzen vermochten die Trouvères, die etwa fünfzig Jahre später als die Troubadours zu dichten begannen, anfangs wegen der wenig veränderbaren Konventionen nur geringe Variationen anzubringen; sie gestalteten einige Formen nicht, andere wie die Pastourelle spürbar aus.

Die Epik wuchs in Nordfrankreich etwa gleichzeitig mit der Lyrik des Südens empor; ihre Größe kam nicht nur durch Umfang, Fülle und verschiedenartiges Genre zu imponierendem Ausdruck, sondern nicht selten auch durch hohe Kunst, die bereits das älteste Werk auszeichnet, ›La chanson de Roland‹. Dieses Heldenepos (4002 V.) schuf der sonst unbekannte TUROLDUS zwischen 1090 und 1100 im normannischen Norden, wie die Sprachfärbung der ältesten Handschrift und das lokale Vorkommen des Namens damals bekunden. Dem gebildeten Kleriker gelang es, die Handlung folgerichtig auf die Katastrophe hin anzulegen und den Kampf für Frankreich als Glaubenskampf auszuführen; die Hybris, durch die die Helden ihre Vernichtung selber verschulden, verurteilte er; über diese Niederlage führte er mit dem Sieg Karls des Großen über den heidnischen Gegner hinweg, wozu der Erzengel Gabriel hilft, auf daß die gerechte Sache triumphiert. Durch Überhöhung und Übertreibung suchte er zu veranschaulichen, Anstößiges oder Grobes verständlicher zu machen und in Grundzügen eine gewisse Größe zu geben. Die Wirkung der Chanson war außergewöhnlich und griff aktivierend auf andere Länder über, vgl. etwa das ›Rolandslied‹ des Pfaffen Konrad (S. 276).

Nicht nur jener Grundeinstellung ist Altertümlichkeit zu eigen, sondern auch Sprache und Stil, so z. B. in der Wiederholung ganzer Versgruppen ('Wiederholungslaissen') – dieses Kunstmittel findet sich auch in damaligen Epen. In diese Frühzeit lassen sich wohl noch einige andere 'Chansons' setzen, so das nur fragmentarisch erhaltene Heldenlied von ›Gormond et Isembard‹, in dem sich der Sieg Ludwigs III. über die Normannen 881 widerspiegelt.

Um die Mitte des 12. Jahrhunderts schwoll solche Heldenepik, die Chanson de geste, sich innerlich und auch äußerlich wandelnd, zu einer umfänglichen Modegattung an, die sehr oft keine höhere Stufe künstlerischer Formung erreichte und vorbildlichen Mustern nachgebildet war. Von den Zyklen, die um hervorragende Epenhelden schon der Epiker Bertrand de Bar-sur-Aube um 1200 zusammenstellte, umfaßt der erste die Karls- oder Königsgesten mit den Kriegen Karls des Großen, wozu das Rolandslied und schließlich im ganzen neun Gesten gehören, der zweite die Auflehnung einzelner Vasallen (schließlich sechs) und der dritte die Wilhelmsgesten mit Guillaume d'Orange (Wilhelm von Toulouse) im Mittelpunkt (dreizehn, besonders eigen geformt). Dazu treten, mit damaligen Geschehnissen stärker befaßt, zwei Kreuzzugszyklen (sechs und drei), ein Lothringer- und ein Nanteuilzyklus (vier und fünf). In den Hauptgestalten wurden Grundprobleme der damaligen Gesellschaft dargeboten, z. B. das Verhältnis des Königtums zum Christentum und Rittertum oder das zwischen Lehnsherr und Vasall. Man zielte nicht nur auf spannende Unterhaltung, sondern auch auf politische und nationale Wirkung, man führte durch Verbindung mit der Geschichte, auch wenn man sie nicht rein erfassen wollte und konnte, zu einer Wahrheit, die moralischen Nutzen zu stiften vermochte. Dagegen ging es in den Antiken- und Artus-Romanen nicht wie hier um Ideologisches, sondern um Individuelles in Abenteuer und Liebeserfüllung.

Etwa gleichzeitig mit den Chansons de geste wuchs als zweite Epengattung der Antiken-Roman empor. Wegen seiner gelehrten Welt fand er vergleichsweise wenig Bearbeiter und wenig Publikum, auch wenn er sich bemühte, das Antike dem Mittelalter zu erschließen und anzupassen, dabei über die historische Einbindung sich hinwegsetzend – man achtete ja seit langem, durch die landläufige Fabel von der trojanischen Abkunft der Franken, auf die Kontinuität mit der Antike; und Chrétien sprach im Anfang des ›Cligés‹ davon, daß der erste Ruhm der Bildung und des Christentums Griechenland zustände, von wo er nach Rom und schließlich für immer nach Frankreich gekommen sei.

Diese zweite Gattung begann um 1130 mit dem Alexanderepos des Alberic von Pisançon(?), der sich in Achtsilbern (nur 105 sind erhalten) mit der Jugend und mit den Taten des Mazedonierkönigs bis zur Belagerung von Tyrus befaßte; das wurde 1160–65 in Zehnsilber (nur z. T. überliefert) umgearbeitet und um 1185 von Alexandre de Paris zur Branche I seiner Standardfassung in Zwölfsilbern. Der Branche II liegt die von Eustache um 1170 zu jener Belagerung frei erfundene Episode ›Le Fuerre de Gadres‹ zugrunde, die jener Alexandre um 1185 kräftig änderte und einpaßte. In der umfangreichen Branche III (über 8000 Zwölfsilber) schilderte Lambert le Tort von Chateaudun um 1170–75 die Zeit von des Darius Niederlage und Tod bis zu Alexanders Vergiftung – erhalten nur in zwei erweiterten Bearbeitungen, einer anonymen und der des Alexandre de Paris. In Branche IV führte der letzte das Ende Alexanders nach ›Mort Alexandre‹ (1175–80, nur fragmentarisch tradiert), auch zwei anderen Quellen nicht ganz klar aus. Die vier Branches zu einem großen Alexanderepos zusammenzufügen, wurde schon vor Alexandre versucht (drei Handschriften), doch erst Alexandre gelang die Standardversion.

Etwa gleichzeitig mit ihrer Fertigstellung dichtete Walther von Châtillon die ›Alexandreis‹ (S. 222 ff.); beide entstanden in Nordfrankreich, ohne daß der eine Verfasser das Werk des anderen kannte. Bezeichnend ist bereits, daß das altfranzösische Epos zwar sehr verbreitet war, jedoch bei weitem nicht so wie das mittellateinische, aber noch mehr folgendes: Die ›Alexandreis‹ steht poetisch vor allem durch das 10. Buch auf solcher Höhe, daß dagegen Alexandres Werk erheblich abfällt; das wird im Schluß am deutlichsten – während Walther dem sterbenden König nur noch die Kraft läßt, seinen Nachfolger mit dem Ring zu bestimmen, und in den letzten fünf Hexametern der eigentlichen Vita das Aufschreien des Volkes über den Tod andeutet, verteilt im ›Roman‹ der König noch die Königreiche an seine Heerführer, und diese äußern ihren Schmerz übertrieben lang und in zwei Reihen. Daß das französische Epos nicht die Geschlossenheit und Wucht des andern aufweist, kam darin zum Ausdruck, daß es noch im 12. Jahrhundert zwei Fortsetzungen erfuhr (und zwar mit frei erfundener Rache an den Mördern), gegen die Mitte des 13. Jahrhunderts durch den Einschub der Reise Alexanders ins irdische Paradies.

Während der Alexanderroman durch eine Fülle von kriegerischen und abenteuerlichen Szenen und deren Gruppierung um eine einzigartige historische Gestalt an die Chansons de geste erinnert, liegt in den drei anderen Antiken-Romanen jeweils ein geschlossener Mythen- oder Sagenzyklus vor. Wenn die drei von ihren Hauptquellen (Statius' ›Thebais‹, Vergils ›Aeneis‹, die Prosaberichte des Dares und Dictys über den Trojanerkrieg) stark abweichen, so geht das zur Hauptsache auf die französischen Dichter zurück; sie wollten nicht übersetzen oder sich nahe an den Quellentext halten, auch nicht dessen Milieu und Kolorit wiedergeben; sie änderten schon den Inhalt durch Streichen und Erweitern und bemühten sich ums Umsetzen ins Mittelalterliche und Zeitgemäße – darin stimmten sie überein, so daß man schwerlich zu Recht an einen einzigen Verfasser der drei Werke dachte. Beim ›Roman de Thèbes‹ (10 562 V.) ist es fast verwunderlich, daß er vor den zwei anderen (um 1150) geschaffen wurde (und zwar in der Normandie), weil das Mittelalter seine Sage weniger kannte (und sein anonymer Dichter nahm sich sogar in der Einteilung in zwölf Bücher die ›Aeneis‹ zum Vorbild); daher fügte er im Anfang die Ödipussage ein, um das Ganze verständlicher zu bieten. Der Anonymus des ›Roman d'Eneas‹ (um 1160) schloß sich der ›Aeneis‹ nur bei Orts- und Zeitangaben und ihren 6. Buch enger an, strich Episoden und fügte andere ein, ließ die Gottheiten größtenteils weg und schilderte Dido fast als Christin. Den ›Roman de Troie‹ verfaßte um 1165 der Kleriker Benoît de Sainte Maure aus der Gegend von Tours; wohl zum Hof Heinrichs II. gehörig, widmete er den ›Roman‹ der Königin Eleonore (S. 232) und schrieb im Auftrag des Königs die ›Histoire des ducs de Normandie‹, in deren mehr als 44 000 Versen er jedoch nur bis c. 1135 kam. Daß es ihm im Trojaroman gelang, das Bildungsbedürfnis zu befriedigen, die Hauptthemen Kampf und Liebe ausgestaltend nahezubringen, äußeres und inneres Leben zu verritterlichen und zu höfisieren, das bezeugt die Überlieferung: Trotz des Umfangs von 30 000 Achtsilbern liegt der Text in 30 Handschriften vollständig vor; für die Nachwirkung sprechen besonders die mittelhochdeutschen Trojaepen des Herbort von Fritzlar (c. 1200) und des Konrad von Würzburg, der dieses Werk als sein letztes unvollendet c. 1290 hinterließ.

Chanson de geste und Antikenroman wurden durch die dritte Epengattung überrundet, die 'Matière de Bretagne' (zu der zählt außer den Artusromanen auch der ›Roman de Tristan‹); erst in ihr gelangte die Höfik literarisch zu voller, höchster und für Europa beispielhafter Ausgestaltung, so daß sich jene zwei anderen Gattungen als ihre Vorläufer ausnehmen. Diese Leistung gelang dem genialen Poeten CHRÉTIEN DE TROYES mit vier Dichtungen von jeweils 6782 bis 7134 Versen zwischen c. 1170 und c. 1180 sowie dem ›Perceval‹, den er 1188 unvollendet mit 9698 Versen hinterließ – der hebt sich von den vier durch die Stärke seines christlichen Einschlags ab.

Chrétien (c. 1140–gegen 1190) schrieb an den Höfen von Champagne und Flandern, wie Widmungen an die Gräfin Marie, die Tochter Ludwigs VII. und der Eleonore, und an den Grafen Philipp ergeben, dessen Hof die anderen Höfe damals an Glanz und Bedeutung überragte. Daß er die Septem Artes gründlich studiert hatte, darauf deutet sein ganzes Werk, besonders die Ovidübersetzungen, von denen die der ›Remedia amoris‹ und der ›Ars amatoria‹ verschollen sind, die der Metamorphose von Philomena, Prokne und Tereus (Metam. Vi, 426–674) nur in 1468 Versen des ›Ovid moralisé‹, eines anonymen allegorischen Lehrgedichts aus dem Ende des 13. Jahrhunderts, erhalten blieben.

Im vollen Gegensatz dazu war Chrétien in den Romanen zumeist auf die eigene Intuition angewiesen; von den mündlichen Einzelerzählungen, die es schon vor ihm über Artus und seine Ritter gegeben hatte, ist, wie sich versteht, keine auf die Nachwelt schriftlich gekommen; wohl aber liegen Schriftquellen vor, aus denen sich Chrétien Material holte, so die wichtigste im ›Roman de Brut‹ des Wace (S. 191, 229) – daß er den ›Roman‹ kannte und benutzte, ist aus anderem erwiesen. Bereits in dem ihm zugrunde liegenden Prosawerk des Geoffrey de Monmouth (S. 190 f.) war in der 1800jährigen Reihe der britischen Könige Arthur nicht nur durch den Umfang (ein Viertel des Ganzen) in den Mittelpunkt gerückt und vorwiegend wegen seiner kriegerischen Fähigkeiten gerühmt worden, durch die er die Herrschaft über fast ganz Europa gewann; doch stellten namentlich drei Kapitel (IX, 12–14) ihn als Herrn des Friedens und einer für die Welt beispielhaften Kultur (IX, 11 Anfang) vor. Wace nun gab das letzte in über 450 Versen wieder und fügte noch einiges Wichtige hinzu (V. 1192 ff. und 1653 ff.). Er sprach auch als erster von der 'Tafelrunde' und ihren Zugehörigen und gestand ihnen wie natürlich auch Artus das Attribut 'höfisch' zu und das ferner solchen Rittern, die einige Zeit an diesem Hof zugebracht hätten und die dort üblichen Waffen, Wappen und Tracht trügen. Von den Damen am Hof, die völlig gleich gekleidet seien, berichtete Wace, daß Ritter ihre Minne nur dann gewinnen könnten, wenn sie dreimal im Turnier siegten; das habe die Tapferkeit der Ritter und die Tugend der Damen gesteigert. Er ging außerdem auf das zur Unterhaltung Vorgetragene ein; nach der Königskrönung hätten Spielleute, Sänger, Musikanten Geschichten und Fabeln dargeboten, Rotruengen (volkstümliche Lieder) und Lais gesungen und auf der Fidel gespielt. In den vielen Geschichten über Artus und die Tafelrunde – von ihr wurden Namen genannt, hier Keu und Bedoer – würden Wundersames und Aventüren als wahr erzählt und ins Fabelhafte gesteigert, es sei nicht alles ganz wahr, nicht alles ganz sicher verbürgt.

Aus solchen und ähnlichen Materialien, d. h. auch aus kleinen Erzählungen, die für sich standen, von Artus und seinen Rittern handelten, errichtete Chrétien eine neue, in sich geschlossene Welt, eine Märchenwelt, die von Unwirklichkeit und Idealität gekennzeichnet ist. Auch wenn darin bekannte Namen verwendet sind, Stadtnamen wie Nantes oder Ländernamen besonders beim Aufzählen der Festgäste, so sind sie von geringem Gewicht und von der zugehörigen Realität gelöst, so daß hier von England nach Frankreich geritten werden kann und das Reich des Artus keine feste Begrenzung kennt. Artus selber ist nicht mehr wie bei Wace 15–29 Jahre jung und erweist sich nicht mehr in zahlreichen Schlachten über viele Jahre hin als glänzendster Krieger, Heerführer, Staatenlenker; der Hochbetagte, vom früher erstrittenen Heldenruhm umstrahlt, bildet nun den auf alle und alles bestimmend und vorbildlich wirkenden Mittelpunkt; er tritt für die Interessen seiner Vasallen ein, sorgt für ihren Lebensunterhalt und schützt sie vor Angriffen, feiert mit ihnen und für sie prunkvolle Feste. Um sich hat er die Tafelrunde, die von ihm ausgewählte Schar trefflichster Helden. Die reiten von dort fort und kehren immer wieder dorthin zurück und beweisen gleichsam ihre Daseinsberechtigung durch die 'Aventüren'; die werden nicht von Artus veranlaßt oder befohlen, sondern werden ihnen von außen angetragen oder von ihnen gesucht, durch sie werden ihr Wert und Ruhm gestärkt. In ihnen haben sie sich als höfische Ritter zu bewähren; dabei geht es nicht nur darum, den Gegner mit Lanze und Schwert zu besiegen, sondern auch höfische Ehre zu erwerben, zu bekräftigen und wiederherzustellen, deren Schändung zu rächen, geht es um das Recht, die Schwachen, Verfolgten, besonders bedrängte Damen zu schützen, gegen Raubritter und Riesen zu kämpfen, sich auch in lebensgefährdende Abenteuer zu wagen.

Ein anderes Hauptmotiv, die Liebe, unterscheidet sich grundsätzlich von der Minne der Troubadourlyrik. Als Erec ein junges Mädchen, Enide, durch äußere und innere Schönheit gefällt und dieses sich wegen seiner Qualitäten zu ihm hingezogen fühlt, als er von ihrem Vater das Jawort erhält, betreibt er die Schließung der Ehe, deren Vollzug in der Schlafzimmer-Szene eindeutig geschildert wird. Auch hier tritt die märchenhafte Idealisierung hervor: Die Schönsten und Besten finden zueinander; was sie gegenseitig anzieht, ist ihr Höchstmaß an Vorzügen; außerdem wird bald von Enide das Idealbild einer Ehefrau gezeichnet, aufgrund ihrer Treue, ihres Gehorsams, ihrer Duldsamkeit.

Zu den Hauptelementen dieser Epik zählt schließlich die Freude. Am stärksten kommt sie in der 'Joie de la Cour' zum Ausdruck, der bezeichnenderweise letzten Aventüre Erecs. Als er den riesenhaften Herrn des Wundergartens besiegt hatte, in dem auf Pfählen die Köpfe der zuvor von jenem Überwundenen steckten, wurden alle, die auf diese große Freude schon lange warteten, von ihr erfaßt und erfanden jenen Namen. Erec rief durch das Blasen des Hornes, das auf dem letzten, eben für ihn bestimmten Pfahle hing, alles Volk von weither dorthin, um drei Tage die 'Joie' zu feiern und das Lied (Lai) der Freude zu singen. Überhaupt werden Freude und Fröhlichkeit immer wieder als das Lebenselement der Artuswelt beschrieben.

In ›Erec et Enide‹ (c. 1165) ist das der Gesellschaftsordnung entsprechende Verhältnis zwischen Rittertum und Liebe durch das Übergewicht der Liebe zerstört und muß wiederhergestellt werden. Erec, schon drei Jahre Glied der Tafelrunde, hat sein Rittertum nochmals bewährt und die Richtige mit Zustimmung der Gesellschaft geheiratet, dann aber durch 'Verliegen' seine Ritterpflichten versäumt. Als Enide die gegen ihn erhobenen Vorwürfe hört, fühlt sie sich schuldig und ist unglücklich, weil sie in Erec mehr den Ritter als den Ehegatten liebt. Sowie Enide, von ihm gezwungen, ihn von diesen Anschuldigungen in Kenntnis setzt, bricht er mit ihr auf, um sich durch eine Aventüren-Fahrt zu rehabilitieren. Sie setzt sich über das ihr demütigend auferlegte Gebot des Schweigens immer wieder zögernd hinweg und beweist, daß sie ihn wirklich liebt, weil sie sich trotz seiner Drohungen für seine Sicherheit und damit gegen die Hoffnung auf Versöhnung entscheidet. Endlich, von ihrer Liebe überzeugt, versöhnt er sich doch mit ihr. Zum eindrucksvollen Abschluß bringen beide in der 'Joie de la Cour' ein Paar wieder in die höfische Gesellschaft ein, Erec dadurch, daß er das mörderische Tun, das sich eine Dame ausdachte, um ihres Ritters ganz sicher zu sein, durch dessen Besiegung beendet. Enide dadurch, daß sie im Gespräch ihr Verwandtsein mit der Dame aufdeckt und sie, die durch den Ausgang des Kampfes bekümmert war, wieder froh macht. Den Abschluß bildet die Königskrönung in Nantes.

Im ›Cligés‹ (c. 1170) gab Chrétien deutlich zu erkennen, daß er den Tristanroman vor Augen hatte; er trachtete, dessen Hauptproblem, das 'Dreiecksverhältnis', anders zu lösen, nämlich den gesellschaftlichen Bindungen entsprechend, und übernahm viel im Aufbau, in den Szenen und Einzelheiten, so etwa den Zaubertrank, der beide Male großes Gewicht besitzt, dem Chrétien aber andere Auswirkung zuteilte. Überdies läßt er z. B. Fenice, die Trägerin der weiblichen Hauptrolle, erklären, sie wolle lieber sterben als dem Beispiel Isoldes folgen. Sie hat sich vor der Heirat mit dem griechischen Kaiser in Cligés verliebt, der ihre Liebe erwidert, und bewahrt ihre Unschuld, indem sie dem Kaiser in der Hochzeitsnacht einen Zaubertrunk reicht, der ihm den Vollzug der Ehe vorgaukelt. Sie flieht nicht, um keinen Skandal wie Isolde hervorzurufen, läßt sich lieber scheintot begraben und verlebt ein Jahr zusammen mit Cligés in einem Turm eingeschlossen. Entdeckt fliehen sie zu Artus. Dem Kaiser raubt der Kummer das Leben. Nun können sie heiraten und als kaiserliches Paar die Herrschaft antreten. – Dem Tristanroman entsprechend ist im ersten Drittel von ›Cligés‹ die Geschichte von Cligés' Eltern vorausgeschickt; darin steht viel Artushaftes.

Wenn sich Anklänge an die provenzalische Liebeslyrik heraushören lassen, so ist zum mindesten neu, daß Chrétien das lyrische Erfassen der Liebe in diese Epik einführte. Wie hier Liebe entsteht, die Betroffenen verändert, was zu ihr prädestiniert, wie sie zum Tauschen der Herzen führt und krank macht ... Im ganzen packte er das Liebesproblem analytisch und psychologisch recht breit und tief an und setzte dazu Monologe und Dialoge ein; er verfügte über die Kunst, die Problematik der Liebe zu prüfen und zu überdenken und das in den Roman gut einzuflechten. Das gelang ihm im ›Cligés‹ wohl besser als in den anderen Romanen, so daß man von da an in ihm recht eigentlich d e n höfischen Dichter sah.

Im ›Lancelot‹ (V. 24: „Del chevalier de la charrete" – 1170/80) nahm sich Chrétien nochmals ein Dreiecksverhältnis vor, in dem die Königin Guenievre zwischen Artus und Lancelot steht: Sie wird vom Hof weg entführt und durch ihren Liebhaber befreit. Meleagant, der Sohn des Königs von Gorre, nimmt als Siegespreis in dem von ihm frech geforderten Zweikampf Guenievre vom Artushof mit sich fort. Ihn verfolgt außer Gauvain Lancelot und läßt sich, des Pferdes beraubt, sogar auf das unritterliche Mitfahren auf einem Karren ein, weil dessen Fahrer ihn zu dem ihm unbekannten Aufenthaltsort der von ihm verehrten Königin bringen will. Von der Herrin einer Burg weitergewiesen, gelangen die beiden Artusritter in Meleagants Land ohne Wiederkehr, wo sich ihre Wege trennen. Verschiedene Abenteuer, in denen er heftigste Schmerzen auszuhalten und unerschütterlichen Mut und unwandelbare Treue zu seiner Herrin aufzubieten hat, durchsteht er und muß dann geschwächt mit Meleagant kämpfen, der die Herausgabe der Königin verweigert; durch ihren Anblick gestärkt, siegt Lancelot; die Entscheidung aber wird verschoben. Die Königin zeigt sich danach sehr ungnädig, so daß er betrübt davonreitet; über tiefe Schwermut der Königin und einen Selbstmordversuch des Lancelot hinweg finden sich die beiden schließlich doch zur Liebesnacht zusammen, zu der er das Gitterfenster am Gemach der Königin ausbiegen muß. Ein daraufhin erfolgender Zweikampf wird abgebrochen, weil er für Meleagant ungünstig zu enden droht, Lancelot wird durch Hinterhalt gefangen und am Ende in einem Turm eingemauert; aus ihm befreit ihn Meleagents Schwester, so daß er noch zum letzten Kampf mit ihrem Bruder antreten kann; Lancelot tötet ihn.

Der Roman ist sehr bunt (einiges wurde berührt) und dunkel, seine Deutung umstritten. Äußerlich fällt auf: Der *clers Godefroy de Leigni* beendete den Roman von der Einmauerung Lancelots an (c. 1000 Verse) *par le boin gré Chrestiien*; wie Chrétien in der Einleitung mitteilte, hat ihm die Gräfin von Champagne das Werk aufgetragen, ihm Anweisungen erteilt und *matiere et san* übermittelt. Für die Beantwortung der sich daraus ergebenden Fragen, warum Chrétien sein Werk nicht selber beendete, wie weit Engagement und Einfluß der Gräfin gingen, gibt es nur Vermutungen.

Wodurch sich der ›Lancelot‹ hauptsächlich von den anderen Romanen unterscheidet, betrifft die Beziehung von Mann und Frau. Während sich sonst der Romanheld nur um seine eigene Frau bemüht, begeht er hier Ehebruch. Der spielt sich freilich weit entfernt vom Reich des Artus ab, in einem Wunderland, das mit außergewöhnlichen Apparaturen abgeschlossen ist, und vollzieht sich nach den Regeln des Rittertums; er ist nämlich der Lohn für den Ritter, der die Herrin aus der Gefangenschaft befreit hat – und die Entführung davor war der Preis für den Sieger in der Aventüre. Überdies ist der Hauptheld zwiespältig charakterisiert: In den vielen Aventüren, die von ihm das Letzte an Tapferkeit und Schmerzertragen verlangen, geht er stets als Sieger hervor; andererseits wirkt er durch übertriebenen Gehorsam gegenüber seiner Herrin unritterlich – er ist in die Liebe so versunken, daß er sich aus dem Sattel werfen und sich Schwertschläge gefallen läßt, daß er nach ihrem Geheiß den unfähigen Kämpfer spielt und das Töten ihres Entführers verschiebt, daß er den Karren besteigt und auf das Gerücht ihres Todes hin Selbstmord zu verüben sucht. Hier hat Chrétien offenbar die dominierende Stellung der Frau, ein Motiv der südfranzösischen Lyrik, das in ihr durch Wort und Situation ausgedrückt war, der Epik entsprechend in Handeln und Verhalten umgesetzt.

Das spätere Mittelalter Europas sah in Lancelot das Ideal höfischer, grenzenloser Liebe, jedoch nicht von diesem Epos aus, das kein größeres Interesse fand, sondern von der Prosafassung des 13. Jahrhunderts. Und was Chrétien betrifft, so schritt er nicht auf dem hier eingeschlagenen Wege fort. Er begann vielmehr, vielleicht noch vor dem Abbruch des ›Lancelot‹, den ›Yvain‹ und brachte die ihm gemäße Auffassung von Ehe und Rittertum in klassische Gestalt.

Im ›Yvain‹ (1170/80) wird das Hauptproblem des ›Erec‹ gegensätzlich gelöst, hier erhält im Verhältnis Rittertum zur Liebe das erste das Übergewicht. Die Dichtung erreicht im kleineren ersten Teil (bis V. 2660) den ersten Höhepunkt: Der Artusritter Yvain rächt seinen Vetter Calogreant, der vom Ritter einer Wunderquelle besiegt worden war, und verwundet ihn tödlich; er verliebt sich in dessen Witwe Laudine und weiß, sie zur Heirat und ihr Volk zur Zustimmung zu gewinnen. Der zweite Teil bringt die Krise durch die Schuld Yvains, der sich in eine längere Aventürenfahrt verliert, so daß er die durch seine Ehefrau gesetzte Frist sehr überschreitet; diese bricht wegen des Treubruchs völlig mit ihm. Yvain, von dem darob erlittenen Wahnsinn allmählich geheilt, bewährt seine Rittertugenden in Aventüren und gewinnt dabei einen Löwen, den er von einer Schlange befreit, zum treuen Beistand, so daß er sich nun als Löwenritter ausgibt; er besiegt einen Grafen, einen Riesen, drei zugleich angreifende Ritter und auf der Burg 'Zum schlimmen Abenteuer' zwei Riesen. Schließlich gerät er beim Erbstreit zweier Schwestern sogar in den Kampf mit seinem Gefährten Gauvain; der Ausgang ist unentschieden und führt dazu, daß sie sich zu erkennen geben (6509). Nun gelingt es der gewitzten Dienerin Laudines, der Lunete, die von Yvain in einer früheren Aventüre vor dem Tod bewahrt worden war, durch geschicktes Taktieren Laudine mit Yvain auszusöhnen.

Was dieses Epos auszeichnet, sind die Vertiefung und Psychologisierung der Handlung und der Handelnden; Chrétien führte sie am eindringlichsten in längeren Verspartien durch Dialog, Monolog und Reflexion aus. Im ersten Teil hatte er das heikle Problem zu lösen, wie sich eine Witwe schnell auf die Heirat mit dem umstellen kann, der ihren Mann tötete. Längerer Vorbereitung und behutsamen Vorgehens bedarf, was dann den Ausschlag gibt: Yvain legt für sich in die Waagschale, daß er am Tod keine Schuld trage, sondern sich des Angriffs erwehren mußte, daß ihre Schönheit seine Liebe entzündet und sein Herz ihn zu ihr getrieben habe; Laudine läßt sich schließlich durch die Überlegung gewinnen, daß sie sofort einen tüchtigen Verteidiger der Quelle und der Burg brauche und sich dafür der empfehle, der kampftüchtiger war als ihr Mann. Zum anderen ist im Schluß die kaum weniger schwierige Aufgabe zu lösen, wie das entzweite Ehepaar wieder zusammengeführt werden soll. Als nochmals ein Hüter der Quelle gesucht wird, kommt der Löwenritter als Sieger in einer Reihe Aventüren in Betracht; Laudine muß schwören, sich um ihn zu bemühen und ihm zu helfen, daß er die Liebe seiner ihm jetzt feindlichen Herrin wiedergewinnt. Da Laudine nicht meineidig werden will, andrerseits sich Yvain für schuldig erklärt, gewährt sie endlich 'Frieden'.

Lunete, die sich mehr als die anderen psychologisch in Denken und Tun gerieren muß, ist so gezeichnet, daß das schrittweise Operieren zu ihr paßt und sich im ganzen überzeugend ausnimmt; beide Male löst sie ihre wahrlich nicht leichte Aufgabe mit Bravour, Charme und Raffinesse. Mit ihr erwies sich Chrétien erneut als Meister der Charakterisierung von Frauengestalten, in der Hauptperson schuf er wohl seine „reifste Gestalt" und im ›Yvain‹ überhaupt seine vollkommenste Dichtung.

Den ›Perceval‹ (zwischen 1181–1188) zu beenden, war Chrétien nicht mehr vergönnt; trotzdem ist das Erhaltene sein längstes Werk. Neu ist das Ziel, die christliche Vollendung; neben ihr spielt die früher erstrebte weltliche, in der das Christliche keineswegs fehlt, aber auf Nebensächliches beschränkt bleibt, auf das geplante Ganze gesehen eine geringere Rolle, wenn auch in den 9234 Versen das Höfische noch im Vordergrund steht. Perceval, Sohn eines verarmten, früh gestorbenen Ritters, befreit sich nach der Begegnung mit fünf Rittern im Wald aus der Isolierung, in der ihn die Mutter fern von Welt und Rittertum halten wollte – er möchte Ritter

werden; nachdem sie ihn mit ärmlicher Kleidung und gutgemeinten
Ratschlägen versehen hat, reitet er an den Artushof, sich auf dem Weg dahin und dort verschiedentlich wie ein Tor benehmend, wie auch später
noch mehrmals. Seine erste Tat ist die Tötung des Roten Ritters mit einem
Wurfspieß; er legt dessen rote Rüstung an, die er schon bei seiner ersten,
unblutigen Begegnung mit ihm gefordert hatte. Als er auf das Schloß des
Ritters Gornemant de Goort gelangt, wird er von ihm über Rittertum informiert und sonst mannigfach belehrt. Dann befreit er die Burg der Blan-
cheflor, die nach einjähriger Belagerung in Feindes Hand zu fallen droht,
indem er die beiden Fürsten nacheinander besiegt, und gewinnt ihre *drue-
rie,* zieht aber bald weiter. – Perceval wird von einem Fischer, der ihn über
einen Fluß gesetzt hat, auf den Weg zur erbetenen Herberge gebracht und
kommt zur Gralsburg, erhält ein Schwert, fragt aber nicht nach der
Krankheit des siechen Gralkönigs, nicht nach der Bedeutung der bluten-
den Lanze, der überhell strahlenden Gralsschüssel und des Silbertellers;
am nächsten Morgen wird er aus der Burg infolge der nun eingetretenen
Verödung getrieben. Im Wald findet er seine Base, die ihren toten Geliebten im Arm hält und betrauert; sie macht ihm wegen seiner Unterlassungen
Vorwürfe. Er besiegt den Ritter Orguelleus und wird, zu Artus und seinen
Rittern stoßend, drei Tage gefeiert, dort aber von der häßlichen Gralsbo-
tin wegen seines Versagens auf der Gralsburg verflucht. Jetzt ist er von
dem Wunsch beseelt, hinter die Geheimnisse der Gralsburg zu kommen.
Nachdem in anderthalbtausend Versen viele Aventüren Gauvains einge-
schaltet sind, die sich im weltlich-höfischen Bereich abspielen, begegnet
Perceval nach fünf Jahren Aventüren am Karfreitag Rittern, die ihn auf
die Ritterpflicht dieses Tages aufmerksam machen und zu einem Einsiedler weisen. Durch ihn, seinen Onkel, wird er an Gott gemahnt und beich-
tet, erfährt er den Tod seiner Mutter und einzelnes über seine Abstammung. – Der letzte Teil ist wieder mit Gauvain-Aventüren gefüllt
(6510–9234). – Der Schluß hätte sicherlich die Rückkehr Percevals zur
Gralsburg enthalten, damit er die versäumten Fragen stellt; schließlich
wäre er Gralkönig geworden. Das Letzte war dadurch vorbereitet, daß er
vorher als Mitglied der Gral-Herrscherfamilie vorgestellt worden war, das
Christliche durch die frühen Belehrungen. Die Mutter gebot ihm vor seinem Aufbruch, in Kirchen und Klöstern zu Gott zu beten, der ihm zu
Ruhm und Ehre helfen und ein gutes Ende schenken möge, und unterrich-
tete ihn in den christlichen Grundbegriffen; auch Gornement empfahl jenes Gebet; weil beide ihm namentlich weltliche, höfische Lebensregeln
mitteilten, mußte noch der Einsiedler hinzutreten, der ja Ritter gewesen
war; durch ihn vollzog sich in Perceval durch *repantance* und *penitence*
(V. 6441 f.) die Wandlung – und zwar vom höfischen Ritter zum Gottes-
streiter.

Chrétiens Epen, mit denen die Geschichte des europäischen Artusromans inauguriert wurde, fanden sehr bald Fortsetzung und Nachahmung, so gegen 1200 mit ›Lebel inconnu‹ des Renaut de Beaujeau oder mit dem Gauvain-Roman ›La mule sans frein‹ des Paien de Maizieres. Den ›Perceval‹ vervollständigten Baucier de Denain (bis V. 34 934) und Manecier (bis 45 278), beider Werke verband Gerbert de Montreuil mit c. 15 000 Versen. Artusroman und -sage drangen schon im 12. Jahrhundert in ganz Europa ein und wurden nachgeahmt; in Deutschland eröffnete Hartmann von Aue (S. 281) mit dem ›Erec‹ (c. 1180–1185), in dem er Chrétiens Roman als Quelle nannte, die mittelhochdeutsche Gattung und übte mit Einfluß auf deren epische Struktur aus; höchste Vollendung vollbrachte Wolfram von Eschenbach (S. 284) im ›Parsifal‹ (c. 1200–c. 1210). – Wie sich bei einem großen Dichter von selber versteht, wirkte Chrétien außerdem mit Sprache und Stil, auch Kompositionstechnik weithin und nachhaltig auf die altfranzösische Dichtung.

Aus der übrigen Epik des 12. Jahrhunderts sind noch die zwei Tristan-Dichtungen herauszuheben; das sind keine Artusromane, wohl aber höfische Werke, die der Liebe in ganz eigen geartetem Stoff aus namentlich keltischer Sage gewidmet sind – den gestaltete dann Gottfried von Straßburg relativ wenig um, gab ihm jedoch eine so klassische Ausformung, daß sein ›Tristan‹ alle Liebesdichtung des Mittelalters überstrahlte – mit seinen 19 548 Versen ist er freilich nicht vollendet.

Beide Epen liegen nur fragmentarisch vor, das ältere des Thomas de Britanje (um 1170) in neun Bruchstücken von fünf Handschriften mit 3144 von c. 18 000 Versen; sie entsprechen größtenteils der bei Gottfried fehlenden Schlußpartie, 242 Verse ausgenommen. Von dem zu erschließenden Urtristan unterscheiden sie sich durch erheblich größeren Umfang (etwa um das Zweieinhalbfache), indem Thomas ausführlicher erzählte und neue Szenen hinzufügte. Er machte das Liebespaar zu höfischen Helden und idealisierte die Liebe, analysierte Seelisches gemäß der damaligen Gesellschaftsethik und malte ein Seelendrama. Er sah aber mehr auf das Rationale und das Natürlich-Menschliche, zeichnete Tristan als Egoisten und sah in der Liebe des Paares Gift einer Krankheit, für deren Heilung der Arzt zuständig ist.

Den 4485 Versen Bero(u)ls (gegen 1200) entsprechen bei Gottfried V. 14 583–15 764 und 16 403–17 711. Sie sind auf breiteres Publikum berechnet und zeigen das herkömmliche Tristan-Bild. Das Abenteuerliche ist verstärkt, die Tragik geht weniger tief. Der Dichter erzählt schlicht und in den wichtigeren Episoden bewegt, er nimmt für das unglückliche Paar leidenschaftlich Partei.

4. DEUTSCHLAND

a) *Geschichtsschreibung*

Streitschriften und Weltchroniken. – Mit der Streitschriftenliteratur des deutschen Bereiches (S. 147 f.) zeichnete sich der Anbruch der dritten Periode am deutlichsten ab. Diese ganz neue Gattung wurde Ausdruck des öffentlichen Lebens, forderte zur Stellungnahme und zum Fragen nach dem Wahren heraus, überhaupt zur Kritik im allgemeinen. Das Hauptzentrum der kaiserlichen Partei war natürlich der Hof Heinrichs IV. GOTTSCHALK VON AACHEN, dort als Urkundenschreiber und Diktator von 1071–1084 fast durchgehend bezeugt, schrieb für den Herrscher mindestens elf wichtige politische Briefe, so 1076 das zweite Absetzungsschreiben an Gregor VII. mit dem berühmten '*descende, descende*' und lenkte den Blick auf das Grundsätzliche hin. Zu den S. 147 f. aufgeführten Autoren der antikaiserlichen und antipäpstlichen Partei sei SIGEBERT VON GEMBLOUX (nordwestlich von Namur) gefügt, das in geistiger Beziehung eng mit Lüttich verbunden war. Dieser produktive, vielseitige Autor (nach 1030–1112), der in Prosa mehrere Heiligenleben, Viten von Klostergründern und historische Werke verfaßte, außer Antiphonen und Responsorien eine Passio in Hexametern mit Prolog in Distichen und eine Passio in 370 alkäischen Strophen, wurde dreimal veranlaßt, zu Fragen des Investiturstreites Stellung zu nehmen – von dessen Dauer zeugt das Intervall der drei (nach 1075–1103); am schwersten wiegt Nr. 3 ›Epistola Leodicensium adversus Paschalem papam‹, an alle Christen guter Gesinnung gerichtet, worin er konsequent und furchtlos die Aufforderung des Papstes zurückweist, bestimmte Kirchen zu zerstören.

Zu einem traditionellen Genus der Historiographie gehört Sigeberts bedeutendstes Werk, die Weltchronik, dem sein Eifer in den letzten Jahrzehnten galt; er schloß die erste Fassung vor 1105; die breiter geschriebene Fortsetzung reicht bis 1111. Im Anschluß an die Chronik des Eusebius-Hieronymus setzte er sich von 381 an als Hauptziel, eine chronologische Ordnung durchzuführen, wozu er nach den einzelnen Reichen gliederte und die Regierungsjahre von deren Herrschern nebeneinanderstellte. Er verschaffte sich ein erstaunlich reiches Quellenmaterial, verarbeitete es auch dadurch, daß er die Materialfülle der letzten Jahre beschränkte, und überragte seine Vorgänger außerdem durch Tendieren zum Universalen hin. Gewiß schlug seine Einstellung gegen Gregor VII. durch, doch bewahrte er Maß und Ruhe; gewiß litt er oft am Mangel von Quellen und an den Mängeln der herangezogenen. Wie vortrefflich aber, wie erstaunlich seine Leistung im ganzen war, geht bereits daraus hervor, daß das Werk, das er in klarem und nüchternem Stil ausführte, viele Fortsetzungen nicht nur in Gembloux erfuhr. – Seine letzte Schrift, ›De viris illustribus‹, mit der er die mehr katalogartige Literaturgeschichte nach etwa 450 Jahren wiederaufnahm, läßt sich als Sproß seiner Weltchronik ansehen, in der er bereits 74 von den 172 Autoren meist kürzer verzeichnet hatte; auch hier sah er zumeist auf chronologische Ordnung und nahm im Gegensatz zu seinen Vorgängern auch nichttheologische Literatur auf, vor allem über Geschichte und Chronologie, und zwar zu einem Fünftel. Eine Weltchronik wie Sigebert im romanischen Belgien schrieb etwa zur gleichen Zeit bei Bamberg Frutolf, der Prior des Klosters Michelsberg, und beendete sie 1099. Auf Mehrung der Bibliothek bedacht, schrieb er, vom Mönch Thiemo unterstützt, viele Handschriften namentlich mit musikalischen, astronomischen und mathematischen Texten ab; von drei Werken, die ihm zugeschrieben werden, läßt sich nur eines, ›Breviarium de musica‹, für ihn sichern, in dem er für den Unterricht den ganzen Lehrstoff der einstimmigen Kirchenmusik systematisch behandelte. In der ›Chronica‹ zog er an Quellen heran, was ihm erreichbar war, zum 11. Jahrhundert auch mündliche und eigene Berichte. Auch er erstrebte eine umfassende Chronographie, unterschied sich aber mehrfach von Sigebert: Die Weltgeschichte wurde im ersten Teil vom Reich der Juden beherrscht, im zweiten vom Imperium Romanum, das als einziges Reich bis zu Frutolfs Zeit übrigblieb; er betonte in der Einteilung der Weltgeschichte in sechs Weltalter (nach Beda) die Translationen der Weltreiche (nach Frechulph von Lisieux); die Annalistik unterbrach er an großen historischen Einschnitten durch systematische Überblicke oder umfangreichere Partien erzählender Art. Widersprüche bei den Nachrichten in den Datierungssystemen (z. B. nach der Gründung Roms oder der Geburt Christi) suchte er zu beseitigen oder zu erklären oder ließ sie stehen. Bei Heldensagen machte er als erster auf Widersprüche zur eigentlichen Geschichte aufmerksam. Die Quellen kürzte er oft erheblich oder arbeitete sie ein, besonders wenn er mehrere heranzog, und ging mit dem Stoff souverän um; von Tendenz hielt er sich frei, selbst im Investiturstreit. Zur Wirkung gelangte seine ›Chronica‹ erst durch die Fortsetzungen des Ekkehard von Aura und vorwiegend unter dessen Namen, sie wurde dann allerdings das Fundament für fast alle weltgeschichtlichen Werke in Deutschland.

Ekkehard von Aura (gegen 1080–nach 1125), ein Bayer aus edelfreier Herkunft, nahm 1101/2 am Kreuzzug teil, trat ins Benediktinerkloster Tegernsee ein, befand sich einige Zeit am Hof Heinrichs V. und wurde 1108 der erste Abt des Klosters Aura in der Würzburger Diözese. Mit der zwischen 1108 und 1113 geschriebenen ›Vita sancti Burkardi‹ (mit drei Büchern über die hl. Immina, den hl. Burchard und seine Nachfolger Megingaud und Bernwelf) stellte er eine zuverlässige Quelle zur Geschichte Würzburgs her, mit die wichtigste fürs 8. Jahrhundert. Frutolfs Weltchronik setzte er mehrmals fort, erstmals bis Anfang 1106, wobei er dessen Text zu 1098/9 zwar stark verwertete, aber erheblich erweiterte – er war über den Kreuzzug schon durch seine Teilnahme besser informiert; dann überreichte er Heinrich V. Frutolfs ›Chronica‹ mit seiner Fortführung bis Ende 1106; zu der für Abt Erkembert von Corvey vor 1117 hergestellten Fassung nahm er die Fortsetzung für 1107–1113 aus der anonymen ›Kaiserchronik‹ und führte sie bis 1116 weiter, gliederte nach ihr das Ganze in fünf Bücher, nahm Nachrichten aus Sigeberts Chronik auf und vereinigte die Kreuzzugsberichte als eigenes Buch des Anhangs ›Hierosolymita‹; als letztes verfaßte er die Jahresberichte bis 1125, bis Heinrichs V. Tod. Er, Chronist seiner Zeit, fußte hauptsächlich auf eigenem Erleben, erwies sich als durch und durch religiöser Mensch und Hirsauer (die ersten Mönche Auras stammten aus Hirsau). Obwohl sein Latein dürftig war und voller grammatischer Fehler, sein Ausdruck oft unklar, gewann erst durch ihn Frutolfs Chronik die verdiente mächtige Verbreitung. – Über Otto von Freising S. 259 ff.

Wie die Weltchronistik enthält auch die Historiographie mit k l e i n e r e r T h e m a t i k oftmals Züge, die für die 'Vollendung' charakteristisch scheinen, sei es auch nur in gradueller Hinsicht. Aus der nicht wenigen Literatur, die Heinrich IV. gewidmet und über ihn verfaßt ist, dürfen wohl die beiden schmalen Schriften nicht unerwähnt bleiben, deren eine wohl noch unmittelbar vor dem beginnenden Ausbruch des eigentlichen Investiturkampfes und deren andere unmittelbar nach dem Tod Heinrichs IV. vermutlich von ERLUNG VON WÜRZBURG (c. 1145/50–1121) niedergeschrieben wurden – in Bamberg ausgebildet und dann dort Domherr, kam er an den kaiserlichen Hof, wo er wahrscheinlich um 1100 kaiserliche Briefe ausarbeitete, war 1103/5 dort Kanzler und 1105/21 Bischof von Würzburg. Wie die Datierung andeuten kann, fühlte sich der Heinrich-Anhänger in zwei ganz verschiedenen Situationen von dessen Leben zum panegyrischen Einsatz seiner literarischen Begabung gefordert. Das erste Mal führte er in drei Büchern mit 757 Hexametern drei Jahre wechselvoller Kämpfe gegen die widerspenstigen Sachsen belebt vor Augen, wie der junge *rex augustus* den (für ihn sehr belangvollen) Sieg (*triumphum*) errang (S. 155); seiner Absicht gemäß wich er nicht selten von der historischen Wahrheit ab, indem er Nachteiliges abschwächte bzw. unterdrückte oder Vorteilhaftes übertrieb. Wie die Verse von bester Schulung in Sprache und Stil namentlich der Antike zeugen, so nicht weniger die Prosa ›Vita Heinrich IV. imperatoris‹. Ihre Kunst übertrifft die des ›Carmen‹ besonders dadurch, daß sie das frische und starke Erlebnis vom Ableben des Kaisers, der Erlung „Hoffnung und einziger Trost" war, warm und ergreifend widerspiegelt. Wohlbedacht ist die Komposition der dreizehn Kapitel: 1 Kapitel *virtutes* – 5 Aufstieg + 2 Höhe und Sicherung + 5 Abstieg zur Katastrophe. Erzählende Partien wechseln mit episodischen, direkte Reden, Briefe mit längeren Anreden und Reflexionen; der Stil ist mannigfach belebt, geschmückt mit Alliteration, Repetition meist mit Anapher... Hier liegt keine übliche Vita vor, sondern eine Totenklage in deren Form. Ein Bischof, der den Herrscher durch langes Verweilen am Hofe bestens kannte, der zu sehen und zu schreiben vermochte, entwarf ein Bild dieses tragischen Kaisers, der darin trotz subjektiver Färbung so wiedergegeben ist, wie es kein anderer Autor damals zu schildern verstand.

Wegen Besonderheiten nicht nur im Inhalt, sondern noch mehr in der Qualität verdienen hier zwei Werke aufgeführt zu werden. Im ersten stellte ALBERT VON AACHEN, *canonicus et custos Aquensis ecclesiae*, die ausführlichste ›Historia Hierosolymitanae expeditionis‹, d. h. des Ersten Kreuzzugs – und damit ein neues europäisches Thema –, dar, in deren zweiten Teil die Geschichte des Königreichs Jerusalems bis 1119 (im 12. Buch die letzten acht Jahre gedrängt). Er fußte vor allem auf mündlichen Mitteilungen von Kriegsteilnehmern und wollte als deren geistiger Gefährte gelten. Höher als die dargestellten Fakten, gegen die Kritik berechtigt ist, zu bewerten sind die eindringliche Skizzierung von Stimmung und Geist jener Zeit und noch mehr die erzählerische Ausgestaltung im kleinen (wie etwa militärischer Strapazen) und im großen von ganzen Szenen, so daß man diese Historia „das Epos des Ersten Kreuzzuges" und eines der wertvollsten Dokumente mittelalterlichen Geistes genannt hat. Albert rühmte den niederlothringischen Herzog IV., der zuletzt das Königreich Jerusalem als Beschützer des Heiligen Grabes regierte, als gottgesandten Helden und christliches Vorbild und die Ritter aus den deutschen Stämmen derart, daß sich dies als frühen Beleg „literarischer Abwehr des aufblühenden Frankreich" ansehen läßt.

Wieder anders ist das Besondere in den ›Gesta Hammaburgensis ecclesiae pontificum‹ des ADAM VON BREMEN. Aus ostfränkisch-thüringischem Gebiet stammend, in der Bamberger Domschule herangebildet, wurde er 1066/7 durch Erzbischof Adalbert (1072†), der in Bremen Wissenschaft und Künste anzusiedeln suchte, herangeholt; 1069 übernahm er die Leitung der Domschule und entschloß sich hier schon früh, wegen Adalberts Sturz im Reich und seiner Folgen (z. B. hatten die Slawen im Obodritenland das Aufbauwerk der Kirche ganz zunichte gemacht), zum Wiederaufbau, zu dem viele Hände nötig seien, seinerseits durch die bisher fehlende Geschichte der Erzbischöfe beizutragen; er sammelte eifrig und sorgfältig die Materialen dazu, arbeitete die ›Gesta‹ nach Adalberts Tod

aus und überreichte sie seinem Nachfolger Liemar 1075/6; er trug noch in
sein Handexemplar bis 1080/1 Nachträge ein. Nachdem er in den ersten
sieben Kapiteln über Land, Volk und Heidentum der Sachsen informiert
hatte, führte er nach Art der Gattung 'Gesta' „die Reihe der Bischöfe von
Bremen und Hamburg" von der Zeit Karls des Großen bis zum Tod Unnis
(937), dann weiter bis zu dem des Bezelin/Alebrand (1043) in zwei Büchern vor; er widmete das dritte ganz Adalbert. „Die Beschreibung der Inseln des Nordens" als viertes Buch „zur Ehre der Hamburger Kirche" an-
zufügen, hielt er für angemessen, d. h. eine systematische Länderkunde
von Dänemark, Schweden, Norwegen mit den Inseln bis hinauf nach Island, Grönland und zum Nordpolarmeer, um die Missionsleistung der
Kirche zu verdeutlichen. Dieses letzte Buch war damals in mehr als einer
Beziehung einmalig, weit mehr war das die Biographie Adalberts. Im
großen stellt er sie auf historische Entwicklung ein und die Komposition
auf zwei Hauptteile zu je 35 Kapiteln, die glückliche Zeit und Adalberts
gute Eigenschaften – die unglücklichen Jahre und sein unausgeglichener
Charakter; im überleitenden 36. Kapitel dazwischen schaltete er um, indem er den Erzbischof, den er vorher als Reichsregenten und mehr als
Erzbischof Anno von Köln gepriesen hatte, nun wegen seiner Gier nach irdischem Ruhm und ihrer schlimmen Folgen im voraus allgemein tadelte.
Im versöhnlichen Rückblick des Nachrufs (c. 66) gab er einer Reihe lo-
benswerter Charakterzüge das Übergewicht über die nochmals zitierte
Ruhmgier, die jenem weniger geschadet hätte als die Ränke seiner Gegner. Wie er in den Schlußsätzen versicherte, habe er sich bemüht, der
Wahrheit gemäß die Geschichte einer so zwiespältigen Persönlichkeit entsprechend zusammenzufügen, nicht aber kurz und nur hell. Er besaß die
Gabe, das Wirkliche in den Blick zu bekommen, das Charakteristische in-
stinktiv zu erfassen und so dessen Stärke und Schwäche zu gewahren. Er
meisterte die Persönlichkeitsschilderung und erreichte ihren mittelalterlichen Gipfel. Er ist damit wie im ganzen ein recht früher Träger des Auf-
schwungs zur 'Vollendung'; zu bedenken ist auch, daß eine förmliche Autobiographie im Mittelalter zuerst später (um 1100) von Otloh von St. Emmeram und Guibert von Nogent versucht wurde.

b) Epische Dichtung

In der Epik steht ein Dichtwerk durch sein Verhältnis zur Antike für
sich; die betonte Verbundenheit mit ihr, die an sich für die 'Vollendung'
selbstverständlich ist, kam in Frankreich außer in Sprache und Metrik
namentlich im Inhalt zum Ausdruck, s. ›Alexandreis‹ und ›Ylias‹
(S. 222 ff.), aber auch Werke des Loire-Kreises (S. 201 ff.). Davon unter-

scheiden sich die in gewisser Hinsicht als antikisch zu bezeichnenden ›Quirinalia‹ des METELLUS (1165–1175) hauptsächlich durch den ganz christlichen, hagiographischen Inhalt. Er besang in den ersten vier Büchern (›Ode‹) Quirinus' Familie, Leben, Passion in I, Translation in II und die Wunder in III/IV; gewissermaßen als Annex dazu nehmen sich Buch V und VI schon durch den Umfang aus (beide zusammen sind so groß wie ein einziges Odenbuch) und durch das abweichende Versmaß (alle 10 bzw. 11 Stücke sind in Hexametern abgefaßt), noch mehr durch ihre Themen; V ›Bucolica‹ bringt zwar noch Wunder, aber an Rind und Kalb (III und IV dagegen an Menschen, ausnahmsweise an Pferden), VI ›Periparacliton‹ ist noch mehr abgerückt (mit dem schlimmen Treiben der Klostervögte). Das Antikische springt vor allem in der metrischen Form des Hauptteils in die Augen: Von den 70 'Ode' sind 1–22 in den Versmaßen der Oden und Epoden des Horaz abgefaßt, die übrigen in den Metren und Strophen namentlich des Boethius und Prudenz; die Vielfalt, 55 verschiedene Strophenarten in 70 'Ode', steht einzig da. Die Anlehnung erstreckt sich darüber hinaus auf das Wort in den metrisch entsprechenden Gedichten, hält sich aber in engen Grenzen und jeweils auf die Anfänge beschränkt. Wie wenig sich Metellus an das Antike fesselte, zeigte er z. B. in den Hexametern zweifach; er stattete sie in mittelalterlicher Weise mit Reim aus und, was nur ihm eigen ist, mit weiblicher Zäsur im dritten Versfuß. Stärker trat im Inhalt zutage, daß er sich nicht binden ließ, so in den 'Ode' gegenüber seiner Hauptquelle, der älteren Quirinusprosa, indem er manches änderte und vieles hinzufügte; so machte er z. B. Kaiser Philippus Arabs zum Vater des Quirinus und baute die Tausendjahrfeier Roms unter ihm ein ('Ode' 2, 2a mit 76 Versen) oder brachte zur Überleitung von der Vita zur Passio zahlensymbolische Erörterungen über das Alter des Heiligen (7, 7a mit 120 Versen). Er zog auch Sagen heran und viele mündliche Berichte; bei den zahlreichen Wundern schöpfte er nur die ersten drei aus schriftlichen.

Aus den Versen sprechen vortreffliche Schulung und Belesenheit, meisterliche Beherrschung von Sprache und Metrum, aus allem der glühende Wunsch, den Heiligen seines Klosters, von dem es nur eine dürftige Prosa gab, endlich gebührend zu feiern. Er glaubte wohl, er könnte das exzellent erreichen, indem er alle Metra der römischen Antike einspannte; ein solcher Wechsel paßt jedoch allenfalls ein wenig zu dem der Wunder, aber gar nicht für laufende Erzählung (I/II) und widerspricht darüber hinaus durch den lyrischen Tenor dem des Ganzen. So lieferte er im Hauptstück, in den 'Ode', ein Kuriosum und bewies auch im kleinen, daß er sich vergriff: Hexametri retrogradi, an sich geeignet, um die Verkehrung des Rechts durch die Vögte durch umgekehrte Form zu malen, konnte er nicht mit genug verständlichem Inhalt füllen. Bezeichnend ist, daß ein Tegernseer Mönch noch im 12. Jahrhundert die ›Quirinalia‹ in Prosa wieder-

gab; er wich mehrfach ab, indem er vor allem die Wunder kürzte und das
›Periparacliton‹ verständlicher darbot; seine Fassung gefiel durch prä-
gnante und klare Sprache.

Vor den ›Quirinalia‹ setzte Metellus die umfängliche Prosa ›Historia
Hierosolymitana‹ des Robert von St. Remi in die 4845 gereimten Hexameter ›Expeditio Hierosolymitana‹ um; er übernahm einerseits einiges z. B.
aus den Verseinlagen wörtlich, gestaltete aber vieles eigen. Sich an die
Grundlage haltend, suchte er das Geschehen auf mannigfache Art nicht
zuletzt durch Straffung klarer und anziehender wiederzugeben; er führte
eine gute Gliederung in sechs Teile durch und hatte darin wie im Versum-
fang wohl die halbe ›Aeneis‹ vor Augen. Daß es ihm an dichterischem
Schwung mangelte, lehrt am besten ein Vergleich mit der anderen Verspa-
raphrase der gleichen Quelle, mit dem ›Solymarius‹, obwohl davon nur
232 Verse voll erhalten sind; sein Verfasser Gunther von Pairis packte in
Vers, Stil und Stoffgestaltung wahrhaft poetisch zu und schuf dieses Früh-
werk mit einer Kraft, die im ›Ligurinus‹ (S. 263) in voller Auswirkung vorliegt.

Auf ein weiteres historisches Epos braucht hier nur hingewiesen zu
werden; ein Dichter aus Bergamo, vielleicht Thadeus de Roma, dichtete
nach 1162 ein Barbarossa-Epos, das mit 3343 Hexametern offensichtlich
unvollendet vorliegt. Sein ›Carmen de gestis Frederici‹ zeigt beachtliches
Format (S. 262).

Die genannten Werke überragt der ›Ysengrimus‹; seine 3287 Distichen
dichtete vor der oder um die Mitte des 12. Jahrhunderts vermutlich Nivardus von Gent. Damit schuf er das erste Tierepos des Mittelalters; was an
solcher Dichtung aus der Zeit davor überliefert ist, ist jeweils nur mit einer
einzigen Fabel befaßt, und die läßt sich nicht zum Epos weiten; ein solches
stellen auch die 705 Verse der ›Ecbasis‹ nicht dar, die in ihr nur eine Bin-
nenerzählung bilden (S. 142 ff.).

Der Epiker stellte zwölf Fabeln zu einem Hauptthema zusammen, zu
dem in Etappen erfolgenden Untergang des Wolfes, zu seiner 'Not', die
ihm hauptsächlich der Fuchs bereitete. Dafür zog er nicht wenige schriftliche Quellen der Vatersprache heran, vielleicht auch solche der Muttersprache, weit mehr die mündliche Tradition. Einige Stücke holte er sich
nicht aus der Wolf-Fuchs-Überlieferung, so nicht ›Wolf und Widder‹
(VI, 1–132), worin der Fuchs nur nebenbei auftritt, sowie ›Hengst und
Storch‹ (V, 1129–1166), wo Wolf und Fuchs fehlen, und erfand den wuchtigen Schluß hinzu, ›Ysengrims Tod‹ wozu er die ›Vita Mahumeti‹
V. 1029 ff. des Embricho von Mainz verwertete, sowie den relativ langen
Epilog (266 Verse). Aus diesen verschiedenen Materialien baute er ein geschlossenes Ganzes auf.

Geschickt ordnete er in drei Teilen die Fabeln an, deren Geschehen vom

Sommer des einen Jahres bis zum Herbst des nächsten abläuft. Die in den Anfang der Zeitspanne fallenden drei (die 116 Verse ›Fuchs und Wölfin‹ sind in die dritte eingeschoben) fügte er zwischen die vierte und fünfte der neun ein, die sich zeitlich nach den drei abspielen. Der Einschub brachte ihm mehrfachen Gewinn. Zum einen konnte er die einzige Geschichte, in der Reinard seinem Ohm unterlegen war, bis ihm der Zufall half, an den Anfang stellen, zum anderen die drei Teile nach dem Gewicht ihrer Schlußfabeln gut abwägen: Die Mitte, die sich im ganzen am leichtesten darbietet, endet mit der Vertreibung des Wolfes aus dem Kloster, wenn auch mit schmerzenden Schikanen, jedoch der erste Teil mit Enthäutung und der letzte mit tödlicher Marterung, nachdem eine zweite Enthäutung vorausgegangen ist – wie damit angedeutet, bietet die Mitte willkommene Erleichterung, der Schluß jedoch ist selbstverständlich am schwersten belastet.

Auch über dem Umfang der Fabeln waltete künstlerische Überlegung. So ist dem Hoftag der größte Raum zugestanden, der kleinste aber jeweils den fünf letzten Fabeln. Vier von ihnen liegen zwischen 132 und 216 Versen; wenn auch die fünfte mit der Tötung am längsten ist (442 Versen), liegen die fünf zusammen mit 1186 Versen sogar noch ein wenig unter dem 'Hoftag' (1190 V.). Mit Recht bemühte sich also der Autor um Kürze, als er und weil er zum Schluß kam und damit zum Grauenhaftesten.

Was hinter diesen Fabeln steht, die erst Nivardus episch ausgestaltete und bedacht ordnete, kann schon an den Bezeichnungen der Menschen deutlich werden, in deren Gestalt Ysengrimus gesehen wird; gegen sie richten sich ja die Angriffe und führen immer mehr die Vernichtung des Wolfes herbei.

In der gemäß der Handlung ersten, gemäß der Anordnung fünften Fabel, ›Wallfahrt der Tiere‹, heißt er, der in die Herberge der Tiere eingedrungen ist, zunächst und danach überwiegend *heremita*, auch *anachorita*, dann daneben *abbas* sowie *presul, patriarcha, antistes*. Wenn ein Wolfsschädel mal einem englischen Abt, mal einem dänischen Bischof gehört haben soll, wenn der Bock nicht weiß, ob der Wolf *abbas an patriarcha* ist, wenn diese Titel nicht eingeführt, nicht begründet werden, wenn zwischen Abt und Bischof nicht unterschieden wird, dann spricht bereits das dafür, daß der Dichter ein gewisses Spiel mit ihnen treibt. Dazu paßt das erste Auftreten der zwei Tiere in deren Zur-Wahl-Stellen 176 f. (*abbas/heremita – anachorita/papa/abbas*), ferner das Mißachten der Zeitfolge (die Bischofsweihe findet erst später statt, VII/3). – Die Titel, die in V/1 auf die höheren beschränkt sind (*heremita* steht für sich), werden in VII/3 (›Klosteraufenthalt‹, V, 317–1128) um die niederen erweitert, zunächst mit *monachus*, auch *silvigena (frater)*, *claustricola*, dann nur von 542–573 mit *presbiter* und *sacerdos*. Ysengrim wird aber daneben weiter *monachus* genannt, desgleichen danach (557–983), wo er seine sehr eigenartige Mönchsordnung entwirft. Zum Schluß erfolgt seine satirische Weihe, an deren Ende er elfmal zu Boden geschlagen und vertrieben wird; von da an heißt er nur Bischof. – Dazu läßt sich II/5 stellen; Ysengrim ist weiter Mönch und wird erst durch die Bauern und den Priester Bovo Abt und zuletzt im Aldrada-Teil (II, 4–136) Bischof geheißen. – In VI/7 herrschen wieder die niederen Titel vor (169 *monachus atque sacerdos*); die höheren (der Hof nennt ihn 1073 *abbas et episcopus*) treten erst von 781, 937 an auf, als sich die Handlung dem Schinden nähert; dazu fügt sich die Schlußfabel (XII): Der Wolf ist Mönch; es wird nur daran erinnert, daß er vormals Abt und Bischof war (17; 445, 463). Allein in diesen fünf Fabeln finden sich die Bezeichnungen Abt und Bischof nebeneinander, freilich in vier räumlich eingeschränkt. Die übrigen sechs haben diesen Dualismus nicht: Zweimal fehlt jeder Titel, in zwei findet sich Ysengrim nur als Mönch, in einer nur als *prior* und in einer als *monachus* und *abbas*.

Daß die Invektive auch gegen den Mönch- und Abt-Bischof (daß ein Mönch oder Abt Bischof werden konnte, das ist historisch bezeugt: Anselm von Tournay war Mönch-Bischof) gerichtet war, geht u. a. aus folgenden Belegen hervor. Der Wolf plädiert im 'ingenium' (V, 996 ff.) dafür, daß aus seinem Orden Bischöfe gewählt werden; er, der Mönch, möchte selber Bischof werden anstelle dessen, der zu wenig raubte. Zum Abt-Bischof äußert sich der Widder (III, 998 ff.); er ist mit dem Schinden des Wolfes nicht einverstanden, weil der Bär die *infula* zwischen den Ohren stehengelassen habe, und fragt, wie denn Ysengrim, der Abt, zu der Ehre des Bischofs kommen solle.

Demnach zielt die Invektive insgesamt zur Hauptsache jedoch gegen den ganzen Klerus, und dafür spricht auch die Wahrscheinlichkeit an sich. Man bedenke, Abt-Bischöfe stellten nur eine kleine Gruppe dar, und die würde nicht genügend gestärkt, wenn im Abt-Bischof Anselm von Tournay (V, 109 ff.) der Vorgesetzte des Dichters gesehen werden dürfte, d. h. der Angriff zur Hauptsache gegen den Abt-Bischof gerichtet wäre. Vor allem, verlangt nicht die Größe des Sujets auch Größe im Angriffsziel?

Der Verbindung und Fundierung des Ganzen dient außer der beherrschenden 'Not' Ysengrims der Antagonismus der beiden Hauptakteure. In den zwei, die Haßliebe aneinanderkettet, dazu das gleiche Streben, den Magen zu füllen, stehen sich zwar letztlich Torheit und Schlauheit gegenüber, jedoch nicht in absoluter Ausformung. Daß auch der Wolf über geistige Kräfte verfügt, belegen bereits die Länge, der Inhalt und die Sprache seiner ersten Rede (I, 13–58); er ist jedoch dem Fuchs überwiegend nicht gewachsen und schätzt dessen Hinterhältigkeit zu gering ein; der Wolf weiß sich nicht zu zügeln, besonders seine Freßgier nicht. Den Fuchs charakterisiert bereits sein Verhalten in Bedrängtheit; dem Wolf ausgeliefert, hält er ihn hin, während ihn der Überkräftige siegessicher umkreist und heftig zaust, und harrt geduldig aus, so daß er schließlich doch freikommt. Mit dem Antagonismus zusammen hängt das Motiv des betrogenen Betrügers, das in erster Linie zur Hauptfigur, zum Wolf gehört. So illustriert *lu-*

ditur illusor (I, 69) in einer Metapher, in der die Katze mit der gefangenen Maus spielt und doch verliert, die ähnliche Situation zwischen Wolf und Fuchs oder *captus ad hec captor* (I, 889), daß der stets nach Opfern seiner Gier spähende Wolf selber zum Opfer wird.

Die Aufgabe, den allmählichen Untergang eines besonderen Lebewesens durch Tausende von Versen zu schildern und das poetisch, d. h. auch möglichst durchgäng attraktiv, ist schwierig genug. Belebend wirkt schon äußerlich der häufige Wechsel im Schauplatz und in den Handlungsträgern. Das Geschehen vollzieht sich im Freien, auf dem Hügel, im Hain oder am Fischteich, ferner im Haus, in der Herberge, im Kloster oder Königsschloß. Die Akteure sind nur in zwei Fabeln auf Wolf und Fuchs beschränkt, beide fehlen je zweimal; Gruppen werden gegen Ysengrim aufgeboten, vier Widder, acht Wallfahrer, zuletzt 66 Wildschweine.

Auch der Ausgang des Zusammentreffens ist jeweils verschieden, keineswegs immer blutig. Gleich in der ersten Fabel amüsiert, wie der Fuchs alles an Überlegung und Witz gegen die körperliche Überlegenheit seines Feindes aufbietet, und in IV, 811 ff., wie den sonst so Gescheiten der Hahn berückt, den er bereits in den Pfoten hatte, noch mehr IV, 763 ff., wie Ysengrim und die elf, laut von ihm herbeigeheulten Genossen die Flucht ergreifen, als der vor ihnen flüchtende Esel von der Leiter plumpst und zwei Wölfe unter sich begräbt, als dann noch der Gänserich zischend mit den Flügeln wild um sich schlägt. Wenn der Wolf seinen Schwanz einbüßt, weil er, von Beutegier besessen, diesen Körperteil im Teich festfrieren läßt (I, 665 ff.), wenn er wieder aus Freßgier den Widder einlädt, auf seinen offenen Rachen loszuspringen, so daß der ihn mit den Hörnern achtmal am Kopf blutig stößt (VI, 104 ff.), wenn sich schließlich der Wolf nach zahlreichen Reinfällen nochmals in eine Falle locken läßt, aus der er sich nur durch Abbeißen eines Fußes zu retten vermag (VI, 550), so sind diese nicht allzu blutigen Strapazierungen nicht gerade lustig, wecken jedoch immerhin Schadenfreude; ihre Grausigkeit ist dadurch gemildert, daß sie mehr oder weniger verdient bzw. selbstverschuldet erscheint. In der Fabel ›Wolf im Kloster‹ (V, 447 ff.) erregen das durch die permanente Freßgier des Wolfs gesteuerte Reden und das durch ihn ausgelöste Fauchen der 51 Mönche und dessen Folgen selbst bei den Zuschauenden Gelächter.

Was überhaupt das Düstere der Grundfärbung erträglich, ja bunter und sogar heller macht, sind Ironie und Satire, mit denen das Einzelne wie das Ganze, Baustein wie Struktur modelliert sind. Metaphern werden dazu viel gebraucht, so Phöbus, Glocke oder Opferstock für Bauch oder Kuß für Biß. Tiere reden von Frieden und Friedenskuß, um damit ihr feindliches, auf Töten zielendes Trachten zu kaschieren. So ist bei ihnen *pax* früh im Gespräch (II, 382, IV, 141 oder V, 137), am häufigsten in der Tötungsszene (26mal) und wird in der zweiten Bedeutung von mehreren *basia* und *oscula* unterstützt. In VII, 26 ff. und 81 ff. bietet Ysengrim seine Küsse an, jedoch mit dem Zusatz, ihre Zärtlichkeit und Kunst seien so stark, daß er dabei häufiger große als kleine Fleischstücke mitherausreiße. Die Erörterung über *pax*, über ihr Verhältnis zur Messe wird damit beendet, daß die Schweine aus dem Körper des Wolfs herauszerren, was für die Verkündung des Friedens gebraucht wird, Urkunde mit Siegel und Trompete (d. i. Zwerchfell mit Herz, hohle Gurgel), und all das restlos vertilgen. Das Ergebnis – jetzt lebt der Friede in voller Kraft ...

Ironie und Satire bieten bereits die ersten Verse; als der Fuchs gezwungen ist, seinen Feind anzureden, wagt er es frech, Vertrauen zu heucheln, und nennt ihn *falso* (V. 11) Ohm; Ysengrim geht nicht weniger ironisch darauf ein. Ebenso gehalten sind selbst die letzten zwei Distichen des Epos, in denen Reinard den gehaßten Feind noch am Leben wünscht, damit ausgerechnet der den (so) unschuldigen Papst auch noch freiwillig räche. Im Epilog geht solches Spielen zwar nicht blutig, aber kaum weniger böse weiter (S. 253). Wenn Becca ein feierliches Begräbnis vorschlägt (das Salaura ablehnt), wenn der Fuchs den Grabstein des 'Unglücklichen' abzuheben wünscht, um zum Sterben neben seinem Ohm in die Grube zu gelangen, tun diese Tiere so, als ob von dem völlig Aufgefressenen noch etwas zu begraben vorhanden sei. Im Dialog über die Gelder für eine derartige Leichenfeier, am Anfang des Epilogs begonnen und erst nach fast 200 Versen ganz anderen Inhalts zu Ende geführt, empfiehlt Salaura, die Kosten für die Feier mit dem Geld zu bestreiten, mit dem der ränkevolle Papst (Eugen III., 1145–1153) vom Herzog (Roger) von Sizilien bestochen worden sei, damit die Kreuzfahrer nicht durch sein Gebiet zögen – Reinard weist das zurück: Der gütige, fromme Papst habe doch mit diesen Geldern dem schlimmsten Verbrechen wehren wollen usw.

Wenn solches Spotten sich auf Brutales erstreckt, wandelt es sich zu schwarzem Humor, was öfter geschieht, vor allem bei den beiden Enthäutungen (III, 945 ff. und VI, 203) und noch mehr bei der Todesmarterung (VII, 169 ff.). Wenn bei der letzten gesagt wird, das aus Ysengrims Körper Herausgefetzte sei schneller verschlungen worden, als der Wolf sterben konnte, wenn von feierlichem Begräbnis geredet wird, nachdem versichert worden ist, daß die Schweine weniger als den kleinsten Teil eines in acht Stückchen zerrissenen Flohs übriggelassen hätten, so vermag selbst solches Spielen mit dem Grauenhaften über das Finstere emporzuheben, noch dazu in einer Dichtung, in der so etwas nur die Grundtönung übersteigert.

Aus diesem Spiel mit dem Verkehrten ragt der relativ lange (112 V.) Trauergesang der Salaura durch Thema und Gehalt heraus und bildet so recht das Gegenstück zur letzten 'prophetischen' Rede des Ysengrim (VII, 302–362). Dieser hatte nach dem Reinfall des Fischfangs auf Rache gesonnen, weil ihm nur durch die Hoffnung darauf das Leben erträglich schien, und dachte auch gegen Ende nur daran, wie er angemessen gerächt werden könnte; er bleibt damit im engen Kreis seiner Person und des Allzu-Irdischen gefangen. Im krassen Widerspruch dazu richtet nach dessen Tod Salaura in den Distichen, von denen die Mitte des Epilogs und fast dessen Hälfte eingenommen werden (549–659), den Blick voll auf das Apokalyptische. Darin wird der Jahrtausende während Kampf zwischen Gott und Sünder geschildert, an dessen Schluß Weltuntergang und Weltgericht stehen; darin wird an entsprechende Fälle des Alten Testamentes von Adam und Abel bis Elisa und Elias erinnert, dann an Christus und an die immer wieder in Sünden verstrickten Christen; schließlich werden die bis zur Mitte des 12. Jahrhunderts erfolgten Warnungen und Drohungen Gottes, deren schreckliche Größe die harten Herzen nicht anrührten, eindringlich vorgeführt.

Die Höhe, in die sich über die ›Ysengrimus‹-Welt hinaus diese Apokalyptik erhebt, enthält keine Andeutung von Gottes Liebe und Güte, sondern ist dem Pessimismus ihrer Einhüllung und damit dem Ganzen verhaftet. Das versteht sich aus der Zeit der Niederschrift besonders der letzten zwei Bücher, wo sich der Mißerfolg des Zweiten Kreuzzugs in den Angriffen auf Papsttum und Königtum niederschlug. Solche Einstellung war damals nicht singulär; kurz zuvor hatte Otto von Freising in seiner Weltgeschichte (S. 259), woran er selber im Widmungsbrief an Barbarossa erinnerte, aus seelischer Verbitterung mehr ihr Elend wie eine Tragödie als die Geschehnisse in ihren Folgen dargestellt.

Der damit berührte christlich-kirchliche Einschlag durchzieht das Ganze und verstärkt die Satire. Das Religiöse an sich wird immer wieder hineingezogen, aber veräußerlicht, bloßgestellt und geheuchelt, blasphemisch behandelt. Der Fuchs offenbart nach seiner Niederlage durch den Hahn in einer großen Rede (V, 25–130) seine innere Einstellung, die keinen Bezug auf das Jenseitige, auf Gott kennt; er bezeichnet den Reichtum als den Adel seiner Zeit, die Armut als Schande und nennt als Grundsatz, den die Bischöfe, ja selbst der Papst verkündeten: Für Silber ist der Mensch, ja Gott selber käuflich. In der letzten Fabel gibt Salaura, die noch verschmitzter als neun Äbte und Bischöfe sei, sich als höchste Lehrerin und Äbtissin über dreihundert Nonnen des Sauordens aus und kündigt an, sie werde eine Waldmesse lesen. Am Ende wird auch eine Messe mit Glockenspiel und Friedenskuß gefeiert, in ihr martern freilich grimmig fletschende Wildschweine, Salaura voran, den Wolf zu Tode. Salaura verrät die drei Distichen seiner Grabinschrift: Für Ysengrim reichte wegen seiner zahlreichen Tugenden nicht wie bei einem Bischof ein einziger Marmorsarg, sondern es seien 66 Urnen nötig gewesen ...

Wenn die Marterung als Messe drapiert ist, so ist das aus der damaligen Zeit heraus zu verstehen, die ein eigenes Verhältnis zum Glauben und zu seiner Kirche besaß; davon zeugt etwa die gleichzeitige Vagantendichtung (S. 211); wenn deren Parodien mit Ordensregel und Predigt, Evangelienlesung und Messe rücksichtslos und frech umspringen, so soll das wachrütteln und Verderbtheit im kirchlichen Bereich bekämpfen. Wie diese Poeten fest im christlichen Glauben standen und eben auch auf diese Weise für seine Reinheit stritten, so gilt das nicht weniger für den ›Ysengrimus‹-Dichter.

Bereits in jener ersten Rede tritt hervor, was sie im allgemeinen charakterisiert, der beträchtliche Umfang und die breite, ins einzelne gehende, variationsreiche Ausführung, die sich von eigentlichem Dialog wesentlich entfernt – so sind z. B. in vier Versen fünf Sprichwörter aneinandergefügt. Die 46 Verse Ysengrims gliedern sich nach dem Inhalt in sechs Gruppen mit durchschnittlich acht Versen; in der größten preist er Reinard den Aufenthalt in seinem Innern: Dort habe er keinerlei Weg zu fürchten und kein Ermüden durch Gehen, werde Ritter ohne Waffenlast sein, wie Jonas reiten und seinen Sattel finden, der Wolf werde gern sein Pferd sein.

Erstaunlich ist in jeder Zeile des ›Ysengrimus‹ die Phantasie, deren Fülle geistreiche Variation und Betrachtung unter verschiedenen Aspekten ausmachen. Über Belesenheit und Gelehrtheit dominiert das Bemühen um verständlichen Ausdruck, der freilich manchmal reichlich komprimiert und knapp ist; die Sätze sind nicht mit artifizieller Geschraubtheit in Wort oder Bau belastet, sie lassen sich unschwer überschauen und verstehen. Wiederholung von Wörtern oder Satzteilen soll Wichtigeres betonen, desgleichen die Reihung von Synonyma derselben Wortart – IV, 89 ff. füllen 32 Substantiva 3 Distichen. Veranschaulichen und beleben sollen die vielen Vergleiche aus den Bereichen des Menschen und seiner Umgebung sowie der Natur, meistens in volkstümlicher Kürze gehalten, außerdem die zahlreichen Sprichwörter und sprichwörtlichen Redensarten, die auch gereiht auftreten (VI, 297 ff. hat der Fuchs seine Rede mit über 20 von ihnen gespickt) und meistens volksläufiges Gut sind. Was den Dichter zu solcher Reihung trieb, bleibt zu untersuchen.

Was die Sprache betrifft, so kennzeichnen sie zum anderen eifriges Studium und innerliche Aneignung der Klassik, besonders Ovids, auch Vertrautheit mit biblischem und mittelalterlichem Latein. Zu solcher Beherrschung der Tradition, die auch für die Metrik gilt, kommt die ungewöhnliche Größe des Wortschatzes, was bei einem Poeten dieses Niveaus und dieser Schreibart nicht verwundert: Für das Erfassen des Einzelnen und Besonderen, noch mehr für die Variation brauchte er seltene Wörter und Neuschöpfungen (z. B. *archilupus, -sophus, astulare, babellare* ...) in großer Zahl.

Ein anderes Kennzeichen der Sprache ist nicht höherer Diktion eigen, läßt sich aber kaum volkstümlich nennen, weil sich mit diesem Wort eine hier nicht zutreffende Vorstellung von der vom Autor angesprochenen Schicht des Publikums verbindet – der ›Ysengrimus‹ kann doch wohl nur einen kleineren Kreis der Intelligenz angesprochen haben: Der Wortschatz ist nicht schlüpfrig, jedoch unverschleiert (*mas* und *subligar*, 'männliches Glied'; Reinard lädt V,739 die jungen Wölfe ein, was er aus seinen beiden Öffnungen entleerte, als Met zum Morgenimbiß zu sich zu nehmen); er ist kräftig und derb in Schimpfwörtern und Flüchen (Wahnsinniger Freßsack; Troll dich zu den Mäusen!; Rom und Reims sollen ihn verfluchen!).

Der ›Ysengrimus‹ zeugt von eigenartiger und ursprünglicher Gestaltungskraft eines Dichters, der durch seinen Reichtum an Gewitztheit und Phantasie immer wieder überrascht. Dadurch, so kann man wohl argumentieren, hat er sich ein gewisses Recht erworben, sich in Reihung und Aufzählung zu ergehen, zumal er auch darin durch Buntheit belebt und eindringlich wirkt. Das ganze Werk durchzieht das eigentümliche Wechselspiel zwischen wirklicher und verkehrter Welt, zwischen realem Bericht und ironisch-satirischer Rhetorik. Wenn die Grenze zwischen beidem manchmal nicht deutlich scheint, so daß die Interpreten sich widersprechen, so dürfte das nicht zum wenigsten daran liegen, daß die Hintergründe nicht mehr zu fassen sind, sondern auch daran, daß der Dichter das beabsichtigt hat. Jedenfalls brennt er, aufs Ganze gesehen, ein Feuerwerk ab, in dem er das Ironisch-Satirische bis zu gewagter Drastik steigert; er inszeniert es so, daß es Leser und Hörer bis zum letzten Versprühen im Bann hält und veranlaßt, über seine wirkliche Absicht und ihren Ernst nachzusinnen. Aus allem spricht letztlich eine von sittlichem Ernst und tiefer Besorgtheit um Glauben und Gläubigkeit getriebene Persönlichkeit, die meinte, ihre poetischen Gaben einsetzen zu müssen, um Materialismus und Selbstsucht ihrer Zeit zu bekämpfen und zu echter Religiosität zurückzuführen. Obwohl es der Dichter dem Leser nicht leichtgemacht hat, sein Opus richtig zu verstehen, ist seine Überlieferung beträchtlich (fünf meist vollständige Handschriften, vier Handschriften mit je einem Distichon (eine davon hat noch zwei Verse), sechsmal in Florilegien; außerdem liegt im ›Ysengrimus abbreviatus‹ eine ungeschickte Bearbeitung von Hoftag und Pilgerfahrt vor, auf ein Drittel gekürzt und des Satirischen beraubt).

c) Der Kreis um Barbarossa

Um Barbarossa hebt sich ein Kreis heraus, d. h. diejenigen Autoren, die in Vers oder Prosa den Kaiser und sein vor allem politisches Regiment in solchem Maße rühmten, wie es keinem andern deutschen Kaiser zu seinen

Lebzeiten öffentlich widerfuhr. Schon 1158 auf dem Reichstag von Roncaglia feierten Sänger die Taten Barbarossas in Liedern; die meisten dem Kreis Zugehörenden schufen ihre Werke in den Jahren 1156–1165, zwei erst kurz vor 1190. Zur Leitung des Kreises war der Kaiser nicht geschaffen; er hatte nicht die geistlich-gelehrte Schulung erfahren und verfügte nur über geringe Kenntnis des Lateins. Er interessierte sich nicht wenig für Geschichte, ließ sich von den Taten früherer Kaiser, auch der antiken vorlesen und fand manches aus deren Handeln und Auffassung nachahmenswert; vor allem strahlte er große Wirkung durch politische Erfolge und ungewöhnliche Herrscherfähigkeiten aus, die mit der Liebe zur Macht und zur Gerechtigkeit verbunden waren, durch unabdingbares Wahren des Rechts, nicht zuletzt durch seine einzigartige Persönlichkeit, die er zur Geltung zu bringen wußte. Außerdem besaß er die Hauptwesenszüge des höfischen Ritters, den wichtigsten in der *mâze*, die sich z. B. in dem heiteren, aber Freude sowie Schmerz unterdrückenden Gesicht ausprägte, und im *hôhen muot*, im erhöhten Lebensgefühl, lächelnd und doch hart. Damit vermochte er der ritterlich-höfischen Kultur kräftige Impulse zu geben und der Literatur und Kunst nicht geringe Förderung.

Zum Glück stand ihm im Kanzler des Reiches von 1157–1167 der beste Helfer in zweifacher Hinsicht zur Seite; Reinald von Dassel teilte die politische Gesamtauffassung Barbarossas und trieb sie stärker als jener voran. Früh nach Hildesheim auf die beste sächsische Schule gebracht, in Paris wissenschaftlich ausgebildet, mit der antiken Literatur vertraut, Herr der lateinischen und französischen Sprache, wußte er um die Wirkung von Sprache und Literatur auf die Politik und war wie geschaffen, den Kaiser zu ergänzen und Mäzen zu spielen – der Archipoeta fühlte sich von ihm wie ein Sohn gehalten und wurde von ihm beauftragt, ein Epos auf Barbarossa zu dichten.

Auf dem Hoffest von Mainz Pfingsten 1184, das durch die Schwertleite der beiden ältesten Kaisersöhne veranlaßt war, wurde offenbar, und angesehene Poeten wie Heinrich von Veldeke und Guiot de Provins bezeugten es in ihren Versen, daß eine neue, die höfische Periode angebrochen war.

Aus den damaligen Verfassern der historiographischen Prosa, des Epos und Dramas sowie der Lyrik ragen sieben schon durch die Gleichheit ihres gegenwartsbezogenen Stoffes heraus – dabei ist Petrus von Eboli (c. 1160–1219/20) nicht mitgerechnet, weil sein Epos auf die *mira Friderici gesta* nicht erhalten ist. Sie hatten, fünf bereits im ersten Drittel von Barbarossas Regierung, das Ziel, das seit 1152 wieder erstarkte Kaisertum und seinen Lenker zu preisen; sie zeigten sich von der politischen Bewegtheit ergriffen und begeistert; fünf brachten das in meisterlichen Werken zum Ausdruck, die z. T. das Prädikat klassisch verdienen. Wenn auch bei drei nicht einmal der Name erhalten und bei zweien über die Lebensumstände sehr wenig überhaupt nur zu erschließen ist, so stehen bei den übrigen Beziehungen zum Hof und den staufischen Herrschern fest.

Der allgemeine Umbruch tritt in der Geschichtsschreibung deutlich zutage. Barbarossas Oheim, OTTO VON FREISING (c. 1114–1158), der Heinrich IV. zum Großvater und Konrad III. zum Halbbruder hatte, und der in den zwanzig Bischofsjahren Freising zum Mittelpunkt der Aristotelesstudien in Deutschland machte (S. 165), vollendete dort sein erstes Werk, die Weltchronik ›Historia de duabus civitatibus‹ (1146/47), die nur in der zweiten, wenig geänderten Fassung von 1157 erhalten ist. Wie er im Prolog zum ersten Buch aussprach, hatte ihn das christliche Geschichtsdenken über die *mutatio rerum* dazu getrieben; er betrachtete die Weltgeschichte von der Zwei-Staaten-Lehre Augustins aus, indem er Babylon und Jerusalem gegenüberstellte, unterschied sich durch den Aufbau auf diesem Fundament, das er mannigfach umgestaltete, von den früheren Weltchroniken und erreichte damit eine künstlerische Geschlossenheit, die den anderen verwehrt blieb. Die Weltgeschichte von der Schöpfung bis 1146 behandelte er nach der Vision des Daniel als Geschichte der vier Hauptreiche, des assyrisch-babylonischen bis zum römischen, und mußte damit die Einteilung seiner zweiten Hauptquelle (Orosius) in sieben Büchern überschneiden; er bewies in der anderen, eigenen Ansetzung der sieben Zäsuren historischen Blick. Das Imperium christianum, das das ganze christliche Abendland umspannte und Augustin unbekannt war, verwirklichte die Civitas Dei, beherrschte nach Ottos Auffassung das frühe Mittelalter und wurde durch Kaisertum und Papsttum repräsentiert. Wichtig in diesem Weltbild ist die Translationstheorie, die Übertragung des Imperiums von Rom schließlich bis zu den „deutschen Franken"; dabei trachtete Otto, die Ostfranken als die rechtmäßigen Träger des Kaisertums hinzustellen.

Gemäß der Aufgabe, zu der er sich im Prolog des 4. Buchs bekannte, „durch das Sichtbare zum Unsichtbaren" zu führen, sah er in der Geschichte dieser Welt den göttlichen Heilsplan wirksam und im Weltstaat die Vorbereitung des Gottesstaates; jene *mutatio rerum* bilde den Gegensatz zum allmählichen Aufstieg der *civitas Dei*. Dementsprechend mußte er, Vertreter des Symbolismus, im 8. Buch, in dem er von der Historie abrückte, sich dem zuwenden, worauf die Zwei-Staaten-Lehre hinauslief, nämlich dem Weltende, und mußte in dessen zwei Hauptteilen von ihm als dem Schlußakt der Geschichte und als Schlußzustand handeln – damit baute er die scholastische Eschatologie vortrefflich aus – und schloß mit dem Ausmalen der himmlischen Seligkeit in poetischer Verklärung.

Die ›Historia‹, die er unter der Vorstellung des nahen Weltendes verfaßte, ist ganz von Pessimismus getragen; in VII,21 und 34 befürchtete er infolge des aufschießenden Unheils in der Gegenwart den Weltuntergang als nahe, so daß jetzt nur noch die Mönche helfen könnten, die allein

einen Vorgeschmack der Ewigkeit verspürten. Aber in dem Schreiben zu
dem Exemplar der Weltchronik, um das ihn Barbarossa gebeten hatte, ver-
merkte er, daß jener jetzt (1157) die neblige, regnerische Nacht zum er-
quickenden Schauspiel des heiteren Morgens zurückgeführt hätte. Zugleich erklärte er sich bereit, nach Zustimmung des Kaisers dessen Taten
aufzuzeichnen, wenn er die Abschnitte (*capitula*) von dessen Notaren geordnet und ihm zugesandt erhielte; ihm wurde dann geheißen, den von jenen kurz verfaßten Bericht über das erste Regierungsjahrfünft (von der
Krönung in Aachen März 1152 bis zum Reichstag in Regensburg Septem-
ber 1157) zu weiten und zu mehren.

In den ›Gesta Friderici I. imperatoris‹, die er dann 1157/58 verfaßte,
schilderte er im ersten der zwei Bücher die Vorgeschichte von 1080–1152
und darin das Emporkommen der Staufer im Dienst der Salier. Was er
schon in der ›Historia‹ VI/VII dargestellt hatte, gab er knapp, oft zu
knapp wieder, ergänzte es mit der Geschichte der Schwabenherzöge und
der letzten Regierungsjahre Konrads III., auch mit philosophischen und
theologischen Erörterungen, z. B. mit 12 Kapiteln über den Streit Gilberts
mit Bernhard von Clairvaux; in ihnen tat er am deutlichsten kund, was ihn
in der Geschichtsdarstellung bestimmte, jene Mutatio, die den Kaiser lehren sollte, sich stets nur auf dem Weg zum Gipfel zu fühlen, in Wirrnis und
Auflösung nie den endgültigen Schluß zu sehen. Im zweiten Buch hielt er
sich daher nicht nur an die Fakten, die ihm die kaiserlichen Notare mitge-
teilt hatten, und hörte bewußt mit dem Regensburger Reichstag auf, durch
den der fast 30jährige Streit zwischen Staufern, Welfen und Babenbergern
endgültig geschlichtet und damit ein fürs Imperium sehr gewichtiges Re-
sultat erzielt worden war. Wie jener Bericht der Notare namentlich mittels
der Auswahl, so waren auch die ›Gesta‹ selber im ganzen von höfischer
Tendenz bestimmt, besitzen aber ihren historiographischen Wert darin,
daß Otto durch die Höhe seiner Stellung und Verwandtschaft mündliches
Gut in beträchtlichem Umfang hinzufügen konnte, daß er sich nicht von
eigennützigen Wünschen leiten ließ und nichts direkt entstellte. Auch
wenn es ihm nicht vergönnt war, das zweite Werk so weit zu führen, wie er
beabsichtigt hatte, so weist auch dieses nicht geringe Einheit und Geschlossenheit auf.

Wie schon in der ›Historia‹, so zeichnete er sich auch in den ›Gesta‹
durch schriftstellerische Kunst aus, die auf bester Schulung ruhte; so schilderte er in der zweiten Schrift das bedeutendste Unternehmen des ersten
Italienzugs von 1154/55 in 31 von 56 Kapiteln breit, schob Episoden und
den Sinn treffende, aber von ihm ausgearbeitete Reden ein, betrachtete
Verhältnisse und Örtlichkeiten näher. Mit der ›Historia‹ erreichte er 'Gipfel und Vollendung' der mittelalterlichen Geschichtsschreibung, und das
nicht zuletzt dadurch, daß er den Stoff geistig durchdrang, zeichnete frei-

lich ein Weltbild, das damals überwunden wurde; mit den ›Gesta‹ aber
wandte er sich einer neuen Aufgabe aus anderer, positiver Gestimmtheit
und Weltbetrachtung zu. Er unterstützte damit die politische Propaganda
des Imperiums und wies so in die Zukunft.

RAHEWIN (zwischen 1170–1177†), Freisinger von Geburt, etwa gleichaltrig mit Otto von Freising, zu dessen Umgebung er von früh an gehörte,
dessen Kanzleibeamter und Sekretär, auch Reisebegleiter, erhielt 1156
eine Pfründe am Freisinger Dom, wurde schließlich Propst von St. Veith.
Literarisch begabt und bestens geschult, war er berufen, die ›Gesta‹ fortzusetzen; Otto hatte es angeordnet, dann der Kaiser.

Seine zwei Bücher (1159/60) umfassen mit den $2\frac{1}{2}$ Jahren (August
1157–Februar 1160) nicht einmal die Hälfte von Ottos Zeit für I/II und dazu
noch etwas mehr Raum; die Breite geht im Stil z. T. auf viele Entlehnungen
aus antiken und mittelalterlichen Autoren zurück, sonst auf lange Kapitel
füllende Charakteristiken Barbarossas, Ottos von Freising, des Erzbischofs
Eberhard von Salzburg u. a. oder auf ungekürzte Wiedergabe oft umfangrei-
cher Dokumente wie Briefe, Akten, Gesetze (z. B. enthalten von den acht
Kapiteln über das Schisma von 1160 nur zwei vermittelnde, kurze Berichte).
Demnach bemühte er sich sehr um Materialien, die ihm nicht im solchen
Maße wie Otto zur Verfügung standen und von denen er keine in dessen
Nachlaß vorfand; meistens war er auf mündliche Mitteilungen und Selbsterlebtes angewiesen, durch das er die beste Quelle für die eigene Zeit bildet.
Wenn er auch durch das reiche Belegmaterial danach trachtete, dem Leser
zur eigenen Urteilsbildung zu helfen (IV, 59), so geht doch aus der Auswahl
seine Stellungnahme hervor, so die fast proviktorianische im Schisma von
1160. In der Grundeinstellung und -wertung von Person und Geschehen
stimmte er mit der Ottos überein, setzte aber nicht wenig Eigenes ein und bewies Freude am Stoff und an der Anschaulichkeit in der Darbietung. Die häufige, umfängliche Dokumentation zerreißt das geformte Ganze beträchtlich; sonst aber, besonders in den Porträts, treten die nicht geringen literarischen Qualitäten hervor. Zu vollem Ausdruck sind sie in den Verswerken
gekommen; die brauchen hier jedoch nur genannt zu werden, zumal sie
schon an sich keine höhere Bedeutung besitzen.

Zu den zwei Epitaphien auf Otto von Freising, in die ›Gesta‹ IV, 14 eingefügt, einem in elf Vagantenstrophen und dem andern in zehn endge-
reimten Hexametern, stellen sich zunächst in denselben Versmaßen der
›Flosculus ad Ha. prepositum‹, zwei Bücher mit Prolog, Anhang und Apologeticum, eine Dogmatik, versifiziert aus den ›Sententiae‹ I/II des Petrus
Lombardus (†1160?), dann der ›Theophilus‹ mit der Sage vom Teufels-
bündnis, worin sich Rahewin eng an die Prosa des Paulus Diaconus von
Neapel (9. Jahrhundert) anschloß, mit sehr kunstvoll und bunt gereimten
651 Hexametern.

Das ›Carmen de gestis Frederici I. imperatoris in Lombardia‹ ist der Entstehungszeit nach das erste Barbarossa-Epos; sein anonymer Autor aus Bergamo, vielleicht mit dem Magister Thadeus de Roma zu identifizieren, besaß nicht näher bekannte Beziehungen zum Kaiser und seinem Hof. Von seinem Werk sind in der einzigen Handschrift 3343 Hexameter überliefert, denen der Schluß fehlt, die Zerstörung Mailands 1162. Die fünf Bücher, die mit der Klage über das herrschsüchtige Mailand beginnen, enthalten namentlich die beiden Italienzüge von 1154/55 und 1158 ff., den zweiten nur bis 1160, darin vor allem die Kämpfe um Mailand; sie wurden demnach nicht vor 1162 beendet.

Welche Schriftquellen herangezogen wurden, läßt sich nur vermuten, sicherlich der Faktenbericht der Hofnotare (S. 260), vielleicht auch die ›Gesta‹ Otto – Rahewins; am wichtigsten waren mündlich Tradiertes und persönliche Informationen. Das Wiedergegebene ist glaubwürdig, oft selbst dort, wo es von anderer Überlieferung abweicht. Das eigentliche Ziel war jedoch nicht, Geschichte voll aufzuzeichnen; der Dichter wollte vielmehr ein Epos schaffen und in den oberitalienischen Kämpfen während des ersten Regierungsjahrzehnts Barbarossas ihn als den Helden preisen. So ergriff er auch nicht einseitig Partei, erkannte zwar die deutsche Herrschaft über Italien als rechtmäßig und unentbehrlich für Frieden, Ordnung und Gerechtigkeit an, stimmte aber keineswegs in allem mit der politischen Auffassung des Kaisers überein. Wenn er ihn nun nicht als Imperator oder Caesar rühmte, sondern als *dux* und *ductor*, so wollte er ihn als Helden in kämperischer und ethischer Hinsicht feiern, ihn ins Heroisch-Mythische erheben – er malte in etwa 300 Versen aus, wie die Furie Allecto die Mailänder verblendete und zur Erhebung aufstachelte, oder ließ eine Mailand personifizierende Frau versuchen, den Kaiser im Traum vom Kampf abzuhalten.

Auch sonst wird die poetische Leistung offenbar, nicht nur in der Gliederung in die fünf Bücher, im Einschub retardierender Szenen oder im Abweichen von der Zeitfolge im Kleineren. Der Dichter belebte durch wechselnde Verschiedenheit in Schauplatz, Person und Episode, durch Anreden, selbst an die Städte, durch treffende, nicht breit ausgesponnene Reden und Vergleiche, die überwiegend dem Familienleben und der Natur entnommen sind, nicht zuletzt durch kleine Begebenheiten wie das Gespräch des Kaisers mit Professoren und Studenten in Bologna. Wenn ferner Sprache und Metrik poetisch geformt sind, so entspricht das dem Gesamteindruck hoher Poesie.

GUNTHER VON PAIRIS (Zisterzienserkloster bei Urbeis/Oberelsaß) werden zwei Prosaschriften und zwei historische Epen zugeschrieben, aus denen sich ergibt: c. 1150–c. 1220, aus dem elsässischen Bezirk der Diözese Basel stammender Weltgeistlicher, der Italien bis Rom herunter gut kannte, lebte einige Zeit am kaiserlichen Hof und erzog den fünften Kaisersohn Konrad (1169–1196); die verlorene Gunst suchte er vergeblich durch die Epen (1185–1187) wiederzugewinnen und trat ins Kloster Pairis, was er um 1193 plante, aber erst zehn Jahre später ausführte; dort verfaßte er die Prosa.

Dort schrieb er, vom Abt Martin aufgefordert, die ›Historia Constantinopolitana‹ (1207/8), womit der Vierte Kreuzzug (1202/04) richtiger bezeichnet ist, nach den mündlichen Augenzeugen-Berichten Martins. Als historische Quelle ist die Belagerung und Eroberung Konstantinopels in Cap. 11–18 das Wichtigste, zumal Gunther „nur auf dem Pfade der Wahrheit" ging, wenn auch keine Vollständigkeit und Geschlossenheit erstrebte, s. besonders Cap. 19, 23/5 über Reliquien. Zur Weite des politischen Blickes und zur anschaulichen Ausführung gesellt sich die Ausschmückung der Prosa mit rhythmischen Cursus und nach jedem der 25 Kapitel mit je 20 und mehr meist gereimten Hexametern und Distichen zum vorher Erzählten. – Die andere Prosa, ›De oratione, ieiunio et eleemosyna‹, eine Erbauungsschrift, umfaßte ursprünglich elf Bücher über das erste Thema; zwei Jahre später fügte Gunther das 12. und 13. Buch mit den anderen Themen hinzu. Das war wohl sein letztes Werk; er versah es mit Cursus, aber weniger als die ›Historia‹, gar nicht mit Versen und klagte über körperliche Beschwerden.

Sein erstes Werk ›Solymarius‹, nur als Fragment (vollständig nicht mehr als 232 Verse) erhalten, bringt die Geschichte des Ersten Kreuzzuges (1096/9) breit und behaglich im engen Anschluß an die ›Historia Hierosolymitana‹ des Robert von St. Remy, eine umfängliche, sehr verbreitete Prosa von 1112/8.

Dem ›Ligurinus‹ (1186/7) mit 6577 reimlosen Hexametern über die 'Taten' Barbarossas von 1152 bis 1160 (zur Hauptsache über dessen Kämpfe mit den *Ligures*, vor allem den Mailändern) liegen zur Hauptsache die ›Gesta‹ Ottos und Rahewins II–IV zugrunde. Gunther straffte sie, was er selber I, 124 ff. betonte; so ließ er z. B. kirchliche Nachrichten wie etwa das Schisma von 1159 und die Porträts (S. 000) weg. Er zog außerdem andere Quellen heran (Benutzung des Bergamasker Carmen ist nicht sicher zu beweisen), viele mündlichen Informationen, die ihm namentlich durch den Aufenthalt am Hof zugeflossen sein dürften. Er gab weithin die politische Auffassung des Hofes zu seiner Zeit wieder, die sich von der Otto – Rahewins vor dreißig Jahren unterschied; so berichtete er über die Wahl Barbarossas zum König reichlich kurz und kühl, er aber malte in über 170 Versen ein kräftiges Bild, in dem er z. B. einen Redner auftreten und ein Plädoyer halten ließ; umgekehrt verhielt er sich beim Schisma von 1159 – er klammerte es aus (IV, 277), obwohl es in Rahewins ›Gesta‹ (IV, 74 ff.) neun Kapitel mit meistens (sehr) langen Briefen und Akten beanspruchte, vgl. S. 261. Auch als er Leben und Lehre Arnolds von Brescia schilderte, rückte er III, 263 ff. von Otto II., c. 30 mehrfach und deutlich ab. Wie damit angedeutet, ist der ›Ligurinus‹ keine Versifikation der ›Gesta‹; noch deutlicher wird das in seiner Darbietung von Politik und Staatstheorie; er stellte in der höfisch-weltlichen Geschichtsbetrachtung die fränkisch-ottonische Tradition heraus und strich das Streben zur Höhe, deren Erreichen im Fest von 1184 zutage trat, in den Anfängen der 50er Jahre heraus.

In der äußeren Gestaltung fällt auf, daß er zwischen die zehn Bücher, in die er das Epos teilte, keine stärkeren Einschnitte des Stoffes legte und ihm für den Beginn des nächsten Buches eine neue Episode genügte und so viel nicht einmal immer. Dem entspricht es, daß er die Bücher zweimal mit *Ergo* und dreimal mit *Iamque* eröffnete (die zwei letzten mit *Inter* und *Interea*). Noch mehr zu denken gibt der Abschluß des Ganzen, der an sich nicht befriedigt und einem Epos nicht angemessen ist; dazu reicht die Zerstörung Cremonas nicht aus und wäre die nur zwei Jahre später erfolgte Mailands nötig gewesen, mit der doch erst der zweite Italienzug beendet wurde – das hatte der Bergamaske richtig erkannt (S. 262). Vermutlich fand Gunther Genüge daran, auch hierin seiner Hauptquelle zu folgen; ihm kam es doch offensichtlich darauf an, die verlorene Gunst und Stellung am Hof zurückzugewinnen und das, nachdem ihm der ›Solymarius‹ nicht dazu verholfen hatte, möglichst bald. Nicht gering einzuschätzen ist, daß er ein so umfängliches Opus in wenigen Monaten vollbrachte und ihm eine wahrlich vollendete äußere Gestalt gab. Metrik und Sprache bezeugen sein erfolgreiches Streben, antiken Vorbildern, zumal Vergil und Ovid nachzueifern – jedoch nicht gänzlich und das im Alter weniger als vorher; im Stil wurde die Größe seiner poetischen Begabung wohl am deutlichsten.

Die höchste Stufe nicht nur im Barbarossakreis erstiegen zwei Dichter in der Lyrik und im Drama und damit in den jungen Gattungen der Vagantendichtung und des geistlichen Spiels.

Für den mit seinem eigentlichen Namen nicht bekannten ARCHIPOETA (so sind sieben der acht Gedichte in der wichtigsten Handschrift überschrieben) konnten bisher nur neun vollständige Carmina und die erste Strophe eines zehnten, insgesamt 864 Verse, gesichert werden, aus denen sich wenig Festes über sein Leben ergibt (c. 1130/40–nach 1165). Aus einer Ritterfamilie in deutschen Landen geboren, zum Studieren und Dichten berufen, befaßte er sich mit der Theologie (›Bittpredigt‹) und Philosophie (s. besonders die ›Vision‹) und beschäftigte sich eifrig mit antiker und mittelalterlicher Literatur; er komponierte auch die Melodien für seine Lieder.

Früh kam er in enge Beziehung zum Kanzler Reinald, so daß er sich als dessen *poeta* und *vates* bezeichnete und sogar als dessen *adoptivus*; alle zehn Gedichte, sicherlich nur ein Bruchteil seines Schaffens, sind direkt an Reinald gerichtet oder erwähnen ihn mindestens. Wurde das Verhältnis getrübt, gelang es dem Archipoeta, das Herz des Mächtigen durch die bezwingende Macht seiner Sprache wiederzugewinnen; mit ihr konnte er es sogar wagen, sich in einem Rechtsstreit, in dem sich der Kanzler falsch entschieden hatte, für die geschädigte Partei einzusetzen, und zwar so, daß Reinald lächelnd zustimmen mußte.

Den Archipoeta, im Grunde Prototyp eines Vaganten, trieb es in Deutschland, Italien, Frankreich umher; er besaß die entsprechende innere Einstellung in der Unstetheit und der Hingabe an das Diesseits, an den Augenblick und seine Freuden. Das längste Gedicht, die theologisch gut fundierte ›Bittpredigt‹, richtete er an eine Versammlung von Geistlichen, um sie zum Spenden von viel Geld für reichen Aufwand, namentlich Wein zu gewinnen. In der ›Vagantenbeichte‹, die schon das Mittelalter liebte, feierte er in unsterblichen Strophen das Vagantentum; er bekannte sich zu seinen Lastern, dem ach so süßen Venus-Dienst, dem Würfelspiel, das sein Dichten befeuerte, wenn Rock und Hemd verlorengingen, und dem Trunk, bei dem er sterben möchte, so daß die Engel um Gnade für ihn flehten. Drei andere Carmina sind Bittgedichte, in drei weiteren fügte er erst am Schluß hinzu, daß ihm etwas (*aliquid*) oder vor allem Wein fehlte; im Erbetenen sah er Entgelt für seine poetische Leistung.

Die beiden nächst der ›Bittpredigt‹ längsten Lieder mit 32 und 34 Strophen führen ins Politische. Zunächst lehnte er Reinalds Auftrag ab, ein Epos auf Barbarossas erfolgreiche Kriegszüge in Italien zu dichten, und das in der gewohnt persönlichen Weise; so brachte er nicht nur am Schluß wieder eine Bitte vor, weil er entblößt, ohne Pelz und Federbett die Winterkälte fürchtete, sondern bekannte sich auch am Ende des ersten Teils zu seiner nur ihm eigenen Art zu dichten: Im Gegensatz zu den anderen enthaltsamen, sich vergeblich abmühenden Poeten brauche er sättigende Speise und besten Wein, um tausend Verse flugs zu schmieden und Ovid zu besiegen. Und diese „herrlichsten Verse, die im Mittelalter gedichtet wurden", scheute er sich mit Recht nicht, noch in die ›Vagantenbeichte‹ aufzunehmen.

Die Forderung Reinalds erfüllte er dann doch, aber eben nicht episch, sondern liedhaft und schon damit auf seine Weise, mehr noch dadurch, daß er ein offiziöses Thema im einzelnen persönlich ausführte; so brachte er z. B. seine Person mit *ego*, auch *nos* in fast jede zweite Strophe und redete direkt den Kaiser Ostroms an, sogar Novara, am meisten jedoch seinen *Cesar*, auch *Imperator* und *Rex regum*, und zwar zweimal am Schluß, vor allem aber in jeder der ersten fünf Strophen. Mit solchem Einsatz zwang er das Publikum zum Aufhorchen und verstärkte ihn durch die biblisch-liturgische Tönung der Sprache und das *Cesar noster* (*Pater noster!*) in der ersten Zeile, die ganz darauf angelegt war, weihevoll einzustimmen: *Salve, mundi domine, Cesar noster, ave!*

Sein Hauptziel war, die politischen Grundgedanken Barbarossas und seiner Regierung so gewinnend und schwungvoll wie möglich vor Augen zu stellen. Dreimal betonte er die Wiederherstellung des Römischen Reichs (*Renovatio imperii*) an den wichtigsten Stellen, am Ende der achtstrophigen Einleitung, als er Kraft für diesen Hymnus von Christus erflehte, sowie der ersten Gedichthälfte, als er jenes Ziel als das gottgefällige Werk bezeichnete, und in der 30. Strophe, in der er die Aufzählung der Erfolge im Imperium aufgrund des Sieges über Mailand beendete. Durch diesen Triumph hatte Barbarossa den Weg nach Süditalien geöffnet und damit die Durchführung jenes Reichsgedankens entscheidend gefördert, damit auch dem christlichen Frieden und der Gerechtigkeit gedient, wie der Dichter versichert. Einem Lied, das die militärischen Kämpfe und die politischen Leitideen vortrug und das in dem Kaiser verkörpert darstellte, wohnte mindestens so starke Wirkungskraft inne wie einem Epos.

Im Glanz seiner Verse hier wie überhaupt spiegelt sich das fleißige Feilen, das er mit Worten des Horaz vom Dichter forderte. Nicht nur die Sprache, in der nichts übertrieben oder erzwungen klingt, und die Metrik, in der die einfachen Formen (Vagantenzeilen) überwiegen, zeichnen sich durch die spielende Sicherheit des Meisters aus, sondern auch die alle Lieder beherrschende Komposition, in der der Stoff mit eigener Kunst bearbeitet ist und die äußere wie die innere Gliederung in Übereinstimmung gebracht sind. Daß er dazu noch die Symbolik fügte, lehrt die ›Jonasbeichte‹, sie zugleich auch, wie wenig schematisch, wie brillant er mit ihren Reimtiraden verfuhr: 34 Verse Geständnis der sehr schweren Schuld – 17 Verse Bitte um Gnade – 34 Verse Versprechen, sich zu bessern und Reinald zu nützen – das Facit in 9 Versen: Bitte um Milde – und Wein. Die Zahl 17, die Beichte bestimmend, setzt sich aus 10 + 7 mit den Symbolen *lex* und *gratia* zusammen, d. h. hier mit dem Sieg der Gnade über das Gesetz, 17 also die Symbolzahl für Jonas. Die 9 aber, Symbolzahl des Unvollkommenen, Sündigen, war für den Schluß passend und nötig.

Beim ›Ludus de Antichristo‹ ist der Name des Verfassers nicht überliefert und ist es besonders schwierig, Zeit und Ort des Entstehens zu erschließen; als das Wahrscheinlichste läßt sich vermuten: Ein Oberdeutscher, wohl ein Mönch des Klosters Tegernsee, dichtete das ›Spiel vom deutschen Kaiser und vom Antichrist‹ um 1160 für den Stauferhof. Für den Kern, die Antichristsage, benutzte er die Prosa ›De ortu et tempore Antichristi‹, die Adso von Toul um die Mitte des 10. Jahrhunderts für die westfränkische Königin Gerberga, die Tochter des deutschen Königs

Heinrichs I., geschrieben hatte. Der Dichter änderste schon am Inhalt vieles; er faßte die aus verschiedenen Quellen zu wenig zusammengefügten Auszüge Adsos straffer zusammen, ließ Nebensächliches weg, besonders die unpolitischen Schicksale des Antichrist, fügte mehreres hinzu und arbeitete eine klare Handlung heraus. Ihn charakterisiert nicht zuletzt die Änderung des Schlusses; über das Ende des Antichrist steht bei Adso: Es werde „zuletzt das Gericht Gottes über ihn kommen ... er wird durch die Kraft des Herrn Jesus Christus getötet werden ... es überliefern aber die Schriftgelehrten, daß der Antichrist auf dem Ölberg ... getötet wird an jener Stelle, an der der Herr gen Himmel fuhr". Dann zog der Dichter die Bibelstelle (Thessalonicher I, 5, 3) heran, an der von den Ungläubigen gesagt ist, am Tage des Herrn werde sie „das Verderben schnell überfallen", wenn sie sagen, es ist nun Friede und Sicherheit (*pax et securitas*). Im ›Ludus‹ gebraucht der Antichrist beide Wörter und bezieht sie auf den Zustand, den er nach der Tötung von Enoch, Elias und Synagoga als Zeit seines Ruhmes in Anspruch nimmt, und spricht sich damit sein Todesurteil. Dadurch gelang es dem Dichter, die Verwicklung im Drama logisch aufzulösen, was in dieser Gattung des Mittelalters einzig dasteht.

Was er hinzutat, wird in neuen Szenen am augenfälligsten. Zum einen dichtete er die Vorspiele zu den zwei Akten hinzu und stellte im ersten, dem umfänglichsten, die drei Religionen, Heidentum, Judentum und Christentum, vor, dann die drei Könige, den französischen und griechischen sowie den von Jerusalem, und zwar alle in Liedern, die er schon in Zahl und Metrum der Strophen unterschiedlich anlegte. Die beschränkte Überlieferung in einer einzigen vollständigen Handschrift bestätigt die Erwartung, daß in den Vorspielen alle Hauptpersonen bis auf den Antichrist profiliert vorgestellt werden. – Wenn der zweite Akt mit der Wiederholung der drei Religionslieder beginnt, wird schon damit die Ganzheit des Ludus angedeutet, zugleich die Parallelität der zwei Akte. Diese sind nicht nur im Großen miteinander verbunden, dadurch, daß erst die eine der beiden größten Mächte die Herrschaft über die Welt erringt und sich dann gegen und über sie die andere erhebt, was beides in den Sieg Gottes mündet, sie sind es auch im Kleineren durch kausale Zusammenhänge. Der deutsche Kaiser, der sich im ersten Akt schließlich zum deutschen König erniedrigt hat, wirkt im zweiten als dieser weiter; sein glaubensbestimmter Verzicht auf das Imperium vorher wurde nachher zum Unglück (*malum* V. 193), wie der König von Jerusalem klagt; die Kirche herrschte vorher unter dem Schirm des Kaisers voller Ehren, nachher aber gebietet der pestbeladene Aberglaube – dessen Führer, der Antichrist, hat ja zuletzt sogar den deutschen König für sich gewonnen, nachdem der zum zweiten Mal die drei Könige besiegt hat und das Kaisertum wiederzugewinnen hofft.

Zum anderen setzte der Dichter vor das Spiel von der Herrschaft und

dem Ende des Antichrist, das allein die andern Antichristspiele zur Hauptsache füllte, das Spiel von der Weltherrschaft des Kaisers, für das ihm drei
Sätze bei Adso nur das Gröbste boten, mit vier Szenen. Das Neue, das Politische, ist damit grundsätzlich angesprochen und äußerte sich auch in be-
deutungsvollen Einzelzügen. So begründete der Kaiser sein Recht, Lehns-
dienst und Tribut zu fordern, mit dem Recht der alten Römer; von dem
Näherecht auf das Kaisertum, das der französische König beansprucht,
wozu er sich auf die Geschichtsschreiber beruft, muß er zugunsten seines
Besiegers, des Kaisers, Abstand nehmen, er muß dessen Lehnsmann
werden; am meisten fällt aus der Antichrist-Tradition der politische
Grundgedanke der 'Renovatio imperii' heraus, demzufolge den Verfall jener Weltherrschaft die Vorläufer des Kaisers durch ihre Trägheit (*desidia*)
verschuldet hätten.

Noch auf andere Weise erscheint das Politische gefärbt. Am Schluß des
ersten Aktes hat der Imperator auf sein Imperium zugunsten Gottes verzichtet; im zweiten wird vor ihm, dem König Gebliebenen, und seinen
Deutschen gewarnt, d. h. vor ihrer Kampfkraft und -wut; der König beruft
sich des weiteren darauf, daß man Recht und Ehre, wenn sie dem Land
(*patria*) verlorengingen, mit Blut zurückgewinnen müsse, und bedauert
das Ungestüm (*impetus*), das stets gefährde, ja zum Kampf gegen Gott ver-
führe. Wie das Herangezogene bezeugt, ging der Dichter mit Zeitlichem
und Geschehenem frei um und ordnete das Politische, aufs Ganze gesehen, der heilsgeschichtlichen Handlung nicht nur ein, sondern auch unter.
Davon zeugt nicht zuletzt der Stil: Er ist in erheblichem Umfang liturgisch
geprägt. Die für ihn charakteristische Wiederholung bestimmt Wort und
Handlung; die zwei Akte sind weithin analog gebaut, s. die Vorspiele, wie
erwähnt, und die Entsprechung der Szenen im ersten und zweiten Akt, in
denen sich die Handlung zumeist wiederholt und nur Personen und ein
paar Wörter ausgewechselt sind. Den Schluß des Ganzen bilden liturgische Stücke sogar in unveränderter Übernahme.

Zu diesem Stil gehört, daß Individualisierung so gut wie ganz vermie-
den ist. Von den Figuren des ›Ludus‹ tragen nur die Propheten Enoch und
Elias Namen; doch singen beide gemeinsam, und wo Elias allein singt,
stellt er mit sich auch Enoch vor. Die Personifikationen der Vorspiele sind
natürlich in ihrer Sprache eigen gefärbt, so die des Christentums neutesta-
mentlich-kirchlich. Aber selbst der Kaiser (und König) ist nur mit traditionellen oder ideellen Zügen ausgestattet, in denen sich nicht etwa die Persönlichkeit Barbarossas spiegelt. So ist also durch das Liturgische dafür
gesorgt, daß der ›Ludus‹ feierliche Würde und gottesdienstliche Weihe
erhält.

Das geschieht nicht weniger durch die klare, kraft- und schwungvolle
Sprache. In der Metrik tritt zweierlei hervor, sorgfältige, feine Beachtung

der Regeln (im zweisilbigen Reim oder im Zeilenschluß) und individueller
Bau der Zeilenarten (im Fehlen oder im Wechseln der Pause). In solcher
Eigenartigkeit läßt sich mindestens teilweise die oben beachtete Stärke
poetischer Gestaltungskraft sehen – die Musik konnte diese Regelwidrig-
keiten übertönen. Die Hand des Dichters ist auch in der Verteilung der
wortgebundenen und der stummen Szenen spürbar, deren letzte keineswegs selten begegnen; so stellte er die erste und zweite Wunderheilung
stumm vor, dagegen stattete er die dritte mit dem Wort aus, die schwerste,
die Totenerweckung, durch die erst die Bekehrung des Königs glaubhaft
scheinen konnte.

Auch und nicht zuletzt dokumentiert überhaupt die Szene in ihrer
Gesamtgestalt, ihrer Belebtheit und Spannung die Größe des Dichters, der
einen doch vorwiegend festen Stoff kirchlicher Lehre und Heilsgeschichte
mit derartiger Originalität formte. Im innersten Gehalt ist dieses Drama
frei von Bindung ans 12. Jahrhundert und an eine Zeit: Der mächtigste Er-
denherrscher weiß sich Gott untertan, und auf dem Gipfel der Macht
unterwirft er sich ihm; der falsche Erdbeherrscher aber stürzt über seine
Überheblichkeit zu Tode.

d) Die mittelhochdeutsche Dichtung

α) Frühmittelhochdeutsch

Die Dichtung im deutschen Raum von c. 910–c. 1060 blühte in mittel-
lateinischer Sprache z. T. einzigartig auf, zumal im Kreis um Heinrich III.
(S. 138 ff.), doch die deutschsprachige schwieg in den anderthalb Jahrhunderten – das ist schwerlich mit Ungunst der Überlieferung zu erklären, schwerlich auch damit, daß das im 9. Jahrhundert geweckte Interesse
des Publikums wieder einschlief; dieser Abbruch ist kaum zu verstehen.
Aber in der 2. Hälfte des 11. Jahrhunderts begann die muttersprachliche
Literatur, die von da an keine Unterbrechung mehr erlitt, fast zu gleicher
Zeit in verschiedenen Gebieten; unter denen standen nun die karolingischen, Alemannien, Bayern, Ostfranken, nicht mehr im Vordergrund,
sondern der Niederrhein mit Köln als Zentrum, dazu der hessische Raum
sowie Österreich. Sie unterschied sich von der vor der Lücke in mehrfacher Hinsicht so stark, daß man in den beiden zwei Epochen ansetzt, die
althoch- und die mittelhochdeutsche; in der zweiten trennt man den Teil
bis c. 1170 als den frühmittelhochdeutschen von dem höfischen. In der
Sprache ist im Endsilbenvokalismus die Buntheit um 1100 fast ganz überwunden und die Abschwächung zu einförmigem e vollzogen. Der Reim
besaß im Frühmittelhochdeutschen die größte Freiheit in seiner Ge-

schichte, nach deren Ende jedoch in der Höfik die strenge Form der
zweisilbigen Reinheit. Der frühmittelhochdeutsche Versbau ist so frei gestaltet, fast zügellos, daß das Gesetz der Vierhebigkeit kaum noch zu
spüren ist, da die Zeile bis 17 Silben aufnahm; doch die höfische Zeit erstrebte Glätte und Beschränkung in der Silbenzahl sowie im Wechsel von
Hebung und Senkung.

Die frühmittelhochdeutsche Literatur, die sich durch eigenes Profil abhob, trug zunächst vorwiegend geistlichen Charakter; sie sollte in die
Lehre und Heilswahrheiten noch klarer und gewinnender hineinführen
und helfen, der durch den Investiturstreit hervorgerufenen Beunruhigung
zu steuern. Sie bestand fast ganz aus Versliteratur, wurde aber von zwei
Prosawerken eingerahmt; beide, obwohl nur Kommentare, und zwar zum
Hohenlied, verdienen wegen ihrer literarhistorischen Bedeutsamkeit Erwähnung. Typisch für die ›Expositio in Cantica canticorum‹ des Abtes
WILLIRAM von Ebersberg / Oberbayern (c. 1065) ist der starke Prozentsatz
Latein in den drei nebeneinandergestellten Kolumnen, links vom Vulgata-
text dessen freie Paraphrase und Erläuterung in lateinischen Hexametern
und rechts dessen volle Übersetzung mit deutscher Kommentierung, in die
aber oft lateinische Wörter, meist Termini, auch Satzstücke geschickt eingefügt sind; sie ist mehr auf Wiedergabe des Sinns als des Wortes gerichtet
und will nicht nur belehren und erläutern, sondern auch 'delectare'. Die
›Expositio‹ fand unter den damaligen mittelhochdeutschen Werken die
stärkste Verbreitung (37 Handschriften und Bruchstücke). Die freie Bearbeitung des Williramtextes durch einen anonymen Geistlichen um 1160 im
›St. Trudperter Hohelied‹, worin nur vereinzelt ein lateinisches Wort eingefügt ist, wuchs zum großartigsten dieser Kommentare, zu deren hoher
Zeit das 12. Jahrhundert wurde (30 an der Zahl). In der inneren Verschiedenheit der beiden Interpretationen spiegelt sich der geistesgeschichtliche
Wandel dieses Säkulums, und zwar von der dogmatischen Objektivität –
die Liebessprache des Originals ist aber durchaus deutsch wiedergegeben
– zur persönlich-mystischen Deutung, in der sich die Beziehung von Christus bzw. Gott nicht mehr auf die Kirche, sondern auf die liebende Seele
erstreckt. Hier wird der innere Mensch entdeckt, werden Gefühlsregun-
gen reflektiert. Solche Mystik findet sich, auf weltliche Liebe abgewan-
delt, erst in Gottfrieds ›Tristan‹ (nach 1200) wieder.

Am Anfang der Versliteratur steht eine außergewöhnliche Dichtung,
der Hymnus des Bamberger Kanonikus Ezzo; wahrscheinlich hatte Bischof Gunther von Bamberg (1057–1065) eine Kantate zur Reform des
Domkapitels bestellt, die auf der von Gunther geführten Pilgerfahrt nach
Jerusalem gesungen wurde; die Melodie komponierte Wille, wohl der spätere Abt des Bamberger Klosters Michelsberg. Voll erhalten ist das Lied
nur in der überarbeiteten Fassung der Vorauer Handschrift 276 (Anfang

12. Jahrhunderts) mit 34 Strophen; wie viele Strophen dem Ur-Ezzo zugeschrieben werden dürfen, ist umstritten (14–26?); in V wurde aus dem
Hymnus eine Predigt an ein höheres Publikum (*herron*). Ezzo feierte in
Strophen zu meistens 6 Reimpaaren im Namen des ganzen Gottesvolkes
das Heilswerk Christi, die Erlösung der Menschheit: Er setzte Christus als
Glied der Trinität schon in die Uranfänge, als Wort an der Schöpfung beteiligt, führte über die Nacht des Teufels, die mit Adams Fall begann, jedoch mit den Sternen der Patriarchen und Propheten Licht erhielt, in etwa
der Hälfte der Strophen zur Sonne Christus, der mit Wundern, mit der
Passion und Auferstehung (ohne Jüngstes Gericht) die Erlösung brachte,
und schloß mit den „geistlichen Bezeichnungen" der Zusammenhänge
zwischen Altem und Neuem Testament (5 Strophen), dem Anruf des
Kreuzes (3 Strophen), durch den der Hymnus als Kreuz(zugs)lied gebraucht werden konnte, und dem Preis der Trinität. Ezzo stellt also die
Weltgeschichte als das Wunderwerk christlicher Erlösung dar und machte
es als Glaubensgewißheit und darin das Dogma als objektive Gotteserfah-
rung eindringlich. Dazu half der auf echtem Erleben gründende Stil;
dessen Stärke und Feierlichkeit wurden auch von Parataxe und Asyndese
unterstützt; logischer Verknüpfung bedurfte er nicht. Um das Sakrale her-
auszustreichen, flocht Ezzo lateinische Worte, vorwiegend Formeln ein
und schlug damit öfter am Strophenanfang das Thema an.

Zwei Werke, die wegen ihres Themas an Ezzo anzuschließen sind, erreichten dessen poetische Höhe nicht. Die anonyme ›Summa theologiae‹
(c. 1120) mit 31–32 Strophen zu je 5, zweimal 6 Reimpaaren bietet sehr
gedrängt die Glaubenslehre, die systematisch über die Heilsgeschichte von
der Trinität an bis zu den letzten Dingen gespannt ist. In der spekulativen
Betrachtung geht es um den Menschen und seine Rolle in Gottes Heilsplan; dessen Sündenfall macht Christus als zweiter Adam wieder gut. Vier
Strophen über das Kreuz und seine Symbolik stehen in der Mitte und
mahnen auch, es in der Nachfolge Christi zu tragen. Erstrebt ist, in der Art
eines Traktats predigthaft zu belehren und moralisch zu wirken. Nicht zuletzt durch Konzentriertheit und Vielfalt der theologischen Gedanken
konnte die ›Summa‹ nur von geschultem Publikum erfaßt werden. – Den
Typ der ›Summa‹ fortsetzend, gibt sich gegen 1180 das österreichische
›Anegenge‹ mit 3242 Versen als breites Lehrgedicht über den Schöpfungs-
und Heilsplan Gottes. Der Verfasser vermochte nicht, seinem Ziel nahezu-
kommen, den Preis Gottes poetisch zu gestalten, schon nicht den Stoff
richtig zu proportionieren, und blieb dem Abhandlungsstil verhaftet und
blieb „im Grunde formlos".

In der Dichtung über Bibel und Glaubenslehre konnten Not und Angst
des Menschen um sein Heil und den Tod hervortreten, lateinische Ge-
brauchsprosa konnte sich von Gebet, Confessio und Beichte zu volks-

sprachlichen Versen weiten. So erwuchsen in späterer Poesie des Frühmittelhochdeutschen die Klage über die Sünde und die Schilderung des Jenseits. Beachtlichen Umfang von über 850 Versen besitzen die ›Millstätter Sündenklage‹ (1110–1130) und die ›Vorauer‹ (c. 1150), beide im Aufbau vergleichbar und sich ans kirchliche Beichtformular haltend. In der ersten fällt das Kernstück, das Sündenbekenntnis, durch die eigene Gliederung nach den schuldigen Gliedern des Sünders auf, in der zweiten der jüngeren Zeit entsprechend die starke Hinwendung zu Maria in dem ersten Teil. Aus den Jenseitsschilderung sind nächst der rhythmischen Prosa ›Himmel und Hölle‹ (1170/80), dessen poetische Sprache durch Kraft und Klarheit hervorragt, zwei Gedichte von 473 und 378 Versen herauszuheben, ›Himmlisches Jerusalem‹ (c. 1140) und ›Vom Himmelreich‹ (c. 1160). Der Autor des ersten, dem die mystisch-moralische Auslegung am wichtigsten ist, wollte von weltlicher Dichtung zur ewigen Stadt weisen; der des zweiten pries in klangvoller Sprache und füllungsreichen Versen die Herrlichkeit des Himmelreichs, um es von allem Irdischen abzuheben, ohne geistliche Auslegung.

Eine andere Hauptgruppe des Frühmittelhochdeutschen umfaßt Bußdichtung, deren Verfasser sich als sittliche Mahner an die Zuhörer wandten. Das älteste Stück, ›Memento mori‹ (152 Verse), dichtete Ende des 11. Jahrhunderts ein NOTKER, vielleicht der Abt von Zwiefalten. In dem wuchtigen Aufruf an die Laien appellierte er an den freien Willen zur Abkehr von der *vil übelen* Welt zum gottgefälligen Leben und begründete das mit der Angst vor dem Schicksal nach dem Tod. Aus der darin enthaltenen Kritik an der weltlichen, der ritterlichen Gesellschaft spricht wohl auch, daß diese einer neuen ethischen und religiösen Einstellung bedurfte. – Zur neuen Schicht aus weltlicher Herkunft gehörte der ARME (d. i. sündige) HARTMANN, der um 1150 die umfangreiche ›Rede vom heiligen Glauben‹ (c. 3800 Verse) schrieb. Aus einer dogmatischen Arbeit, in der er das Credo lateinisch zitierte, übersetzte und näher auslegte, machte er eine predigthafte Mahnung zur Abwendung von der Welt; darin widmete er über die Hälfte des Ganzen dem Heiligen Geist als Erzieher des Menschen, erzählte die Legenden von vier sündigen Heiligen und dem Teufelsbündler Theophilus, malte das Welttreiben der Reichen eindrucksvoll aus und demgegenüber eindringlich die irdische Nichtigkeit. Er bezog sich selber in die Schar der Sünder ein – er hatte sich ja vom ritterlichen Leben ab und dem strengen Mönchsleben zugewandt.

Durch poetische Formung, vor allem schärfste Kritik hob sich HEINRICH VON MELK (c. 1150/60) heraus in der ›Erinnerung an den Tod‹ (*von des tôdes gehugede*) mit 1042 Versen und dem ›Priesterleben‹, von dessen 2700 (?) Versen 746 erhalten sind. Im ersten Werk griff er alle, Priester, Mönche und Laien, wegen ihrer Sünden an und entwarf schreckliche Bilder von der Vergänglichkeit des Menschen und von der Hölle, im zweiten aber attackierte er die Weltgeistlichkeit wegen ihrer Pflichtvergessenheit, Völlerei und Unkeuschheit. Er war ein scharfer Beobachter, sagte offen die Wahrheit und empörte sich temperamentvoll; er verstand es, knapp und kraftvoll zu schreiben sowie durch mancherlei Mittel zu beleben. In seinem bitteren Fanatismus überschritt er wohl die Grenze zur Satire. Es scheint so, als ob er das neue Lebensideal der Höfik mit der Bejahung des Diesseits schon verspürte.

Des weiteren läßt sich schon als Warnung an den Ritterstand die ›Vision des Tundalus‹ verstehen, die aus der lateinischen Prosa des Mönches Marcus Ende des 12. Jahrhunderts zweimal in deutsche Verse gebracht wurde. Nur fragmentarisch erhalten ist die moselfränkische Vision, die stark ans Original angelehnt ist; die bayrische wurde vom Chorherrn Alber(o) in 2192 Versen mehr äußerlich bearbeitet. Ein dem weltlichen Leben hingegebener Ritter verfällt mitten im Mahl dreitägigem Scheintod, sieht in der Hölle die breit (in über 50% des Ganzen) ausgeführten Qualen, die den Sünden angemessen sind, und erfährt sie zu einem Teil am eigenen Leib; nach der Schau des Himmels zur Erde zurückgekehrt, läßt er irdische Freuden und Besitztümer fahren und geht ins Kloster.

Die Bibeldichtung, das stärkste Kontingent des Frühmittelhochdeutschen, erreichte wieder buchepisches Ausmaß, unterschied sich aber von der althochdeutschen (S. 82 ff.) in mehrfacher Hinsicht. Die ›Altdeutsche Genesis‹, auf welche die ›Wiener Genesis‹ und die ›Millstätter‹ zurückgehen, schuf ein Geistlicher in Österreich nach 1060; er konzentrierte den Bibeltext von der Erschaffung der Engel bis Josephs Tod, einen Ausblick auf die Erlösung und die Letzten Dinge anschließend, auf das Hauptsächliche, erweiterte das Erzählerische und fügte moralische Ausdeutungen hinzu. Der ›Altdeutsche Exodus‹ (um 1120), dessen 3302 Verse vorwiegend an den Bibeltext (Ex. 1–15) gehalten sind, sucht die Geschehnisse auf das christliche Streben zum Himmel auszulegen, drückt auch Freude am ritterlich-kriegerischen Leben aus. In den ebenfalls in Österreich gedichteten ›Bücher Mose‹ (1130–1140) gestaltete der Autor die Genesis in neuen Versen, während er den Josephteil aus der ›Wiener Genesis‹ unverändert übernahm, und desgleichen die späteren Ereignisse bis Moses' Tod in Auswahl; darauf folgen in jener Vorauer Handschrift ein Marienlob und die halb weltliche Geschichte von Balaam (Bileam) und seinem Esel nach Numeri 22 ff. Solche Buntheit der Zusammensetzung spricht dafür, daß sich in einem Kloster mehrere Verfasser zu einem muttersprachlichen Gesamtwerk des Alten Testaments zusammentaten, nicht nur um poetisch nachzuerzählen, sondern auch nach dem geistlichen Sinn zu fragen.

Die schon gestreifte Verbindung zur salischen Gegenwart und Geschichte ergab sich nicht zuletzt daraus, daß sich die Geschichte zum eige-

nen Selbstverständnis verwenden ließ. Das Alte Testament als Grundlage
der Weltgeschichte, Geschichte des Gottesvolkes als Urbild des vorhöfischen Mittelalters mußte die Bibeldichtung immer mehr zur Weltgeschichte hinüberführen.

Die ›Mittelfränkische Reimbibel‹ (nach 1100), von der nur ein Bruchteil
von c. 750 Versen in drei Handschriften fragmentarisch erhalten ist, enthält die Heilsgeschichte mit früher Kirchengeschichte. Darin deuten bereits Sprache und Metrik durch ihre Dürftigkeit darauf hin, daß ein so
mächtiges Unterfangen zu früh (die ›Kaiserchronik‹ präsentierte vierzig
Jahre später ein ähnliches Thema in besserer Ausführung – S. 275) und mit
unzulänglichen Kräften unternommen wurde.

Daneben stellte sich wenig später eine Bibeldichtung ganz anderen
Geistes, von tiefer, persönlicher Frömmigkeit getragen. FRAU AVA
(1127†), die älteste mit Namen bekannte Dichterin deutscher Sprache,
deren zwei Söhne, Geistliche, ihr bei der Stoffvermittlung halfen, wurde
erst am Ende ihres Lebens Inclusa in der Nähe von Melk. Ihre vier Dichtungen gehören zu einer wohlüberlegten Komposition zusammen und
wurden von Ava als *dizze búch* bezeichnet: ›Johannes der Täufer‹ (446 V.),
›Leben Jesu‹ (2418 V., mit den ›Sieben Gaben des Hl. Geistes‹), ›Antichrist‹
(118 V.) und ›Jüngstes Gericht‹ (392 V.); die letzten 14 Verse enthalten den
Namen der Dichterin und die Fürbitte für ihre Söhne. Sie erzählte die
Heilsgeschichte zumeist ohne theologische Erörterung und allegorische
Auslegung, aber mit inniger Teilnahme und demütiger Ergebenheit und
vollzog das heilige Geschehen objektiv nach, ohne in die Predigt überzu-
gehen (die Bergpredigt fehlt), nahm Züge aus der volkstümlichen Legende
auf und solche aus den lateinischen Feiern zu Passion, Ostern und Jüngstem Gericht. Die Sprache bezwingt durch Schlichtheit und Anschaulichkeit, durch Verstärken und Verdeutlichen der Gebärde und Bewegung, des
Bildhaften und des Heilsgeschichtlichen.

Aus den Bibeldichtungen geringen Umfangs, von deren einstiger
Menge nicht zuletzt die vielen Fragmente sprechen, seien zwei herausgehoben, in denen biblisch-legendarische Stoffe liedhaft und volkstümlich bearbeitet sind. ›Judith‹, deren Glaubenseifer im Mittelalter als vorbildlich galt, wurde nach dem apokryphen Buch des Alten Testaments in
12 'Strophen' zunächst liedhaft besungen, in deren volkstümlichem Einschlag (s. den Dialog oder die Wandlung der biblischen in eine deutsche
Stadt) sich die mündliche Gattung des weltlichen Liedes spiegelt – später (Anfang des 12. Jahrhunderts) episch (1817 V.) mit geringerem
Schwung. – ›Das Lob Salomons‹ (24 Strophen mit den vier der
Drachenepisode, einer wohl früheren, selbständigen Dichtung, die aber
gut eingefügt wurde), bibelgemäß erzählt, lenkt das Hauptaugenmerk
auf Salomos Reichtum und glanzvollen Hof, preist seine Weisheit und

Friedensherrschaft; das Ganze gipfelt in der allegorischen Ausdeutung auf Gott und die Kirche.

β) Die vorhöfische Epik

In der Bibeldichtung war es bereits zum Übergang ins Historische und Legendenhafte gekommen (S. 273); entwickelte sich dann die Gattung. Deren frühestes Beispiel (c. 1080), das ›Annolied‹, ist trotz des respektablen Umfangs (878 Verse, 49 Strophen mit je 6–28 Zeilen) und besonders trotz des weitgespannten Inhalts noch als Lied zu verstehen; es baut in den ersten zwei der drei Hauptteile die Heils- und die Weltgeschichte voll auf, um beide in Köln und der Gestalt seines Erzbischos Anno gipfeln zu lassen, der dritte ist der Annolegende gewidmet. Der Glanz dieser Dichtung entstand durch die einmalige Geschichtskonzeption, in die Anno nur idealisiert hineinpaßte, und ihre knappe und konsequente Durchführung, von Zahlensymbolik unterstützt.

Die Epik setzte erst zwei Menschenalter später ein, wie neun Werke lehren. Die ›Kaiserchronik‹, die ein Regensburger Geistlicher verfaßte und V. 17283 mittendrin abbrach (Konrad III., und die Fürsten wurden zur Teilnahme am Kreuzzug 1147 aufgerufen), bietet die Geschichte des Imperium Romanum von der Gründung Roms bis Konrad III., und zwar in der Folge der heidnischen und christlichen Kaiser Roms, seit Karl dem Großen der christlich-deutschen – deren Zahl und Reihung wurde nach entsprechender oder gegensätzlicher Typologie gerichtet; den Hauptraum erhielten die 36 römischen ($\frac{4}{5}$ des Ganzen). Von den exemplarischen Erzählungen, die jeweils möglichst allen Kaisern attribuiert sind, verselbständigen sich einige, so die Legenden von Crescentia (c. 1500 V.), von Faustinian und Silvester (je c. 2800). Dem Übergang Roms zum Christentum gelten drei Disputationen über die Wahrheit des Glaubens, den astrologischen Schicksalsglauben, Papst und Synagoga. Zum Maßstab gesetzt wurde das christliche Reich auf Erden, in dem sich weltliche und geistliche Macht einen und den Frieden erwirken, was z. B. Karl der Große und Papst Leo erwirkten. Dieser imposante Versuch einer Reichsgeschichte, ohne gattungsmäßiges Vorbild nach durchdachtem Plan und mit Hilfe zahlreicher, auch mündlicher Quellen sowie viel eigener Erfindung angefertigt, fand nicht zuletzt durch die Masse des Erzählstoffes solche Verbreitung wie kein anderes deutschsprachiges Werk des 12. Jahrhunderts.

Damit, daß die nächsten zwei Epen zur Hauptsache auf französischen Quellen gründen, kündigt sich der immer stärker werdende Einfluß des Altfranzösischen aufs Mittelhochdeutsche an. Es kennzeichnet auch die literarhistorische Situation, daß sich der Autor des späteren Werkes

(c. 1170) zunächst eine Übersetzung ins Latein anfertigte. Außerdem wurden in beiden Fällen die berühmtesten Weltherrscher zum ersten Mal in deutschen Versen gefeiert. Der PFAFFE LAMPRECHT, wohl ein Trierer, schuf gegen 1150 das ›Alexanderlied‹, im großen ganzen eine wenig veränderte Wiedergabe des ›Roman d'Alexandre‹ von Alberic de Pisançon, die schon in den Anfängen der Perserkriege mit V. 1496 abbrach. Von den zwei Fortsetzungen noch im 12. Jahrhundert schloß sich die erste (4729 V.) Lamprechts Art an, brachte Zusätze am Anfang und Schluß hinzu, verstärkte das Vanitas-Motiv und verurteilte die Hybris der Paradies-Fahrt; der Zweite, ein formsicherer Anonymus, stellte sich (3702 V., vor 1170) mit geschickt modernisierender Bearbeitung, von der Heinrich von Veldeke lernte, zwischen die vor- und die frühhöfische Schicht. Dieser Stoff mit einem Herrscher, der bis zum Indus vordrang und die Welt wahrlich bewegte, führte über die Reichsgeschichte, das Abendland und seine christliche Ordnung weit hinaus und fesselte durch das Märchenhafte und Phantastische sogar im Reich der Lüfte und des Meeres. – Der Regensburger PFAFFE KONRAD ließ sich für das ›Rolandslied‹ von seinem Gönner Heinrich dem Löwen auf Wunsch von dessen Gemahlin Mathilde, der Tochter Heinrichs II. von England und der Eleonore von Aquitanien (S. 194), die um 1100 entstandene ›Chanson de Roland‹ besorgen; er arbeitete sie auf fast den doppelten Umfang aus und wandelte (c. 1170) das nationale Epos in ein heilsgeschichtliches um: in ihm stritt Karl der Große für das Christentum gegen das Heidentum und starb der Hauptheld Roland als Märtyrer. Wenn sich hier Rittertum nicht nur in heldischem Kampf und entsprechender Gesinnung äußerte, sondern auch schon in gesellschaftlicher Form und Pracht, so blieb die Höfik aber noch fern; das ›Rolandslied‹ wurde zum spätesten Denkmal des Vorhöfischen. Es blieb in Sprache, Metrik und Stil noch in der damals überholten Form und errang nicht die verdiente Wirkung. Dieses imposante Geschichtswerk stellt eine nicht gewöhnliche Leistung dar durch die Klarheit und Kraft seines Ausdrucks und die Einheit von irdischem Kampf mit dem Schwert und demütiger Hingabe an das Ewige.

Die übrigen fünf Epen sondern sich durch charakteristische Züge deutlich ab, auch wenn nicht alle in jedem der fünf wiederkehren oder ganz gleicher Art sind. Der Schauplatz ist der mittelmeerisch-orientalische, der als neue Wirklichkeit durch die Kreuzzüge erfahren wurde. Damit verbinden sich gewisse Motive wie vor allem Brautwerbung und Entführung, ferner phantastische Abenteuer, Zauberei und Wunder. In den Kämpfen stehen sich meistens Christen und Heiden gegenüber. Das Christliche tritt zurück, die Welthaltigkeit mit neuen Gefährdungen dominiert. Die Problematik von Frau, Liebe und Ehe wird angeschnitten und weist auf die Höfik voraus, die freilich die Ansätze jener Epen bzw. jene verdrängt. Auffallend im übrigen die Fabulierfreudigkeit, auch die Liebe zur Doppelung, die sich nicht selten sogar in der Motivik findet; neue Stoffe, auch solche, die aus der mündlichen Tradition emporkommen, beleben die namentlich auf Unterhaltung gerichteten Werke. Wie sich trotz meistens schlechter Überlieferung wahrscheinlichmachen läßt, sind die Erstfassungen der fünf etwa zwischen 1160 und 1190 entstanden und besaßen einen Umfang von 3500 bis 5200 Versen (das fünfte ist in 783 Strophen zu je 5 Versen abgefaßt).

In dem nur durch vier Fragmente erhaltenen ›Herzog Ernst A‹ bringt der erste Hauptteil historische Sage, der deutsche Reichsgeschichte zugrunde liegt, z. B. der Aufstand eines Herzogs gegen seinen Schwiegervater Kaiser Otto I., und wird vom zweiten Hauptteil an Umfang übertroffen (1968: 3700 Verse), von einer orientalischen Abenteuerreise durch eine ethnographisch relevante Wunderwelt, in die Herzog Ernst sofort nach Antritt einer Kreuzfahrt mit seinen Gefährten verschlagen wird. Der Geistliche schrieb sachlich und trocken, ohne Geschick und Freude am Erzählen. Höfisches brach erst in der B-Fassung durch (nach 1205), in der der Inhalt kaum verändert wurde, Sprache und Metrik aber moderne Form erhielten. Das Weiterleben auch in Strophen und Prosa, selbst in lateinischer Hexameterfassung und Prosa war ungewöhnlich stark.

Der wohl etwas jüngere ›König Rother‹, den ein rheinischer Geistlicher für bayrische Adlige dichtete, setzt sich aus zwei Brautgewinnungen (2942 und 2052 Verse) zusammen, die durch die Rückgewinnung der Braut miteinander verbunden sind. Verschiedenste, bis zur Lebensbedrohung gesteigerte Abenteuer, die der römische Kaiser Rother und seine Vasallen um die Tochter des oströmischen Königs Konstantin zu bestehen haben, werden spannend (auch mit Komik) und meisterlich geschildert. Eigentümlich ist: Das noch durchklingende Heroische der Heldensage ist durch mimushafte Motive wie Verkleidung, List u. dgl. überlagert und dies mit Reich und Gegenwartsgeschichte verknüpft (in der erstrebten Erbfolge geht es um Pippin und Karl den Großen, andernfalls erscheint Konstantinopel als durch Babylon bedroht). Im Höfischen wird schon nach Verfeinerung gestrebt, es bleibt jedoch vorwiegend auf Äußeres beschränkt, auf das Zeremoniell der Hofhaltung, oder es wird die Liebe noch nicht zur Minne erhöht; ähnlich wird mit dem Religiösen umgegangen.

Bei den drei Epen ›Oswald‹, ›Orendel‹, ›Salman und Morolf‹ kann aus ihren Handschriften des 14. und 15. Jahrhunderts sowie aus Drucken die früheste Fassung nicht mehr befriedigend zurückgewonnen werden. Ihre Bezeichnung 'Legendenromane' weist auf das Eigentümlichste in ihnen, daß Legende und Brautwerbung zum Roman voller Phantastik verknüpft sind. Den ›Münchner Oswald‹ beherrscht das zweite Thema, die Werbung des frommen englischen Königssohns um eine heidnische Prinzessin durch

einen vermenschlichten Wunderraben (1424 Verse), der Abenteuerliches
zu bestehen hat, und deren Entführung (1775 Verse) durch Oswald selber,
der nur durch List seine Braut dem grausamen Vater entwenden kann. Das
Christliche, von dem die offizielle Legende nur wenig berührt ist, wird
zwar im Ausklang damit betont, daß der Heiland in Bettlergestalt das Kö-
nigspaar versucht und Engel es ins Himmelreich entführen, bleibt im einfachen Volksglauben verhaftet, in primitiver Gottesvorstellung. – Im
›Orendel‹ tritt das Christliche am meisten unter den dreien hervor, greift
aber auch hier nicht ins Innere. Als Vorgeschichte wird die Legende des
heiligen Rocks von Trier erzählt, am Schluß der Eintritt ins Kloster; die
Hauptsache aber ist eine abenteuerliche Brautgewinnung, die mit der
Rock-Legende durch Orendel nur äußerlich verbunden ist. – ›Salman und
Morolf‹ ist von Abenteuern, dazu Doppelung der Motive überladen;
Salme, die Tochter eines Heidenkönigs, die König Salomon von Jerusalem
übers Meer entführt und getauft hat, läßt sich gern von Heidenkönig Fore
und – zurückgeholt – ein zweites Mal vom Heidenkönig Prinzian entführen. Der eigentliche Handlungsträger Morolf, Salmans Bruder, der
schließlich die untreue Salme tötet, zeigt in seiner Doppelrolle, edler,
treuer, tapferer Gefolgsmann und possenreißerisch, verschlagen Spielen-
der in verschiedener Verkleidung gleichsam die Zwittergestalt des Ganzen; in ihr spielt Höfisches eine gewisse Rolle (Religiöses viel weniger),
doch Volkstümliches unterhält am stärksten, und Komik trägt viel zur
Grundstimmung bei.

γ) Höfische Dichtung

Während der höfisch-mittelhochdeutschen Periode entstanden unter
dem Einfluß der altfranzösischen Poesie (S. 279 f.) die großen Schöpfungen der weltlichen Lyrik und der weltlichen Epik und in ihnen die klassischen Werke des deutschsprachigen Mittelalters. Wie das Mittelhochdeutsche allgemein seit etwa 1060 emporsproß, und zwar vorwiegend epischer
Gestaltung und geistlichen Charakters (S. 269 f.), so die Lyrik erst ein
Jahrhundert später und eben weltlich. Was es in ihr bis dahin gegeben
hatte, war an sich wenig, auch wenn man zum Erhaltenen die Ungunst der
Überlieferung bedenkt und zu ihr hinzu erschließt, was Andeutungen an
verschiedenen Stellen hergeben; eine deutliche Sprache sprechen die Reste
im Althochdeutschen: Von den S. 138 erwähnten sechs Liedern ist das einzige mit weltlichem Stoff, das auf König Heinrich III., durchaus geistlich.
Was sich an mittelhochdeutscher Lyrik zuerst, um die Mitte des
12. Jahrhunderts, findet, ist weltliche Spruchdichtung gnomisch-didak-
tischen Inhalts, die aus dem einfachen, gesprochenen Spruch zum Lied

aufgestiegen ist. Solche Singsprüche dichtete am frühesten der heimatlose Fahrende HERGER, ein Laie, Berufsdichter, und trug sie an Adelshöfen vor. Während sie außerhalb des Höfischen blieben, führte DER VON KÜREN-BERG (c. 1160) an den Hohen Minnesang heran; von dem trennten ihn die Einstrophigkeit seiner Lieder, der objektive Stil und nicht zuletzt das Fehlen der Hohen Minne. Ähnlichen Stil und vorhöfische Haltung besaßen DIETMAR VON AIST, von dem am meisten (42 Strophen) in dieser Frühzeit überliefert ist und der mit seiner Formung entscheidend anregte, die BURGGRAFEN VON REGENSBURG und RIETENBURG sowie MEINLOH VON SEVE-LINGEN, dessen Werk in Ausdruck, Motiv u. a. bestens belehren kann, worum es in diesem Gesellschaftsspiel ging.

Zu diesem donauländischen Kreis trat seit etwa 1170 der westliche, der rheinische, der die Kunst der Troubadours und Trouvères übernahm, nach- und weiterbildete, mit dem Hohen Minnesang. Dieses Neue in Art und Stil brachte eine auch staufisch genannte Gruppe etwa 1170–1190 hervor; ihr Haupt war FRIEDRICH VON HAUSEN, der als Ministeriale in staufischen Diensten auch in Italien und Frankreich beurkundet ist und auf dem Barbarossa-Kreuzzug 1190 in Kleinasien fiel; aus den vereinigten Anregungen durch einheimische und romanische Liedkunst kam er zu ganz eigenständigen Liebes- und Kreuzzugsliedern, pries die Hohe Minne in strengster Form und reflektierte über treuen, aber vergeblichen Minnedienst, seine Rätsel und sein Verhältnis zur Gottesliebe. Anzuschließen sind wegen der Anklänge an ihn und seine literarische Art, der Beziehungen zum Stauferhof oder der Beteiligung an den Kriegszügen Friedrichs I. u. dgl. die vier Minnesinger ULRICH VON GUTENBURG, BERNGER VON HOR-HEIM, BLIGGER VON STEINACH, dessen nicht erhaltenes Epos ›Der umbehanc‹ Gottfried von Straßburg und Rudolf von Ems lobten, sowie HEIN-RICH VON RUGGE.

Etwa gleichzeitig mit dem höfischen Roman (S. 281) wurde jene Lyrik auf die höchste Stufe gehoben und durch drei Minnesinger zu klassischer Vollendung gebracht. In diese Jahre, in denen Barbarossa dem Reich größtes Ansehen verschaffte (S. 157), fiel das Hoffest von Mainz, das der Trouvère Guiot de Provens und noch mehr Heinrich von Veldeke in ihren Versen feierten – damit war die Verbundenheit französischer und deutscher Dichtung deutlich erfaßt. Sie ist spürbar bei HEINRICH VON MORUN-GEN (c. 1160–1222), dem Dienstmann des Markgrafen Dietrich von Meißen, einem Ostmitteldeutschen, neben den zunächst zwei Epiker, der Anonymus des ›Graf Rudolf‹ und Heinrich von Veldeke, zu stellen sind. Typisch für ihn ist schon die Form seiner Lyrik; so trieb er das Spiel mit dem Reim so weit wie keiner zuvor und überschritt doch nicht die Grenzen wahrer Kunst. Noch mehr trat sein Temperament beim Thema Liebe hervor, so, wenn er ausführte, wie sehr ihn die Geliebte durch ihre sinnhafte Schönheit bannte, die er auch in Einzelzügen beschrieb. Kühn steigerte er die Liebe bis zum Religiösen und Mystischen und hielt das Ästhetische zumeist im Vordergrund; er vollbrachte Minnesang eigener Tönung, der auch heute noch kräftigster Bewunderung würdig ist. – REINMAR DER ALTE aus dem elsässischen Hagenau (vor 1165–1205/10), Berufsdichter am Babenberger Hof in Wien seit den 80er Jahren, er machte Schule, so daß das Echte (30–40 Gedichte) vom Unechten schwer zu scheiden ist, und geriet über die beste Art des Frauenlobs in Fehde mit Walther von der Vogelweide. Sprache und Form fügte er in eine Kultiviertheit, die von *zuht* bestimmt war, Spielendes sowie Farbiges und Kräftigeres fernhielt, und wirkte damit beispielhaft. Entsprechend malte er kein deutliches Bild von der Geliebten und schilderte den vorbildlich Minnenden und am bezeichnendsten dessen Klagen darüber, daß sein Dienen lebenslang vergeblich sei, aber ihn ritterlich veredele. So kam er oft zur Paradoxie, z. B. beim Lavieren zwischen behutsamem Begehren und Verzichten, beim Widereinander von Annäherung an die Dame und ihrem Zurückweichen, auch darin, daß der Dichter traurig gestimmt das Publikum zu erfreuen hätte. Er gelangte schließlich zur Abstraktion: *Wol dir, wîp, wie rein dîn nam!* (165,28).

Von der Lyrik Morungens und Reinmars fiel der größere Teil noch in die Zeit Barbarossas (in sie auch die Lieder seines ältesten Sohnes Heinrich, von denen drei erhalten sind), aber von der umfangreichen Lyrik Walthers von der Vogelweide (c. 1170–c. 1230) so wenig, daß sie sich hier nicht mehr anfügen läßt. Obwohl er mit ihr die Spitze der volkssprachlichen Lyrik nicht nur im deutschen Raum erreichte und über Morungen und Reinmar hinaus die Spruchpoesie in erheblichem Umfang dazu gesellte – und mit ihr gewann er als Anwalt der staufischen Herrscher besondere Bedeutung.

In der Epik eröffnete die hochhöfische Zeit der aus einem bei Maastricht beheimateten Rittergeschlecht stammende HEINRICH VON VELDEKE (1140/50–vor 1210), ein überdurchschnittlich gebildeter Laie, des Lateinischen und Französischen mächtig. Als Ministeriale diente er zunächst den Grafen von Loon, in den 80er Jahren hielt er sich am Thüringer Hof auf. Wenn er von Gottfried von Straßburg, Wolfram von Eschenbach, Rudolf von Ems als *der wîse man* gefeiert wurde, so bezieht sich das nicht zuletzt auf seine Formkunst, den Rhythmus mit regelmäßigem Wechsel von Hebung und Senkung und dessen Belebung durch beschwerte Hebung sowie auf die Reinheit des Reimes, um die er sich auch durch Meiden des Mundartlichen bemühte. Mit dem Letzten erstrebte er überhaupt eine (rheinisch-mitteldeutsche?) Literatursprache, so daß sie leicht in die verbreitetere, oberdeutsche umgesetzt werden konnte.

Daß die Literatur damals auf eine deutlich höhere Stufe gehoben

wurde, besagen die Themen seiner Werke. Zunächst setzte er eine beliebte
Tradition fort, die Versepisierung einer lateinischen Legendenprosa, mit
dem ›Servatius‹ (über 6000 Verse) und huldigte damit dem Heiligen seiner
Heimat Maastricht. Wie diese Dichtung für seine Maastrichter Zeit wahrscheinlich ist, so auch der größte Teil seiner Lyrik; er pries die Minne in
ihrer harmlosen, heiteren Art, ihre gesellschaftliche Lust, nicht ihre Problematik und führte damit diese Gattung in ihrer Frühzeit vor, in ihrem
Wachsen zur Mehrstrophigkeit, zur Hohen Minne hin, was die späteren
Lieder dokumentieren. Im Hauptwerk (13 513 V.), der ›Eneide‹ (größtenteils 1173, ganz nach 1184), verstärkte er das Höfische seiner Quelle, des
›Roman d'Eneas‹ (c. 1160), in dem bereits das Antike zum Christlich-Rit-
terlichen umgesetzt war, am stärksten verspürbar im Sichfinden des Lie-
bespaares Eneas – Lavinia, das zum Glück führt, weil es in der *mâze*, in
den Ordnungen bleibt – es wurde zur Dido-Episode kontrastiert, die einseitig in Zerstörung durch Maßlosigkeit endete. Die Liebe stellte er mit
Ovids Mitteln dar und kaum höfisch, vermittelte aber doch im ganzen
durch Zeremonien, Umgangsformen, Kostbarkeiten, Bauten u. a. ein höfisches Bild. Mythologisches minderte er, rührte aber im Religiösen kaum
an das Problematische der neuen Ära, so daß die alte, klassische Welt mit
der heilsgeschichtlichen übereinging, in der Heidengötter nicht den Teu-
feln zugesellt wurden, und die religiöse Gebundenheit merkwürdig gelok-
kert erschien. Veldeke ging es darum, einen antiken Stoff in die neue Gesellschaft und ihre Wesenheit hineinzuholen und darin Vorbildlichkeit im
Menschen und Ritter zu schildern.

Der älteste der drei epischen Klassiker – von Gottfried von Straßburg
gepriesen und von Wolfram von Eschenbach als Dichter des ›Erec‹ und
›Iwein‹ öfter erwähnt – war HARTMANN VON AUE (c. 1160–c. 1215), Ministeriale der Freiherrn von Aue / Schwaben, der am Kreuzzug wohl
1189/90 teilnahm. Sein Werk zeichnen schon Vielfalt und bahnbrechender
Charakter aus, in Verstraktat, Lyrik, Versroman und -legende. Mit dem
›Büchlein‹, von ihm selber *klage* genannt, schickte er das Programmatische
voraus, eine Minnedidaktik nach nicht erhaltener französischer Vorlage;
durch welche Schuld und aus welchem Grund er von Minne bezwungen
und nicht erhört würde, suchte er im Streitgespräch zwischen seinem Leib
und Herz zu klären; in der Minnelehre darin verkündete er eine neue Auffassung, in der nach Wahl des freien Willens der Mann durch mühevolle
arebeit wirkliche Freude gewönne, und lehrte allegorisch in dem aus Gottes Apotheke kommenden Kräuterzauber die höfisch-christlichen Tugenden. Am Schluß richtet der Leib im Auftrag des Herzens einen Liebesgruß
in 15 Strophen, die jeweils von 34 Versen auf 4 abnehmen, an die Dame;
darin klagt er über nicht erhörte Liebe, versichert seine Treue und bittet
um Gehör. – Die meisten der 14–15 echten Lieder, die Hartmann zumeist

in jungen Jahren dichtete, vielfältig in Ton und Motiv, stimmen häufig den Ton der Klage an, eins spielt sogar, wenn die Gegenseitigkeit fehle, kühnlich mit der niederen Minne; die letzten zeigen sehr eigenes, analogisches Denken, die Kreuzlieder nämlich, wenn er dem Dienstherrn, dessen Tod die Kreuzfahrt veranlaßt habe, deren Lohn zur Hälfte zuspricht, wenn er der Dame, die den *man* zur Kreuzfahrt fortschickte, die andere Hälfte zuspricht. Eminente Größe offenbart die dritte dieser Kanzonen im Hinüberspielen von weltlicher Minne in geistliche; den anderen, die er mit *ir minnesinger* anredet, hält er ihren *wân* vor, d. h. unfruchtbares Dienen und Erwarten sowie unerwiderte Liebe, und preist seine Minne, die göttliche, in der er Gegenliebe erfährt.

Wie in Frankreich Chrétien den Artusroman als erster in vier Epen (S. 238 ff.), so formte Hartmann etwas mehr als ein Jahrzehnt später nach diesem Vorbild den ›Erec‹ 1180/85 und den ›Iwein‹ c. 1205 (mit 6958 und 8166 Versen), im ersten viel stärker als im zweiten von der Quelle abweichend. Beidemal geht es um das rechte Verhältnis zwischen Rittertum und Minne. Erec 'verliegt' sich im Glück seiner Ehe, wird aber durch seine Frau gewahr, daß er damit die Ritterpflichten versäumt. In der ersten der zwei Reihen Abenteuer, die sich aus privaten Kämpfen zur Hilfe für andere und Erlösung der Gesellschaft steigern, gewinnt er die *êre* zurück, und auch seine Frau bewährt sich. In der zweiten Abenteuerreihe vervollkommnet sich das Paar noch mehr in edlem, höfischem Menschentum, so daß Erec im letzten, schlimmsten Kampf mit einem bis dahin unbesiegten Riesen Minne und Ehre bei anderen ins Gleichgewicht zu bringen vermag, auch dem Wundergarten 'Joie de la Cour' wahre Freude zurückgewinnt. Hier kann die Minne nicht wie in der Lyrik bei Dienst und Lohn verharren, sondern mündet in die Ehe, und die wird durch Minne und ritterliche Bewährung veredelt. – Im ›Iwein‹ werden Minne und Rittertum in ihrem Verhältnis zueinander dadurch gestört, daß Iwein, den sein Freund Gawain unter Hinweis auf Erec (2792 ff.) vor dem Verliegen gewarnt hat, auf seiner Abenteuerfahrt über die ihm von seiner Frau Laudine gesetzte Frist weit hinaus fortbleibt. Als ihre Botin Lunete ihn vor Artus und dem Hof als *triuwelôsen man* angeklagt und den ihm von Laudine geschenkten Ring zurückgefordert hat, wird er wahnsinnig und vertiert im Wald. Durch die Salbe einer Gräfin wiederhergestellt, kann er in kunstvoll verschlungenen Abenteuern, bei deren einem er einen Löwen als treuen Begleiter gewinnt oder zum andern 300 Damen befreit, Lunete vor der Hinrichtung bewahren; die führt schließlich mit List die Versöhnung Iweins mit Laudine herbei. Wie bereits damit berührt, ist hier so manches fundamental anders als im ›Erec‹; so erhält er im Brunnenabenteuer des Anfangs sein Leben durch den Wunderring von Lunete gerettet, und diese weiß die durch ihn verwitwete Laudine zur Wiederverheiratung zu bewegen; und die ist eine völlig andere Gestalt als die der Liebe und Demut ganz ergebene, warmherzige Enite, hat etwas Dämonisches und bietet dem Artushof, den sie nie aufsucht, fast Widerpart. Was sie betrifft, ist Minnedienst Lehensdienst; sie gibt sich in die Ehe, als sie sieht, wie sie dadurch den Schutz erhält, dessen sie bedarf, daß er sie damit zur Herrin nimmt; und sie muß zum Ausritt um *urloup* gebeten werden, und sie setzt die Frist. *Sælde und êre*, die im dritten und letzten Vers sowie mehrmals dazwischen das Ziel der Dichtung benennen, werden auf einem langen Wege erreicht, und zwar dadurch, daß das Paar am Ende innerlich zusammenfindet, indem es gegenseitig die Schuld am anderen bekennt.

Wenn sich Hartmann zu Anfang, humorig untertreibend, als einen gelehrten Ritter vorstellt, der seine Zeit mit Dichten von gern Gehörtem vertreibt, so entspricht das in etwa seinem Stil, der sich in höchster Kunst wie natürlich, voller Anmut gibt, in Sprache und Metrik volle Meisterschaft bekundet. Hartmann fand mit diesem Werk den stärksten Beifall, wirkte in der Literatur lange nach, auch auf die bildende Kunst, was Freskenzyklen oder Figurenbilder auf Teppichen anlangt.

Im ›Gregorius‹ und ›Armen Heinrich‹, zwischen ›Erec‹ und ›Iwein‹ gedichtet (mit 4006 und 1520 Versen), machte Hartmann das Religiöse, das er in den beiden Artusromanen im Hintergrund hielt, zum Hauptthema; beide sind Ritterlegenden, in denen er die ritterlich-höfische und die christlich-legendarische Welt miteinander zu verknüpfen suchte. In welcher Gestalt ihm die französische Quelle ›Vie du pape Grégoire‹ vorgelegen hat, ist ungeklärt; jedenfalls enthielt sie schon die Verritterlichung des Gregor, der weder ein historischer Papst noch ein anerkannter Heiliger war. In vier fast gleichlangen Abschnitten wird sein Leben erzählt, seine Geburt im Inzest und Aussetzung in einer Barke, wie er in einer Fischerfamilie aufgezogen wird und aus der Schule, in der er sich hervortut, in die Welt zieht, als er erfährt, daß er ein Findelkind ist, wie er des weiteren sich im Kampf auszeichnet und ahnungslos Inzest mit der Mutter begeht; 17 Jahre büßt er, an einen Felsen im Meer angeschmiedet, und wird schließlich durch Gottes Gnade Papst, und die Mutter findet zu ihm nach Rom. Mehr als die Hälfte des ›Gregorius‹ wird von Motiven des höfischen Epos beherrscht; der Held, zwar fern der eigentlichen Welt aufgezogen, wird ein idealer Ritter, der seine Tapferkeit beweist, fühlt sich getrieben zu 'erfahren', *von wannen ich sî oder wær*. Im zweiten Teil geht es um Moraltheologisches, um Sühne – Reue, Buße – Gnade; Gregor verstrickt sich ungewollt und unbewußt im Inzest, nimmt und lädt größte Buße auf sich. Hinzukommt das Märchenhafte in der ihm eigenen Überwirklichkeit und Poesie, das sich am kräftigsten in der Erhöhung des ausgemergelten Büßers zum Papst ausprägt; eingeführt ist es schon anfangs in der Rettung des ausgesetzten Säuglings durch zwei Brüder, die beide von einem Abt zum Fischfang ausgeschickt sind, der zum Ziehvater wird; märchenhaft auch bei der Ankettung mindestens die lange Zeitspanne. Das Ganze ist in Hartmanns Versen durchgängig Dichtung, die der Kausalität entbehren kann; sie darf nicht zerdacht werden.

Im ›Armen Heinrich‹ wird der schwäbische Ritter Heinrich von Aue, der alle weltlichen Tugenden besitzt, vom Aussatz befallen, sucht verzweifelt Hilfe bei den besten Ärzten und erfährt, nur das Herzblut eines reinen Mädchens, das sich freiwillig opfert, könne ihn heilen. Die elfjährige Tochter seines 'Meiers' ist dazu bereit; er aber verzichtet, als er sie nackt auf dem Operationstisch liegen sieht, wird dann doch auf dem Rückweg von Salerno geheilt und heiratet sie, die es schon als Kind von acht Jahren zu dem von den meisten gemiedenen Aussätzigen hingezogen hatte. Die Mitte dieses wundersamen Poems, in dem ein Ritterleben zunächst in seiner realen Umwelt und die radikale Vernichtung seines Glanzes geschildert werden, ist die Heilung, die erst 150 Verse vor dem Schluß einsetzt, aber bereits 800 Verse davor eingeleitet wird. Das versteht sich daraus, daß die *guote maget* ihren selbständigen Entschluß zur Aufopferung gegen den Widerstand der Eltern und Heinrichs durchkämpfen muß. Wenn er im letzten Augenblick auf dieses Opfer verzichtet und damit auf seine Gesundung, so geht es bei beiden um dasselbe: Jeder verzichtet auf sein eigenes Leben, damit der andere lebt – entscheidend sind also innere Regungen und Gesinnung. Der darin verborgene Wandel mußte bei Heinrich manifestiert werden. Aussätzig geworden, begehrte er fern aller Hiobsgeduld heftig auf; der Hoffnung beraubt, keiner äußeren Schuld bewußt, sah er sich doch verdient bestraft, weil er wie ein *werlttöre* in seinem *wunschleben* wähnte, er besäße *êre unde guot âne got* (393 ff.); als er dann die Nackte auf dem Operationstisch durch ein Loch in der Wand erblickte, kam er zur Selbsterkenntnis: *verkêrte ... sîn altez gemüete/in eine niuwe güete* (1232 ff.), verzichtete auf die Rettung und ergab sich dem Willen Gottes, sogar dazu bereit, aussätzig, wie er noch war, sich dem *laster unde spot* ganz auszusetzen (1351 f.). Dieser Wandel ist die Voraussetzung für die Heilung, die erst auf der Heimfahrt erfolgt *durch gotes pflege*. – Wie fein Hartmann den Faden der Poesie zu spinnen verstand, offenbart z. B. sein unterschwelliger Humor, als er zu ihrem Zorn über Heinrichs Verzicht auf ihr Opfer vermerkt (1335 ff.): Es nützt ihr nichts, sie mußte am Leben bleiben; ihr Schmähen ertrug der arme Heinrich ... *als ein frumer ritter sol, tugentlîchen unde wol*. Durch besonders geglückte Verdichtung zeichnet sich das kleinste von Hartmanns Werken aus und wirkte zu Recht auf die Künste noch unseres Säkulums.

Die beiden anderen Klassiker schrieben erst im 13. Jahrhundert, so Wolfram von Eschenbach in dessen erstem Jahrzehnt sein Hauptwerk, den ›Parzival‹. Mit c. 25000 Versen und c. 80 Handschriften und Fragmenten übertraf er das bisherige Maß der Epik an Umfang und Überlieferung. Einzigartig ist vieles mehr, etwa der Aufbau, in dem sich zwei Hauptstränge, der eine mit Parzival und der andere mit Gawan im Mittelpunkt, durchschlingen und ein kleiner dritter sich darüber wölbt, oder das Religiöse, das in den tiefsten Bereich der Artusepik dringt. Vor allem trug Wolfram sein ganzes Sein, seine ganze Person hinein und suchte, das Wesenhafte seiner Zeit zu umfassen. Im ›Willehalm‹ (c. 1210–c. 1217) bearbeitete er ein Heldenepos nach einer Chanson de geste (S. 233). – GOTT-FRIED VON STRASSBURG schuf mit dem ›Tristan‹ (c. 1205–1210), einem höfischen Epos, das nicht zum Artuszyklus gehört, die strahlendste Liebesdichtung des Mittelalters, die er nicht vollendete.

EIN MITTELLATEINISCHER AUSKLANG

Trotz des raschen und steilen Aufblühens der muttersprachlichen Literaturen blieben noch über Jahrhunderte die vatersprachlichen Werke in der Überzahl; so überwog z. B. in Deutschland die lateinische Buchproduktion bis ins 17. Jahrhundert hinein. Bezeichnend ist, daß sogar höfische Epen ins Mittellatein übertragen wurden. Abt Arnold von Lübeck (1177–1211/14) setzte im Auftrag des Herzogs Wilhelm von Lüneburg den ›Gregorius‹ des Hartmann von Aue c. 1210 in 4210 Verse um, meist rhythmische, in denen die Vierheber der Vorlage nachgeahmt wurden. Der Kleriker Odo von Magdeburg hielt sich im ›Ernestus‹, den er zwischen 1212 und 1218 in 3600 Hexametern verfaßte, von dem Magdeburger Erzbischof Albrecht II. von Kefernburg (1205–1232) damit beauftragt, an den ›Herzog Ernst B‹ (S. 277), der in Sprache und Stil gegenüber der A-Fassung mehr höfischen Einschlag zeigt; in Sprache und Stil nahm er die ›Alexandreis‹ des Walther von Châtillon zum Vorbild und färbte den Stoff in die Sicht seines Erzbischofs ein.

Die Höfik und ihre Literatur übten auf das Mittellatein noch andere Wirkung aus. Die beiden Versnovellen ›Asinarius‹ und ›Rapularius‹, die vielleicht von einem und demselben Dichter um 1200 in Süddeutschland gedichtet wurden, sind offenbar aus dem Milieu des ritterlichen Hofes und für dessen Publikum geschaffen. In der ersten tritt das besonders hervor, in der Märchendichtung vom Eselsprinzen, in der Liebesgeschichte mit zwei Königskindern an zwei Königshöfen, wo z. B. die Hofetikette an der Tafel breit ausgeführt ist. Im zweiten Stück, in dem der Schwank von der Riesenrübe und der mißglückten Rache des Habgierigen mit dem Schwank von der lustigen Übertölpelung des dummen Vaganten verbunden ist, tragen zwei Ritter die Handlung, und die spielt hauptsächlich am Königshof; der Stoff hat nicht zum derben, burlesken Ausschlachten verführt – der verarmte Ritter leidet vielmehr unter der Arbeit des Bauern, die er selber ausüben muß. Die beiden Dichtungen von 201 und 221 Distichen bleiben in vornehmer Verhaltenheit, mit der sie dem Geschmack ihres Publikums entsprachen, wie die nicht geringe Überlieferung besagt.

Das Übergewicht des Mittellateins in der europäischen Literatur des Mittelalters – es scheint angebracht, hier daran zu erinnern –, nahm im 13.–15. Jahrhundert sogar noch zu.

LITERATURHINWEIS

Zur ersten Führung ins Mittellatein genüge es, wenige weiterweisende Werke zu nennen: Horst Fuhrmann, ›Einladung ins Mittelalter‹ (München 1987), stellt unter verschiedenem Aspekt den Boden vor, von dem aus das kulturelle Leben sproß. Von den 16 Kapiteln seien drei herausgehoben, deren Überschriften andeuten, worum es im einzelnen und ganzen geht: (1) ›Über das Mittelalterliche am Mittelalter‹; (4) ›Karl der Große, Geschichte und Geschichten‹; (16) ›Das Interesse am Mittelalter in heutiger Zeit‹. – Fürs Mittellatein leitet mein Büchlein ›Lateinisches Mittelalter‹ in Sprache und Literatur ein, speziell in ihre Forschung (⁵1988 Darmstadt: Wissenschaftliche Buchgesellschaft), und hat Franz Brunhölzl mit der ›Geschichte der lateinischen Literatur des Mittelalters‹ durch den ersten Band 'bis zum Ausklang der karolingischen Erneuerung' begonnen. – Das ›Neue[s] Handbuch der Literaturwissenschaft‹ bringt die mittelalterliche Literatur Europas von c. 750 bis c. 1500 in den drei Bänden VI–VIII mit den Einschnitten in der Mitte des 11. und Mitte des 13. Jahrhunderts. Von den darin enthaltenen 59 Aufsätzen sind 4 dem Mittellatein zugestanden; damit ist die Hauptliteratur der Epoche in die Ecke gedrängt, ohne daß dies begründet würde. Deutlicher kann schwerlich zum Ausdruck kommen, daß in der Erforschung der Muttersprachen, der sich die Herausgeber der drei Bände widmen (VI der Altgermanist Klaus von See, VII der Romanist Henning Krauss und VIII der Anglist Willi Erzgräber), die wahre Bedeutung des Mittellateins nicht bekannt, zum mindesten nicht anerkannt ist. Des weiteren braucht, was oben S. 6 f. dazu noch gesagt ist, hier nicht herangezogen zu werden.

NAMENREGISTER

Abkürzungen: Bf. = Bischof, Ebf. = Erzbischof, Gf. = Graf, Hg. = Herzog, Hl. = Heiliger, Jh. = Jahrhundert, K. = Kaiser, Kg. = König, P. = Pabst; ^{A} = Anfang, ^{M} = Mitte, ^{E} = Ende, ^{1} = erste Hälfte, ^{2} = zweite Hälfte; afrz. = altfranzösisch, ags. = angelsächsisch, ahd. = althochdeutsch, mengl. = mittelenglisch; verm. = vermählt mit.